HERMÈS 95
cognition ■ communication ■ politique

L'Amérique latine, continent imaginé

Numéro coordonné par Damien Larrouqué et Yohann Turbet Delof,
supervisé par Michaël Oustinoff

CNRS ÉDITIONS

Hermès, les trois collections

Hermès, la Revue (1988)

Directeur de publication : Dominique Wolton
Rédacteur en chef : Bernard Valade
Secrétaire de rédaction : Sacha Serero

La communication est une valeur, une aspiration, mais aussi une industrie, un marché florissant, une idéologie. Autrement dit, c'est un phénomène complexe et polysémique qui requiert un travail d'analyse critique et d'interprétation. Tel est le pari de la revue *Hermès* depuis sa création en 1988 : étudier de manière interdisciplinaire la communication dans ses rapports avec les individus, les techniques, les cultures, les sociétés.

Hermès publie deux numéros par an et souhaite rester accessible à un public ouvert, en évitant l'enfermement disciplinaire, les illusions technicistes et le confort des théories déterministes. Des thèmes aussi différents que la communication politique, le cinéma et la télévision, les jeux vidéo, l'information scientifique, la cohabitation multiculturelle, la traduction ou les rituels ont déjà été abordés. Bien d'autres sont à défricher. *Hermès* s'y emploie.

Derniers titres parus

2024. *Hermès 94*, **« Migrations : les défis de l'autre »**, numéro coordonné par Asal Bagheri et Axel Boursier, supervisé par Gilles Rouet.
2024. *Hermès 93*, **« L'Europe du Nord, si proche, si lointaine »**, numéro coordonné par Ugo Ruiz et Orla Vigsø.
2023. *Hermès 92*, **« La Voix, force de la radio »**, numéro coordonné par Brigitte Chapelain et Zhao Alexandre Huang.
2023. *Hermès 91*, **« La marche »**, numéro coordonné par Vincent Liquète et David Le Breton, supervisé par Thierry Paquot.
2022. *Hermès 90*, **« L'Europe entre incommunications et guerres »**, numéro coordonné par Gilles Rouet et Yohann Turbet Delof.
2022. *Hermès 89*, **« Les ONG à l'épreuve de la com' »**, numéro coordonné par Michaël Oustinoff et Ugo Ruiz, supervisé par Gilles Rouet.

« *Les Essentiels d'Hermès* » (2008)

Responsable de collection : Éric Letonturier
Chargée d'édition : Léonie Sarlat

Inscrite dans le sillage de la revue *Hermès*, cette collection de livres de poche souhaite faciliter l'accès à la recherche contemporaine en sciences de la communication. S'appuyant sur des articles publiés dans *Hermès* ou des inédits, ces ouvrages thématiques proposent de façon pédagogique un état de l'art et des perspectives critiques sur des enjeux contemporains.

Derniers titres parus

2025. *IA, enjeux et responsabilités*, sous la direction de Gilles Rouet.
2024. *L'espace public éclaté*, sous la direction d'Éric Dacheux.
2024. *Sport, communication et politique*, sous la direction de Nicolas Peyre et Gilles Rouet.
2023. *Communication & design – Créations collectives*, sous la direction de Lionel Lavarec.
2023. *Journalisme et « post-vérité »*, sous la direction de Alexandre Joux.
2022. *Classement des universités*, sous la direction de Gilles Rouet et Thierry Côme.

« *CNRS Communication* » (1998)

Responsable de collection : Brigitte Chapelain
Chargée d'édition : Léonie Sarlat

Créée en 1998, la collection publie des travaux interdisciplinaires de chercheurs et d'universitaires. Elle vise à favoriser des travaux théoriques, des recherches empiriques et des œuvres d'auteurs étrangers en sciences de la communication.

Derniers titres parus

2016. *(E)réputation : médiation, calcul, émotion*, Camille Alloing.
2013. *Anthropologie de l'homme mondialisé*, Christoph Wulf.

HERMÈS

cognition ■ communication ■ politique

1, place Aristide Briand - 92195 Meudon. Tél. (33) 1 45 07 55 12
CNRS
http://hermes.hypotheses.org
http://cnrseditions.fr
http://cairn.info
Bluesky : @revue-hermes.bsky.social

ISSN : 0767-9513 – ISBN : 978-2-271-15494-1

L'aventure d'*Hermès* ?

Légitimer la communication comme un des grands enjeux scientifique, politique, social et culturel du XXe siècle, réaliser l'importance de son rôle comme facteur de paix et de guerre du début du XXIe siècle. Si le « village global », tant souhaité pendant un demi-siècle, est aujourd'hui une réalité technique, il n'a pas pour autant apporté la paix et la compréhension attendues entre les hommes et les sociétés. Les techniques sont là, mais la fin des distances physiques révèle l'étendue des distances culturelles, avec son lot d'incommunication.

Hermès valorise aussi les enjeux théoriques liés à l'accélération des relations entre les sciences, et entre celles-ci et les sociétés. D'abord pour comprendre le rôle des concepts d'information et de communication dans l'évolution des disciplines scientifiques et penser les conditions de l'interdisciplinarité. La communication est une des conditions structurelles de l'interdisciplinarité. L'autre objectif est de reconsidérer le rôle des communautés scientifiques dans les sociétés ouvertes. Le monde académique doit y apprendre à gérer des allers-retours constants entre la recherche et la Cité et échapper autant à la médiatisation qu'au technicisme et au scientisme.

Quel est finalement le saut épistémologique lié à l'émergence de la communication comme enjeu scientifique ? Un léger décalage, mais irréversible, du regard que l'on porte sur la réalité. Penser les sociétés ouvertes et mondialisées dans lesquelles tout se voit et tout se sait, c'est aussi éviter que s'accroisse l'incommunication dans une nouvelle tour de Babel. Le « tournant communicationnel », amorcé avec *Hermès* en 1988, ne pouvait venir qu'après les nombreux progrès de la « révolution de l'information ». L'augmentation de son volume et de sa vitesse de circulation, comme la multiplication des dispositifs interactifs, ne suffisent pas à accroître la compréhension mutuelle. Informer ne suffit plus à communiquer. Entre les deux s'est imposée la question de l'altérité.

Le plus simple dans la communication reste donc les techniques ; le plus compliqué, les hommes et les sociétés. *Hermès*, comme sa figure mythologique, essaye de penser cette situation inédite de l'histoire du monde, celle où les hommes et les sociétés se retrouvent face-à-face, dans toutes leurs ressemblances et leurs différences.

Dominique WOLTON

Les principaux thèmes de nos publications

Avec 95 numéros et plus de 2 500 auteurs publiés depuis 1988, *Hermès* a exploré le champ de la communication sous de multiples facettes. Le catalogue (accessible en ligne sur hermes.hypotheses.org) recense les auteurs et hommages parus, ainsi que la liste des numéros, classés par ordre chronologique et par thèmes :

I. Cognition
1. Épistémologie comparée
2. Sciences cognitives
3. Industries et ingénierie de la connaissance

II. Communication
1. Les enjeux du numérique
2. Les sciences de l'information et de la communication
3. Diversité culturelle et sociétés

III. Politique
1. Relations sciences, techniques et société
2. Expertise et controverses
3. La communication politique

Hermès 95

L'Amérique latine, continent imaginé

Numéro coordonné
par Damien Larrouqué et Yohann Turbet Delof,
supervisé par Michaël Oustinoff

Sommaire

Partie II. Nations et identités

Partie III. Conflits et mémoires

Partie IV. Circulations et transferts

Autour du même thème, *Hermès* a déjà publié…

Sur des sujets proches *d'Hermès* 95, « L'Amérique latine, continent imaginé », on pourra se référer aux parutions suivantes :

- n° 28, « Amérique latine. Cultures et communication », 2001.
- n° 30 : « Stéréotypes dans les relations Nord-Sud », 2001.
- n° 79 : « Les BRICS, un espace ignoré », 2017.
- n° 84, « Les incommunications », 2019.
- n° 75 : « Langue romanes : un milliard de locuteurs », 2016.
- n° 83 : « Les stéréotypes, encore et toujours », 2019.
- n° 81 : « De la communication en diplomatie », 2018.
- n° 63 : « Murs et frontières », 2012.
- n° 42 : « Peuple, populaire et populisme », 2005.
- n° 49 et n° 56 : « Traduction et mondialisation », 2007 (vol. 1) et 2010 (vol. 2).
- n° 73 : « Controverses et communication », 2015.
- n° 52 : « Les guerres de mémoires dans le monde », 2008.
- n° 51 : « L'épreuve de la diversité culturelle », 2008.
- n° 17-18 : « Communication et politique », 1995.
- n° 8-9 : « Frontières en mouvement », 1991.
- n° 2 : « Masses et politique », 1988.
- n° 1 : « Théorie politique et communication », 1988.

Dominique Wolton
Fondateur et directeur de Hermès, la Revue

Avant-propos
L'Amérique latine et nous

J'appartiens à une génération où la présence de l'Amérique latine a été forte dans la vie intellectuelle et politique. Il n'y avait que deux langues romanes, ce qui facilitait les échanges, une forte culture politique commune, les souvenirs d'un grand nombre d'artistes et d'intellectuels réfugiés pendant la guerre, la force du marxisme, la violence des sociétés, l'ambiguïté des États-Unis à la fois démocrates et impérialistes. Bref, la proximité qui existait depuis le XVIIIe siècle, entre la France, l'Europe et l'Amérique latine était réelle, et la France soutenait une tradition de liens amicaux et idéologiques. L'Amérique latine faisait partie de notre environnement culturel et politique, un peu comme la guerre du Viêtnam, mais avec plus de profondeur. On s'intéressait *naturellement* à l'Amérique latine avec les dates inoubliables de la révolution de Cuba en 1959 et le coup d'État du Chili de 1973. Les conflits entre les dictateurs et les maigres victoires de la démocratie faisaient partie de notre environnement politique. De Perón à Castro, de Allende à R. Debray, nous vivions avec ces enseignements communs pour cette histoire violente. Elle était un peu la continuation de notre formation politique et internationale. Sans parler des artistes, de la musique, de la littérature et plus généralement de la culture où les échanges étaient très nombreux.

Le relais fut pris par les universitaires. Georges Friedman (1902-1977), grand philosophe, bâtisseur d'universités, pionnier de la sociologie du travail et des études sur la communication de masse[1], avait entrainé, pour réouvrir les universités d'Amérique latine, toute une génération de jeunes universitaires de Alain Touraine à Edgar Morin, François Bourricaud, Michel Crozier, Ignacy Sachs, Pierre Clastres, Claude Lévi-Strauss, Georges Bastide… Ils étaient devenus les relais de la culture politique. La maison de l'Amérique latine à Paris, l'École des hautes études, l'École normale supérieure étaient les symboles de cette continuité. Pourtant, les affrontements y étaient souvent violents. Beaucoup de débats tournaient autour du marxisme, de la dictature, de la guérilla, de la pauvreté et de l'impossible démocratie à construire. L'Europe, à l'époque, intéressait beaucoup moins que l'Amérique latine qui était par ailleurs un bastion de la politique et de la pensée radicale contre les multiples formes de l'impérialisme. Il faut dire que les dictatures militaires radicalisaient toutes les luttes et la coopération des épiscopats avec les dictatures accélérait la révolte religieuse et faisaient émerger des mouvements de résistance, telle que la théologie de la libération. Les guérillas existaient dans plusieurs pays. Che Guevara en était une figure mondiale.

Puis le retour souvent chaotique à la démocratie, la crise du marxisme, la chute du communisme, les promesses mirifiques de la globalisation, l'illusion d'un monde plus ouvert et plus démocratique alors qu'il ne s'agissait finalement que d'une nouvelle étape du capitalisme, ont progressivement « désenchanté » cette relation entre la France et l'Amérique latine. Elle fut moins « à la mode » dans la culture politique. L'ère du militantisme, des affrontements violents, des espoirs et des radicalités s'effaçait lentement. D'autres dimensions politiques, comme l'écologie, puis tous les mouvements de « libération » des femmes et des mœurs prirent une autre place. L'Amérique latine s'éloigna lentement. Les préoccupations n'étaient plus aussi communes et la place toujours controversée des États-Unis ne suffisait plus à faire le lien. L'Europe prenait progressivement une autre place, d'ailleurs aussi controversée, entre déceptions et promesses. Le temps faisait son œuvre. La « mondialisation » a changé la donne, les sociétés ont commencé à se ressembler et les incommunications entre les pays d'Amérique latine avec l'Europe et la France sont demeurées finalement assez fortes. La curiosité mutuelle s'est progressivement affaiblie.

Nous en sommes là. Aujourd'hui l'intérêt mutuel est plus faible, et l'Europe est beaucoup plus préoccupée par sa propre construction. Le partage des langues latines et des expériences politiques de plus en plus démocratiques ne suscite pas un retour de curiosité particulier.

* *
*

C'est dans ce contexte que j'ai été très impressionné par l'élection du pape François le 13 mars 2013, le premier pape latino-américain et argentin de l'histoire et qui s'est finalement révélé être le pape de la mondialisation, capable de parler très simplement à tout le monde. Il était compris, et il parlait juste et fort de tout, des inégalités, des pauvres, des femmes, des migrants, de la responsabilité des riches. Il prenait la parole, s'engageait et engageait l'Église ce qui suscitait de fortes réactions. Il parlait de « théologie du peuple » et pas de « théologie de la libération », mais on retrouva bien vite une logique proche de la culture politique de l'Amérique latine. Il n'est pas un européen et l'on a vu depuis le début de son pontificat combien sa pensée, son style sont marqués par la culture latino-américaine. Les Français et les Européens ne le comprennent pas facilement.

J'ai *réalisé* avec lui ce livre de 12 entretiens, de deux heures chacun pendant un an : *Pape François. Rencontres avec Dominique Wolton. Politique et société* en 2017, dans un dialogue non conformiste. C'était le quatrième livre d'entretiens que j'entreprenais, après Raymond Aron (1981), le cardinal Jean-Marie Lustiger (1987) et Jacques Delors (1994). Mais c'était le plus difficile à effectuer car on ne dialogue pas avec un pape… J'ai retrouvé un peu l'atmosphère des années 1960-1980. D'autant que lui-même, migrant de première génération, est très lié à ses racines italiennes et comprend mieux l'Europe que nous ne le croyons. Cela ne l'empêche pas d'avoir une certaine sévérité à l'égard de l'Europe, justement, parce qu'il pense que celle-ci reste trop sage, endormie…

Il y a eu une sorte d'incommunication entre le pape François et une bonne partie de l'Europe, due aux différences de cultures. J'ai aimé ce dialogue direct, où tout prenait une autre dimension, jusqu'à sa méfiance à l'égard des États-Unis, résultant de cette histoire mouvementée et violente depuis le XIXe siècle. Comment comprendre le pape François, sans Perón, les dictatures, les guérillas, les épiscopats « compréhensifs », les misères et les injustices ? Il est révolté et n'a rien oublié d'une histoire que nous ne connaissons plus.

Pourtant, il est également profondément européen dans d'autres de ces dimensions. Oui, il est le premier pape de la mondialisation mais plus latino qu'européen. Pour ma part, j'ai vécu ce dialogue étonnamment libre avec le pape comme la continuation de ce que j'avais ressenti quand j'étais étudiant à Paris…

* *
*

D'ailleurs, j'ai toujours souhaité que la revue *HERMÈS. Cognition, communication, politique*, que j'ai créée en 1988, s'intéresse à l'Amérique latine, à l'image de ce numéro qu'on lui a dédié en 2000 (« Amérique latine. Cultures et communication », n° 28). Celle-ci est présente depuis le début puisque le n° 8-9, en 1991, porte en bandeau le titre « Brésil, le retour de la démocratie ». Il y est traité la question de la première élection libre au Brésil, en 1989, après la chute de la dictature en 1985. Soit il y a 40 ans. Et le résultat de ces premières élections libres au suffrage universel fut la compétition entre Fernando Collor et… Lula. La droite et la gauche. Fernando Collor fut élu mais dut démissionner quelques années plus tard sur fond de scandale. Lula deviendra le premier président de gauche du Brésil en 2002. Nous continuons aujourd'hui cette coopération entre le Brésil et la France, avec deux publications. Le numéro spécial, « *Brésil, du pays du futur aux incommunications du présent* », le Brésil regardant l'Amérique du Sud, coordonné par Juremir Machado da Silva, Roberto Chiachiri et Tom Dwyer (hiver 2024). Et ce numéro, « *L'Amérique latine, continent imaginé* », coordonné par Damien Larrouqué et Yohann Turbet Delof (été 2025).

L'incommunication caractérise bien à la fois les relations entre les différents pays d'Amérique latine et entre ceux-ci, l'Europe et la France. L'incommunication, non pas comme un obstacle à l'intercompréhension, mais comme *un effort* pour essayer de dialoguer. D'ailleurs, comment ignorer ces liens si fondamentaux et anciens depuis le XVIe siècle entre l'Europe et l'Amérique latine ? Probablement une des parties du monde où les possibilités d'intercompréhension sont les plus fortes. Une chance pour l'avenir dans le cadre de l'organisation politique de la mondialisation. Quand l'Amérique latine se construira-t-elle à sa manière ? Sans oublier l'Europe, faute d'avoir su garder les liens avec les peuples premiers ? Retrouver, et renforcer, ces liens si anciens et si puissants. Une profonde familiarité demeure. L'Histoire n'est pas terminée.

NOTE

1. Voir l'encadré « Georges Friedmann (1902-1977), l'un des pionniers oubliés du latino-américanisme » dans ce numéro.

Yohann Turbet Delof
Université Sorbonne Nouvelle
Damien Larrouqué
CY Cergy Paris Université

Nommer un continent imaginé : l'Amérique latine, de l'Extrême-Occident à l'*Abya Yala*

Nommer, c'est déjà communiquer. La qualification d'Amérique *latine* est un archétype de dispositif communicationnel puisqu'elle a été formulée, au milieu du XIXe siècle, pour satisfaire à trois objectifs aussi convergents que contradictoires, proches du trio woltonien « Partager. Convaincre. Séduire. » (Wolton, 2015 : 710). Il s'agit d'abord de *distinguer* le sous-continent de l'Amérique du Nord, anglo-saxonne et protestante, comme le fait dès 1836 le saint-simonien Michel Chevalier. Il est question ensuite de *convaincre* les « Républiques sœurs » à s'unir autour d'un projet fédérateur, comme y aspirent, à la suite des *libertadores* de la première heure, l'homme politique chilien Francisco Bilbao ou le poète colombien José Maria Caicedo, dans *Las dos Américas* (Velut, 2022 : 11). Il faut, enfin, *justifier* le projet impérialiste de Napoléon III qui, en 1862, décrète cette latinité pour donner à la France une nouvelle légitimité coloniale (Ramírez *et al.*, 2012 : 42).

Le terme même porte en lui tous les attributs de ce que l'on pourrait nommer une *incommunication performative* ou comment une énonciation quelque peu rapide devient un acte perlocutoire qui induit et provoque des réalités du fait de sa simple émission (Austin, 1970). Au singulier donc, unifiant, il désigne une sous-partie d'un continent, en opposition à un territoire dominant. « Mal nommer un objet, c'est ajouter aux malheurs de ce monde » écrivait Camus (2006 : 908) : souvent citée, cette formule pourrait avoir été pensée pour l'Amérique latine, tant cet « Extrême-Occident » (Rouquié, 1987) a été ballotté au rythme d'une histoire globale, dont le cours lui a souvent échappé et qui a longtemps été écrite depuis d'autres latitudes[1]. En somme, cette région semblerait condamnée à exister comme un agrégat uniforme et à se développer, non pas seulement « à l'ombre des dictatures » (Rouquié, 2010), mais sous la coupe de ses colonisateurs et de son grand voisin du Nord ; ce que rappellent avec force les mots du prêtre péruvien Gustavo Gutiérrez, père de la théologie de la libération, décédé l'année dernière[2], qui évoque un « sous-continent de l'oppression et du pillage » (Gutiérrez, 1974 : 11). C'est d'ailleurs pour renverser la persistance de ce « colonialisme structurel » (Colin, Quiroz, 2023 : 37 et 197) qu'une nouvelle génération de chercheurs et d'intellectuels dénomment désormais l'Amérique latine *Abya Yala*, ou « terre de pleine maturité », dans le dialecte du peuple Kuna (Panama).

Le chaudron de l'incommunication : de l'unité au malentendu

Certes, l'Amérique latine est le seul territoire de cette envergure à faire montre d'une si grande cohérence et d'un ensemble de caractéristiques homogènes, facilement observables et suffisamment structurantes pour être identificatoires. Ses limites territoriales sont bien définies et s'étendent de la Terre de Feu à la frontière mexicano-étatsunienne sur plus de 20 millions de km², soit le double de l'Europe. Ses 650 millions d'habitants sont unis par deux langues majoritaires, une religion dominante et une histoire aux grandes étapes similaires (Arellano, 2012). De surcroît, ses cultures esthétiques peuvent être étudiées au sein d'une histoire de l'art latino-américaine qui fait globalement consensus (Acha, 2008). Par ailleurs et quand bien même elle se caractérise par une « violente forme de paix[3] », la région n'a pas été déchirée par des conflits d'une si forte intensité que les guerres séculaires ou internationales observables en Europe. Aussi s'étonne-t-on souvent de retrouver « la même atmosphère d'une capitale à une autre séparée par près de 8 000 kilomètres et neuf heures d'avion » (Rouquié, 1987 : 27).

En outre, historiquement associé au réalisme magique ou au tropicalisme, l'imaginaire latino-américain fonctionne à plein. Tandis que le baroudeur « fait » l'Amérique latine, l'étudiant de lettres se penche sur ces romans aux titres aussi évocateurs que *Cent Ans de solitude*, *La Maison aux esprits* ou *Le Cœur cousu*. De manière générale, on valorise ces univers exotiques, voire on adule ces anti-héros latinos, barons de la drogue ou entrepreneurs de violence, grâce aux représentations visuelles mondialisées qui parviennent à mythifier jusqu'aux univers les plus interlopes ou à rendre attrayants les territoires les moins fréquentables. Pour le meilleur comme pour le pire, l'Amérique latine se prête aux projections intellectuelles et aux stéréotypes culturels.

En politique, la région a été le terreau des grandes utopies, des mouvements transversaux et des modèles d'organisation collective. Du républicanisme émancipateur (avec Haïti comme modèle en 1804) au néolibéralisme débridé (aboutissant à la crise argentine de 2001), en passant par le positivisme comtien (celui de l'« ordre et du progrès » [*Ordem e Progresso*] de la devise brésilienne), la théorie de la libération, le développementalisme ou aujourd'hui le décolonialisme, l'Amérique latine reste cet espace de fusion et de confusion des modèles, où s'exprime une « réalité augmentée[4] ». En ce sens, elle est bel et bien un chaudron ou, pour emprunter à la synecdoque, s'avère assimilable à l'un de ses propres « volcans » (Gaudichaud, 2008) que l'on entend gronder tout le long de la dorsale andino-pacifique, à l'instar du Villarica (Chili), du Sangay (Équateur) – littéralement « celui qui fait peur » en quechua –, du bien nommé Fuego (Guatemala) ou de l'imprononçable Popocatepetl (Mexique) – la « montagne fumante » en nahuatl.

Dès le début du XIXe siècle, l'Amérique latine fut le berceau de projets unionistes ambitieux. Pour autant, ces derniers n'ont jamais abouti, alors qu'ils reposaient sur le constat d'une homogénéité culturelle non observable à cette échelle ailleurs dans le monde, donc sur une facilité communicationnelle inédite. Alors que toutes les tentatives fédératrices, qu'elles soient utopiques ou autoritaires, ont échoué, que les sous-blocs régionaux ne cessent de se composer et de se recomposer, force est de constater que cette apparente prédisposition à une communication homogène sur un aussi vaste territoire n'est pas nécessairement un atout en faveur de l'union politique (Turbet Delof, 2022). Pour emprunter au vocabulaire de Dominique Wolton (2019), la région se regarde ainsi plus comme le territoire de l'*incommunication* (du fait des asymétries structurelles et des difficultés de coopération) que celui de l'*acommunication* – notion désignant l'impossibilité du dialogue et la rupture belliciste. Cela pourrait-il être du au fait que « l'Amérique latine existe, mais seulement par opposition et du dehors », comme l'assène Alain Rouquié (1987 : 18) ? Si « les latino-américains en tant que catégorie ne représentent aucune réalité tangible au-delà de vagues extrapolations ou de généralisations lâches », serait-il alors possible d'affiner notre focale afin d'appréhender ce que serait une Amérique latine *au pluriel* ?

Un continent au pluriel, entre projections et représentations

Au pluriel, le sous-continent apparaît comme un assemblage « classique » d'États-nations, fruit d'une histoire politique qui vit des territoires se dessiner au lendemain des luttes pour l'indépendance contre les couronnes espagnole et portugaise. C'est d'ailleurs dans les Amériques coloniales que l'on trouverait les racines du nationalisme politique, comme l'a montré Benedict Anderson, à qui l'on doit la célèbre notion de « communautés imaginées[5] ». Pourtant, le concept de « nation », entendu dans son sens idéal-typique européen[6], n'en reste pas moins relativement étranger à l'Amérique latine. À bien des égards, « la formation des nations [y] est largement artificielle. Toute la difficulté pour les jeunes républiques fraichement émancipées a consisté à bâtir des identités prétendument singulières sur la base d'une même *nationalité* originelle » (Larrouqué, 2023 : 88). Si la question de la représentation et de la différenciation des identités se posaient déjà au XVIIIe siècle (Sá e Melo Ferreira, 2024), ces constructions nationales ont été des processus complexes et chaotiques qui font écho à une instabilité constitutionnelle et politique presque proverbiale. Des albums d'Hergé (*L'Oreille cassée*, 1937 ; *Tintin et les Picaros*, 1976) ou de Franquin – qui invente la Palombie en 1951[7] – aux films d'un Costa-Gavras (*État de siège*, 1972) ou d'un Woody Allen (*Bananas*, 1971), en passant par certains romans (à l'instar de *L'Homme à cheval* [1943] de Drieu La Rochelle), l'Amérique latine se déploie dans nos imaginaires collectifs comme celle des *pronunciamientos* et des bruits de bottes.

Pour autant, la quête d'une « unité » bâtie autour de ce qui ferait l'exceptionnalité endogène de chaque nation n'en demeure pas moins une constante de l'histoire latino-américaine. De célèbres épisodes ont ainsi montré la capacité des États à utiliser les images et les représentations à des fins d'unification politique. Ce fut le cas par exemple de la conception, en 1964, du parcours d'exposition du Musée national d'anthropologie de Mexico, qui, selon Nestor García Canclini, « offre aux étrangers, et surtout à la nation, le spectacle de son histoire comme base de son unité et de sa conscience politique » (García Canclini, 2001 : 177). Ce type d'instrumentalisation fut également très fort au sortir des régimes autoritaires. Par exemple, le Chili importa un iceberg pour le représenter à l'Exposition universelle de Séville en 1992 ! En pleine transition démocratique, le pays voulait s'offrir, selon Nelly Richard, une image lisse, sans aspérités, « une blancheur naturelle et impolluée » (Richard, 1998 : 176), ou, selon le sociologue Tomás Moulian, « représenter l'inauguration en société du Chili Nouveau, nettoyé, sanitarisé, purifié par la longue traversée de la mer. Dans l'iceberg il n'y avait aucune trace de sang, de disparus » (Moulian, 1997 : 41).

Les Amérique latines ou les tensions créatrices

En quelque sorte, on assisterait à un double conflit des représentations. D'une part, la dénomination collective du sous-continent semble abusivement homogène, escamotant les histoires, les particularismes et les frontières, géographiques, politiques, symboliques ou imaginaires. D'autre part, les identités nationales, tantôt proclamées, tantôt imposées, semblent difficilement juxtaposables avec les appartenances historiques, sociales, ethniques ou ressenties.

L'Amérique latine semble vivre des réalités contradictoires, tiraillée entre la complexité de ses identités, des frontières nationales artificielles, une unité fantasmagorique, et des clivages socioéconomiques parmi les plus profonds de la planète (Barrero *et al.*, 2021). Il est vrai qu'au cours de son histoire, la région a été une terre réceptacle de mille influences, dont la plupart ont pris la forme de la violence, de la domination, de l'effacement, de la contrainte, de l'exploitation, reléguant bien souvent les cultures locales au rang de folklore. Son territoire même est davantage organisé en fonction des flux et des liens avec les territoires « influenceurs » que dans une logique de communication interne (Velut, 2022 : 32). Autant d'éléments qui firent affirmer à Eduardo Galeano que « notre région du monde, qu'aujourd'hui nous appelons Amérique latine, fut précoce : elle s'est spécialisée dans la perte depuis les temps lointains où les Européens de la Renaissance se sont précipités pour traverser la mer et lui ont enfoncé les dents dans la bouche » (Galeano, 2021 : 15).

En forme de riposte, l'Amérique latine des XXe et XXIe siècles a su développer ses propres concepts pour se réapproprier cette histoire bâtie sur des identités ébranlées. Elle compte plusieurs figures de proue majeures, défenseuses du « pluri », de l'« inter » et de l'hybridation, à rebours des mythes et récits unifiants et homogénéisants utilisés par les colonisateurs, les gouvernements républicains ou les régimes autoritaires. Aujourd'hui, la quasi-totalité des pays construisent leurs politiques publiques sur la base du concept d'interculturalité (Vich, 2024), repositionnant la diversité culturelle à la hauteur de son importance dans la construction sociale et le quotidien des populations. Aujourd'hui, l'Amérique latine est le foyer des théories décoloniales, qui analysent la domination du schéma de pensée occidental dont elle a fait l'objet depuis des siècles et que l'émancipation politique a paradoxalement contribué à reproduire et prolonger sous des formes plus pernicieuses encore (Colin, Quiroz, 2023). Ces relectures critiques permettent d'appréhender la complexité et les déchirures identitaires et communicationnelles qui parcourent le territoire. Elles aident à mieux comprendre comment tant de lames de fond ont constitué, de manière imposée, cumulative et parfois contradictoire, ces Amériques latines.

Revendiquant une approche pluridisciplinaire, ce numéro d'*Hermès* explore ce continent imaginé dans sa diversité. Il se penche sur l'analyse des *incommunications* d'un territoire qui semble prédisposé à s'unir, afin de mieux saisir les perceptions comme les représentations structurantes, internes et externes, qui ont contribué à forger ses identités multiples. Sans nul doute moins exotique qu'on ne voudrait la croire, l'Amérique latine se prête à des regards scientifiques issus de toutes les disciplines des sciences humaines et sociales – de l'histoire au droit, de la littérature aux études cinématographiques, de la sociologie à la philosophie. En somme, notre ambition collective est d'appréhender les tensions constitutives de ce « continent imaginé », entre unité et diversité, représentations et stéréotypes, nations et identités ou encore conflits et mémoires. Nous n'en oublions pas de rappeler également que l'Amérique latine est une région de contestation et de résistance, mais aussi de circulations et de transferts de conceptions alternatives du monde.

NOTES

1. Le cas de l'historien français Pierre Chaunu est, à cet égard, paroxystique ; lui qui a rédigé, avec sa femme, Huguette, une monumentale histoire (en…12 volumes !) des relations transatlantiques à partir des Archives générales des Indes de Séville, mais – dit-on – sans jamais avoir mis un pied dans la région. Voir, Chaunu, H., Chaunu, P., *Séville et l'Atlantique (1504-1650)*, 12 vol., Paris, S.E.V.P.E.N, 1955-1960. Son *Histoire de l'Amérique latine* aux PUF, dont la première édition remonte à 1949, n'en demeure pas moins un classique (Chaunu, 2014).
2. Voir la rubrique « Hommages » de ce numéro.
3. Miguel Centeno (2002 : 35) use de cette formule pour désigner la conjoncture spécifique à l'Amérique latine, marquée par un faible niveau de violence externe (peu de conflits inter-étatiques), mais un très haut niveau de violence interne (attisée par les mouvements insurrectionnels, les guérillas ou encore les gangs).
4. La formule revient à Alain Rouquié lors d'un entretien accordé à notre revue (Larrouqué, Gruson, 2023 : 205)
5. Pour une mise en perspective critique, voir Chivallon (2007).
6. Comme le rappelle Anne-Marie Thiesse (2001 : 14), « la nation naît d'un postulat et d'une invention. Mais elle ne vit que par l'adhésion collective à cette fiction ». En somme, elle est à la fois un idéal, une instance protectrice et une abstraction au service d'un intérêt collectif.
7. Pour plus d'informations sur les conceptions de l'Amérique latine dans la bande-dessinée, voir Musset (1999).

RÉFÉRENCES BIBLIOGRAPHIQUES

Acha, J., *Las culturas estéticas de América Latina*, México, Trillas, 2008.

Arellano, R., *Somos más que siesta y fiesta. Doce mitos y verdades sobre América Latina*, Lima, Planeta, 2012.

Austin, J. L., *Quand dire, c'est faire*, Paris, Seuil, 1970 [1962].

Barrera, O. *et al.*, « Inégalités sociales, identités et structures des clivages politiques en Argentine, au Chili, au Costa Rica, en Colombie, au Mexique et au Pérou (1952-2019) », *in* Gethin, A., Martínez-Toledano, C., Piketty, T., (dir.), *Clivages politiques et inégalités sociales. Une étude de 50 démocraties (1948-2020)*, Paris, Seuil/Gallimard/EHESS, 2021, p. 439-483.

Camus, A., *Œuvres complètes, vol. 1 (1931-1944)*, Paris, Gallimard, coll. La Pléiade, 2006.

Centeno, M. A., *Blood and Debt. War and the Nation-State in Latin America*, University Park, Penn State University Press, 2002.

Chaunu, P., *Histoire de l'Amérique latine*, Paris, PUF, 2014 [1949].

Chivallon, C., « Retour sur la "communauté imaginée" d'Anderson. Essai de clarification théorique d'une notion restée floue », *Raisons politiques*, vol. 3, n° 37, 2007, p. 131-172. En ligne sur <doi.org/10.3917/rai.027.0131>, page consultée le 22 février 2025.

Colin, P., Quiroz, L., *Pensées décoloniales. Une introduction aux théories critiques d'Amérique latine*, Paris, La Découverte, coll. « Zones », 2023.

Galeano, E., *Las venas abiertas de América Latina*, Edición conmemorativa del 50 aniversario, Madrid, Siglo XXI Editores, 2021.

García Canclini, N., *Culturas híbridas. Estrategias para entrar y salir de la modernidad*, México, Mondadori Grijalbo, 2001 [1989].

Gaudichaud, F. (dir.), *Le Volcan latino-américain. Gauche, mouvements sociaux et néolibéralisme en Amérique latine*, Paris, Textuel, 2008.

Gutiérrez, G., *Théologie de la libération*, Bruxelles, Éditions Lumen Vitae, 1974.

Larrouqué, D., « États et nations en Amérique latine », *in* Louault, F., Parthenay, K. (dir.), *Politique de l'Amérique latine*, Bruxelles, Bruylant, 2023, p. 87-140.

LARROUQUÉ, D., GRUSON, C., « L'Amérique est la terre du grand métissage. Entretien avec Alain Rouquié », *Hermès, la Revue*, n° 92, 2023, p. 203-209.

MOULIAN, T., *Chile actual. Anatomía de un mito*, Santiago, LOM-ARCIS, 1997.

MUSSET, A., « Du San Théodoros à Mosquito. L'Amérique latine en bulles », *Cahiers des Amériques latines*, n° 28-29, 1999, p. 22-48.

RAMÍREZ, M. C. *et al.* (eds.), *Resisting Categories: Latin American and/or Latino? Critical documents of 20th-Century Latin American and Latino Art*, Houston, Museum Fine Arts Houston, International Center for the Arts of the Americas, 2012.

RICHARD, N., *Residuos y metáforas: ensayos de crítica cultural sobre el Chile de la transición*, Santiago, Editorial Cuarto Propio, 1998.

ROUQUIÉ, A., *À l'ombre des dictatures. La démocratie en Amérique latine*, Paris, Albin Michel, 2010.

–, *Amérique Latine. Introduction à l'Extrême-Occident*, Paris, Seuil, 1987.

SÁ E MELO FERREIRA, F., « Entre catégories et autoreprésentations : une réflexion sur les identités ethniques, sociales et territoriales dans le monde ibéro-américains (1750-1890) », *in* SÁ E MELO FERREIRA, F. *et al.* (dir.), *Langages de l'identité et de la différence dans le monde ibéro-américain (1770-1890)*, Paris, L'Harmattan, 2024, p. 23-34.

THIESSE, A.-M., *La Création des identités nationales. Europe* XVIII*e*-XX*e* *siècle*, Paris, Seuil, 2001.

TURBET DELOF, Y., « L'incompréhension latino-américaine : quand évidence ne rime pas avec union », *Hermès, la Revue*, n° 90, 2022, p. 131-135.

VELUT, S., *L'Amérique latine*, Malakoff, Armand Colin, 2022.

VENTURA, C., *Géopolitique de l'Amérique latine*, Paris, Éditions Eyrolles, 2022.

VICH, V., « Interrumpir la interculturalidad », *Anthropologica*, vol. 42, n° 52, 2024, p. 222-235.

WOLTON, D. « Communication, incommunication, acommunication », *Hermès, la Revue*, n° 84, 2019, p. 200-205.

–, *La communication, les hommes et la politique*, Paris, Odile Jacob, 2015.

Franck Gaudichaud
Thomas Posado
Pierre Cilluffo Grimaldi
Fernando Stefanich
Laure Guillot Farneti
Cidicley Miranda Dos Santos
Michaël Oustinoff
Camila Lima de Braga
Yohann Turbet Delof
Victor Vich

Partie I. Représentations et imaginaires

Franck Gaudichaud
Université Toulouse Jean Jaurès

Thomas Posado
Université de Rouen Normandie

Invention(s) de l'« Amérique latine »

Lorsqu'en 1492, Christophe Colomb pose le pied dans l'archipel des Bahamas, sur l'île de Guanahani, puis à Cuba, les populations y habitant, aussi bien dans les Caraïbes que dans les terres fermes, appelaient leurs territoires par des noms différents, ce qui laisse penser qu'elles n'avaient pas l'idée d'un continent en tant qu'unité géographique (Ayala Mora, 2013). Plus de cinq siècles plus tard, la dénomination « Amérique latine » reste l'expression la plus courante pour définir et désigner la région, à la fois dans les champs médiatique, diplomatique et académique. Nous voulons, avec cet article, revenir très brièvement sur l'invention de la notion d'« Amérique latine » et les biais de la pensée qu'elle est susceptible de créer encore aujourd'hui.

L'Amérique latine, une notion eurocentrée

L'historien mexicain Edmundo O'Gorman soulignait, en 1958, que l'idée d'Amérique latine est à la fois le produit et l'invention de l'expansion européenne (O'Gorman, 1958). Elle a été construite en Occident à partir d'une perspective fondamentalement coloniale, comme l'a également démontré l'une des principales figures actuelles de l'école théorique décoloniale, l'argentin Walter Mignolo (2007). Au-delà de l'apport central, mais aussi des limites, des approches en termes de colonialité du pouvoir (et des savoirs)[1], il est évident que l'histoire du concept d'Amérique latine s'inscrit résolument dans un héritage impérial. Une vision ne désignant par ailleurs que les parties du continent américain colonisées par des nations supposées « latines », telles que l'Espagne, la France et le Portugal, excluant de fait certaines régions des Caraïbes, de l'Amérique centrale et de l'Amérique du Sud autrefois colonisées par l'Angleterre ou les Pays-Bas.

Mais surtout, cette notion passe sous silence – et plus exactement occulte – la riche histoire multiséculaire des peuples autochtones, encore aujourd'hui très présents – voire majoritaires, malgré la violence de l'expérience coloniale – dans nombre de pays, comme le Guatemala, la Bolivie, l'Équateur, le Mexique et le Pérou : des pays plurinationaux qui peuvent difficilement être considérés comme « latins »… Une telle conception exclut aussi les populations afro-descendantes, issues de la mise en esclavage de millions de personnes et du commerce triangulaire entre les XVIe et XIXe siècles, et ce, malgré l'influence politique et culturelle essentielle qu'elles ont eue, et ont toujours, dans la région.

Les termes utilisés à l'époque de la conquête, puis à l'époque coloniale, pour désigner le continent témoignent déjà de l'ethnocentrisme européen : ainsi des expressions comme « Nouveau Monde » ou « Indes Occidentales ». En effet, Colomb était persuadé d'atteindre l'Asie et de « découvrir » des terres qui étaient pourtant déjà bien connues par les dizaines de millions de personnes qui y vivaient. La dénomination même d'« Amérique », on le sait, n'est pas moins qu'une référence directe au prénom du navigateur italien Amerigo Vespucci qui, en 1504, fut le premier à comprendre l'immensité et la singularité de cette « quatrième partie du monde » qui n'était pas l'Asie.

La popularisation du terme « Amérique » remettait alors en question l'exclusivité de l'Espagne sur ces nouveaux territoires, notamment face au concept d'« hispanité », qui légitimait la colonisation. Trois siècles plus tard, durant les guerres d'indépendance, entre 1810 et 1825, les indépendantistes créoles qui voulaient se libérer de la domination espagnole ont commencé à utiliser le gentilé « Américains » pour signifier leur rejet de la puissance colonisatrice.

Origines du terme « Amérique latine »

Cette Amérique nouvellement indépendante est baptisée de différentes manières : d'abord « espagnole » puis « méridionale », comme la désigne entre autres Simón Bolívar, sans que cette acception ne s'impose véritablement. Les premiers à utiliser le terme « Amérique latine » sont à la fois des intellectuels latino-américains et des idéologues proches de Napoléon III, tel Michel Chevalier, mais chacun avec des perspectives différentes (Chevalier, 2012 [1838]). Cette notion sert alors à la distinguer de l'Amérique anglo-saxonne et protestante, soit les États-Unis, qui affirment leur hégémonie croissante et agrandissent notablement leur territoire aux dépens du Mexique, qui perd la moitié de sa superficie, lors de la guerre mexicano-étatsunienne de 1846-1848. Cette Amérique « latine » fait aussi contrepoids à l'expression, jusqu'alors largement acceptée, d'Amérique « hispanique » ou « ibérique », incluant la culture française qui connaît une large diffusion dans le sous-continent – de la Révolution française, dont les principes ont inspiré de nombreux indépendantistes, au positivisme d'Auguste Comte qui a offert au Brésil sa devise « Ordre et progrès », en passant par l'idéal (parfois mythifié) des Lumières.

La diaspora intellectuelle à Paris commence, elle aussi, à revendiquer une telle distinction, comme l'homme politique et poète dominicain, Francisco Muñoz del Monte, en même temps qu'elle en diffuse une vision humaniste et universaliste. L'écrivain colombien José María Torres Caicedo souligne cette vision dans son poème *Las dos Américas* dès 1857, précédé, la même année, par l'écrivain chilien Francisco Bilbao, lors d'une conférence dans la capitale française où il évoque une « race latino-américaine » opposée aux velléités *yankees* – et ce, alors que les mercenaires de William Walker envahissent le Nicaragua (Estrade, 1998).

Napoléon III tente, à cette époque, de développer le concept de « panlatinisme », soit l'unification des peuples fidèles à l'Église catholique, dont la langue provient du latin et dont la France serait naturellement le chef de file. Tout comme avec le concept d'Amérique « latine », l'empereur s'en sert pour justifier ses intentions expansionnistes. En effet, il tente, avec les conservateurs mexicains, de construire un empire au Mexique entre 1861 et 1867 et d'y installer Maximilien d'Autriche comme empereur, aventure que la menace prussienne en Europe et la farouche résistance nationale des Mexicains condamnent. Ainsi, c'est en partie « grâce » aux ou « à cause » des ambitions impériales de Napoléon III que l'expression « Amérique latine » commence à se diffuser au XIXe siècle (Torres Martínez, 2016). L'Église a également contribué à sa circulation, voyant dans cette dénomination l'opportunité de s'opposer à l'influence protestante. Mais ce n'est qu'après la Seconde Guerre mondiale, en 1948, que le terme a été utilisé pour la première fois pour nommer un organisme international : la Commission économique des Nations unies pour l'Amérique latine (CEPAL, rebaptisée CEPALC en 1985 pour inclure l'aire caribéenne, « latine » seulement pour partie).

Revenir sur les origines de cette identité supposée « latino-américaine » depuis ses héritages coloniaux permet de comprendre le fait que la France a cherché à s'inclure dans ce nouvel espace sous influence européenne. C'est également le cas d'autres puissances occidentales, lorsque, par exemple, l'Espagne et le Portugal organisent, encore régulièrement, des sommets « ibéro-américains ». De même, il faut souligner que Madrid célèbre l'héritage colonial de l'« hispanité » en même temps que les « découvertes » de Colomb, au travers de sa fête nationale placée précisément le 12 octobre[2], commémoration longtemps dénommée « fête de la Race » et que la propagande franquiste a largement revitalisée. Parallèlement, certains politiques, aux États-Unis, ont pu défendre la notion de « panaméricanisme », dont l'Organisation des États américains (OEA) est le legs institutionnel le plus manifeste. Le ministre états-unien chargé des affaires latino-américaines est d'ailleurs toujours connu sous le vocable de « sous-secrétaire d'État chargé de l'hémisphère occidental ».

Que faire de la notion d'« Amérique latine » ?

Les réflexions sur la caractérisation de la région ne s'arrêtent pourtant pas avec la labellisation « Amérique latine ». À la fin du XIXe siècle, le poète et *leader* de l'indépendance cubaine José Martí proposait déjà l'idée de « Notre Amérique – *Nuestra América* » (Martí, 2005 [1891]), marquant le même besoin de distinction de l'Amérique anglo-saxonne que le concept d'« Amérique latine », mais avec un contenu plus affirmé de résistance aux impérialismes espagnol et états-unien. Plus récemment, dans les années 1980, le politiste et diplomate français Alain Rouquié qualifiait le continent, dans son ouvrage référence, *Amérique latine*, « d'Extrême-Occident » (Rouquié, 1987), ce qui ne manquait d'ailleurs pas de certains accents eurocentristes. Il a donné une explication à l'emploi de cette expression, dans un entretien pour *Hermès, la Revue* (Larrouqué, 2022), qu'il voit d'abord et surtout comme une forme de « réalité augmentée ».

Toutefois, les limites du concept d'« Amérique latine » et leur critique sont anciennes. Le *leader* politique péruvien Víctor Raúl Haya de la Torre avait créé le terme d'« Indo-Amérique » dès les années 1920 pour prendre en compte la composante indigène, si essentielle dans son pays (Portocarrero Grados, 2022). À la même période, le *leader* révolutionnaire nicaraguayen, Augusto Sandino, proposait, pour sa part, la notion d'« Amérique indo-latine » (Rojas, 2022).

Ces dernières années, les partisans des perspectives décoloniales et plusieurs organisations autochtones promeuvent l'appellation « Abya Yala », un nom donné au continent par les groupes ethniques Kuna du Panama et de Colombie avant l'arrivée des Européens. Ce nom a également été adopté par d'autres peuples originels, comme les anciens Mayas. Il signifie « terre dans sa pleine maturité » ou, selon les traductions, « terre vivante », « fleurie » ou « généreuse ». Au Brésil et dans ce qui est aujourd'hui le Paraguay, l'Amérique latine était parfois appelée « Pindorama » ce qui, en langue tupí et guaraní signifie « terre fertile » ou « de palmeraies ». Plus récemment, l'expression « Améfrica Ladina », créée par l'intellectuelle afro-brésilienne Lélia González, cherche à mettre en valeur les populations afrodescendantes et métisses, tout en soulignant le rôle des subalternes en général dans la construction des Amériques, dans une perspective féministe intersectionnelle (González, 2015). Si l'usage de ces termes demeure encore assez marginal en dehors des sphères indianistes ou décoloniales, ils ont le mérite de s'affirmer comme une prise de position politique pour revendiquer les multiples origines ethnoculturelles des diverses populations et peuples du sous-continent, ceux-là même qui ont payé un très lourd tribut à l'expansion coloniale européenne.

Conclusion

Face à l'usage devenu courant du terme « Amérique latine », il est *a minima* nécessaire de réfléchir à la construction sociohistorique ambivalente et eurocentrée qui existe derrière ces termes et cette « idée », apparue il y a moins de 200 ans. Selon le philosophe mexicain Leopoldo Zea, l'enjeu serait de parvenir à mettre en évidence combien cette notion participe de la « dissimulation » des peuples et cultures autochtones – et, rajoutons, afrodescendants –, sans nier la filiation « sous tension » du sous-continent avec la culture européenne depuis plus de cinq siècles (Zea, 1953 : 60-61).

L'Amérique latine est une région comportant en son sein d'importantes différences culturelles, ethniques, politiques, sociales et économiques. Toutefois, elle constitue une catégorie géopolitique avec une histoire commune, faite d'invasions d'abord, de colonialisme ensuite, de dépendance enfin, mais aussi de syncrétismes, d'acculturation et d'hybridations culturelles multiples.

Il nous semble nécessaire d'au moins utiliser le pluriel pour souligner la diversité *des* Amériques latines. L'Institut des hautes études de l'Amérique latine (IHEAL-Sorbonne Nouvelle) publie ainsi, depuis 1985, une revue intitulée *Cahiers des Amériques latines*[3]. Il serait néanmoins préférable d'opter pour un terme plus inclusif en parlant, par exemple, « des Amériques et des Caraïbes indo-afro-latines », sans oublier que la région est également riche de migrations asiatiques (hindoues, chinoises et japonaises au Mexique, au Brésil, au Pérou) ou moyen-orientales (syriennes, libanaises et palestiniennes au Chili, au Honduras et en Argentine).

En ce sens, penser les limites de ce terme et ses apories pourrait aider à réfléchir, à nouveaux frais, à la revendication d'une conception « pluriverselle » (Bourguignon, Colin, 2016) et plus égalitaire du monde, opposée aussi bien à l'eurocentrisme colonial qu'à un universalisme abstrait trop souvent mis au service des puissances occidentales impérialistes.

NOTES

1. Pour une présentation synthétique des approches décoloniales, voir Colin et Quiroz (2023). Et pour des critiques argumentées de celles-ci voir Cahen (2024) et Collectif (2024).
2. Date de la « découverte » des Amériques par Christophe Colomb.
3. Voir l'introduction du numéro anniversaire (2022).

RÉFÉRENCES BIBLIOGRAPHIQUES

Ayala Mora, E., « El origen del nombre América Latina y la tradición católica del siglo XIX », *Anuario Colombiano de Historia Social y de la Cultura*, vol. 40, n° 1, 2013, p. 213-241.

Bourguignon, C., Colin, P., « De l'universel au pluriversel. Enjeux et défis du paradigme décolonial », *Raison présente*, vol. 3, n° 199, 2016, p. 99-108.

Cahen, M., *Colonialité. Plaidoyer pour la précision d'un concept*, Paris, Karthala, 2024.

Chevalier, M., *Des intérêts matériels en France : Travaux publics. Routes, canaux, chemins de fer*, Paris, Hachette BNF, 2012 [1838].

Colin, P., Quiroz, L., *Pensées décoloniales. Une introduction aux théories critiques d'Amérique latine*, Paris, La Découverte, 2023.

Collectif, *Critique de la raison décoloniale. Sur une contre-révolution intellectuelle*, Paris, L'Échappée, 2024.

Comité de rédaction, « Les *Cahiers des Amériques latines* à l'heure des sciences ouvertes », *Cahiers des Amériques Latines*, n° 100-101, 2022, p. 17-33. En ligne sur <doi.org/10.4000/cal.15220>, page consultée le 23 décembre 2024.

Estrade, P., « Del invento de América Latina en Paris por Latinoamericanos (1856-1889) », *in Actas del XXVIII Congreso de la Sociedad de Hispanistas Franceses* (S. H. F.), Nanterre, Université Paris X-Nanterre, Centre de recherches ibériques et ibéro-américaines, 1998.

Gonzalez, L., « La catégorie politico-culturelle d'amefricanité », *Les Cahiers du CEDREF*, n° 20, 2015. En ligne sur <doi.org/10.4000/cedref.806>, page consultée le 23 décembre 2024.

Larrouqué, D., « Entretien avec Alain Rouquié : "L'Amérique latine est la terre du grand métissage" », *Hermès, la Revue*, n° 92, 2022, p. 203-209.

Martí, J., *Nuestra América*, Caracas, Biblioteca Ayacucho, 2005 [1891].

Mignolo, W. D., *La idea de América Latina. La herida colonial y la opción decolonial*, Barcelone, Gedisa, 2007.

O'Gorman, E., *La invención de América*, México, Fondo de cultura económica, 1958.

Portocarrero Grados, R., « El concepto de Indoamérica en Víctor Raúl Haya de la Torre, 1924-1945 », *Revista Del Archivo General de la Nación*, vol. 37, 2022, p. 119-136.

Rojas, R., « Sandino, Guiteras y las variantes del nacionalismo revolucionario », *Latinoamérica. Revista de estudios Latinoamericanos*, n° 75, 2022, p. 11-38.

Rouquié, A., *Amérique Latine. Introduction à l'Extrême-Occident*, Paris, Seuil, 1987.

Torres Caicedo, J. M., « Las dos Américas », *El Correo de Ultramar*, 15 février 1857. En ligne sur <filosofia.org/hem/185/18570215.htm>, page consultée par le 23 décembre 2024.

Torres Martínez, R, « Sobre el concepto de América Latina. ¿Invención francesa ? », *Cahiers d'études romanes*, n° 32, 2016. En ligne sur <doi.org/10.4000/etudesromanes.5141>, page consultée 23 décembre 2024.

Zea, L., *América como conciencia*, México, Universidad Nacional Autónoma de México, 1953.

Pierre Cilluffo Grimaldi
GRIPIC – CELSA Sorbonne Université
PHEEAC – Université des Antilles

La fantasme de l'Amérique latine, entre « désert humain » et « vide paradisiaque »

La « terra incognita » d'Amérique latine, convoitée par les Européens pendant des siècles, continue à s'appréhender à travers des images héritées d'un passé colonialiste et se reflète dans l'imaginaire et les représentations de deux territoires symboliques : l'Amazonie et la Caraïbe. L'image du « bon sauvage » et certaines variantes néocolonialistes peuplant un soi-disant « désert humain » dominent l'imaginaire occidental encore de nos jours, l'acceptation populaire de ce mythe étant permise par le contexte représentationnel ancré et problématique du « désert humain ». Il s'agit ici d'étudier la permanence de cette figure et sa réactualisation médiatique en « bon sauvage écologiste », dessinant des « tropiques écologiques » mythiques. Cette étude de l'imaginaire amazonien contemporain en Occident a vocation à désenvoûter la vision de certaines des problématiques socio-économiques de ces territoires.

L'objectif de cet éclairage croisé des imaginaires occidentaux Amazonie / Caraïbe permet de démontrer que les dynamiques du regard néocolonialiste sont globalisatrices et qu'elles mélangent les espaces dans un fourre-tout d'*exotisation.*

Alors que ces zones sont immenses et hétérogènes, l'analyse nécessite une référence « méta » aux zones géographiques pour rester cohérent avec l'espace globalisateur des imaginaires. Nous utilisons ainsi le concept de « territoire symbolique » comme base de notre réflexion. Celui-ci peut avoir des limites floues des espaces et cultures variés, mais implique toujours une reconnaissance sociale de la réalité du territoire par ses propres populations : les « territoires symboliques » sont donc des sujets d'affects collectifs. L'Amazonie épouse cette définition : c'est un territoire reconnu socialement comme tel dans ses zones de savanes, ses forêts ombrophiles, ses montagnes ou tepuis (comme le Mont Roraima ou la zone ando-amazonienne), ses villes urbanisées (Belém, Iquitos, Manaus, etc.), ses îles fluviales, sa mangrove ou à la lisière de sa forêt sur les plages de la côte atlantique. Il y a une grande diversité de réalités géographiques et sociales autour de ce majestueux territoire, de même dans la Caraïbe.

Imaginaire du « vide humain » et du « désert vert » amazonien

Historiquement et encore de nos jours, l'imaginaire amazonien occidental reste dominé par la vision démographique de quelques indigènes, des « bons sauvages », vivant seulement en petits villages isolés. C'est une méconnaissance et un certain mépris de la richesse des civilisations présentes avant l'arrivée des colons européens. La figure du « sauvage » féroce et cannibale fut dans un premier temps déconstruite avec brio au sein de *Tristes Tropiques* (Lévi-Strauss, 1955). Cette image se fait désormais plus discrète dans les esprits occidentaux, sa valeur problématique étant tout à fait reconnue dans nos sociétés. Mais son ombre rose, le « bon sauvage », est une figure toujours d'actualité, se renforçant par certains discours méta-politiques et œuvres populaires, le « bon sauvage » étant devenu progressivement un « bon sauvage écologiste ». En effet, l'analyse d'une certaine « anthropologie du cinéma » prouve l'importance de cette figure dans la culture populaire depuis la fin du XXe siècle (Bartra, 2018), au-delà du cas emblématique d'*Avatar* (de Soto, 2012). Cette popularité en Occident montre qu'il existe aussi un certain état d'esprit et regard des réalisateurs hollywoodiens (Mihura et Ximena, 2019) sur l'Amérique latine et sa colonisation, comme c'est le cas, par exemple, dans *Apocalypto* de Mel Gibson. Ils entretiennent le mythe d'une vie sauvage « pure » et « non corrompue » par la société au contact de la nature, dans un vide humain et culturel.

Au contraire pourtant, les chiffres témoignent d'une population autochtone relativement nombreuse, avec des civilisations complexes, loin de l'idée de quelques villages isolées. Comme le rappelle la chercheuse brésilienne Isabelle Lustosa (2014) :

> Les estimations varient de quelques centaines de milliers d'individus à plusieurs millions. En fait, nous ne disposons pas d'informations chiffrées précises et fiables sur ce sujet. Tout ce que nous savons, c'est qu'il y avait deux grands types de populations indigènes à l'arrivée des Portugais : les Tupinambas vivant sur la côte, les Tapuyas (« les autres » en langage Tupinambas) établis plus en profondeur dans le pays. La guerre entre ces deux groupes d'individus était féroce.

De manière plus précise, des études vont même jusqu'à évoquer la présence de 60 millions d'indigènes (Koch, 2019) à l'arrivée des colons.

L'idée de « vide démographique » ou de simples petites communautés isolées ne repose sur aucun document historique établi à l'arrivée des colons. C'est davantage une preuve du mépris colonialiste à l'égard des populations locales. Aussi, il est légitime de se demander d'où provient cette idée de « vide démographique » dans l'imaginaire occidental. Pas des premiers récits, puisque ceux des voyageurs comme Francisco de Orellana ou Gaspar de Carvajal, qui ont descendu l'Amazone aux XVIe et XVIIe siècles, font état de populations importantes, de milliers de personnes et de grands villages étendus, décrits comme à moins d'une demi-heure de marche les uns des autres (Mendes dos Santos, 2000). Néanmoins, les maladies apportées par les colons, les guerres et l'esclavagisme ont décimé les populations locales dans un véritable génocide. Au XIXe siècle, les Européens se rendent à nouveau en Amazonie intérieure à la recherche d'opportunités économiques. Ils observent que la région est dorénavant relativement peu habitée autour du fleuve. Ils construisent et mettent en récit l'impression de vide sans remémorer et mentionner l'effet dramatique des incursions de leurs ancêtres quelques siècles auparavant. Cette permanence de l'idée de vide démographique se retrouve aussi dans l'imaginaire néocolonialiste d'autres territoires au moment de leurs conquêtes, particulièrement dans les Amériques.

Selon le chercheur Guillermo Kozlowski (2018), l'imaginaire de la conquête du désert, de la conquête de l'Ouest, toujours vivace de nos jours, contribue à donner une image en grande partie erronée du colonialisme, un construit qui oublie le corps social et les terribles actions des colons sur ces territoires habités, tout en les exotisant, et niant leur permanence dans le néocolonialisme du XXIe siècle :

> Il existe une image archaïque de la colonisation, qui la fait passer pour une réalité d'un autre temps : c'est une image chargée d'inquisition, de religion, de baroque, de lourdes administrations. Elle en éclipse, avec ses couleurs criardes, une autre plus terne, qui ne demande d'ailleurs qu'à passer inaperçue. Une image moderne, fabriquée par des savants, des humanistes, des artistes, qui s'est particulièrement développée à la fin du XIXe siècle dans les conquêtes du désert, proliférant ensuite dans toutes sortes de territoires. C'est peut-être en la regardant de plus près qu'apparaîtra la continuité du colonialisme.

La France a elle-même représenté, dans ses propagandes par le passé et dorénavant dans les livres d'histoire, les territoires à coloniser comme des « déserts humains ». En effet, à notre grande surprise, nous retrouvons des traces de cet imaginaire néocolonialiste sur le « désert » amazonien dans les programmes scolaires en France au XXIe siècle. Nous le voyons ici symboliquement sur cette affiche de propagande de la colonisation sous les tropiques (Figure 1). Au niveau iconique, le soldat plante le drapeau conquérant de la France sur Madagascar, représentée sous les allures d'un vrai désert, couleur de sable, alors que l'île a en réalité, en son cœur, une forêt tropicale riche.

Figure 1 – Affiche de propagande coloniale, 1895, H. Galli.

De la même manière, nous observons une représentation coloniale de la Guyane, avec notamment des éléments iconographiques du désert pour évoquer l'Amazonie (Figure 2). Ce territoire serait alors un désert de populations, mis en image suivant les caractéristiques du vrai désert de sable, justifiant la colonisation et l'envoi de populations sur place. De même au Brésil, un siècle plus tard, la dictature (1964-1985) multiplia les propagandes autour d'une Amazonie « terre de conquêtes » ou « plus grand pâturage au monde » (Cilluffo Grimaldi, 2024) avec une formule restée célèbre : « Une terre sans homme pour des hommes sans terre ! » (dos Passos, 2019). Aujourd'hui encore, le sensationnalisme et la simplification de la réalité pourtant complexe de l'Amazonie incitent à parler de « désert humain ». Une représentation traversant les siècles et renforçant la déterritorialisation de l'Amazonie autour de l'idée de vide humain, d'un territoire en dehors du social. En outre, l'Amazonie est aussi vue comme un « désert vert », une forêt impénétrable, romancée en « enfer vert » par les premiers explorateurs, donc marginalisée par l'Occident.

Figure 2 – « Punir et partir » – Représentation du bagne en Guyane, collection de l'historien André Bendjebbar, non datée.

Et pourtant, à titre de comparaison, l'Amazonie a un peuplement plus élevé de nos jours que l'ensemble des pays scandinaves… Ainsi, sa population est passée de 5 millions à environ 30 millions d'habitants entre 1960 et 2020, soit une multiplication par six en 60 ans. En 2012, selon le recensement officiel au Brésil, sur les 19 villes brésiliennes dont la population a doublé au cours de la dernière décennie, 10 se trouvaient en Amazonie (Romero, 2012). L'Amazonie est ainsi devenue une « forêt urbanisée », d'après la formule paradoxale de la géographe Bertha Becker (Cardoso, 2023). Il est alors évident que la mise en récit internationale de l'Amazonie, et plus largement du Brésil, est problématique, avec une exotisation de ces territoires, associée au registre du plaisir autour d'éléments caricaturaux du divertissement ou du folklore (Buarque, 2019), mais jamais de façon respectueuse et dans une reconnaissance de l'altérité.

Îles paradisiaques de la Caraïbe et négation du social

Les mêmes images stéréotypées dépeignent la Caraïbe dans nos imaginaires occidentaux, notamment poussées par la caricature d'un refuge paradisiaque vide, hors du temps et propice à l'hédonisme, valorisée entre autres par l'industrie du tourisme mondial (Echtner, 2010).

Cette affiche du milieu du XXe siècle de la compagnie états-unienne de croisières, Grace Line, est une belle illustration de cette représentation du « paradis tropical » (Figure 3). Elle reprend un imaginaire exotique néo-colonialiste d'une île édénique des tropiques. Pourtant, cette île n'est pas seulement une réalité géographique, c'en est aussi une symbolique. Elle pourrait tout autant se situer loin de la Caraïbe, comme on le voit dans les images du débarquement de Louis-Antoine de Bougainville à Tahiti. C'est finalement un territoire où il suffirait de poser pied à terre en respirant l'insouciance, c'est-à-dire dans une attitude dominante, pour trouver un bonheur hédoniste et nostalgique. Cette affiche rappelle ainsi que cette « évasion » contrôlée n'est qu'une parenthèse, puisque le bateau confortable et moderne en arrière fond attend le retour des touristes. Ce « paradis tropical » est ainsi un espace tourné vers une pure exotisation sans lendemains. Ici, seuls les touristes ont l'air de peupler l'île, un « vide humain » mis en lumière, là encore, par la couleur sable, différente cette fois-ci, associée à la plage immaculée, lénifiante et parfois festive. D'ailleurs, les représentations actuelles du tourisme de masse au XXIe siècle continuent à essentialiser ces îles à leurs plages « instagrammables » aux couleurs chatoyantes.

Ainsi, dans la Caraïbe, comme en Amazonie, il se dégage l'idée caricaturale d'un « paradis tropical sans personne » ou d'un « éden vierge » *ad vitam aeternam*, coupé du monde moderne. Pire, les quelques populations présentes dans ce vide humain seraient des êtres mythiques, du « bon sauvage » à la « femme des îles », non sans un certain sexisme (Andry 2023), présent notamment dans les contenus publicitaires touristiques. Un effort de conscientisation doit être mené pour faire évoluer ces représentations, en particulier dans la culture populaire, que cela concerne le cinéma (Lizarazo et Alfonso, 2013) ou le *branding* de l'industrie du tourisme de masse.

Figure 3 – Grace Line, « Croisières », Carl G. Evers, 1961.

Enfin, cette réduction du territoire à un décor de tourisme de masse nie aussi le « vivre ensemble » de ces espaces de mixité, de créolisations et de tensions sociales. À cet égard, Nicole D'Almeida (2005) souligne que : « l'environnement n'est pas une donnée, un simple milieu ou décor de la vie humaine, mais une construction théorique dans laquelle se jouent et se discutent les conditions du vivre ensemble ». L'étude des imaginaires sur une nature symbolique permet, selon nous, de mettre en avant la diversité de ces réalités du « vivre ensemble », de rompre avec la simplicité d'une représentation de l'environnement comme un vulgaire « décor de la vie humaine », oublieux de la réalité sociale de territoires en premières lignes du dérèglement climatique et des logiques inflationnistes mondiales.

En conclusion, les fondations de la permanence du regard néocolonialiste en Occident sur l'Amérique latine et particulièrement certains territoires symboliques fantasmés sont encore tout à fait visibles : Amazonie mythologique sans coexistence sociale au-delà du « bon sauvage », île paradisiaque « désertique » des Caraïbes. La marchandisation touristique et ses artifices de communication ou de publicité s'exposent à des risques de réactualisation de stéréotypes néocolonialistes dans une nostalgie romantisée. Notre analyse critique ne signifie pas que l'ensemble des acteurs sont concernés au même niveau ou que des progrès sont inexistants, mais la conscientisation en est encore à ses débuts. À l'avenir, le discours occidental doit être repensé, non comme un simple fait de communication, mais comme un acte empreint de violence symbolique dans des situations de mémoires partagées du colonialisme.

RÉFÉRENCES BIBLIOGRAPHIQUES

Andry, M., « L'altérité dans les guides touristiques consacrés à l'insularité », *Glottopol*, n° 39, 2023. En ligne sur <doi.org/10.4000/glottopol.3866>, page consultée le 4 décembre 2024.

Bartra, R., *Los salvajes en el cine*, Fondo de Cultura Económica, México, 2018.

Buarque, D., « Brazil Is Not (Perceived as) a Serious Country : Exposing Gaps Between the External Images and the International Ambitions of the Nation », *Journal for Brazilian Studies*, vol. 8, n° 1-2, 2019. En ligne sur <tidsskrift.dk/bras/article/view/112957/165990>, page consultée le 4 décembre 2024.

Cardoso, A. C. D., dal'Asta, A. P., Vieira Monteiro, A. M., « What is the Urban in Contemporary Amazon? Implications for Health Surveillance in the Biome », *Cadernos de Saúde Pública*, vol. 39, n° 9, 2023. En ligne sur <doi.org/10.1590/0102-311XEN129723>, page consultée le 4 décembre 2024.

Cilluffo Grimaldi, P., « Brésil et utopie de progrès en Amazonie : une historiographie », *Hérodote.net*, 2024. En ligne sur <herodote.net/club/Bresil_et_utopie_de_progres_en_Amazonie_une_historiographie-71.php>, page consultée le 4 décembre 2024.

D'Almeida, N., « De l'environnement au développement durable, l'institution d'un objet et la configuration d'une question », *Communication et organisation*, n° 26, 2005, p. 12-24. En ligne sur <doi.org/10.4000/communicationorganisation.3268>, page consultée le 4 décembre 2024.

de Soto, H., « L'Amazonie n'est pas *Avatar* », *in* OCDE, *Coopération pour le développement 2011 : Édition spéciale « 50e anniversaire »*, Paris, Éditions OCDE, 2011, p. 89-101. En ligne sur <oecd-ilibrary.org/docserver/dcr-2011-12-fr.pdf?expires=1733322685&id=id&accname=guest&checksum=93A64582F48E0B3AE268FACB0706B2F7>, page consultée le 4 décembre 2024.

Dos Passos, M. M., « BR-163 : "homens sem terra" para "a terra sem homens" », *Cadernos de Geografia*, n° 39, 2019, p. 41-53.

Eduscol, « Progressions pour le cours élémentaire deuxième année et le cours moyen », Ministère de l'Éducation nationale, 2012. En ligne sur <cache.media.eduscol.education.fr/file/Progressions_pedagogiques/76/1/Progression-pedagogique_Cycle3_Geographie_203761.pdf>, page consultée le 5 décembre 2024.

Echtner, C., « Paradise Without People : Exclusive Destination Promotion », *Tourism Culture & Communication*, vol. 10, n° 2, 2010, p. 83-99.

Kozlowski, G. « Conquérir le désert. De l'actualité du colonialisme », *La Revue Nouvelle*, vol. 1, 2018, p. 36-44.

Koch, A., Brierley C., Maslin, M. M., Lewis, S. L., « Earth System Impacts of the European Arrival and Great Dying in the Americas After 1492 », *Quaternary Science Reviews*, 2019, p. 13-36.

Lizarazo, L., Alfonso, C., « Exotisation ou néo-exotisme dans la Grande Caraïbe hispanique. Indices d'un processus hégémonique culturel dans le cinéma de fiction contemporain », *Cinémas d'Amérique latine*, n° 21, 2013, p. 150-161. En ligne sur <doi.org/10.4000/cinelatino.343>, page consultée le 5 décembre 2024.

Lustosa. I., Entretien, *in* Montagu-Williams, P., *Brésil, dans les pas du géant*, Bruxelles, Éditions Nevicata, coll. « L'âme des peuples », 2014.

Mendes dos Santos, I., *La Découverte du Brésil. Les premiers témoignages (1500-1530)*, Paris, Chandeigne, 2000.

Mihura, M., Ximena, M., « Mel Gibson y su visión de América antes de la llegada de los europeos en el cine de Hollywood », 1º Congreso Internacional de Ciencias Humanas, Grand Buenos Aires, Université nationale de San Martín, 2019. En ligne sur <aacademica.org/1.congreso.internacional.de.ciencias.humanas/1492.pdf>, page consultée le 5 décembre 2024.

Romero, S. « Swallowing Rain Forest, Cities Surge in Amazon », *New York Times*, 2012. En ligne sur <nytimes.com/2012/11/25/world/americas/swallowing-rain-forest-brazilian-cities-surge-in-amazon.html>, page consultée le 5 décembre 2024.

Fernando Stefanich
CY Cergy Paris Université
Héritages (UMR 9022)

Imaginaires latino-américains en tension : *malinchisme* et *bon-révolutionnarisme*

Dans son essai *El Espejo enterrado*, Carlos Fuentes affirme qu'après le Cinquième centenaire de la « découverte », de nombreux Latino-américains continuent à se demander non pas comment l'Amérique a été découverte – ou inventée –, mais comment elle a été et devrait continuer à être imaginée (Fuentes, 1992 : 386). En effet, on néglige souvent la portée de l'imaginaire social alors qu'il est « la racine aussi bien de l'aliénation que de la création dans l'histoire » (Castoriadis, 1999 : 200).

Cet article a pour objectif d'explorer l'imaginaire latino-américain et d'analyser son impact sur la réalité sociale, économique, politique et même géopolitique du sous-continent.

Le héros comme symptôme

Les mythes et les héros nous donnent des clés pour interpréter les sociétés. Prenons comme exemple le panthéon argentin. Martín Fierro, le héros national des Argentins, est un personnage de fiction né de l'imagination de José Hernández. Ayant été recruté pour protéger la frontière contre les attaques furtives des Indiens, il devient déserteur. La police le prend en chasse et finit par le trouver. Ce soir-là, il décide de résister aux forces de l'ordre. Fierro se montre si courageux et féroce que Cruz, le sergent qui commande les policiers, change de camp et se met à lutter à ses côtés. Déserteur et assassin, ce héros représente la lutte de l'homme contre l'État. Quant à Carlos Gardel, chanteur des faubourgs de Buenos Aires, il obtient sa consécration lorsqu'un homme politique le fait chanter dans un théâtre du centre-ville. Après avoir conquis l'Argentine, il s'impose en Espagne, en France puis aux États-Unis. Evita, Eva Duarte, actrice de feuilletons radio, est, quant à elle, la représentante des classes populaires, les *descamisados*, et s'oppose ouvertement à la bourgeoisie. Son époux, le président Juan Domingo Perón, mène une politique protectionniste et combat le capital. Maradona est, lui aussi, le porte-parole des sans-voix. Il incarne essentiellement la lutte contre les puissants – il s'est fait tatouer les portraits du *Che* et de Fidel Castro –, la lutte des pays latino-américains contre les pays impérialistes – l'histoire retiendra ses buts contre les Anglais lors de la Coupe du monde de 1986, lors d'un match qui est en réalité une vengeance symbolique à la suite de la guerre des Malouines de 1982 –, la lutte du Sud contre le Nord.

Fierro, Gardel, Evita, Maradona. En se révoltant, ces héros soignent les blessures héritées d'un passé traumatique et accomplissent une fonction réparatrice. Derrière ces personnages se cache, pour l'essayiste Carlos Rangel, le mythe du *bon révolutionnaire*, transmutation du *bon sauvage*, à la fois « source d'orgueil et de honte » (1976 : 37).

Le diable est venu ici hier : du bon sauvage au bon révolutionnaire

La construction du mythe du bon sauvage commence avec la « découverte » du sous-continent. Ainsi, Christophe Colomb écrit : « Ils sont sans convoitise des biens d'autrui » (Journal de bord, 26 décembre 1492), ou encore : « Ils sont à un tel point dépourvus d'artifice et généreux de ce qu'ils possèdent que nul ne le croirait à moins de l'avoir vu » (Lettre à Santangel, février-mars 1493).

Dans *Para leer al Pato Donald*, Ariel Dorfman et Armand Mattelart (1972) mettent en lumière l'image que Disney donne de la population latino-américaine :

> Ils sont capables de TOUT donner, TOUT. Ils constituent une source permanente de richesses et de trésors qui ne leur sont d'aucune utilité. Superstitieux et imaginatifs, ils correspondent à la description du bon sauvage dont parlent Christophe Colomb, Jean-Jacques Rousseau, Marco Polo, Richard Nixon, William Shakespeare et la Reine Victoria (1972 : 49)[1].

Les États-Unis utilisent donc la production culturelle, en l'occurrence la bande dessinée *Donald Duck*, pour trouver le salut (*Ibid.* : 151), en établissant les fondements d'un imaginaire qui légitime le paternalisme des nations occidentales. On retrouve également ce narratif dans le film *Queimada* de Gillo Pontecorvo (1969), lorsque William Walker (Marlon Brando), agent anglais qui pousse la population locale d'une île imaginaire des Antilles à la révolte, dit : « Qui gouvernera cette île ? Qui se chargera de l'industrie ? Le commerce, qui le dirigera ? Qui soignera les gens ? Qui enseignera dans les écoles ? La civilisation n'est pas si simple que ça… ces secrets ne s'apprennent pas en une nuit ».

Puis, un glissement s'opère dans le narratif latino-américain et le bon sauvage devient bon révolutionnaire. Ce dernier incarne la résistance et valide, en la ravivant perpétuellement, l'idée de la *chute* – latino-américaine – provoquée par la domination étrangère. Ainsi, quand Hugo Chávez, fils spirituel de Fidel Castro, prend la parole à l'Organisation des Nations unies le 20 septembre 2006, il dit : « Le diable est venu ici hier, et ça sent encore le soufre ». Puis, il fait le signe de la croix et parle de domination, de pillage. Quelques années plus tard, en 2009, il rencontre Barack Obama et lui offre un exemplaire des *Veines ouvertes de l'Amérique latine*[2]. Dans cet ouvrage, un classique de la pensée latino-américaine, paru dans sa version originale en 1971, Eduardo Galeano décrit la manière dont le Nord exploite le Sud :

> La division internationale du travail fait que quelques pays se consacrent à gagner et d'autres à perdre. Notre partie du monde, aujourd'hui appelée Amérique latine, s'est prématurément consacrée à perdre depuis les temps lointains où les Européens de la Renaissance s'élancèrent sur les océans pour leur rentrer les dents dans la gorge (1981 : 9).

Cette lecture de l'histoire s'ancre petit à petit dans les esprits des Latino-Américains mais est tout de même contestée, même au sein du continent, par exemple par Rangel : « À l'extrême de notre frustration et de notre irrationalité, nous finirons par n'admettre aucune autre filiation, et même les enfants ou petits-enfants d'immigrés européens très récents, nous serons *tupamaros*[3] » (1976 : 37).

La pensée tiers-mondiste

Il ne s'agit pas de nier ce qui est une réalité incontestable. L'Amérique latine a toujours connu l'ingérence, qu'elle soit espagnole, anglaise, française ou, surtout, étatsunienne. Toutefois, la réalité est bien plus complexe. L'idéologie *bon-révolutionnaire* sous-entend que la richesse des pays impérialistes provient des pays aujourd'hui sous-développés (Galeano, 1981). Autrement dit, il existerait une relation directe entre la richesse des uns et la pauvreté des autres. Cette thèse est réfutée par Rangel (1982). Selon lui, l'histoire nous démontre qu'il y a des pays colonisés qui se sont fortement développés – c'est le cas de l'Australie et du Canada –, que d'anciens pays impérialistes ne sont actuellement pas en bonne santé économique, comme l'Espagne, ou encore qu'il existe des pays riches qui n'ont jamais été impérialistes, entre autres, la Suisse ou les pays nordiques.

Ainsi, le contact avec les pays du Nord ne serait pas source de sous-développement. L'Éthiopie, par exemple, l'un des pays les plus pauvres du monde, a entretenu très peu de relations avec ces pays. Au contraire, la Jamaïque bénéficiait d'une situation stable sous la domination anglaise et celle-ci se serait nettement dégradée – toujours selon Rangel – lorsque les Européens se sont retirés.

La revendication excessive du mythe du bon révolutionnaire engendre des conséquences significatives. En premier lieu, la méfiance envers les pays occidentaux se transforme en anticapitalisme. Il s'agit alors pour les pays du Sud de se tourner vers d'autres régimes, comme le communisme, ou de chercher une supposée troisième voie, dont le socialisme, considéré comme la « création héroïque » de José Carlos Mariátegui, l'un des fondateurs du parti socialiste péruvien. Pour Rangel, l'échec[4] de ces tentatives d'émancipation politique est moins dû à la domination des pays du Nord qu'à l'utilisation excessive du mythe du bon révolutionnaire et à la pensée tiers-mondiste qui mettent en cause des éléments tels que l'ingérence, la manipulation par la dette, l'effet de démonstration ou la fuite de cerveaux. Ce qui fait qu'un pays est développé, ce n'est finalement pas forcément sa richesse. Le dénominateur commun entre ces pays, selon Rangel, c'est qu'ils possèdent un système politique et administratif stable et solide, que les relations entre l'État et le secteur privé sont fluides, et que les hommes et femmes politiques font preuve de probité (Rangel, 1982 : 9). Il faut constater que l'Amérique latine a, jusqu'ici, toujours fait preuve d'immaturité politique, et cela peut être attribué à plusieurs facteurs, entre autres le monroïsme[5] et les traces du féodalisme espagnol.

La Malinche : un mythe révélateur

L'opposition entre Galeano et Rangel provient d'un conflit identitaire qui traverse toute l'histoire. Comme l'essayiste vénézuélien l'affirme, « nous [les Latino-américains] ne sommes pas satisfaits de ce que nous sommes, mais en même temps nous n'avons pas réussi à nous mettre d'accord sur ce que nous sommes » (Rangel, 1976 : 20). Pour comprendre cela, il faut se référer à l'un des mythes fondateurs du sous-continent : celui de La Malinche. Doña Marina, femme indigène d'origine nahua qui avait été vendue comme esclave, fut offerte à Hernán Cortés en 1519 par un cacique maya et devint sa traductrice. C'est en partie grâce à ses renseignements que le conquistador réussit à s'imposer au Mexique. Par ailleurs, Cortés et Doña Marina, dit La Malinche, auront un fils, Martín, considéré comme le premier métis de l'Amérique latine. Certaines interprétations voient en elle la victime ; d'autres, la femme fascinée par l'étranger, celle dont la trahison provoque la fin de l'Empire aztèque. La Malinche cristallise ainsi toute la complexité de l'identité latino-américaine. En témoigne le cri scandé lors des célébrations de l'Indépendance mexicaine (les 15 et 16 septembre) : « Vive le Mexique, enfants de la Chingada[6] ! ». Mais sa signification demeure ambiguë : est-ce un cri de guerre ou d'affirmation ? À qui s'adresse-t-il ? À un « nous » métissé qui se réclame héritier de cette violence fondatrice ou aux « autres », ceux que l'on considère comme les « mauvais » mexicains, les *malinchistes*[7] ? Cette contradiction prouve l'existence de tensions internes qui traversent l'identité mexicaine en particulier et latino-américaine en général. Comme le souligne l'essayiste Octavio Paz, « l'extraordinaire permanence de Cortés et de La Malinche dans l'imagination et la sensibilité des Mexicains actuels montre que ces figures sont bien plus que des personnages historiques : ce sont les symboles d'un conflit secret que nous n'avons pas encore résolu » (1991 : 95). Ce « conflit » n'est autre que le fait que les Latino-américains sont les descendants à la fois « des *conquistadores* et du peuple conquis, des maîtres et des esclaves, des violeurs et des femmes violées » (Rangel, 1976 : 38). Ou, comme l'affirmait le philosophe et politique cubain José Martí : « notre Amérique hybride… le cœur empoisonné […], la tête pleine de pensées trempées de sang, de boue, d'amertume » (1977 : 425-426).

La rencontre entre ces deux civilisations façonnera les esprits et, par conséquent, les représentations sociales. Cette matrice, perméable au « social-historique », est composée de deux axes qui constituent le dualisme identitaire latino-américain : le *bon-révolutionnaire* et le *malinchisme*. Ce dernier possède, lui aussi, sa cohorte de mythes et de héros. En Argentine, nous pouvons citer les générations de 1837 et de 1880 : Juan Bautista Alberdi – son ouvrage, *Bases y puntos de partida para la organización política de la República Argentina*, publié en 1852, a servi de fondement à la rédaction de la Constitution de 1853 –, Domingo Faustino Sarmiento, écrivain et président de l'Argentine, auteur de *Facundo*[8], Bartolomé Mitre, président et fondateur du journal *La Nación*, ou encore Julio Argentino Roca, militaire ayant dirigé la Conquête du Désert[9]. L'histoire latino-américaine peut alors être vue alors comme la réédition perpétuelle du duel entre ces deux pôles.

Imaginer autrement

Ces narratifs ou récits collectifs du *bon-révolutionnarisme* et du *malinchisme* empêchent l'autocritique et la reconnaissance des responsabilités internes. Ils pousseraient les Latino-américains soit à la soumission soit à la résistance aveugle. Certes, il ne s'agit pas de sombrer dans l'imitation servile, mais il ne s'agit pas non plus de se lancer à la recherche de nouvelles formes d'organisation, telles que le socialisme héroïque ou l'anarco-libértarisme, des recettes magiques vouées à l'échec.

L'Amérique latine n'a plus besoin d'un William Walker. Les secrets de la civilisation sont connus de tous. Pour se ranger du côté des pays « développés », il est nécessaire d'instaurer des institutions efficaces, de la probité, des relations solides entre le secteur public et l'initiative privée, des échanges équilibrés et un nouvel imaginaire qui protégerait les pays des *leaders* charismatiques et des alliances géopolitiques insolites. Il s'agit également de s'appuyer principalement sur un imaginaire social capable de « rapprocher ce qui a pour vocation d'être ensemble » (Martí, 1977 : 392). Cela s'applique aussi bien aux relations entre sociétés – la « Nation mutilée » dont parle Abelardo Ramos (2011 : 20) – qu'aux sociétés elles-mêmes car, en extrapolant la pensée de Borges, il est possible d'affirmer que le Latino-américain est un individu et non un citoyen[10]. En effet, ces peuples se sont construits à travers des oppositions à la fois trans- et intranationales.

Il est nécessaire de bâtir un autre imaginaire, capable de dépasser les antinomies qui empêchent le développement : voilà le défi auquel doivent faire face les sociétés latino-américaines. Sinon, comme l'avait prédit Martí, « la haine grandira, il n'y aura pas de défense contre les dangers colossaux, et il y aura une bataille perpétuelle et infâme entre frères » (1977 : 392).

NOTES

1. Sauf mention contraire, toutes les traductions de l'espagnol vers le français sont de notre fait.
2. Anecdote rapportée par Damien Larrouqué dans « Relire *Les Veines ouvertes de l'Amérique latine*, cinquante ans après » (2022).
3. Groupe révolutionnaire uruguayen actif dans les années 1960 et 1970, dont le nom provient de Túpac Amaru II, Gabriel Condorcanqui, chef indigène qui mena une importante révolte contre les Espagnols en 1780.
4. Il qualifie l'histoire latino-américaine d'échec alors que Jorge Abelardo Ramos utilise le mot « naufrage » (Ramos, 2011 : 20).
5. Doctrine de politique étrangère formulée par James Monroe en 1823 selon laquelle toute intervention européenne dans les affaires des Amériques serait considérée comme une menace pour les États-Unis, seul pays à pouvoir y intervenir.
6. La Chingada est figure mythique qui représente la femme violée. Elle est habituellement associée à La Malinche.
7. On qualifie de « malinchiste » toute personne qui, en méprisant ses origines, manifeste de l'attachement à l'étranger (Académie mexicaine de la langue).
8. Dans ce livre de 1845, Sarmiento dresse le portrait de Facundo Quiroga, *caudillo* de la province de La Rioja, dans le but d'illustrer la lutte entre la civilisation et la barbarie.
9. Campagne militaire qui visait à établir la domination de l'Argentine sur la Pampa et la Patagonie, régions alors habitées par des peuples autochtones.
10. Pour Borges, l'Argentin est un individu et non un citoyen ; cela peut être dû à la mauvaise qualité des gouvernements ou au fait que pour lui l'État est une abstraction inconcevable (Borges, 1968 : 161-162).

RÉFÉRENCES BIBLIOGRAPHIQUES

ALBERDI, J. B., *Bases y puntos de partida para la organización política de la República Argentina,* Valparaíso, Imprenta del Mercurio, 1852.

BORGES, J. L., « Notre pauvre individualisme », *Autres inquisitions, in Œuvres complètes*, t. I, Paris, Gallimard, 2010 [1968].

CASTORIADIS, C., *L'institution imaginaire de la société*, Paris, Seuil, 1999.

COLOMB, C., *Journal de bord, 1492-1493*, Paris, Imprimerie nationale, 2003.

DORFMAN, A., MATTELART, A., *Para leer al Pato Donald. Comunicación de masa y colonialismo*, Buenos Aires, Siglo veintiuno editores, 1972.

FUENTES, C., *El Espejo enterrado*, México D. F., Fondo de Cultura Económica, 1992.

GALEANO, E., *Les Veines ouvertes de l'Amérique latine*, Paris, Plon, 1981.

LARROUQUÉ, D, « Relire *Les Veines ouvertes de l'Amérique latine*, cinquante ans après », *Les Études du CERI*, n° 259-260, 2022, p. 56-60.

MARTÍ, J., *Nuestra América*, Caracas, Fundación Biblioteca Ayacucho, 1977.

PAZ, O., *El laberinto de la soledad*, México, Fondo de Cultura Económica, 1991 [1960].

RAMOS, J. A., *Historia de la Nación Latinoamericana*, Buenos Aires, Continente, 2011.

RANGEL, C., *El tercermundismo*, Caracas, Monte Ávila Editores, 1982.

–, *Del Buen Salvaje al Buen Revolucionario*, Caracas, Monte Ávila Editores, 1976.

SARMIENTO, D. F., *Facundo. Civilización y barbarie en la pampas argentinas*, Santiago de Chile, El Progreso, 1845.

Laure Guillot Farneti
Université Lumière Lyon 2

Récits artistiques autour des migrations latino-américaines à São Paulo

L'Amérique latine est un territoire marqué par les mouvements migratoires passés et présents, qu'ils soient issus d'autres continents – tels que l'Europe, l'Afrique ou l'Asie – ou de pays de la région latino-américaine. Les mobilités entre les pays du « Sud global », beaucoup moins médiatisées que celles entre le « Sud global » et le « Nord global », sont pourtant très nombreuses. Il s'agit, dans cet article, d'aborder les mouvements migratoires internes au continent, plus précisément ceux qui se dirigent vers la capitale économique brésilienne, São Paulo.

En 2023, la mairie de São Paulo a recensé 360 000 immigrés vivant dans la ville[1]. Parmi eux, en 2021, les personnes d'origine bolivienne étaient les plus nombreuses, suivies par les communautés chinoise et haïtienne. En 2019, selon les chiffres de la police fédérale, 20,8 % des personnes qui arrivaient à São Paulo étaient boliviennes, 4,5 % haïtiennes, 3,6 % argentines et 3,1 % péruviennes[2].

Au-delà des chiffres, à travers ces déplacements, ce sont également des récits et des imaginaires qui circulent, des imaginaires migrants, mouvants et hybridés. Les personnes qui se déplacent véhiculent en effet des représentations sur leur région d'origine et sur le Brésil avant même d'y arriver, et les déconstruisent parfois en habitant la ville, en utilisant divers dispositifs communicationnels. Ceux-ci servent aussi à mettre en discours et en scène les histoires de ces personnes en mouvement (Krohling Peruzzo, 2008). Parmi ces propositions, les pratiques artistiques jouent un rôle majeur dans la construction de discours sur les identités latino-américaines et la diversité culturelle.

Les personnes issues de pays latino-américains en situation d'altérité dans la plus grande mégalopole du sous-continent utilisent la création artistique afin de déconstruire des stéréotypes. Ces récits redessinent les cartes et les imaginaires sur le continent latino-américain, ils expriment une « pensée frontalière » (Mignolo, 2013), souvent à travers une approche décoloniale.

Dans ce contexte, le questionnement qui guide cette étude est le suivant : Comment la notion de frontière est-elle remise en question – et dépassée – par les personnes migrantes latino-américaines à São Paulo, notamment à travers diverses pratiques artistiques ?

Afin de répondre à cette interrogation, nous nous appuierons sur des données issues d'une recherche ethnographique dans le cadre d'un travail de thèse (observation participante et entretiens semi-directifs) effectuée entre 2019 et 2022 à São Paulo, et sur l'analyse d'un corpus de vidéos.

Penser la frontière en migration

Dans l'imaginaire commun, lorsque la frontière est évoquée, c'est davantage pour faire référence à la frontière entre deux pays. En ce qui concerne le territoire qui intéresse notre recherche, l'Amérique latine, les frontières y sont, pour la plupart, le résultat du processus de colonisation et, par la suite, de décolonisation. L'entreprise de cartographie ne saurait alors se soustraire au regard dominant ou à l'imposition identitaire et communicationnelle auxquels les personnes qui se déplacent font face, physiquement et mentalement, tout au long de leur parcours de migration, ainsi que dans le pays d'installation. Elles appartiennent parfois à des groupes ethniques qui sont présents sur plusieurs territoires nationaux car les frontières dessinées au cours du XXe siècle n'ont pas été tracées en fonction des réalités locales. Il s'agit ici de décentrer les regards et de sortir, sur les questions territoriales, de visions eurocentrées. C'est en cela, par exemple, que certains collectifs et chercheurs militent pour l'utilisation d'un autre lexique et d'autres représentations pour parler des lieux, à partir notamment de la cartographie sociale et alternative (Bacon *et al.*, 2016).

Cette étude s'inscrit également dans un dépassement de l'opposition binaire entre local et global, en interrogeant les liens sociaux et les territoires qui se tissent par-delà les frontières, quelles qu'elles soient. Les frontières sont ainsi considérées comme des temporalités et des lieux divers, dans lesquels de l'hybridation prend place (Haesbaert, 2011).

S'intéresser à la thématique de la migration amène donc bien souvent à repenser la notion de frontière et sa construction sociale et ce, à tous les moments de la migration. Cette remise en question également effectuée par les personnes rencontrées dans le cadre de notre recherche, ne serait-ce que par leur déplacement ou les récits de vie et de voyage qu'elles en font.

La frontière du point de vue d'artistes latino-américains à São Paulo

Des entretiens avec des personnes issues de pays latino-américains ont été réalisés et confirment le fait que, à travers leurs trajets et expériences vécues de déplacement, elles redessinent les frontières imposées, comme l'exprime David, originaire de Colombie, habitant aujourd'hui São Paulo :

> J'ai passé trois ans à voyager dans différents pays sud-américains. J'ai souvent traversé les lignes. Et passer les lignes, c'était… je suis au Pérou, maintenant je suis en Équateur, ou je suis en Bolivie, tu vois. C'est comme si rien ne changeait, c'est la même rue, et tu te demandes où tu es. Quelle est la différence ? Et donc ces lieux de frontières, ils sont très intéressants, parce qu'ils portent en eux un mélange de choses, de cultures, de rencontres. Ils portent une ligne imaginaire, qui est un concept, que l'être humain a imaginé, parce que tu ne vois jamais la ligne, mais elle est là et elle est très puissante. Elle empêche, elle limite beaucoup de personnes, même si elle est invisible[3].

À l'époque où je l'ai rencontré, David était membre du collectif artistique *Visto Permanente*[4], qui avait développé une plateforme numérique que l'on pourrait qualifier de webdocumentaire, dont la première page était la représentation du monde sans frontières, traversé par des lignes qui correspondaient aux déplacements de personnes entre différents pays et le Brésil. Le collectif s'inscrit dans la perspective théorisée par Nestor García Canclini, qui explique que la frontière entre deux pays est l'un des « contextes qui conditionnent les formats, les styles, et les contradictions spécifiques de l'hybridation » (García Canclini, 2019). Au-delà de la construction de la plateforme numérique, c'est dans le contenu des vidéos produites par les membres du collectif que se retrouve cette remise en question des frontières par l'hybridation. Cela passe notamment par les mots et les expressions utilisés. Par exemple, les artistes mexicaines Mariana Yomared et Desire Gonzalez[5], disent, dans leur vidéo : « Pour moi, cette idée que les terriens ont inventée de mettre des lignes entre les lieux et des étiquettes sur les gens, ça n'a pas beaucoup de sens. Par exemple, être brésilien, ça veut dire quoi ? Cette terre ce n'est même pas la nôtre, c'est celle des Indiens. Je me considère citoyenne du monde ». Ou encore la chanteuse Yoyo Borobia, née au Venezuela, mais qui se déclare également « citoyenne du monde » dans sa vidéo[6].

En plus de la déconstruction des imaginaires sur la frontière, il existe également la revendication d'une identité latino-américaine commune au sein des discours des différents artistes filmés par le collectif. La vidéo du groupe Santa Mala en est une bonne illustration[7] : dans leur rap, les trois sœurs boliviennes évoquent une « fraternité latino-américaine, parlant d'une seule voix, paix, et union ». L'identité andine, et plus globalement latino-américaine, ressort fortement dans les discours de ces personnes qui se sont installées dans la mégalopole brésilienne, et c'est aussi le cas au sein des espaces publics.

Frontières urbaines et migration : occuper les espaces publics et revendiquer des droits

Les frontières, ce sont également celles qui parsèment les espaces urbains, qu'elles soient physiques ou symboliques. Diverses actions et manifestations, comme l'art urbain, tentent de transcender ces limites, notamment en insérant des symboles latino-américains au sein des espaces publics. Les habitants de la mégalopole s'emparent ainsi des murs de la ville, souvent symboles de séparation et de frontière, pour s'exprimer.

Ces actions sont présentes dans les vidéos du collectif *Visto Permanente*, notamment celles qui sont liées à la communauté bolivienne. Il faut souligner que, dans la partie est de la ville, il existe une place, la place Kantuta[8], où se retrouvent tous les dimanches des personnes issues des communautés des pays dits andins, autour de divers stands de nourriture et d'artisanat et de représentations culturelles et artistiques.

Figure 1 – Capture d'écran de la vidéo « Don Alberto » du collectif Visto Permanente, 24 avril 2019.

Source : <youtube.com/watch?v=Fm_6RjSi8Eg>, page consultée le 4 février 2025. © Visto Permanente.

Sur cette capture d'écran (Figure 1), on peut observer un graffiti mettant en scène une dame portant des vêtements liés à l'univers culturel andin : un chapeau, une jupe figurée par des montagnes, les Andes, représentées de manière très colorée. Ce sont des éléments symboliques de ces territoires, qui sont porteurs d'une certaine identité. On retrouve, à l'arrière-plan du graffiti, le drapeau *whipala*[9], élément particulièrement important pour les peuples andins. Ce drapeau est formé de quarante-neuf carrés de sept couleurs différentes. Il est un emblème fédérateur pour une partie des Boliviens et Boliviennes et notamment ceux et celles issus du peuple *aymara*. En ce sens, en 2002, une loi est votée en Bolivie et le drapeau *whipala* devient l'un des drapeaux officiels, aux côtés du drapeau national bolivien. Il est donc un symbole chargé de subjectivité politique et de questions identitaires.

J'ai régulièrement vu ce drapeau lors des événements où je me rendais. Il était notamment présent lors du *Sarau*[10] *Fontié Ki Kwaz*[11], le 7 mars 2020. Initiative interdisciplinaire universitaire, sociale et artistique, l'objectif de ce regroupement est d'organiser des événements pour stimuler la pensée critique dans le domaine des migrations transnationales contemporaines. Lors de la manifestation, qui démarre dans la rue et se termine dans un théâtre, le drapeau passe de main en main, comme cela est visible sur les photographies prises dans le cadre de mon enquête de terrain (Figure 2). L'insérer ainsi au sein des espaces publics permet de revendiquer le dépassement des frontières établies et imposées, tout comme l'union des peuples andins.

Figure 2 – Photographies prise lors du Sarau Fontié Ki Kwaz, 7 mars 2020.

Source : © Laure Guillot Farneti.

Le *Sarau*, en tant que « territoire d'expérimentation » et « espace de participation » (Maciel Barbosa de Oliveira, 2018), est profondément marqué par la présence latino-américaine et l'aspect interculturel, à travers les chants, la musique ou encore les vêtements. L'occupation des espaces publics par les pratiques culturelles et artistiques est donc une manière de se rendre visible et de sensibiliser les habitants de la ville à certaines causes, dans ce cas précis, les questions migratoires. Elle permet de mettre en commun des revendications et des personnes et ainsi, « [e]n même temps que lieu des rencontres, convergence des communications et informations, l'urbain devient ce qu'il fut toujours : lieu du désir, déséquilibre permanent, siège de la dissolution des normalités et contraintes, moment du ludique et de l'imprévisible » (Lefebvre, 1968).

À São Paulo, les personnes latino-américaines reconstruisent une identité commune, à travers la déconstruction de la notion de frontière ainsi que l'usage de symboles, comme le drapeau *whipala*. La domination coloniale et son imposition identitaire sont ainsi mises en perspective de manière critique par les personnes en situation de migration au sein du continent latino-américain, à travers une approche interculturelle et décoloniale. Les pratiques artistiques, notamment, permettent de construire de nouveaux discours dans la mégalopole brésilienne, qui devient en quelque sorte une scène centrale de l'union latino-américaine, entre localité et globalité. Le Brésil a longtemps fait figure d'exception au sein du territoire latino-américain – par sa langue, par sa culture – par rapport aux autres pays de la région, notamment hispanophones, davantage en interaction les uns avec les autres. Le regard des personnes issues du continent sur leur pays d'accueil permet ainsi d'affirmer une certaine union latino-américaine (incluant le Brésil), mais constitue aussi un miroir de la société brésilienne – construite sur des couches de violence et la mise au ban de certains groupes, notamment les peuples indigènes et les personnes afro-descendantes. Les personnes ayant participé à cette recherche s'identifient bien souvent à ces groupes et leurs créations artistiques portent en elles la volonté de déconstruire des stéréotypes, notamment raciaux, forgés au fil de l'histoire brésilienne.

NOTES

1. Aparecido, A., Moretti, I., Navega, L., Thomé, T., « Imigrantes em São Paulo : Como a maior metrópole do país acolhe estrangeiros ? », *Revista Esquinas*, 2023. En ligne sur <revistaesquinas.casperlibero.edu.br/empreendedorismo-social/imigrantes-em-sao-paulo-como-a-maior-metropole-do-pais-acolhe-estrangeiros/>, page consultée le 4 février 2025.
2. Chiffres issus du premier plan municipal de politiques publiques pour les immigrés. En ligne sur <acnur.org/portugues/politicas-publicas/>, page consultée le 4 février 2025.
3. Citation originelle traduite par mes soins. Il en va de même pour les autres extraits d'entretiens.
4. Ce qui signifie « Visa permanent ». Celui-ci se forme en 2015 à São Paulo, dans l'objectif de faire des vidéos sur les artistes migrants qui vivent dans la mégalopole brésilienne (et notamment les personnes provenant de pays d'Afrique et d'Amérique latine), mais également pour organiser des événements au sein des espaces publics.
5. En ligne sur <youtube.com/watch?v=7xm8gQPz_zk>, page consultée le 4 février 2025.
6. En ligne sur <youtube.com/watch?v=YoD_5p0P7P0>, page consultée le 4 février 2025.
7. En ligne sur <youtube.com/watch?v=q_fcijNBVD4>, page consultée le 4 février 2025.
8. *Kantuta* est le nom d'une fleur présente dans l'altiplano andin, de couleurs verte et rouge.
9. En langue amérindienne aymara, cela signifie « la voix du triomphe fluctuant dans le vent ».
10. Le *Sarau* est une réunion culturelle lors de laquelle des personnes se rencontrent pour créer des pratiques artistiques ensemble : danse, poésie, slam, etc. Chacun est libre de prendre la parole. Il a généralement lieu au sein des espaces publics urbains.
11. En créole haïtien, cela signifie « Frontières qui croisent ».

RÉFÉRENCES BIBLIOGRAPHIQUES

Bacon, L., Clochard, O., Honoré, T., Lambert, N., Mekdjian, S., Rekacewicz, P., « Cartographier les mouvements migratoires », *Revue européenne des migrations internationales*, vol. 32, n° 3, 2016, p. 185-214. En ligne sur <doi.org/10.4000/remi.8249>, page consultée le 4 février 2025.

García Canclini, N., *Culturas Híbridas : Estratégias Para Entrar e Sair Da Modernidade*, São Paulo, Editora da Universidade de São Paulo, 2019.

Haesbaert, R., « Hybridité culturelle, "anthropophagie" identitaire et transterritorialité », *Géographie et cultures*, vol. 78, 2011, p. 21-40.

Krohling Peruzzo, C. M., « Conceitos de comunicação popular, alternativa e comunitária revisitados. Reelaborações no setor », *Palabra Clave*, vol. 11, n° 2, 2008, p. 367-379. En ligne sur <redalyc.org/pdf/649/64911214.pdf>, page consultée le 4 février 2025.

Lefebvre, H., *Le droit à la ville*, Paris, Éditions Anthropos, 1968.

Maciel Barbosa De Oliveira, L., « Cidade vista de dentro », *PragMATIZES – Revista Latino-Americana de Estudos em Cultura*, vol. 1, 2018, p. 108-117.

Mignolo, W., « Géopolitique de la sensibilité et du savoir. (Dé)colonialité, pensée frontalière et désobéissance épistémologique », *Mouvements*, n° 73, 2013, p. 181-190. En ligne sur <doi.org/10.3917/mouv.073.0181>, page consultée le 4 février 2025.

Cidicley Miranda Dos Santos
IUT de Blois, Université de Tours

Une Amérique latine réimaginée au Brésil ? Du basculement narratif des télénovelas vers les séries Netflix

Cet article a pour objectif d'analyser un possible changement de paradigme dans la construction d'un imaginaire autour de l'Amérique latine au Brésil. D'un point de vue historique, le Brésil, seul pays de ce continent à parler le portugais, a souvent été écarté de cette définition de « nation latine » en raison d'une perspective plutôt européenne et nord-américaine (Bethell, 2009). Parallèlement, en interne, le Brésil a toujours établi des frontières très solides, se distanciant ainsi de la culture de ses pays voisins. Cela est en partie dû aux récits produits par la télévision, notamment à travers ses télénovelas.

Depuis l'arrivée de la télévision au Brésil, dans les années 1950, « la télénovela est devenue une forme de récit sur la nation et un moyen de participer à cette nation imaginée » (Lopes, 2003 : 30). Grâce à ce genre d'origine feuilletonesque, la télévision brésilienne s'impose comme un puissant outil de modélisation, contribuant activement à la construction d'une identité brésilienne. Cependant, dans cet imaginaire, le sentiment d'appartenance à l'Amérique latine n'a pas été très développé.

On observe actuellement une migration du public vers d'autres types d'écrans, où l'ouverture à ce sentiment d'appartenance, ou même de compréhension de l'identité latino, semble plus prononcée. Les plateformes de *streaming*, telles que Netflix, investissent dans des productions locales afin de créer des contenus répondant aux goûts de leur public, suscitant ainsi, dans les pays d'Amérique latine et par conséquent au Brésil, un sentiment renforcé d'appartenance latino-américaine (Ruiz, 2022).

Dans ce contexte, il serait pertinent d'analyser comment les récits des séries télévisées latino-américaines, récemment produites par les plateformes de *streaming*, travaillent cet imaginaire d'appartenance et de voir si elles assument réellement ce rôle narratif souvent délaissé par les télénovelas brésiliennes. Si un processus de basculement narratif dans les récits sériels ou feuilletonesques existe actuellement auprès du public brésilien, est-il possible de constater que l'imaginaire latino-américain est finalement plus présent sur les plateformes de *streaming* ?

Pour ce faire, une approche qualitative des stratégies narratives ainsi qu'éditoriales/promotionnelles sera adoptée afin de mieux identifier les formes de représentation hégémonique d'une Amérique latine à laquelle le Brésil pourrait symboliquement appartenir.

La télénovela et l'imaginaire national

Comme l'affirme Vassallo de Lopes (2003), les télénovelas exercent une influence profonde sur la société brésilienne, en raison de leur capacité particulière à alimenter un « répertoire commun » à travers lequel le public brésilien se positionne et se reconnaît. Ce répertoire partagé constitue la base des représentations d'une identité nationale imaginée par la télévision, notamment par Rede Globo, la plus grande chaîne productrice de fiction nationale au Brésil.

Sur la scène télévisuelle brésilienne actuelle, il n'existe pratiquement que trois chaînes qui produisent des télénovelas nationales : Globo, SBT et Record. Cette dernière privilégie la production des télénovelas adaptées de textes bibliques. Globo, quant à elle, ne diffuse pas de télénovelas étrangères et toutes ses productions sont de caractère national. En revanche, SBT produit peu de télénovelas brésiliennes mais en importe la plupart, dont une grande partie du Mexique.

Cette ouverture aux productions mexicaines est peut-être le seul indice de latinité présente à la télévision brésilienne, montrant aux Brésiliens des types de récits qui ne sont pas si éloignés de leur imaginaire national. Au fil des années, les productions les plus célèbres diffusées par SBT ont été *Marimar* (1994), *Maria do Bairro* (1995), *A Usurpadora* (1998), *Rebelde* (2004) et même *A Dona* (2010). Cette chaîne est également responsable de la diffusion des séries mexicaines *Chaves* (*El Chapo*) et *Chapolin* (*El Chapulín Colorado*) qui sont devenues l'une des icônes de la culture pop au Brésil ainsi que dans toute l'Amérique latine. Mais ces diffusions restent tout de même ponctuelles et peu nombreuses par rapport à la concurrence, notamment brésilienne.

Dans ce contexte, nous observons la production de récits tournés vers la réalité brésilienne grâce à l'hégémonie de Globo. En 57 ans d'existence, cette chaîne, *leader* en termes d'audience, a produit et diffusé un total de 335 télénovelas[1]. Actuellement, huit télénovelas font partie de sa programmation. Mais cette hégémonie est en déclin vertigineux : depuis le début des années 2000, l'audience de Globo a diminué d'un tiers, tandis que les plateformes de *streaming* en Amérique latine ont connu une croissance de près de 1 500 % au cours de ces dernières années (Amaral *et al.*, 2021 : 7).

L'évolution des médias et le basculement narratif

« Les services de *streaming* sont la grande référence pour le jeune public, avec du contenu à la demande, où ils choisissent eux-mêmes quel contenu consommer à tout moment » (*Ibid.* : 9). Cette nouvelle habitude de consommation des produits télévisuels est considérée comme l'une des causes de la rupture de paradigme dans les grilles de programmation des chaînes de télévision traditionnelles. Cependant, cela pourrait-il également influencer une nouvelle construction de l'imaginaire latino-américain auprès du public brésilien ?

La télénovela a toujours joué le rôle de créatrice d'un sentiment d'appartenance et d'une identité nationale, principalement parce qu'elle établit un « espace de représentations, construisant un forum électronique dans lequel les différentes parties de la société peuvent accéder ou être représentées, et dans lequel, au moins vraisemblablement, s'exprime la société civile » (Vassallo de Lopes, 2015 : 59).

Avec l'avènement d'Internet, ce forum a gagné en puissance, et ceux qui ont su tirer le meilleur parti de ce phénomène ont été les séries télévisées, reléguant les télénovelas au second plan dans ce nouvel ordre. Cela est dû en grande partie à la complexité accumulée des séries, qui engagent davantage le public en l'invitant « à une lecture concentrée et participative, en raison de récits riches d'un point de vue à la fois esthétique et narratif » (Berton, Boni, 2019 : 5). C'est en raison de cette complexité narrative qu'un éventail de séries latines a émergé ces dernières années.

Netflix et l'ouverture vers l'Amérique latine : *Narcos*

On peut citer, comme exemple de cette nouvelle scène médiatique, la célèbre série *Narcos* (Netflix, 2015-2017), qui relate l'ascension du cartel de Medellín en Colombie, coécrite, produite et partiellement tournée au Brésil. Le rôle principal du narcotrafiquant Pablo Escobar a été confié à Wagner Moura, un acteur brésilien, ce qui a suscité un nouvel intérêt, plus inclusif, de la part du public brésilien pour cette Amérique latine imaginée.

Au fil des campagnes promotionnelles des trois saisons de *Narcos*, Wagner Moura a toujours insisté sur le fait que la série lui avait éveillé un fort sentiment d'appartenance à la communauté latino-américaine. « Pour la première fois, je me suis vraiment senti latino. *Narcos* montre que nous faisons partie d'un même espace et que nous avons beaucoup de choses en commun[2] », a-t-il déclaré dans une interview exclusive à *El País*.

Sur les réseaux sociaux, Netflix a exploité cet aspect en menant une campagne spécifique, invitant les fans de la série à apprendre l'espagnol avec le personnage de Pablo Escobar. Ainsi, la plateforme cherche à franchir la barrière de la langue et les frontières entre les pays d'Amérique latine à travers une publicité hybride (Covaleski, 2010). Son public est donc captivé par l'imaginaire du récit de la série, et, par conséquent, il interagit et recommande le contenu à son cercle social. La série gagne en visibilité grâce aux clichés et aux codes latinos.

Or, *Narcos* est une série produite par les États-Unis. Une fois de plus, la vision de l'Amérique latine est construite à partir d'une perspective extérieure, largement fondée sur l'esthétique et le contexte de la narcoculture (Blanco Pérez, 2020). Cette vision stéréotypée pourrait très bien rebuter le public brésilien mais certains aspects de *Narcos* trouvent un écho auprès de celui-ci, notamment les thèmes de la violence, de la corruption et des inégalités sociales, qui sont également des problèmes présents au Brésil. Cela peut mener à une identification avec les enjeux sociaux décrits dans la série, même s'ils se déroulent dans un contexte colombien.

Une Amérique latine imaginée par qui ?

Depuis la fin de *Narcos*, d'autres séries ont été réalisées selon la même formule narrative et avec une présence brésilienne dans la production. C'est le cas de la série *A Rainha do Sul* (*Queen of the South*, 2016-2021, Netflix, USA Network), dans laquelle la protagoniste est interprétée par l'actrice brésilienne Alice Braga. Il s'agit d'un autre succès auprès du public, mais, encore une fois, la narcoculture est au centre de la trame, et sa production est états-unienne.

En revanche, les plateformes de *streaming*, notamment Netflix, ont adopté la logique du « contenu est roi », ce qui leur a permis de s'éloigner quelque peu du regard extérieur porté sur cette Amérique latine imaginée, du moins dans le domaine audiovisuel. Dernièrement, Netflix a considérablement augmenté son catalogue de productions originales latino-américaines. Selon Verónica Heredia Ruiz, cela a mis en évidence :

> une adaptation au modèle télévisuel distribué sur Internet des contenus télévisuels qui ont fonctionné

> dans la région ; la série cherche à refléter les réalités latino-américaines à travers des histoires diverses ; et de nouvelles propositions thématiques et narratives sont créées, profitant des libertés créatives accordées par la plateforme (Ruiz, 2022 : 23).

Ainsi, ce nouveau format de séries télévisées peut s'adapter aux traditions du public brésilien, qui a une affinité avec les télénovelas, sans pour autant s'y limiter. Grâce à cette proximité narrative, Ruiz affirme que les contenus qualifiés de « latinos » dans le catalogue de Netflix peuvent plus facilement se démarquer de ceux produits par les États-Unis. Le point de discussion est de savoir si ce nouveau front de contenus latinos originaux sera suffisant pour renforcer le sentiment de latinité chez le public brésilien.

La mémoire comme fondement d'un nouveau récit d'une nation plus latine

Selon une enquête réalisée par le guide allemand du *streaming* JustWatch, Netflix reste en tête au premier trimestre 2024, avec 27 % d'intérêt des consommateurs de *streaming* au Brésil. Cela démontre que les séries produites par cette plateforme peuvent avoir une forte pénétration auprès du public brésilien. Force est de constater que son audience est encore tout de même volatile et est loin des niveaux atteints par les télénovelas à leur apogée, dans les années 1980, lorsque, par exemple, le dernier chapitre de *Roque Santeiro* (1985-1986) atteignait en moyenne 96 % des foyers brésiliens.

La construction d'une identité plus proche d'une Amérique latine réimaginée n'implique pas seulement la consommation d'un produit culturel massif, avec pour conséquence la formation d'une mémoire télévisée. Le sentiment d'appartenance est également fortement lié à la construction d'une mémoire collective. « Sa présence et son influence ne peuvent être perçues qu'à travers son utilisation permanente dans des formes publiques de rituels, de cérémonies, de célébrations et dans les médias » (Lopes, 2015 : 63). L'auteure affirme que les fictions télévisées et les télénovelas, en particulier, établissent, à travers les traces et les marques laissées par les récits, des productions de sens qui redimensionnent les sentiments d'appartenance et d'identité, ancrant ainsi la construction de cette mémoire auprès de l'imaginaire du public.

Cette empreinte affective, ancrée dans la mémoire collective et issue de la culture des séries latines, n'a pas encore atteint, auprès du public brésilien, le niveau de popularité des télénovelas. Cependant, certaines nouvelles séries brésiliennes produites par Netflix s'inspirent déjà d'un format proche de celui des télénovelas et connaissent un succès remarquable, notamment à l'international. C'est le cas de la série *Pedaço de Mim* (*Les Morceaux de notre vie*, en français), décrite comme une série aux « airs de télénovela », qui a pris la première place du top 10 de la plateforme peu après son lancement en juillet 2024.

En outre, les télénovelas, en tant que produits culturels, ont toujours constitué un moyen puissant de diffuseur de l'imaginaire brésilien à l'étranger, renforçant ainsi la perception d'un pays quelque peu différent de ses voisins latinos. Cet imaginaire s'est révélé particulièrement influent, non seulement dans d'autres pays lusophones comme le Portugal, l'Angola et le Cap-Vert, où il exerce une forte pénétration, mais aussi dans des nations aux cultures totalement distinctes. Un exemple marquant est le succès historique de *A Escrava Isaura* (1976-1977) dans des pays comme la Chine, la Pologne et la Russie. Dans ce dernier, le mot d'origine portugaise « fazenda » (ferme) a même été inclus dans le vocabulaire russe après la diffusion de cette télénovela dans le pays.

Il faudra un temps plus long pour prouver que les séries latines produites par Netflix, par exemple, ont atteint ce niveau dans la mémoire collective et affective brésilienne, jusqu'à réécrire son récit de la nation avec un sentiment plus fort d'appartenance latino. Cependant, le chemin est déjà en train de se construire. Les nouvelles productions de Netflix, comme l'adaptation du roman de Gabriel García Márquez, *Cien años de Soledad* (*Cent ans de solitude*), diffusée en décembre 2024, sont un exemple d'ouverture à une fiction véritablement latine pour le public brésilien. Peut-être que dans quelques années, des personnages comme les Buendía ou la ville de Macondo pourront également figurer dans l'imaginaire brésilien.

NOTES

1. Tout le catalogue des télénovelas produites par Globo est mis à jour et disponible sur https://memoriaglobo.globo.com/entretenimento/novelas/.
2. Interview disponible sur https://brasil.elpais.com/brasil/2015/09/02/cultura/1441201128_881453.html#, visualisée le 21 août 2024.

RÉFÉRENCES BIBLIOGRAPHIQUES

Amaral, H. V. do, Pereira, J. G. D., Conejero, M. A., « A adaptação do Grupo Globo ao negócio do *streaming* : O caso Globoplay », *Revista de Casos e Consultoria*, vol. 12, n° 1, 2021, p. 1-43.

Berton, M., Boni, M., « Comment étudier la complexité des séries télévisées ? Vers une approche spatiale », *TV/Series*, n° 15, 2019, p. 1-18. En ligne sur <doi.org/10.4000/tvseries.3691>, page consultée le 2 décembre 2024.

Bethell, L., « O Brasil e a ideia de "América Latina" em perspectiva histórica », *Estudos Históricos*, vol. 22, n° 44, 2009, p. 289-321.

Blanco Pérez, M., « Estética y contexto de los audiovisuales sobre narcotráfico en Latinoamérica en la era Netflix », *Confluenze*, vol. XII, n° 1, 2020, p. 102-118. En ligne sur <confluenze.unibo.it/article/view/11334/11313>, page consultée le 2 décembre 2024.

Covaleski, R., *Publicidade híbrida*, Curitiba, Maxi Editora, 2010.

Ruiz, V. H., « Contenido original : La apuesta estratégica de las plataformas de *streaming*. El caso Netflix en Latinoamérica », *Uru : Revista de Comunicación y Cultura*, n° 5, 2022, p. 11-30.

Vassallo de Lopes, M. I., « Narrativas da Lusofonia : Memória e identidade na telenovela brasileira », *CECS – Publicações*, 2015, p. 57-74. En ligne sur <lasics.uminho.pt/ojs/index.php/cecs_ebooks/article/view/2194/2111>, page consultée le 2 décembre 2024.

–, « Telenovela brasileira : Uma narrativa sobre a nação », *Comunicação & Educação*, n° 26, 2003, p. 17-34. En ligne sur <revistas.usp.br/comueduc/article/view/37469/40183>, page consultée le 2 décembre 2024.

Gaijin et Nippo-Brésiliens : des stéréotypes « aux mille visages »

La plus grande communauté japonaise à l'étranger se trouve au Brésil, la plupart ayant émigré du Japon de 1908[1] aux années 1960, devançant celle des États-Unis. En 1980, la réalisatrice nippo-brésilienne Tizuka Yamasaki, tourne le premier film brésilien *Gaijin – Caminhos da Liberdade* (*Gaijin – Les Chemins de la liberté*) narrant l'exode de la première vague d'immigration venue chercher l'Eldorado au Brésil pour remplacer la main-d'œuvre noire libérée de l'esclavage dans les plantations de café de l'État de São Paulo (Nishida, 2018). Les Brésiliens sont des *gaijin* (étrangers) aux yeux des nouveaux arrivants japonais, mais ces derniers sont également des *gaijin* pour les Brésiliens[2].

Lors de la crise économique au Brésil dans les années 1980, les Nippo-Brésiliens se sont mis à revenir au Japon, d'ailleurs encouragés par le gouvernement japonais. Mais leur retour les confronte à une nouvelle réalité : ils sont désormais des *gaijin* aux yeux des Japonais (Gramss, 2002), preuve que le terme de *gaijin*, tout comme celui d'étranger, n'est jamais univoque, et à recontextualiser en permanence.

Les tribulations d'un Nippo-Américain au Brésil

Takekuyi (Gaku) Tsuda, alors au Centre d'études comparées sur l'immigration (CCIS) de l'Université de Californie à San Diego, est stupéfait qu'à Porto Alegre un vendeur s'adresse à lui avec des « Oi, japonês ! » (« Hé, le Japonais ! ») et « Só três mil cruzeiros, japonês » (« Seulement trois mille cruzeiros, le Japonais »). Impensable aux États-Unis : jamais il n'avait été ainsi interpellé par son ethnicité (Tsuda, 2000 : 3). Et l'expérience se répète partout : « Senta aqui, japonês » (« Assieds-toi ici, le Japonais »). Une fois à São Paulo, où, contrairement à Porto Alegre, il n'est pas rare de rencontrer un Nippo-Brésilien – on y trouve la plus grande communauté japonaise hors de l'archipel –, Takekuyi Tsuda est stupéfait que l'on se permette de plisser ses yeux pour imiter les Japonais, et qu'une publicité pour Toshiba place le slogan « Abre os olhos » (« Ouvre les yeux ») sur le visage d'un Japonais, même s'il s'agit de vanter la qualité du produit.

Le Nippo-Américain ne peut alors s'empêcher de se voir, non pas comme un Japonais, mais… comme un Noir au Brésil, se remémorant le Frantz Fanon de *Peau noire, masques blancs* (Fanon, 1952). Mais le contexte est, selon lui, différent : « Contrairement aux États-Unis, où ce geste est considéré comme une insulte ethnique, lorsqu'il a été utilisé au Brésil pour désigner des personnes ou des choses japonaises, c'était dans un contexte soit neutre, voire positif » (Tsuda, 2000 : 5). C'est pourquoi l'auteur intitule son étude « L'avantage d'être une minorité », la communauté japonaise bénéficiant d'une image généralement positive au Brésil :

> Bien que numériquement moins nombreux et ne détenant pas le pouvoir dominant au sein de la société, ils jouissent d'un statut socio-économique nettement plus élevé que la majorité de la population et leurs qualités culturelles distinctives ainsi que leur position sociale suscitent le respect, voire l'admiration (*Ibid.* : 8).

Comme aux États-Unis, les « Japonais » sont surreprésentés dans les universités les plus prestigieuses, donnant lieu à la plaisanterie « *If you want to enter the*

University of São Paulo, kill a Japanese » (*Ibid.*). Il n'en a pas toujours été ainsi : au début du XXe siècle, les Japonais étaient perçus comme une « race inférieure » (*Ibid.* : 9).

De *Gaijin* à *Lost in Translation*

Le fait que le Japon soit devenu une puissance du « premier monde[3] » grâce au « miracle japonais » après la Seconde Guerre mondiale, a également joué en faveur de cette image positive. Il n'en reste pas moins que Tizuka Yamasaki – qui a d'abord travaillé avec les plus grands cinéastes brésiliens, tels que Nelson Pereira dos Santos, Glauber Rocha, Lael Rodrigues ou Paulo Thiago – et dont le film *Gaijin* a remporté de nombreux prix internationaux, déclarait à la Quinzaine des Cinéastes, lors de sa sortie à Cannes : « Quoique née au Brésil, je ressens la discrimination, je passe pour une étrangère, on me remarque à cause de la couleur de ma peau, de mes traits, de ma silhouette » (Yamasaki, 1980). En émigrant vers le Japon à la fin des années 1980, les Nippo-Brésiliens pensaient ne pas y être considérés comme des étrangers. Leur déconvenue est l'objet du deuxième volet du film, intitulé cette fois-ci *Gaijin – Ama-me Como Sou* (*Gaijin – Aime-moi comme je suis*), sorti en 2005[4], qui pourrait être une transposition du film de Sofia Coppola, *Lost in Translation,* sorti deux ans plus tôt, mais où les protagonistes, au lieu d'être des « Blancs » américains, seraient remplacés par des Nippo-Brésiliens qui, contrairement, à Bill Murray et à Scarlett Johansson, parleraient japonais[5] : ils se retrouvent *gaijin* dans ce qu'ils pensaient être leur propre pays, comme ils le découvrent dès leur arrivée à l'aéroport, n'ayant pas de passeport japonais.

Parlant de son premier film, Tizuka Yamasaki, disait qu'il « avait mille visages », y compris le sien (Yamasati, 1980). On peut en dire autant des stéréotypes (Wolton, 2019) ayant trait aux Nippo-Brésiliens, tout comme pour les Nippo-Américains, ou les Nippo-Péruviens – le Pérou concentre la plus grande communauté japonaise derrière le Brésil en Amérique latine. Pris séparément, ils sont comme l'arbre qui cache la forêt : en les agrégeant les uns aux autres, on peut considérer qu'ils forment des imaginaires, nous permettant d'avoir une meilleure vue d'ensemble. Plus encore, ceux qui ont dû quitter leur pays recréent ce que Salman Rushdie appelle des « patries imaginaires » (*imaginary homelands*), dont la perte peut être compensée par la « traduction » au sens élargie qu'il lui donne :

> Le mot « traduction » vient étymologiquement du mot latin signifiant « transporter » : ayant été transportés à travers le monde, nous sommes des hommes traduits. On considère que l'on perd toujours quelque chose dans la traduction : je m'obstine quant à moi à penser qu'elle peut être aussi un gain (Rushdie, 1991).

Nul doute que Salman Rushdie entende par là inclure les femmes, dimension centrale pour Tizuka Yamasaki : par « chemins de la liberté », il faut comprendre qu'il s'agit également de l'émancipation des femmes nippo-brésiliennes, comme l'ont montré notamment Leila Sayuri Matsuoka et Letícia Xavier de Lemos Capanema lors du 23e congrès de l'Intercom à Campo Grande (Matsuoka et Capanema, 2023). Ce sont ces imaginaires, à chaque fois singuliers, qu'il s'agit de décrypter, ce qu'une vision unidimensionnelle de la communication – et de l'incommunication – interculturelle est incapable de faire pleinement.

Michaël Oustinoff
Université Côté d'Azur
Hermès, la Revue

NOTES

1. Au Brésil, on célèbre chaque année le Jour national de l'immigration japonaise, en mémoire du 18 juin 1908, date à laquelle le *Kasato Maru* a fait débarquer les premiers immigrants japonais dans le port de Santos.
2. *Gaijin* s'écrit à l'aide des deux caractères 外人, littéralement « personne, être humain » (*jin*) de l'« extérieur » (*gai*). Si l'on rajoute entre les deux le caractère 国 *koku* (« pays »), on obtient le terme neutre, mais plus formel *gaikokujin*, « personne (venant d'un) pays étranger », autrement dit « étranger ».
3. Au Brésil, notamment, le « premier monde » (les puissances occidentales) s'oppose à ce qu'on appelait les pays du « tiers-monde », celui-ci étant constitué par l'URSS et ses alliés.
4. Le film, également bilingue (portugais-japonais), est intégralement visionnable en ligne sur <youtube.com/watch?v=o0DSonLSGUY>, page consultée le 6 février 2025.
5. Les Nippo-Brésiliens, néanmoins, ont rarement conservé l'usage courant du japonais (voir Gramss, 2002).

RÉFÉRENCES BIBLIOGRAPHIQUES

Fanon, F., *Peau noire, masques blancs*, Paris, Seuil, 1952.

Gramss, J., « Des Nippo-Brésiliens reviennent au pays du Soleil levant », *Hommes & Migrations*, n° 1235, 2002, p. 65-71. En ligne sur <persee.fr/doc/homig_1142-852x_2002_num_1235_1_3775>, page consultée le 6 février 2025.

Matsuoka, L. S., Capanema, L. X. de L., « A representação da mulher amarela no filme Gaijin – Caminhos da Liberdade (1980), de Tizuka Yamasaki », 23e congrès de l'Intercom, 2023. En ligne sur <sistemas.intercom.org.br/pdf/submissao/regional/9/0330202321380364262b6ba406b.pdf>, page consultée le 6 février 2025.

Nishida, M., *Diaspora and Identity. Japanese Brazilians in Brazil and Japan*, Honolulu, University of Hawai'i Press, 2018.

Rushdie, S., *Imaginary Homelands. Essays and Criticisms 1981-1991*, Londres, Granta/Penguin Books, 1991.

Tsuda, T, « The Benefit of Being Minority : The Ethnic Status of the Japanese-Brazilians in Brazil », The Center for Comparative Immigration Studies, University of California, 2000. En ligne sur <ccis.ucsd.edu/_files/wp21.pdf>, page consultée le 6 février 2025.

Yamasati, T., « Gaijin – Caminhos da Liberdade », Quinzaine des Cinéastes, 1980. En ligne sur <quinzaine-cineastes.fr/fr/film/gaijin-caminhos-da-libertade>

Wolton, D., « Ouverture », *in* Lehmans, A., Liquète, V. (dir.), « Les Stéréotypes, encore et toujours », *Hermès, la Revue*, n° 83, 2019.

Camila Lima de Braga
Université Lumière Lyon 2 (Elico)

La mise en tension des *mythes fondateurs* du Brésil autour de la Coupe du monde de 2014 : le cas du mouvement social *Não vai ter Copa*

Le Brésil est le plus grand pays d'Amérique latine et le cinquième territoire du monde en termes de taille. Avec ses 203 millions d'habitants, il se construit historiquement à travers une pluralité d'imaginaires et de mythes nourris par divers acteurs : les colonisateurs portugais, à partir de 1500, lors de la « découverte » du Brésil; les Brésiliens et Brésiliennes avec leurs institutions (la famille, l'école, l'État, etc.) et, non moins important, les médias nationaux, mais aussi internationaux, qui aident à projeter ces images à grande échelle. Le Brésil est connu à travers ces mythes, qui comportent des attributs positifs, comme la diversité culturelle, le carnaval et le football. Cet imaginaire fait contraste avec des attributs négatifs : le clivage entre les peuples du Brésil, la corruption politique et, enfin, les *favelas*. D'une part, les mythes se renforcent au fil du temps, d'autre part, ils s'affaiblissent à travers le scepticisme du peuple brésilien qui constate finalement leurs limites.

Cet article cherche à comprendre la représentation de certains mythes autour du Brésil. Pour ce faire, la focale est, en premier lieu, placée sur les *mythes fondateurs*[1] du pays, leurs forces et leurs faiblesses. Puis, l'accent sera mis sur les représentations médiatiques françaises du mouvement social *Não vai ter Copa* (« La Coupe du monde n'aura pas lieu »[2]), au moment de la Coupe du monde de football 2014, le mouvement social étant ici compris comme une « capacité d'agir ensemble » (Neveu, 2019 [1996] : 6). Cette réflexion résulte de la combinaison du football, de la diversité culturelle et des *favelas* dans la constitution de l'imaginaire sur le Brésil au sein des discours journalistiques. Ces éléments, qui relèvent du mythe, sont en effet réunis dans les récits médiatiques au moment où le Brésil est mis sur le devant de la scène internationale, grâce à cet événement sportif. Cette étude essaye de saisir le regard de l'Hexagone sur ce pays d'Amérique latine et, en même temps, la relation que les Brésiliens et Brésiliennes entretiennent avec leurs mythes.

À partir de 133 publications issues des journaux *Le Monde*, *Libération* et *Le Figaro* (de 2013 et 2014), la seconde partie de l'article analysera les représentations médiatiques françaises du mouvement *Não vai ter Copa*, qui oscille entre remise en question et renforcement des mythes fondateurs du Brésil. Cette tension se reflète à première vue sur l'imaginaire du « pays du football » et crée un espace de réflexion et de visibilité lorsque celui-ci est médiatisé. Si la Coupe du monde de 2014, en tant que grand événement sportif international, est éminemment politique, le peuple brésilien s'en est saisi afin d'exprimer son mécontentement face aux problèmes sociaux et de montrer son opposition aux stéréotypes sur le Brésil. Les méthodes quantitatives et qualitatives ont été utilisées ici de façon complémentaire. Le quantitatif a été développé avec le logiciel *Modalisa*[3]. La partie qualitative s'inscrit dans une démarche d'analyse du discours. Enfin, ce mouvement a été représenté de manière complexe et a aussi démontré la difficulté des journalistes à parler des mythes.

Les origines des mythes fondateurs du Brésil

Marilena Chauí (2000) explique que les mythes fondateurs du Brésil trouvent leurs racines lors de la « découverte » du Brésil par les Portugais. Le colonisateur rencontre une terre avec des richesses naturelles et des peuples autochtones décrits comme étant des bonnes personnes et des innocents, au premier contact. C'est en 1530 que le Portugal décide de coloniser la nouvelle terre afin d'en exploiter les ressources. Pour cela, il faut des ouvriers. Les autochtones ont résisté au travail forcé, notamment en fuyant, grâce à leur connaissance et à leur maîtrise territoire. Pour compenser ce manque de main-d'œuvre, le Portugal initie, en 1535, le trafic des esclaves noirs d'Afrique. L'histoire du Brésil a ainsi été construite sur le sang versé des Indiens brésiliens, sur le travail esclave africain, ainsi que sur le viol des femmes autochtones ou captives. Les rapports non consentis, de même que les unions consenties, ont façonné une société plurielle dans ses traits physiques et dans ses traditions.

Le Brésil est aussi représenté à travers ses agglomérations subnormales[4]. Les *favelas* trouvent leurs origines avec l'abolition de l'esclavage à l'occasion du vote de lois abolitionnistes, entre 1850 et 1888. Celles-ci n'ont pas favorisé la réelle libération des esclaves, qui se sont retrouvés sans condition financière pour mener une vie indépendante. De ce fait, un nombre important d'anciens esclaves est resté avec des « seigneurs[5] » afin d'être nourris et logés. D'autres sont partis et ont commencé à former des agglomérations, avec la construction de maisons irrégulières placées dans des endroits insalubres. Aujourd'hui, ces agglomérats, souvent désignés par le terme *favelas*, ont connu un certain progrès, et différents programmes sociaux luttent pour apporter une nouvelle vie à ces habitants, confrontés aux violences et aux stigmatisations liées à leur lieu d'habitation.

À ces mythes fondateurs s'ajoute, en dernier lieu, le football, à la fin du XIXe siècle, à l'origine un sport d'élite, mais qui devient, par la suite, accessible à tous. Les joueurs prodiges viennent des *favelas*, ce qui a contribué à la valorisation des minorités issues de ces territoires. Pélé, Romario, Ronaldo, Neymar, etc. Des « héros » du ballon rond, habillés en jaune et en vert, qui, lors de chaque mondial de football, ont contribué à perpétuer le mythe du pays du football. Avec la *ginga*[6] brésilienne dans leurs corps, ils personnifient l'imaginaire du peuple brésilien sur le terrain du foot : la peau bronzée, le sourire au visage et la maestria des mouvements. La nation est ici représentée par cette « communauté imaginée » (Anderson, 1996 [1983] : 19), avec des traits physiques et moraux propres à elle.

Marilena Chauí explique enfin que le « mythe fondateur est un mythe qui ne cesse de trouver de nouvelles façons de s'exprimer, de nouveaux langages, de nouvelles valeurs et idées, de sorte que plus il semble être autre chose, plus il est une répétition de lui-même » (2000 : 6). Sa fondation se réfère à un moment imaginaire du passé qui s'est ancré au cours du temps et reste présent. Il offre un premier répertoire de représentations de la réalité et, à chaque moment de la formation historique, ces éléments sont réorganisés tant du point de vue de leur hiérarchie interne que de l'expansion de leur signification. Selon l'auteure, cette projection renvoie au mythe fondateur du Brésil : celui de la pluralité culturelle forgée autour d'un peuple brésilien bienheureux, sensuel et solidaire, habitant dans un territoire tropical. Cependant, elle souligne que ces mythes sont questionnés par le peuple et que, depuis bien longtemps, l'image fraternelle et « paradisiaque » n'est plus convaincante.

Une perspective française de la relation des Brésiliens avec leurs mythes

Les mythes fondateurs du Brésil n'échappent pas à l'emprise médiatique car « si l'information est le lieu de mise en récit du réel, le mythe y est cependant présent » (Lits, Desterbecq, 2017 : chap. 1). *Rien n'est à l'abri du mythe* (Barthes, 1957 : 205), nonobstant, le peuple brésilien ne croit lui-même plus en ces mythes, ce qui peut donner lieu à de nouvelles représentations.

« Le Mondial, c'est un affront à la population ! » : le Brésil, encore « pays du football » ?

Le mythe d'un Brésil « pays du football » reprend des forces, ce qui est visible dans certains des articles analysés, et des nouvelles composantes s'y ajoutent, comme celle d'un peuple uni par la passion nationale du football et qui, indifféremment des contestations, va soutenir la *Seleção Brasileira* : « Le football est plus fort que l'insatisfaction des gens. Le football existe au Brésil pour les unir […][7] », « Je suis comme tous les gens qui habitent au Brésil, je vais regarder la Coupe du monde et vibrer pendant les matchs[8] » ou encore « Ose être brésilien », « Personne ne joue comme nous »[9].

En réalité, les représentations que fait la presse française du mouvement *Não vai ter Copa* et du « pays du football » sont plus complexes : les mythes y sont présents, mais ils sont questionnés, mis en tension et ils finissent par s'affaiblir dans de nombreux récits, en raison des problèmes sociaux auxquelles la population brésilienne fait face. Le *pays du football* existe bien et est relayé par les médias français, mais ce mythe est contesté dans les rues brésiliennes par les manifestants, ce qui sert d'appui à leur volonté de changement : « Je ne veux pas d'une Coupe du monde au Brésil, je veux un toit[10] », « Le Mondial ne m'intéresse pas ! Je veux plus d'argent pour la santé et l'éducation ![11] » et « Le Mondial, c'est un affront à la population[12] ». En ce sens, la presse constate que : « Le mythe du football comme opium du peuple brésilien est désormais détruit[13] » et « C'est le contre-effet du Mondial. Un comble pour le Brésil dont on disait qu'il est le pays où le football est roi[14] ». Ici, les représentations médiatiques françaises donnent à voir un pays qui réfléchit à ses problèmes sociaux. Malgré la passion nationale pour le football, la Coupe du monde n'était pas une priorité, par conséquent, le mythe du « pays du ballon rond » trouve ses limites.

Le mythe de la cordialité brésilienne : des peuples autochtones aux favelas

D'autres mythes sont mis en tension lors de l'événement et à travers la représentation qui en est faite, notamment le mythe de la cordialité brésilienne. En ce sens, d'autres acteurs se rendent visibles, comme les peuples autochtones, l'un des peuples mythiques de la région, à l'origine du mythe fondateur du Brésil qui renvoie à la diversité culturelle, et qui restent pourtant bien souvent à la marge de la société. Dans les discours journalistiques ils se présentent d'ailleurs eux-mêmes comme une communauté et non comme des Brésiliens et Brésiliennes. Ces peuples revendiquent le respect de leurs réserves natives, celles-ci étant fréquemment la cible de l'agrobusiness. Pour ce faire, ils se servent de l'importante mise en lumière médiatique d'un événement sportif, ici la Coupe du monde, pour faire parler d'eux *via* des actions « coup de poing » : « Cette manifestation [anti-Mondial] s'est déroulée peu après que 500 Indiens en peintures de guerre et armés d'arcs et de flèches soient montés sur le toit du Parlement[15] ».

Au-delà de cette première ségrégation sociale entre Brésiliens et autochtones, les journaux donnent aussi à voir l'une des images les plus emblématiques du Brésil, celle des *favelas*. Les *favelas* renvoient avant tout au clivage social entre les pauvres et les classes moyenne et haute. Le sujet, déjà très médiatisé avant le Mondial, l'a particulièrement été par le fait que l'État a délogé plusieurs communautés afin d'améliorer les alentours des stades. Ces populations ont été déplacées à la périphérie de la ville, rendant leurs conditions de vie encore plus vulnérables. Des mouvements comme le Mouvement des travailleurs sans toit (MTST) ont manifesté lors de l'événement sportif afin de revendiquer le droit à la ville[16], car « les loyers ont flambé, refoulant les moins nantis vers de lointaines banlieues où les services publics sont encore plus précaires[17] ». L'image d'un football mythique, développée par la présence de joueurs issus des bidonvilles est aussi dans les discours des manifestants vivant dans ces quartiers mais, selon eux, « le vrai foot brésilien, celui qui est populaire, celui qui se rapproche de l'art, c'est le foot qui se joue dans les *favelas*, pas celui de la Coupe du monde[18] ».

Remarques conclusives : le mythe est toujours là, mais il a ses limites

La remise en question du mythe de la cordialité brésilienne et de sa diversité et de celui du « pays du football » a eu un écho au sein des médias nationaux et internationaux. Le peuple brésilien est pluriel et son intérêt pour le football perdurera. Cependant, ce même peuple a voulu montrer, à travers le mouvement *Não vai ter Copa*, que ces mythes ont des limites et que la Coupe du monde de 2014 n'est plus représentative de ce qui se passe dans le pays. Cela n'est pas nouveau, mais l'attention internationale donnée au Brésil lors de cet événement sportif a favorisé la mise en lumière des problèmes sociaux et la tension existant autour des mythes fondateurs du pays. La mobilisation de ceux-ci a constitué un pilier et a été une des ressources et une stratégie de ce mouvement populaire. Le questionnement de ces mythes fondateurs a instigué la réflexion de l'Europe vers l'Amérique latine et a alors permis une nouvelle mise en perspective de ce pays à taille continentale. Pour penser la réflexion autrement, le football est en lui-même une fabrique d'allégories. Il est capable de construire des mythes autour des joueurs, des matchs, d'une Coupe du monde et il donne donc une substance à ces imaginaires collectifs. Mais il est clair que cela ne suffit pas, ou plus.

NOTES

1. *Mythes fondateurs* : expression utilisée par Marilena Chauí pour désigner tous les mythes brésiliens.
2. Cet article reconstitue une partie des résultats d'une thèse de doctorat en Sciences de l'information et de la communication, entre l'Université Lumière Lyon 2, en France, et l'Université Fédérale de Bahia, au Brésil (UFBA).
3. Une enquête avec 19 questions a été introduite sur *Modalisa*. Nous avons appliqué l'enquête sur chaque article de presse et le « *Não vai ter Copa* » a généré 2 527 données. Ce mouvement est traité majoritairement par les agences de presse AFP et *Reuters*. Au demeurant, chaque quotidien français comptait un ou une journaliste correspondant au Brésil. Le support classique « texte/photo » semble être l'archétype pour traiter de l'événement, lequel a été classé sous deux rubriques : *Monde/International* et *Sport*. Ces manifestations se déroulent dans une ambiance violente et parfois festive. Les manifestants sont

classifiés de gauche, de la banlieue, des *Black Bloc*, des jeunes, des étudiants, des enseignants, des autochtones et de la classe ouvrière. Les manifestants bénéficient d'un espace de parole privilégié dans les journaux.

4. Expression utilisée par l'Institut brésilien de géographie et de statistique (IBGE). Cela correspond à l'habitat informel (souvent désigné dans le langage commun par le mot *favelas*).
5. Le seigneur était le maître de la maison et aussi le propriétaire des esclaves.
6. La *ginga* est un mouvement de jambes dans la *capoeira*. Il renvoie aussi à cette habilité typiquement brésilienne à résoudre les situations de la vie avec « style » et à faire preuve d'une grande capacité d'improvisation.
7. Déclaration de Joseph Blatter, président de la Fifa, cité par Cyrille Haddouche, « La toute-puissance de la Fifa attise la colère des Brésiliens », *Le Figaro*, 21 juin 2013.
8. Quentin Girard, « Mondial : "Regardez dans les tribunes, vous ne verrez que des Blancs" », *Libération*, 17 juin 2014.
9. Lamia Oualalou, « Mondial : le Brésil entre rêves et tensions », *Le Figaro*, 6 octobre 2013.
10. « Brésil : les Sans-Toit manifestent », *Le Figaro*, 23 mai 2014.
11. Julien Absalon, « Le bus du Brésil bloqué… par des professeurs », *Le Figaro*, 26 mai 2014.
12. « Au Brésil, la grève du métro de São Paulo suspendue », *Libération*, 10 juin 2014.
13. Lamia Oualalou, « Mondial », art. cit.
14. Nicolas Bourcier, « Les dépenses pour le Mondial 2014 ont attisé la frustration des Brésiliens », *Le Monde*, 18 juin 2013.
15. Julien Absalon, « Brésil : des Indiens éloignés du stade de Brasilia aux gaz lacrymogènes », *Le Figaro*, 28 mai 2014.
16. Selon un texte de loi brésilien, le droit à la ville est aussi un « droit à la terre urbaine, à l'habitation, à l'assainissement environnemental, à l'infrastructure urbaine, au transport et aux services publics, au travail et aux loisirs, pour les générations présentes et futures » (Lei n° 10257).
17. Chantal Rayes, « Nous battre pour obtenir un toit », *Libération*, 10 juin 2014.
18. « Les anti-Copa ont brisé le mythe d'un sport national intouchable », Marwan Chahine, « La Coupe du monde, un boulet plutôt qu'un atout au pays du football », *Libération*, 10 juin 2014.

RÉFÉRENCES BIBLIOGRAPHIQUES

Anderson, B., *L'imaginaire national. Réflexions sur l'origine et l'essor du nationalisme*, Paris, La Découverte, 1996 [1983].

Barthes, R., *Mythologies*, Paris, Seuil, 1957.

Chauí, M., *Brasil, mito fundador e sociedade autoritária*, São Paulo, Fundação Perceu Abramo, 2000.

Lits, M., Desterbecq, J., *Du récit au récit médiatique, 2e édition*, Louvain-la-Neuve, De Boeck, 2017.

Neveu, E., *Sociologie des mouvements sociaux*, Paris, La Découverte, 2019 [1996].

Yohann Turbet Delof
Université Sorbonne Nouvelle

Arts visuels : au Chili, quatre œuvres-manifeste qui repensent l'Amérique latine (1981-1994)

Dans le Chili des années 1980-1990, marquées par l'infléchissement progressif du régime autoritaire d'Augusto Pinochet puis la transition démocratique, on trouve quatre œuvres d'art qui parlent ouvertement d'Amérique latine : *¡Ay Súdamerica!* du collectif CADA (Colectivo de Acciones de Arte, composé de Lotty Rosenfeld, Juan Castillo, Fernando Balcells, Diamela Eltit et Raúl Zurita), performance réalisée en 1981 à Santiago du Chili ; *A logo for America*, œuvre numérique d'Alfredo Jaar présentée en 1987 à New York ; *La Conquista de América*, performance du collectif Las Yeguas del Apocalipsis (Pedro Lemebel et Francisco Casas Silva) réalisée en 1989 à Santiago du Chili et *El Libertador Simón Bolivar*, carte postale créée et diffusée par Juan Dávila en 1993 et 1994.

À la manière de Graciela Speranza, qui dressa en 2012 un atlas artistique et sensible de l'Amérique latine pour mieux en comprendre la réalité et faire en sorte que « l'art d'Amérique latine fasse partie du monde visible, et pas uniquement pour remplir le quota condescendant » (Speranza, 2012 : 13), cet article fait le choix de quatre œuvres qui ont pour caractéristique commune d'aborder de manière frontale la thématique de l'identité latino-américaine, depuis un pays qui s'est depuis longtemps davantage tourné vers l'Europe et les États-Unis que vers ses voisins.

Ces œuvres naissent au sein du rhizome étendu – constellation aux contours artistiques et chronologiques mouvants et toujours en débat – de la *Escena de Avanzada*, avant-garde conceptuelle qui prend forme dans les années 1970 et est théorisée par l'intellectuelle franco-chilienne Nelly Richard, jusqu'à devenir un référent incontournable dans l'histoire de l'art chilien. Le CADA faisait partie de ses piliers malgré les désaccords initiaux ; Jaar s'en était approché mais son départ aux États-Unis l'a éloigné du collectif ; Las Yeguas del Apocalipsis, bien que créées en réaction au sérieux de l'art conceptuel, ont fait l'objet d'un vif intérêt, personnel et intellectuel, de la part de Nelly Richard ; et Dávila fut l'un des membres fondateurs, malgré son installation rapide en Australie. Définie en 1986 comme une scène visant à « déstructurer les cadres de compartimentation des genres et des disciplines, [... à] effacer même toute frontière entre l'artistique et le non-artistique pour culminer en une fusion utopique art/vie (et à exprimer) une rébellion contre le système de restrictions et de prohibitions avec lequel l'autoritarisme militaire restreint et surveille la circulation des signes » (Richard, 2007 : 17), la *Escena de Avanzada* se distingue également par sa volonté de parler d'Amérique latine autrement, en rompant « avec ce latino-américanisme essentialiste qui satisfait la demande de "nature" perçue selon les conventions de l'exotique » (Richard, 2007 : 102).

Pour ce faire, ces quatre œuvres utilisent des médiums ouvertement communicationnels comme support de création et de diffusion : la performance dans l'espace public, le panneau publicitaire, l'action politique et la carte postale. Mais plus que d'en utiliser les formes, elles *sont* communication, par leur capacité à représenter, à dénoncer et à proposer.

Quatre dispositifs / actions de communication

La performance *¡Ay Súdamerica!* a lieu le 12 juillet 1981 et consiste en un lâcher de 400 000 affichettes depuis six aéroplanes en vol au-dessus de quartiers populaires à Santiago du Chili (Figure 1). Imprimée dessus, une référence directe à Joseph Beuys : « Chaque homme qui travaille pour l'élargissement, même mental, de ses espaces de vie est un artiste ».

Figure 1 – CADA, ¡Ay Súdamerica!, 1981, Santiago du Chili.

Source : Patricia Saavedra/CADA.

A logo for America consiste en une projection sur un écran de Times Square, durant soixante secondes et toutes les six minutes au cours du mois d'avril 1987, de plusieurs images numériques dont le drapeau états-unien suivi de « This is not America's flag », une carte des États-Unis à laquelle vient s'adjoindre la mention « This is not America », puis le mot « America », sur lequel se superpose une carte de l'ensemble du continent (Figure 2).

Figure 2 – Alfredo Jaar, A Logo for America, 1987, New York.

Source : Jane Dickson/Public Art Fund.

La Conquista de América est une performance présentée en public le 12 octobre 1989, jour de la célébration de la « découverte » du Nouveau Monde, au siège de la Commission des droits humains à Santiago (Figure 3). Les deux membres du collectif s'y présentent torse et pieds nus, dansant une *cueca sola*[1] sur des tessons de bouteilles de Coca-Cola, disséminés sur une carte sans frontières de l'Amérique latine.

Figure 3 – Las Yeguas del Apocalipsis, La Conquista de América, Santiago du Chili, 1989.

Figure 4 – Juan Dávila, El Libertador Simón Bolivar, 1993, huile sur toile sur métal, 125 × 98.

Source : © Juan Davila.

Enfin, *El Libertador Simón Bolivar* est une représentation métissée, artistiquement hybride (mélange de modernisme et de classicisme) et sexuellement non identifiée du protagoniste de la libération de l'Amérique latine, dans sa posture classique de héros équestre (Figure 4). Créée dans le cadre d'un dispositif public de soutien à la création artistique et initialement conçue pour être intégrée dans une exposition de la Hayward Gallery à Londres, elle fut reproduite et diffusée sous la forme d'une carte postale qui circula largement au Chili.

Ces quatre œuvres utilisent des moyens ouvertement communicationnels. Les artistes cherchent à toucher directement un public large et non nécessairement averti, assumant une esthétique de la communication et de la diffusion qui rappelle celle d'Habermas.

De fait, Diamela Eltit assimile l'action du CADA à du « terrorisme psychologique », expliquant que le collectif parvient à obtenir les autorisations officielles en jouant sur le caractère cryptique des messages et l'absence de savoir, donc sur le complexe d'infériorité en la matière, ici, des militaires (Galende, 2019 : 187). Cela lui permet de mettre en œuvre une performance dans l'espace aérien et donc de l'offrir – presque de l'imposer – aux yeux de tous. Concernant l'installation de Jaar, certains notent « la réaction indignée de nombreux spectateurs à Times Square » (Speranza, 2012 : 50) face à cette création ouvertement politique, dont l'artiste s'enorgueillit maintenant qu'elle soit présentée dans dix-huit manuels de collège des États-Unis et fréquemment citée à l'université (Williamson, 2017 : 242-243). Quant aux Yeguas, alors qu'ils revendiquent une légèreté de ton et de forme, en quelque sorte baroque et frivole, ils s'inscrivent dans la lignée de l'art *proto-queer* chilien (Carrasco, 2016). Popularisant la figure de la *loca* (la folle), ils agissent, selon les propres mots de Lemebel, dans « un activisme intuitif et très combattant » (Galende, 2019 : 396), dans « des gestes publics de mépris et de présence publique » (Carrasco 2016 : 43). Mais aucune œuvre n'atteignit le niveau d'impact et de controverse du *Simón Bolivar* travesti (Richard, 1998 : 185). Alors que l'œuvre était largement financée et appuyée par des dispositifs publics, elle entraîna un scandale sans précédent, allant jusqu'à provoquer l'ire du président du

Sénat chilien, qui estima que les œuvres d'art devaient respecter les limites « du bon goût et de la correction », et celle des gouvernements du Venezuela, de la Colombie et de l'Équateur, qui s'insurgèrent et demandèrent des excuses au Chili. Le drapeau chilien en vint même à être brulé devant l'ambassade chilienne à Caracas. Une vaste polémique naquit alors dans les médias et une partie de l'opinion publique, à laquelle prirent part de nombreux artistes et intellectuels en défense de la liberté de création et d'expression. Cet épisode est resté comme un moment iconique de l'histoire de l'art engagé en Amérique latine, fréquemment cité du fait de son statut rare de « production artistique [qui] sort du réduit de la sphère élitiste de réception, dans laquelle elle a l'habitude de circuler, pour atteindre une résonance sociale de grande envergure » (Aliaga, 2023 : 213).

Ces œuvres assument la polémique potentielle, celle qui permet de « donner une voix aux subalternes, et de leur procurer un cadre où ils peuvent s'exprimer en bravant les consensus des dominants » (Amossy, 2014 : 216). Plus que des *représentations*, ce sont des *manifestations*. Tout en faisant l'économie des mots et du langage, ressources de prédilection des régimes autoritaires, des propagandes et des impérialismes, ces œuvres s'y opposent en dénonçant la prédominance de leurs schèmes, normes et canons dans la construction des identités nationales et latino-américaines. Elles traduisent en cela les préoccupations partagées de celles et ceux qui ne se reconnaissent pas dans l'iconographie et l'historiographie officielle de l'Amérique latine.

Quatre démonstrations / déconstructions

> L'Amérique latine est marquée par la temporalité du traumatisme. Nous accédons à l'histoire comme à la catastrophe, c'est-à-dire à une *histoire de la violence* mais aussi à une violence de l'histoire à chaque fois que ce qui nous arrive est capturé par des récits européocentrés (Carvajal, 2023 : 228).

Ces quatre œuvres rappellent à quel point la violence est constitutive de l'histoire, jusqu'à la plus récente, et des constructions identitaires du sous-continent. Violence de la colonisation et de ses conséquences, qui offre à un territoire un morcellement politique qui ne correspond à aucune réalité sensible et auquel lui répond une carte sans frontières, symbole tant de leur arbitraire que de l'absurdité de « l'idée homogène et consistante d'une identité (ou d'une différence) latino-américaine » (*Ibid.*). Violence de l'impérialisme états-unien, rappelé d'une part par la dénonciation de l'invisibilisation commise par la « synecdoque abusive du continent complet que la phrase reliait non seulement à la carte des États-Unis mais aussi à son projet expansif, larvé dans son mythe fondateur de jeune Nation consacrée à incarner un futur de salvation pour le monde entier et à le réformer à son image et à son apparence » (Speranza, 2012 : 50). Et d'autre part par les tessons de bouteilles de Coca-Cola, métaphore de l'idéologie capitaliste à laquelle s'est vendu le gouvernement de Pinochet et d'où jaillit le sang qui noie le territoire. Violence des régimes autoritaires, dont les avions survolant Santiago deviennent l'incarnation, comme une réminiscence « de ce jour fatidique durant lequel le palais gouvernemental fut détruit » (González, López et Smith, 2016 : 91), lançant des pamphlets plutôt que des bombes. *¡Ay Súdamerica!* devient alors l'interjection spontanée, porteuse de violence et de douleur, du regret de voir l'Amérique latine dans son état actuel, peu encline à faire du principe de Beuys une réalité car soumise aux gouvernements autoritaires qui enferment, tuent et font disparaître et auxquels s'oppose la dignité d'une *cueca sola* des femmes qui dénoncent et attendent. Cette même danse qui devient, par l'entremise de Las Yeguas, dénonciation de la violence normative des modèles masculinistes sur lesquels se sont constituées les sociétés modernes latino-américaines, *a fortiori* dans un temps où la violence homophobe et les gouvernements invisibilisent les victimes du sida et font couler leur sang sur la carte de l'Amérique latine. Le *Simón Bolivar* des années 1990 ne crée pas de polémique par hasard : « représenter le grand homme [...] avec un corps incompréhensible, ni homme ni femme, supposait un affront sans limites » (Aliaga, Cortés, 2014 : 77), aux antipodes d'une vision consensuelle et viriliste de l'histoire de l'Amérique latine.

Car c'est à cette violence, enfin et surtout, que renvoient les artistes : celle de l'imposition des mythes unifiants et des valeurs morales les plus conservatrices érigées, en particulier dans le Chili de Pinochet (1973-1990), en socle fondamental des patries, dans une forme de nationalisme classique qui, en Amérique latine, a souvent coïncidé, au XXe siècle, avec l'affirmation d'un certain latino-américanisme. Un paradoxe qui n'en est un qu'en apparence, ce que révèle Juan Acha, selon lequel « à mesure que s'affirmait notre nationalité et que croissaient nos nationalismes, nos latino-américanismes devenaient de plus en plus forts » (Acha, 2008 : 142). En réalité, les identités nationales font bon ménage avec la promotion de l'imaginaire latino-américain, classique lui aussi, coincé entre les références occidentales, établies comme absolues, et le *costumbrismo*, qui exalte l'imaginaire folklorique, authentique et artisanal du sous-continent. En somme, des images et modèles venus de l'extérieur qui font de l'Amérique latine « un continent saccagé par ceux-là même qui pensaient le construire » (Traba, 2012 : 647).

Ces quatre œuvres permettent de prendre conscience de cette somme de violences constitutives et invitent à se positionner *contre*, pour penser l'Amérique latine autrement, à rebours d'une histoire de l'art historiquement peu émancipée des courants européens, français en particulier, puis états-uniens. L'art latino-américain ne commence en effet à créer ses propres références qu'à partir des années 1920, notamment avec l'indigénisme brésilien et le muralisme mexicain, avant de produire ses propres avant-gardes. Mais ce n'est qu'à partir des années 1970 que les artistes conceptuels tentent « d'aller contre les mythifications et de redéfinir les arts en accord avec [les] réalités nationales ou latino-américaines » (Acha, 2008 : 203) et entendent représenter la complexité des identités et des modes d'expression du sous-continent, alors en voie d'émancipation de ses représentations extérieures : les références occidentales d'un côté, l'imaginaire authentique et fantastique qui lui colle à la peau de l'autre. Dans la lignée de Nestor Garcia Canclini, l'un des premiers à agir pour la reconnaissance de l'hybridation des cultures caractéristiques de l'Amérique latine, plusieurs intellectuels connectés aux mondes artistiques dessinent ce nouveau paysage mental qui lutte contre les images d'Épinal, notamment la portoricaine Mari Carmen Ramírez (1955), le cubain Gerardo Mosquera (1945) et Nelly Richard au Chili (1948), qui voit en la *Escena de Avanzada* une opportunité pour revendiquer « l'hétérogénéité des codes qui composent les sédimentations irrégulières de la trame culturelle latino-américaine, donnant à voir la dissimilitude des codes qui se croisent en elle » (Richard, 2007 : 104).

C'est ce qu'incarne le *Simón Bolivar* travesti, dont la circulation inquiète car elle échappe aux circuits officiels et rend possibles de nouvelles prises de conscience (Richard, 1998 : 183). Il revêt les attributs de l'indigène, du féminin et du populaire, « traits de sous-identité très largement censurés par l'académisme de l'histoire de l'art universel, en complicité d'intérêts avec l'idéologie blanchissante du latino-américanisme officiel », modèle sublimé régi par les « métanarratifs héroïques de la fondation [parmi lesquels] le culte patriarcal à la virilité masculine [...] et les rites et emblèmes qui content l'histoire des grands événements dont la légende publique (nationalisme, américanisme, etc.) s'écrit en lettres monumentales» (Richard, 1998 : 187). Ce *Bolivar* incarne à lui seul l'hybridation culturelle constitutive de l'Amérique latine et subvertit tant les représentations iconographiques que les logiques discursives qui tentent de faire entrer l'histoire et l'identité de ce territoire dans des dogmes et récits englobants (le héros, le père, la nation, la modernité, etc.), supposés seuls capables de construire et de légitimer les identités collectives dans l'Occident moderne.

NOTES

1. La *cueca* est une danse traditionnelle latino-américaine, d'origine espagnole, érigée par le gouvernement militaire chilien en danse nationale et que les familles des disparus politiques détournèrent en la dansant seul, en hommage aux absents.

RÉFÉRENCES BIBLIOGRAPHIQUES

ACHA, J., *Las culturas estéticas de América Latina*, Mexico, Trillas, 2008.

ALIAGA, J. V., *Un mundo perseguido. Del silencio a la eclosión de la diversidad sexual y de género en el arte del siglo XX*, Madrid, Akal, 2023.

ALIAGA, J. V., CORTÉS, J. M. G., *Desobediencias. Cuerpos disidentes y espacios subvertidos en el arte en América Latina y España : 1960-2010*, Madrid, Egales Editorial, 2014.

AMOSSY, R., *Apologie de la polémique*, Paris, Presses universitaires de France, 2014.

CARRASCO, D., « Prácticas artísticas y activismo proto-queer : Juan Dávila, Carlos Leppe, Yeguas del Apocalipsis y el Che de los gays », *in* CARRASCO, D., DE LA FUENTE, A., MAUREIRA D., ISLA, M. (dir.), *Ensayos sobre artes visuales. Visualidades de la transición. Debates y procesos artísticos de los años 80 y 90 en Chile*, Santiago du Chili, LOM ediciones, 2016, p. 23-48.

CARVAJAL, F., *La convulsión coliza : Yeguas del Apocalipsis (1987-1997)*, Santiago du Chili, Ediciones Metales Pesados, 2023.

GALENDE, F., *Filtraciones. Conversaciones sobre el arte en Chile (1960-2000)*, Santiago du Chili, Alquimia Ediciones, 2019.

GONZÁLEZ, F., LÓPEZ, L., SMITH, B., *Performance Art en Chile : Historia, procesos y discursos*, Santiago du Chili, Ediciones Metales Pesados, 2016.

RICHARD, N., *Márgenes e instituciones : arte en Chile desde 1973*, Santiago du Chili, Ediciones Metales Pesados, 2007.

–, *Residuos y metáforas : ensayos de crítica cultural sobre el Chile de la transición*, Santiago du Chili, Editorial Cuarto Propio, 1998.

SPERANZA, G., *Atlas portátil de América Latina : arte y ficciones errantes*, Barcelone, Anagrama, 2012.

TRABA, M., « What does a "Latin American Art" mean ? », *in* OLEA, H., RAMÍREZ, M. C., YBARRA-FRAUSTO, T. (dir.), *Resisting Categories : Latin American and/or Latino ?*, Houston, Museum Fine Arts Houston – International Center for the Arts of the Americas, 2012.

WILLIAMSON, L. M., *Memoria y amnesia : sobre la historia reciente del arte en Chile : 1976-2006*, Barcelone, Ediciones Polígrafa, 2017.

Victor Vich
Pontificia Universidad Católica del Perú

« Déconstruire l'interculturalité »

Propos recueillis et traduits de l'espagnol (Pérou) par Yohann Turbet Delof, le 1er novembre 2024

Yohann Turbet Delof : Vous pensez l'interculturalité comme un concept doté d'une véritable capacité d'action, pouvant produire des effets concrets dans de nombreux domaines. Selon vous, quel rôle ce concept a-t-il eu et continue-t-il de jouer dans la construction de l'Amérique latine et ce qu'elle est aujourd'hui ? Quel est son impact réel ?

Victor Vich : Le concept d'interculturalité en Amérique latine a été particulièrement important tant au niveau politique que théorique. Au niveau politique, il a permis de rendre visibles les héritages coloniaux : comment la constitution des États nationaux niait la diversité culturelle, comment on tentait d'homogénéiser la population et comment de nouvelles formes de subalternisation étaient mises en œuvre sur la base de discours fondamentalement eurocentriques, assumant passivement le discours de la modernité européenne. L'interculturalité a mis sur la table l'hétérogénéité et la valeur des savoirs autochtones pour tenter de construire des politiques publiques différentes dans les domaines éducatif, culturel, social, de la santé et des droits. En ce sens, l'interculturalité a eu un impact certain sur la vie de nos pays.

Au niveau théorique, la catégorie de l'interculturalité est, pour ainsi dire, « amarrée » ou en dialogue avec les études postcoloniales et la pensée décoloniale latino-américaine, qui ont perçu la « colonialité du pouvoir » non seulement comme un modèle de racialisation de la force de travail sous le capitalisme mais aussi comme un exemple d'imposition d'une épistémologie unique : je fais référence à la notion linéaire de temps, à un type de rapport avec la nature, à une rationalité économique unique, etc. Ainsi, en Amérique latine, nous avons pu débattre de la manière dont ce lieu d'énonciation qui se proclamait universel et qui ne l'était pas est devenu dominant. La catégorie de l'interculturalité a alors servi à rendre visibles d'autres épistémologies, d'autres savoirs, à « provincialiser l'Europe », à constater les limites (et les échecs) de « l'épopée du progrès », à marquer combien certaines blessures coloniales continuent d'être entretenues au fil du temps pour mettre en lumière les nouvelles formes de colonialisme et de colonialité.

Cependant, nous pouvons (et devons) également remettre en question les usages qui ont été donnés à l'interculturalité en Amérique latine et commencer à critiquer ceux qui présentent des limites et apparaissent problématiques. Nous avons déjà appris que ni la pensée politique ni l'action politique ne peuvent aujourd'hui être autocomplaisantes ; nous pourrons en parler par la suite.

YTD : Oui, mais j'aimerais tout d'abord savoir quelle est la réalité de l'appropriation populaire de ces concepts ? Est-elle réelle ou se limite-t-elle à la sphère universitaire ?

VV : Évidemment ces catégories naissent dans le milieu universitaire, mais parfois elles parviennent à s'articuler en dehors de celui-ci, avec l'État, avec les organisations de la société civile, et elles se traduisent alors d'une autre manière. Il est désormais courant d'entendre des citoyens dire, par exemple, que le Pérou est un pays interculturel ou qu'il est un « pays diversifié », ou encore un pays « aux multiples cultures ». Sans aucun doute, en Amérique latine, et plus particulièrement au Pérou, un changement s'est produit par rapport aux discours créoles qui ont construit les nations depuis le XIXe siècle. Je pense qu'à partir de la fin du siècle dernier, ce discours a commencé à s'effondrer et d'autres voix, cachées ou réprimées, ont commencé à émerger. Grâce à diverses pressions et exigences de toutes sortes, le besoin s'est fait sentir de reconnaître l'importance de la diversité culturelle. Par exemple, dans ma génération, parler de l'importance du quechua produisait, dans les secteurs dominants, jusqu'à des moqueries racistes. Aujourd'hui, dans la sphère publique, ces réactions ne peuvent plus avoir lieu et il y a des progrès dans l'importance donnée aux langues autochtones, à leurs locuteurs et à toutes les cultures. Qu'il s'agisse d'une reconnaissance fausse, tutélaire ou purement commerciale, qu'elle ait une dimension paternaliste, on peut bien sûr en discuter et s'interroger, mais l'imaginaire collectif de nos pays a commencé à changer. Que le thème de la diversité culturelle fasse aujourd'hui partie du langage courant est une nouveauté dont il faut tenir compte.

YTD : Vous défendez une vision de l'interculturalité qui s'oppose à deux concepts qui semblaient pourtant atteindre un certain niveau de consensus : le métissage et le multiculturalisme.

VV : Oui, comme l'a soutenu le sociologue péruvien Gonzalo Portocarrero, le « métissage » entraîne un projet d'homogénéisation qui rend invisibles les différences culturelles et les relations de pouvoir entre elles. Si nous nous définissons tous comme métis, nous donnons l'impression que nous sommes un pays homogène et uniforme. Le métissage a imaginé une « fusion harmonieuse » entre deux cultures, sans culture dominante.

Par ailleurs, le « multiculturalisme » est une pure célébration de la différence, qui rend invisibles les inégalités, la violence structurelle et le poids de l'histoire. Le monde d'aujourd'hui ne peut cacher les énormes effets qu'a eus la colonisation des cultures depuis le XVe siècle en Amérique, en Afrique, en Asie et en Océanie. Aujourd'hui, l'Europe elle-même ne peut se penser sans observer son histoire coloniale, face aux questions posées par la migration, par exemple. La résurgence des schémas racistes et des mouvements nationalistes n'est pas étrangère à ce problème.

Le fait est que la catégorie d'interculturalité a émergé pour se démarquer du discours homogénéisateur du métissage et du discours purement célébratoire de la diversité (transformé en fétiche) du multiculturalisme.

YTD : Dans le cas du Pérou, le ministère de la Culture est responsable de cette politique publique à travers le vice-ministère de l'Interculturalité. Comment ce concept a-t-il été appliqué dans le pays ?

VV : Même si j'ai déjà souligné que l'idée de « diversité » a atteint la société civile, cela n'a pas impliqué une transformation des politiques publiques du pays ni une transformation de la structure même de l'État. Le problème sous-jacent est que l'interculturalité a été travaillée de manière totalement ciblée, comme s'il s'agissait exclusivement d'un problème culturel et non d'un problème épistémique, d'un problème économique, d'un problème transversal qui doit aboutir à reformuler toutes les instances de l'État et l'État lui-même. Au Pérou, l'option interculturelle n'a pas permis de repenser ce que nous entendons par « progrès », « développement » ou « échanges économiques ». Le mandat développementaliste et néolibéral est toujours particulièrement fort ici. L'interculturalité a été enfermée et transformée en une sorte de « ghetto » au sein du ministère de l'Éducation et du ministère de la Culture, qui n'ont jamais eu aucune importance dans les politiques publiques des gouvernements quels qu'ils soient.

D'un côté, le ministère de l'Éducation se limite de manière surprenante au monde rural, à la promotion d'une éducation bilingue (dans les langues autochtones), mais à une promotion médiocre, sans ressources et avec une mauvaise méthodologie. De l'autre, Il est vrai que le ministère de la Culture dispose bel et bien d'un vice-ministère de l'Interculturalité, mais il est plus vrai encore que celui-ci n'a aucune importance dans les politiques nationales. Il produit une célébration passive de la diversité, sans aucune conséquence pour lutter contre les relations de pouvoir et les inégalités qui existent dans la société.

Le multiculturalisme, on le sait déjà, est devenu une stratégie fonctionnelle au service de la circulation des capitaux (pour le tourisme et pour le regard des autres). Il en résulte une exotisation de l'histoire et une marchandisation de la différence où les communautés autochtones sont représentées de manière intemporelle et toujours exotique. Dans le Pérou d'aujourd'hui, la célébration de la différence culturelle (dans la gastronomie par exemple) est très claire, mais lorsque la différence surgit en tant que différence politique, pour revendiquer des droits territoriaux ou des droits vis-à-vis de la nature, elle est systématiquement et brutalement niée, réprimée et rendue invisible.

L'histoire de la « Loi de la consultation » (Ley de consulta) en est un bon exemple. Il s'agit d'une norme qui stipule que les projets d'extraction minière doivent obtenir l'accord des populations autochtones pour être réalisés. Cependant, depuis qu'elle a été promulguée, un ensemble de réglementations a été élaboré afin d'empêcher, dans les faits, les communautés autochtones de participer. Une série de lobbies économiques et politiques ont déformé la loi, allant jusqu'à soutenir que les communautés quechuas ne sont pas autochtones. C'est incroyable, mais vrai.

YTD : C'est là que surgissent les usages discutables de l'interculturalité.

VV : Les politiques interculturelles de l'État péruvien ont été pour le moins très médiocres. Mais ce n'est pas tout : leur utilisation pose également de très sérieux problèmes dans la société civile, dans les ONG et même dans les mouvements sociaux. Je m'explique : dans sa volonté de désubalterniser ce qui a été historiquement subalternisé, dans son besoin de rendre visible la richesse d'un savoir différent du savoir occidental, l'interculturalité peut activer un discours nationaliste, qui ne fait que se revendiquer lui-même et n'entre pas en dialogue avec d'autres types d'héritages.

Le problème est que le discours interculturel est en train de devenir presque une revendication de soi et, pire encore, de l'autosuffisance de chacun. Le désir de revendiquer le savoir des peuples autochtones semble nier la condition incomplète de toute culture. Nous devons comprendre l'interculturalité comme une catégorie qui nous permet de reconnaître la nécessité pour chaque culture de s'articuler avec d'autres, car aucune culture ne se suffit à elle-même ou ne s'est établie par elle-même. Toutes les cultures du monde se sont formées au contact des autres, sur la base tantôt de violences et d'appropriations, tantôt d'apprentissages et d'échanges. Le fait est que le discours interculturel se transforme en discours de pure revendication de soi et devient un élément de constitution de nouvelles idéologies fondamentalistes, racistes et autoritaires.

YTD : En effet, une de vos particularités est que vous défendez la création de liens entre interculturalité et universalisme. Nous avons aujourd'hui une réelle difficulté à sortir de ce schéma d'opposition entre reconnaissance des identités et des oppressions et poursuite d'une vision commune, partagée. Il nous est difficile d'articuler des pensées qui nous permettent de lier la revendication de ce qui a été opprimé, caché ou rendu invisible avec la volonté de continuer à porter un projet humaniste et universel.

VV : Il me semble ici décisif de parler de la pandémie de Covid-19, car elle nous a permis de repenser « le commun » à l'échelle mondiale. Un virus qui apparaît en Chine peut placer l'humanité entière sous surveillance. Ce que je veux dire, c'est que depuis plusieurs décennies, nous avons beaucoup insisté sur l'importance de la décentration de l'Europe, sur la différence culturelle, sur les droits des peuples autochtones, sur la différence sexuelle, de genre, de race, de langues, etc., cela a sans aucun doute été très important et il est urgent que ces luttes se poursuivent, mais le Covid-19 nous a rappelé la nécessité de repenser « ce qui est commun » à tous les êtres de la planète. Il y a quelque chose qui nous unit – dont le capitalisme, c'est un fait – et c'est pourquoi nous devons récupérer les vieux projets universalistes, mais réécrits à partir d'une conscience interculturelle, avec la conscience de ce que la colonialité a laissé au monde actuel.

Il me semble décisif de reconstituer une notion d'universel au-delà des différences de toutes sortes car, comme plusieurs l'ont souligné, tous les êtres humains ont besoin de justice économique, de services qualitatifs de santé, d'éducation, etc. J'insiste sur le fait que le capitalisme est une dynamique qui nous unifie, indépendamment des différences. Ce qu'il faut faire, c'est réinventer ce modèle, essayer de sortir de cette dynamique purement commerciale fondée sur l'appropriation du travail et la réification de la nature. Le capitalisme continue à se manifester comme un système racialisé qui vise uniquement à se procurer une main-d'œuvre bon marché. Une manière de récupérer la catégorie de l'universalité, « un internationalisme interculturel », doit continuer à émerger dans le monde à venir.

YTD : Pour terminer, nous pouvons analyser une autre relation que vous évoquez dans votre travail, entre interculturalité et politique de la mémoire et du deuil.

VV : Dans le cas péruvien, ce lien est très clair puisque la plupart des victimes de la violence politique étaient des paysans de langue quechua qui n'ont pas été pleurés comme les leurs par la communauté nationale. Ils continuent d'être des morts invisibles, qui comptent comme des nombres et non comme des personnes. Le refus de reconnaître la gravité du problème reflète la fracture d'un pays dans lequel il reste impossible de se reconnaître comme égaux.

La violence politique a été racialisée, particulièrement dans les pays andins et en Amérique centrale. En Argentine, au Chili ou en Uruguay, la majorité des personnes disparues était des travailleurs ou des ouvriers issus des classes moyennes ou supérieures et, par conséquent, dans ces pays, la réalité de l'horreur a fait l'objet d'un plus grand consensus. Mais dans d'autres pays, où les morts étaient des indigènes, beaucoup ne les ont pas perçus comme les leurs ; la lutte pour la vérité est donc liée à la lutte pour construire un imaginaire d'égalité.

YTD : Cela nous rappelle en effet que les conflits internes en Amérique latine ne sont pas tous facilement comparables, encore moins assimilables. En guise de conclusion, comment penser l'interculturalité de demain ?

VV : Je pense qu'il y a au moins trois défis auxquels sont confrontées les questions interculturelles qui, comme nous l'avons dit, concernent une bonne partie de la politique du monde d'aujourd'hui. La première consiste à « déculturaliser l'interculturalité », ce qui revient à la penser comme un problème qui doit traverser toutes les politiques publiques et la constitution même de l'État et du pouvoir. Deuxièmement, je pense qu'il faut « désindianiser l'interculturalité ». Tout être humain doit s'éduquer face à la différence culturelle pour, à partir de là, savoir reconnaître les limites de sa propre culture. Si nous n'observons pas ce qui nous constitue, ce qui nous est propre, avec un œil critique, nous plongeons à nouveau dans des nationalismes racistes. Enfin, il faut penser que l'interculturalité n'est pas seulement liée à la différence culturelle, mais que, dans le contexte d'une hégémonie capitaliste prégnante et donc d'une précarité constante de la vie sur toute la planète, il est urgent de revenir à « ce qui est commun » à toutes les cultures du monde pour reconstruire un nouvel universalisme, un nouveau projet global, un vieil internationalisme rénové.

Diego Fernández Peychaux
Heriberto Cairo
María Lois
Paula Honorato Crespo
Julien Demelenne
Elsa De La Rosa
Juliette Dumont
Santiago Garzón Bernal
Camila Arêas
Eduardo Tamayo Belda
Nicolas Peyre
Anne-Marie Chartier

Partie II. Nations et identités

Diego Fernández Peychaux
Université de Buenos Aires (Argentine)

Felipe Guaman Poma de Ayala (environ 1535-1615) et l'approche « républicaine » du pouvoir colonial

Traduction de l'espagnol par Sandro Landi (Université Bordeaux Montaigne), avec la contribution de Damien Larrouqué (CY Cergy Paris Université)

Melany Huanca, autochtone aymara, s'est rendue à Buenos Aires en juin 2023 pour s'exprimer à la télévision, en plein soulèvement populaire, contre la réforme constitutionnelle de la province argentine de Jujuy. Il s'agissait de prendre la parole contre la politique du gouvernement provincial visant à aliéner plus facilement les terres des communautés indigènes (Vaca Ávila, 2023). À l'antenne, elle se lamente : « Ils nous traitent d'ignorants, nous ne sommes pas ignorants, c'est la lutte du corps pour pouvoir défendre les ressources ». Puis, elle ajoute que « l'eau et la terre » sont sacrifiées pour garantir l'extraction du lithium ; « sans eau, il n'y a pas de nourriture » et, conclut-elle, « si le peuple ne produit pas [parce qu'il n'a plus de terre ou d'eau], la société ne mange pas ».

L'utilisation du contraste entre lithium et nourriture remet à l'ordre du jour la stratégie de résistance contre la modernité capitaliste des intellectuels andins des XVIe et XVIIe siècles, à l'instar du péruvien Felipe Guaman Poma de Ayala (ci-après GP)[1]. Dans ses textes, il se défend, tout comme Huanca, contre l'accusation d'ignorance et pleure le « monde à l'envers ». En effet, son monde, comme le nôtre, serait à l'envers, à cause du sacrifice de la vie et de l'exclusion de certains sur l'autel de l'accumulation du capital. Ici, cela se traduit par l'éviction juridico-formelle des « indigènes », telle que matérialisée par la réforme constitutionnelle de Jujuy. Les constitutions sont des dispositifs des républiques libérales et éclairées du XIXe siècle. Mais elles font écho à la production discursive des documents coloniaux du XVIe siècle, relatives à l'inégalité politique, morale et économique de l'« Indien ».

En 1982, l'essayiste argentin David Viñas s'est demandé si les Indiens étaient bien ceux qui avaient *disparu* en 1879 lors de ladite « conquête du désert » (Viñas, 1982). Cette question établit un parallèle entre la campagne génocidaire menée en Patagonie au XIXe siècle, qui a anéanti les modes de vie des peuples autochtones, et la répression tous azimuts de la dictature civilo-militaire qui a débuté en 1974. Si nous prolongeons le parallèle jusqu'à aujourd'hui, nous pouvons voir comment, dans le sacrifice que Huanca dénonce, trois négations se reproduisent, avec un effet presque miroir : tout *homo sapiens* n'est pas une personne (XVIe siècle), tout *homo sapiens* n'est pas un citoyen (XVIIIe-XIXe siècle), tout *homo sapiens* n'est pas un consommateur et, par voie de conséquence, se voit refuser jusqu'aux droits afférents au consommateur dans un État-nation pourtant présenté comme néolibéral (XXIe siècle).

À travers une lecture de la chronique de GP, je chercherai à présenter comment le républicanisme a émergé au tournant des XVIe et XVIIe siècles comme une source politique où puiser les armes rhétoriques pour les affrontements à venir.

Le moment plébéien et la chausse-trape

Figure 1 – « "L'auteur Ayala" présente sa chronique à Philippe III, roi d'Espagne », Guaman Poma, 1993, f. 961 [975].

L'argument politique du *Primer Nueva Corónica y el Buen Gobierno* (1615) de GP, peut ici être illustré par l'une des images de son ouvrage (voir Figure 1) qui nous transporte hypothétiquement avant 1615. Elle montre l'« auteur Ayala » agenouillé devant Philippe III, qui porte le titre et l'apparat de l'« Empereur du monde ». Comme quelqu'un qui cache ses intentions, Ayala dissimule l'intérieur de son chapeau en le posant sur le sol. Face au misérabilisme avec lequel nous avons l'habitude de nous représenter le monde « indien », on remarque le regard fier d'Ayala qui se détache sur son visage face à celui de Sa Majesté, levant l'index de sa main droite et lui présentant sa chronique.

En réalité, la scène décrite n'a pas eu lieu. Mais cela n'a guère d'importance. Comme dans les traités des théoriciens modernes du contractualisme, les faits historiques sont contés dans le but de faire comprendre au lecteur un certain argument. Dans ce cas, il s'agit de la manière dont le pouvoir est constitué, entre l'autorité espagnole – symbolisée par l'empereur – et les communautés andines, qui ont déjà leur propre manière de gouverner. La composition figurative est complétée par l'utilisation du lexique républicain, le tout faisant ainsi disparaître la distance entre le monarque et ses sujets, de sorte que ces derniers lui rappellent le pacte constitutif originel.

L'illustration ne représente ni les cours de Valladolid ni celles d'Ocaña, mais un lieu indéfini où un Indien ladino (judéo-espagnol), expulsé de sa propre communauté d'origine, « rappelle » à Sa Majesté que : « le plus serein des empereurs et des rois que Dieu a en gloire [Charles Ier][2] *était puissant pour les Indiens* de ce royaume et le père de Votre Majesté [Philippe II] était aussi un monarque avec un *grand pouvoir et une autorité accordée par les Indiens* de ce royaume et Votre Majesté aussi » (Guaman Poma, 1993 [1615], f. 964 [982]).

Guaman Poma, en choisissant cette illustration et de telles formulations, a donné un profil clairement plébéien à la « conversation » dans laquelle l'espace politique a été construit d'une part, à la « négociation » de la juridiction impériale d'autre part, et à la « composition » de la monarchie enfin[3]. La conversation / négociation / composition que GP impose est plébéienne parce que sa chronique a échappé à l'idée préconçue selon laquelle seuls les Castillans participaient légitimement à ces trois espaces. Et si une grande quantité de documents démontrent la centralité, pour la culture politique atlantique, d'une fondation ascendante du pouvoir, cette abondance de sources peut également se transformer en une sorte de piège ou de chausse-trape. Même si des variations dans le degré de violence de leurs écrits les distinguent[4], certains auteurs coloniaux tombent dans ces stéréotypes, notamment lorsque leurs arguments établissent une « frontière » dont le passage est unidirectionnel : de l'arriération à la modernité, du péché au salut, de la barbarie à la civilisation (Fernández Peychaux, 2022). Le pouvoir s'articulerait de la sorte dès lors que les colonies américaines non hispaniques se sont vues refuser ce qu'Aristote appelait *la polis* (cité). La *civitas* (ou communauté politique) associée à l'espace sud-américain supposait l'acceptation indéfectible d'une certaine forme de vie politique : le modèle castillan.

Le républicanisme métis

Le cadre sémantique de la chronique de Guaman Poma, tel que suggéré par Rolena Adorno, se situe au cœur des débats andins à propos de l'aliénation à perpétuité des *encomiendas*[5] dans la seconde moitié du XVIe siècle. Ce modèle politique signerait le rétablissement des hiérarchies ethniques pré-incas et la célébration d'un nouveau pacte colonial (Adorno, 2000 : 35). Cependant, dans la pratique, ce pacte recoupe une forme d'adaptation républicaine et répond à la nouvelle réalité politique du continent sud-américain (Díaz Ceballos, 2020 : 87). Par exemple, selon Francisco Quijano (2017) et Ambrosio Velasco (2006), ce mouvement est clairement visible dans les œuvres tardives de Las Casas ayant circulé dans les Andes, et selon lesquelles la juridiction est un droit des peuples souverains et non du monarque.

Cette (re)contextualisation est essentielle pour comprendre ce que GP a dit, comment il l'a dit et à qui il l'a dit. Sa chronique ne s'est pas contentée d'essayer d'expliquer le monde andin aux Castillans ou de concevoir un monde dans lequel des aspects de son propre modèle culturel coexistent avec ceux des autres (Lamana, 2022, 123-130). Au contraire, son utilisation de la mémoire andine était, et reste, un défi ouvert à la supposée supériorité morale, politique et économique de la civilisation chrétienne. Certes, cette critique ressemble à celle d'autres auteurs radicaux de la Renaissance, comme Machiavel ou Las Casas (Marcocci, 2020 : 91). Mais, s'il partage un contexte sémantique et rhétorique avec ces « chroniques du passé », sa posture pragmatique diffère. Il ne se situe ni dans une extériorité radicale ni dans une soumission absolue par rapport à la modernité, mais dans ce que Silvia Rivera Cusicanqui considère comme un *taypi* ou une *zone de friction* (Ribera Cusicanqui, 2023 : 189). Dans cette zone, plus qu'un « contact » ou une « négociation », ce qui opère est une forme d'antagonisme.

Dans ce contexte, il est compréhensible que sa chronique mette en évidence la querelle passée, et présente un proto-républicanisme. Dans ce moment « plébéien », comme nous l'avons dit, la communauté indigène a bousculé la relation au pouvoir monarchique et lutté pour la défense de l'autonomie des Andes. Grâce à cette mobilisation, elle a brisé le cercle de sociabilité entre les élites castillanes et indigènes, plaçant les communautés au centre de la négociation ou de la « conversation » politique. Ainsi, tout en liant sa lignée aux Yarovilcas de Huánuco, une province du Pérou, GP reconnaît que le pouvoir des Indiens provient de l'organisation politico-communautaire des *ayllus* romanisés sous la forme de *cabildos*[6]. Autrement dit, l'ancien droit coutumier andin a donné une nouvelle vie au modèle romain-castillan d'autonomie locale : le *cabildo*.

Les agents du pouvoir auxquels l'auteur fait allusion lorsqu'il « menace » le roi sont ainsi les Indiens ordinaires qui, selon sa chronique (Guaman Poma, 1993 [1615], ff. 341 [343]-363 [365]), se réunissaient déjà dans les *cabildos* avant l'arrivée des Espagnols, notamment pour négocier la composition de l'articulation sociopolitique inca (Tawantinsuyu en quechua).

Ces références aux *cabildos de indios* avant et après l'arrivée des Espagnols configurent un « cannibalisme » institutionnel évident (Echeverría, 2000 : 50-56). Pour GP, les *cabildos de indios* ont acquis une signification politique non pas dans une logique de distribution et de ségrégation, mais pour articuler l'autorité de « l'empereur du monde » avec la juridiction et les lois des autorités indigènes. Cependant, la proposition d'organisation de ces *cabildos* par l'auteur ne se contente pas de traduire des modèles culturels, comme le castillan, elle les modifie : c'est le cas du principe de légitimité sur lequel reposaient les autorités. Cette organisation ne dépend plus de l'*identité* ou de la *fortune de l'individu,* mais de *ce qu'il fait* avec la communauté dans l'organisation du travail, la distribution des richesses et la défense contre les abus *des puissants*. En d'autres termes, dans la chronique de GP, la justice de l'ancien droit andin n'est pas une relique du passé, mais une réalité matérielle capable de transformer le présent.

L'innovation réside dans le fait que l'« ancienne loi inca » a introduit comme principe politique ce que nous appelons aujourd'hui la *réciprocité* (Mayer, 1974 : 39-65). Par conséquent, les biens communs de la *res pública* ne représentaient pas des choses matérielles, mais désignaient les liens de coactivité et de coresponsabilité dans la prise en charge de la vie de la communauté, laquelle comprenait non seulement les humains, mais aussi les ancêtres et d'autres entités de la nature. Ce principe normatif se matérialisait rituellement lorsque tout le monde mangeait sur la place publique (Medinacelli, 2010 : 58). Le manque de liberté ne recoupait plus seulement une logique ethnique, mais relevait d'une question éthico-politique. Or, les Espagnols, les Indiens ou les métis ont ignoré ces considérations et fait fausse route en dénonçant le fait que les uns mangeaient aux dépens des autres ou, plus simplement, que les uns mangeaient les autres (Guaman Poma, 1993 [1615], f. 370-437, 695 [709]). Ceux qui devaient être « libérés » s'apparentaient donc aussi, dans leur erreur, à ces arrogants d'étrangers qui mettaient « le monde à l'envers ».

Autonomie et résistance

Cette nouvelle lecture se matérialise aussi dans l'autonomie relative des communautés locales par rapport au pouvoir monarchique et susceptible de lui inspirer de la crainte (Guaman Poma, 1993 [1615], f. 760 [774]). Contrairement à ce que l'on pourrait croire, les *cabildos* n'étaient pas les terminaux administratifs d'un pouvoir central-impérial. Preuve en est de l'exemple raconté par GP, relatif à la chute d'Uáscar Inca, l'Inga légitime, devant son frère Atahualpa. Ce détrônement trouverait sa source dans l'orgueil qui aurait conduit le premier à ignorer la base de son pouvoir. Parce qu'il était, selon GP, « très arrogant, avare et mal disposé [...] il ordonna de tuer lesdits capitaines, ce qui les fit fuir, puis il ne voulut jamais favoriser aucun capitaine ou soldat ». Dans les pages suivantes, GP place même un avertissement : « Vous voyez ici comment il perd avec orgueil tout son royaume. Qu'il soit roi ou capitaine, *s'il est arrogant et avide, il perdra son royaume et sa vie comme Uáscar Inga* » (Guaman Poma, 1993, f. 386 [388], nous soulignons).

Le reproche ici adressé à « l'empereur du monde » est une application, au contexte colonial, du même principe politique pour lequel Uáscar Inga a perdu la vie. Dans cette même section de la chronique, il est affirmé que lorsque les Indiens ont fui les villes, ils ne l'ont pas fait par paresse ou par corruption morale de la population, mais en réponse aux abus « dudit *corregidor* [fonctionnaire royal], père, *encomendero* [détenteur de l'*encomendia*], *des principaux caciques* et des maires de ce royaume ». Ces fondés de pouvoir royaux sont « des animaux fous qui, s'ils pouvaient avaler [le royaume] vivant, l'avaleraient et le mangeraient » (Guaman Poma, 1993 [1615], f. 977 [995]). Les défections des Indiens ne constituent pas de simples fuites, mais plutôt des formes d'expression contestataires vis-à-vis du système économique et politique, qui mettent en lumière la fragilité du pouvoir des mandants.

NOTES

1. Pour une introduction en français de sa biographie, son œuvre et sa réception, voir : Duchesne (2020) [Note des traducteurs].
2. Ici, Charles Ier, roi des Espagnes, fait référence à Charles Quint.
3. C'est autour de ces trois considérations que l'historiographie contemporaine entend, à juste titre, remettre en question la vision monolithique ou étatiste des pratiques institutionnelles et politiques de l'époque coloniale (Amadori, 2013 ; Díaz Ceballos, 2020).
4. Il est clair que l'injonction dominante dans le *Requerimiento* adressé aux Indiens par Juan López de Palacios Rubios (1512-1513) contraste avec le paternalisme de Bartolomé de Las Casas (1484-1566).
5. L'*encomienda* désigne l'espace physique dans lequel les colons espagnols se voyaient octroyer le droit d'exploiter, pour leurs comptes, les indigènes, en contrepartie de leur évangélisation faîte au nom de la Couronne [Note des traducteurs].
6. Les *ayllus* désignent les communautés andines traditionnelles fédérées autour d'un ancêtre mythologique commun. Quant aux *cabildos*, il s'agit d'organes administratifs en charge de la gestion des municipalités à l'époque coloniale [Note des traducteurs].

RÉFÉRENCES BIBLIOGRAPHIQUES

ADORNO, R., *Guaman Poma. Writing and Resistance in Colonial Peru*, Austin, University of Texas Press, 2000.

AMADORI, A., *Negociando la obediencia. Gestión y reforma de los virreinatos americanos en tiempos del conde-duque de Olivares (1621-1643)*, Madrid, Consejo Superior de Investigaciones Científicas, 2013.

DÍAZ CEBALLOS, J., *Poder compartido. Repúblicas urbanas, Monarquía y conversación en Castilla del Oro, 1508-1573*, Madrid, Marcial Pons, 2020.

DUCHESNE, F., « Felipe Guaman Poma de Ayala, chroniqueur à la croisée des mondes » *in* Nathalie Kouamé *et al.*, *Encyclopédie des historiographies : Afriques, Amériques, Asies*, Paris, Presses de l'Inalco, 2020, p. 606-611.

ECHEVERRÍA, B., *La modernidad de lo barroco*, México, Ediciones Era, 2000.

FERNÁNDEZ PEYCHAUX, D., « Bartolomé de Las Casas and Felipe Guaman Poma de Ayala : Republicanism on the Colonial Frontier », *Journal of Latin American Cultural Studies*, vol. 31, n° 1, 2022, p. 1-21. En ligne sur <doi.org/10.1080/13569325.2022.2064442>, page consultée le 30 janvier 2025.

GUAMAN POMA DE AYALA, F., *Primer Nueva Corónica y el Buen Gobierno*, 3 vol. Lima, Fondo de Cultura Económica, 1993 [1615].

LAMANA, G., *Cómo piensan los « indios ». Los intelectuales andinos coloniales y la cuestión del racismo*, Lima, Centro Bartolomé de Las Casas, 2022.

MARCOCCI, G., *The Globe on Paper. Writing Histories of the World in Renaissance Europe and the Americas*, Oxford, Oxford University Press, 2020.

MAYER, E., « Las reglas del juego en la reciprocidad andina », *in* ALBERTI, G., MAYER, E. (dir.), *Reciprocidad e intercambio en los Andes peruanos*, Lima, Instituto de Estudios Peruanos, 1974.

Medinacelli, X., *Sariri. Los llameros y la construcción de la sociedad colonial*, La Paz, Institut français d'études andines, 2010.

Quijano Velasco, F., *Las repúblicas de la Monarquía. Pensamiento constitucionalista y republicano en Nueva España, 1550-1610*, Mexico, Universidad Nacional Autónoma de México, 2017.

Rivera Cusicanqui, S., « Un mundo ch'ixi es posible. Memoria, mercado y colonialismo », *in* Federici, S. *et al.*, *Canibalizar la modernidad*, Buenos Aires, Tinta Limón, 2023.

Vaca Ávila, P., « ¿Qué está pasando en Jujuy ? Reforma constitucional y protesta en las calles », 2023. En ligne sur <noticias.unsam.edu.ar/2023/06/22/que-esta-pasando-en-jujuy-reforma-constitucional-y-protesta-en-las-calles/>, page consultée le 30 janvier 2025.

Velasco Gómez, A., *Republicanismo y multiculturalismo*, México, Siglo XXI Editores, 2006.

Viñas, D., *Indios, ejército y frontera*, México, Siglo XXI Editores, 1982.

Heriberto Cairo
Universidad Complutense de Madrid (UCM, Espagne)

María Lois
Universidad Complutense de Madrid (UCM, Espagne)

Le nationalisme territorial des « pionniers créoles » et la pérennisation des conflits frontaliers en Amérique latine[1]

L'étude du territoire dans tout processus de construction de l'État est fondamentale, puisque, selon la doctrine traditionnelle, il s'agit là de l'un de ses éléments constitutifs. Mais, dans notre formation sociale capitaliste historique actuelle, qui contient de multiples États mais un seul marché mondial, pour que l'État ait une signification politique il faut que la nation existe, que les matrices spatiale et temporelle de ces formations coïncident et que les frontières prennent leur sens :

> Ceci devient encore plus net si l'on constate que c'est cet État qui instaure le rapport particulier entre l'*histoire* et le *territoire*, qui réalise un rapport particulier entre la matrice spatiale et la matrice temporelle, dont la nation moderne permet l'intersection et en est aussi le carrefour. L'État capitaliste pose les frontières en constituant ce qui est dedans, le peuple-nation, en ce qu'il homogénéise l'avant et l'après du contenu de cette clôture. L'unité nationale, la nation moderne, devient ainsi *historicité d'un territoire et territorialisation d'une histoire* (Poulantzas, 1978 : 126).

La nation peut jouer ce rôle parce qu'elle fournit une identité. Les identités sont une construction sociale, résultat d'un processus d'interaction entre différents éléments, parmi lesquels le territoire joue un rôle crucial. Toute unité géographique peut accumuler des significations supplémentaires, qui peuvent être amplifiées dans le processus de construction des identités s'il existe une certaine capacité à en contrôler l'accès, à établir un extérieur et un intérieur.

Si l'on part du principe qu'il n'y a rien de « naturel » dans une identité – pas même la couleur de peau, la religion, le lieu de naissance, etc. –, le territoire ne peut faire exception. Le processus d'identification nécessite l'établissement d'un autre, contre lequel l'affirmation de soi est possible, et la territorialité est extrêmement utile à ce processus.

Les récits d'identités collectives, comme les identités nationales par exemple, intègrent un territoire commun comme élément essentiel. Avec le territoire, l'histoire et la culture constituent les trois piliers habituels des récits identitaires ; mais il faut garder à l'esprit que l'identité trouve son origine dans les interactions avec l'autre et qu'en ce sens, le territoire n'est pas plus figé et stable que les autres éléments, qu'il peut également être inventé.

L'indépendance et le territoire des républiques créoles hispano-américaines

Lorsqu'on parle d'Amérique latine – dénomination géopolitique créée par la France au XIXe siècle (Cairo, 2023)[2] –, on se réfère aux pays du continent américain qui n'étaient pas sous contrôle anglo-saxon, soit des États-Unis, soit de l'Angleterre. Il s'agit des pays sous colonisation espagnole, portugaise ou française. La plupart d'entre eux ont accédé à l'indépendance dans le premier quart du XIXe siècle : d'abord Haïti, puis la quasi-totalité des pays qui constituaient l'Empire espagnol et l'unique possession portugaise, le Brésil. Cuba et Porto Rico sont restés rattachés à la métropole espagnole jusqu'au début du XXe siècle.

Cette première vague d'indépendance n'a pas suivi un modèle homogène. En Haïti, il y a eu une révolution des classes subalternes où les esclaves d'ascendance africaine se sont rebellés et ont renversé les colons français blancs, établissant une république noire dans laquelle l'appartenance ethnique était le principal constituant de l'identité nationale. L'indépendance du Brésil s'est produite après un renversement atypique des rôles de métropole et de colonie avec le Portugal, qui trouve son origine dans la décision de la famille royale de fuir Lisbonne, en 1807, face à l'avancée des troupes de Napoléon, et de s'installer au Brésil. Mais, en 1820, une révolution libérale éclate à Porto, entraînant la convocation des *Cortes*, qui réclament le retour du roi dans la péninsule. Avant son départ, il nomme le prince héritier, Pedro, régent du Brésil en 1821, qui, face aux tentatives des *Cortes* de gouverner directement les Brésiliens, s'est finalement rebellé et a déclaré l'indépendance. Dès lors, c'est l'histoire qui, dans une large mesure, vient nourrir l'identité nationale brésilienne.

Dans les possessions espagnoles du continent, les premiers soulèvements ont commencé en 1808, dans le nord et le sud de l'Empire, après les révoltes contre Napoléon dans la péninsule. Ces soulèvements furent menés par des créoles, descendants d'Espagnols nés dans la péninsule ibérique. Ni les Indiens ni les Afrodescendants n'ont été des protagonistes de l'indépendance. Et c'est ce processus d'indépendance que nous allons aborder ici.

Il convient de distinguer, comme le fait Chaunu (1949), deux moments de l'indépendance des possessions espagnoles en Amérique : un premier, entre 1810 et 1817, mené par les libéraux, au cours duquel la plupart des rébellions furent écrasées par les forces royalistes, à l'exception de celle du Río de la Plata, et un second, ouvertement indépendantiste, à partir de 1820, où les créoles de toutes les classes se sont unis face à la révolution libérale de la métropole.

Dans une large mesure, la première période a été menée par des juntes créées à ce moment-là, à l'image de la Junte de Séville, qui se sont rebellées contre Napoléon et les autorités nommées par son frère José Ier, et ont proclamé leur loyauté envers le roi Ferdinand VII, comme dans les cas du Conseil municipal du Mexique, du Conseil de Gouvernement Provisoire des Provinces du Río de la Plata ou du Conseil de Gouvernement Suprême de Caracas. D'autres sont le résultat d'initiatives plus ou moins individuelles, comme le soi-disant « cri de Dolores », lorsque le prêtre Manuel Hidalgo proclame le soulèvement contre les forces vice-royalistes et demande le retour de Ferdinand VII. En bref, il ne s'agissait pas, au départ, d'actions directement indépendantistes.

Les nouveaux organes politiques qui prétendent exercer leur souveraineté dans cette première étape se limitent aux villes. Ils ne revendiquaient pas explicitement un territoire : ni la première constitution de la Colombie ni celle du Venezuela ne font référence au territoire des républiques naissantes. C'est dans la Constitution de Cúcuta de 1821 – qui correspond au deuxième moment du processus d'indépendance – que l'article 6 stipule que :

> Le territoire de la Colombie est le même que celui compris par l'ancienne vice-royauté de la Nouvelle-Grenade et la Capitainerie générale du Venezuela.

Cette déclaration correspond aux propositions de Simón Bolívar de constituer une confédération des nations américaines sur la base de la préservation des limites de leurs territoires, tels qu'ils existaient au moment de leur indépendance, c'est-à-dire les vice-royautés, capitaineries générales ou présidences en lesquelles l'Amérique espagnole était divisée. En d'autres termes, le Libérateur préconisait l'utilisation de la règle de l'*uti possidetis juris*[3] pour la construction des territoires des États américains.

Quoi qu'il en soit, même si certaines des plus grandes unités administratives de l'Empire espagnol sont restées des États indépendants – le Mexique, par exemple –, beaucoup d'autres ont connu une fragmentation politique après l'indépendance, en raison notamment de la faiblesse de certains d'entre eux. La Grande Colombie a été dissoute en 1830 pour donner naissance au Venezuela, à l'Équateur et à la Colombie, avant que le Panama se sépare de cette dernière, en 1903. Les Provinces-Unies d'Amérique centrale se sont formées en 1823 et se sont désintégrées en 1839 pour former le Guatemala, le Honduras, le Salvador, le Nicaragua et le Costa Rica.

La création d'« États tampons » a également contribué à la fragmentation politique et à l'exacerbation de potentiels conflits : l'existence de la Bolivie s'explique en partie par la rivalité géopolitique entre la vice-royauté du Pérou et celle de La Plata (Argentine), bien qu'il y ait eu une continuité administrative antérieure, avec la Cour souveraine (*audiencia*) de Charcas.

Cependant, la fragmentation n'a pas estompé le fait fondamental que la grande majorité des nouveaux États latino-américains sont le résultat d'anciennes divisions administratives. Aussi, comment ces divisions antérieures ont-elles pu tout de même donner naissance à une identité propre à chacun d'entre eux ?

Identité nationale avec accent territorial

La formation des identités nationales en Amérique latine serait liée à un processus d'identification par lequel les descendants des Européens nés en Amérique établissent une différenciation avec ceux nés dans la métropole. Cette rupture avec le discours dominant qui faisait de tous les habitants des sujets des rois européens a conduit à l'indépendance des pays de la région. Mais certaines des thèses les plus répandues sur les origines du nationalisme le lient à l'irruption dans la vie politique des classes inférieures et à la tentative des intellectuels et des classes moyennes de les canaliser *via* la construction de nouveaux États-nations. Ceci étant dit, il y avait peu d'intellectuels dans l'Amérique coloniale, comparée à l'Europe, et les classes moyennes étaient plus rares. Au demeurant, ce qui contredit le plus ces thèses, c'est que l'un des facteurs-clés de la quête de l'indépendance était la crainte des soulèvements des Indiens et des esclaves noirs. Ce qui a permis d'éviter cela est le fait que les créoles, en construisant leur altérité avec la population péninsulaire, ont en même temps maintenu une altérité avec les autochtones dans le développement de leurs processus d'identification.

Il est également courant de lier la lutte pour l'indépendance de l'Amérique latine à la diffusion des « airs » républicains de la Révolution américaine de 1775 et de la Révolution française de 1789. Ces influences peuvent certainement expliquer les révolutions antimonarchiques, mais pas l'inéluctable mouvement indépendantiste. Pour cela, il faut comprendre les processus qui conduisent à identifier la population péninsulaire comme « autre » et imaginer la communauté créole comme une communauté différente. En ce sens, Anderson (1991) décrit le rôle joué par la bureaucratie absolutiste transplantée en Europe. L'une de ses motivations internes était de créer un appareil de pouvoir unifié, contrôlé directement par le roi et loyal envers lui, qui lui permettrait de dominer la noblesse féodale. L'unification signifiait l'interchangeabilité interne des documents et des individus, ce qui était favorisé par le recrutement de personnes non liées à la noblesse féodale, qui n'avaient pas de pouvoir indépendant et pouvaient donc appliquer la volonté royale sans restriction. Les fonctionnaires absolutistes entreprenaient des « voyages de vie », qui comprenaient différentes destinations sur un chemin en spirale vers des postes plus élevés dans l'administration, et dont les limites spatiales coïncidaient avec celles des domaines des monarques absolus.

La rationalité instrumentale de l'appareil absolutiste, en particulier sa tendance à recruter et à promouvoir les fonctionnaires sur la base du talent plutôt que de la naissance, n'a bien fonctionné que du côté européen de l'Atlantique. Dans les Amériques, le schéma était différent : les postes administratifs les plus élevés étaient occupés par des péninsulaires. Ainsi, sur les 170 vice-rois avant 1813, seuls 4 étaient créoles. Il était également impensable pour un créole d'accéder à un poste officiel important dans la péninsule. Quelles que soient leur communauté de langue, leurs coutumes, leur religion ou leurs ancêtres, un créole était un créole et un péninsulaire était un péninsulaire.

Les « parcours de vie » des fonctionnaires créoles n'étaient pas seulement limités verticalement, mais aussi horizontalement. Les créoles de la Nouvelle Espagne ou de la Capitainerie générale du Chili ne servaient que sur le territoire de ces unités administratives. Par ailleurs, le sommet de la pyramide où ils pouvaient être affectés ne pouvait excéder leur capitale respective. Dans la mesure où le « pèlerinage » des fonctionnaires était partagé par d'autres fonctionnaires, une connectivité croissante s'est développée entre eux. Les fonctionnaires créoles ont trouvé des compagnons de voyage avec lesquels ils partageaient le destin d'être nés en Amérique et pouvaient s'imaginer comme membres de la même communauté. Ce fait n'est pas étranger à la construction de nouveaux États sur la base des anciennes divisions administratives coloniales. La doctrine de l'*uti possidetis* lors de l'établissement des frontières a ensuite été soutenue par tous les gouvernements depuis l'indépendance.

Quoi qu'il en soit, il est important de mentionner que les vice-royautés et les cours souveraines (*audiencias*) ne sont pas automatiquement devenues des États indépendants. Il convient de garder à l'esprit que l'argumentation d'Anderson permet d'expliquer comment ont émergé les identités nationales liées au territoire, et ne signifie pas, comme le rappelle Vejo (2010), que les nations existaient au moment où éclatent les guerres d'indépendance.

Conflit frontalier et nationalisme territorial

L'idéal bolivarien d'unité a échoué. Les États-nations que les créoles ont créés en Amérique avaient leur origine dans diverses entités politico-administratives coloniales et, dès lors, ils ont tenté d'ajuster le tracé de leurs frontières par rapport à celui des limites coloniales. Plusieurs circonstances ont fait obstacle à ces projets : l'imprécision du tracé à l'intérieur du continent ou dans les zones méridionales, qui ne suscitaient pas l'intérêt du colonisateur ibérique, et leur faible population, qui, en outre, ne s'identifiait généralement pas au projet d'État créole. Il est clair qu'il s'agit là du résultat de l'organisation d'un espace colonisé en fonction d'intérêts métropolitains, ce qui génère une première contradiction entre le fondement territorial de la légitimation de l'État et les limites de l'exercice de sa souveraineté.

En ce sens, le cas de la région de la haute Amazonie entre le Caquetá et le Marañón est paradigmatique : l'État équatorien, qui prétendait être le successeur de la Cour souveraine (*audiencia*) de Quito, en vertu de l'*uti possidetis*, aspirait à établir sa souveraineté sur une partie de cette région, théâtre de la dernière guerre interétatique en Amérique latine. Mais ce territoire était aussi convoité par le Brésil, la Colombie et le Pérou, lesquels ont fini par imposer leurs revendications en privant le projet créole équatorien d'une partie de son « foyer national ».

Des processus similaires se sont produits dans la majeure partie de l'Amérique latine, de sorte qu'aujourd'hui, les frontières héritées de l'ère coloniale sont rares, environ un quart du total. Au contraire, la plupart sont imposées par l'une des parties ou sont le résultat de guerres. Il peut paraître paradoxal que nombre de ces frontières ne fassent l'objet d'aucun litige, mais il faut comprendre qu'elles séparent des États au potentiel militaire extrêmement inégal – c'est le cas du Brésil avec ses voisins – ou qu'elles impliquent des pertes et des gains qui sont finalement perçus comme peu importants – c'est le cas du Chaco (Foucher, 1991).

Pour reprendre l'exemple que nous venons de citer, la frontière entre l'Équateur et le Pérou est une frontière résultant d'une guerre et controversée dans les années 1990. Le résultat territorial de la guerre de 1941 entre l'Équateur et le Pérou, formellement fixé par le protocole de Rio, n'a en effet jamais été pleinement accepté par l'Équateur et, en 1960, le président Velasco Ibarra a même dénoncé ce traité. Le potentiel militaire des deux pays n'était pas si déséquilibré et le territoire amazonien que l'Équateur aspirait à incorporer contenait d'importants gisements de pétrole. Une combinaison de facteurs qui a conduit à un affrontement militaire en 1995. Grâce à la pression et à la médiation internationale, l'Équateur et le Pérou ont réussi à signer un accord de paix à Brasilia en 1998, qui semble pour l'instant définitif. L'année suivante, les 78 kilomètres de frontière en suspens ont été délimités et plusieurs accords de coopération transfrontalière ont été signés. Cette résolution peut alors être interprétée comme un succès, limité, de la médiation et des négociations internationales entre les deux pays.

Conclusion

Il est impossible de comprendre le conflit territorial équatorien-péruvien et, en définitive, la plupart des autres conflits latents aujourd'hui en Amérique latine, si l'on ne tient pas compte du nationalisme à accent territorial qui s'est développé dans certains États depuis leur indépendance. Ont ainsi été bâties des « patries imaginaires », modelées en fonction de l'extension territoriale à laquelle les États aspirent – donc dépassant parfois les frontières réellement existantes – et promues auprès des citoyens par le truchement des systèmes éducatifs.

Toutefois, l'apaisement définitif des tensions s'accompagnera probablement d'un processus de « réimagination » des communautés nationales, dans lequel les processus de réforme de l'État et de constitution de communautés qui se pensent multiculturelles et multiethniques joueront sans aucun doute un rôle majeur.

Entre-temps, le nationalisme territorial continue d'entretenir les principaux différends géopolitiques (actifs ou latents) en Amérique latine, tels que la revendication du Guatemala sur tout ou partie du territoire du Belize, celle du Venezuela sur la région de la Guyane à l'ouest du fleuve Essequibo, le différend entre la Bolivie et le Chili sur le désert d'Atacama ou encore celui entre l'Argentine et le Royaume-Uni concernant les îles Malouines, la Géorgie du Sud et les îles Sandwich du Sud, sans oublier les désaccords entre l'Argentine, le Chili et le Royaume-Uni sur certaines parties de l'Antarctique.

NOTES

1. Cette publication fait partie des résultats du projet BORES financé par MCIN/AEI/10.13039/501100011033/FEDER, UE, sous le code de subvention PID2022-139939NB-I00.
2. Voir l'article de Franck Gaudichaud et Thomas Posado dans ce numéro.
3. Tirée du droit romain, cette règle veut que soit entérinée *de jure* une situation de *statu quo*. Le principe de l'intangibilité des frontières après un conflit en découle par exemple.

RÉFÉRENCES BIBLIOGRAPHIQUES

ANDERSON, B., *Imagined Communities. Reflections on the Origin and Spread of Nationalism*, Londres, Verso Books, 1991 (2e éd.).

CAIRO, H., *Geopolítica de América Latina y el Caribe*, Madrid, Síntesis, 2023.

CHAUNU, P., *Histoire de l'Amérique latine*, Paris, Presses universitaires de France, 1949.

FOUCHER, M., *Fronts et frontières. Un tour du monde géopolitique*, Paris, Fayard, 1991.

POULANTZAS, N., *L'État, le pouvoir, le socialisme*, Paris, Presses universitaires de France, 1978.

VEJO, T., *Elegía criolla. Una reinterpretación de las guerras de Independencia hispanoamericanas*, México, Tusquets Editores, 2010.

Paula Honorato Crespo
Museo Nacional de Bellas Artes (Chile)

Arte contemporáneo *mapuche*, una práctica de resistencia

¿Por qué hablar de arte *mapuche* contemporáneo para referimos a artistas que participan del circuito chileno e internacional ? ¿Por qué la pertenencia e identificación a su pueblo es algo importante de destacar ? ¿Qué aspectos del origen indígena determinan sus obras ? Este artículo aborda precisamente el conflicto que se da en *Abya Yala* (término para designar el continente americano por organizaciones de pueblos indígenas) con algunos artistas contemporáneos, cuya simultánea pertenencia a las primeras naciones del continente y a los actuales estados-nación muestran la herida colonial en el campo del arte. Con herida colonial me refiero, en este caso, a los efectos producidos por las lógicas de poder instaladas en el periodo histórico de las colonias europeas, pero reproducidas hasta el día de hoy con el fin de justificar el sometimiento de personas, pueblos y culturas o de legitimar la apropiación de sus territorios. En otras palabras, esta herida no es exclusivamente efecto de los imperios coloniales del siglo XVI, sino que también un modo de ejercer el poder al interior de nuestras actuales sociedades. Como señalamos, los artistas que nos ocupan participan tanto de la cultura global como la herencia cultural indígena.

Al comentar las obras de Francisco Huichaqueo (1977) y Bernardo Oyarzún (1963) me interesa mostrar desde la perspectiva de quien investiga y diseña exposiciones, cuál es la realidad que afrontan quienes hacen arte con la carga histórica de ser *mapuches* en Chile. Porque, en estos casos, los trabajos no están disociados de lo que significa vivir en un país incapaz de levantar para sí, un relato que integre las experiencias históricas de todos los que habitan su territorio. Lamentablemente, en estas latitudes existen dos historias : una es la que se enseña en las escuelas y se conmemora con las fiestas de la República ; la otra, es aquella que se ha transmitido oralmente de generación en generación, siendo la sombra de relato oficial.

Lo *mapuche* del arte contemporáneo consiste en una toma de posición que se hace cargo de las omisiones, que elabora la violencia de su borradura, busca el lenguaje para sacarlas a la luz y finalmente abre un lugar en la configuración de la existencia común. Sin duda, hablamos de una práctica de arte que va de la mano del trabajo de descolonización de la historia o contra-colonización, en palabras de Huichaqueo. El arte se vuelve un instrumento para hacer y hacerse lugar, ahí donde el reconocimiento es esquivo y debe romper capas de prejuicios. Este es el punto de partida que me habilita para hablar de arte *mapuche* contemporáneo. Se trata de una práctica muchas veces adoptada como el caballo en tiempos de la guerra contra los españoles, es decir, llega al territorio desde Europa, se integra a la vida *mapuche* hasta convertirse en un rasgo propio, participa de la resistencia durante la Guerra de Arauco y en actualidad sigue siendo un ser que forma parte del plano espiritual.

El *mapuche* (gente de la tierra) es el nombre del pueblo indígena más numeroso que ha habitado Chile. Para la llegada de los españoles su territorio comprendía entre el Valle del Limarí (centro-norte) y el sur de la Isla Grande de Chiloé. Estas tierras sumadas a los dominios del lado argentino, al sur de Río Salado, formaban el *Wallmapu*. En su interior se compartían la misma lengua, el *mapudugun*, se los reconocía históricamente por el carácter guerrero, la capacidad para resolver los conflictos parlamentando y la facilidad para el comercio. Resistieron a la Corona española por más de trecientos años. En medio siglo de enfrentamientos, pasaron de la guerra a las relaciones comerciales y diplomáticas con el principal imperio colonial del planeta. En el parlamento de Quilín en 1641 la Corona se vio obligada a reconocer la autonomía *mapuche* desde el río Bio-Bio al sur. Sin embargo, después de la Independencia y una vez consolidada la República de Chile los *mapuches* fueron diezmados a partir de 1878. Sus mejores tierras fueron usurpadas por el Estado chileno y su genocidio fue justificado en nombre de la civilización. Fueron desarraigados, arrastrados a reductos y sus sobrevivientes, condenados a vivir en la pobreza, el desprecio y el racismo. Así, se configuró la relación con el Estado que con matices perdura hasta el día de hoy.

Lo colonial proyectado en el Estado-Nación chileno

Volviendo a nuestro punto de partida, hablar de arte *mapuche* contemporáneo es tomar una posición respecto de la historia. En nuestra escena cultural sus trabajos revelan lo que el relato oficial mantiene en las sombras, es decir, esa parte del pasado que se esconde bajo la alfombra, siendo la otra cara de la misma moneda. La de chilenos y *mapuches* habitando el mismo territorio. Nos podemos preguntar, por qué la insistencia en la borradura. Ya se negaban los hechos en siglo XIX, mientras se perpetraban los brutales despojos a uno y otro lado de la cordillera. Con eufemismos se denominaron las arremetidas en sus territorios como « Pacificación de la Araucanía » al mando de Cornelio Saavedra en Chile y « Campaña del desierto » al mando de Julio Roca en Argentina. Sin embargo, éstas no fueron ni pacíficas ni en tierras vacías, como subraya Pedro Cayuqueo (2020), al constatar cómo se concibió el territorio de su pueblo como si fuera una hoja en blanco, un espacio para saciar la infinita codicia.

Pero ¿por qué hasta el día de hoy se cierran los ojos y se hace oído sordo ante tremenda barbarie ? Primero, porque es una vergüenza, más aún si fuimos educamos en la idea de que las jóvenes naciones se fundaron desde y para realizar los ideales de la Revolución Francesa. Segundo, porque la ignorancia respecto a lo acontecido es una forma de evitar la responsabilidad del Estado y las personas, prefiriéndose en su lugar, la reproducción de las mismas lógicas, más o menos atenuadas. Y tercero, porque no existe argumento alguno para justificar el genocidio de un pueblo de una forma inédita en el continente.

Lo que hace *mapuche* al arte contemporáneo es el lugar desde el cual se participa del debate artístico nacional e internacional. En este caso, tanto Huichaqueo como Oyarzún, son figuras destacadas en el medio cultural y la academia chilena. Ambos circulan internacionalmente en los principales festivales de cine, exposiciones o bienales. Sus obras responden a la contemporaneidad de las artes visuales y, además, a los desafíos de la acción descolonizadora. Con sus obras estamos ante una manera estética de resistencia cultural, una, que crea las condiciones para que el público afronte una herida colonial negada con insistencia. Porque el llamado « problema mapuche », como se lo denomina en los medios de comunicación y la opinión pública es en realidad el problema de Chile.

Huichaqueo

La primera obra que voy a comentar corresponde a la instalación *Trig Metawe Kura* (cántaro de piedra roto) de Francisco Huichaqueo, presentada en el Palacio Pereira en Santiago de Chile el año 2022. Este trabajo reedita lo que hizo en 11 Bienal de Berlín de Arte Contemporáneo, dos años antes. En términos estrictamente materiales, la muestra consistió en una sala totalmente transformada por elementos de la naturaleza (agua, tierra, piedras, hierbas medicinales, canelos), prendas de memoria de carácter patrimonial (dispuestas como piezas emancipadas de las vitrinas de museos) y proyecciones de videos sobre uno de los muros, cántaros y piedras. El título *Trig Metawe Kura* hace alusión al estado espiritual de la nación mapuche que se encuentra fragmentada como un cántaro roto que ya no puede contener.

Los *metawe* son de carácter ritual, se ocupan en las ceremonias, pertenecen al uso familiar y acompañan a sus miembros de generación en generación. En el trabajo de Huichaqueo las prendas que han llegado a los museos o colecciones particulares, fundamentalmente por el saqueo colonialista, son despertadas y activadas ritualmente. Vuelven a ser parde del contexto de sentido para las que fueron hechas y su carga es liberada para configurar nuevamente el entorno que las significa. En este trabajo el cántaro roto materializa la pérdida de lo que los *mapuches* denominan *Küme Mongen* (buen vivir), es decir, el equilibrio de un orden que integra todos los tipos de vida, el entorno, la acción e intención comunitaria y un sentido de la temporalidad que involucra a los antepasados en el presente.

Huichaqueo hace de la práctica de arte y la museología occidental un instrumento para restituir el *Küme Mongen*, o sea, para operar en el orden espiritual y material, hacia la recuperación de la unidad *mapuche*. A la vez, su trabajo se inscribe en el centro de la institución del arte e irrumpe justo donde se ha excluido su forma de ver el mundo y la su pueblo. Al respecto, el modo como las prendas *mapuches* de museos han sido activadas en sus montajes, produce una liberación de tiempos, fuerzas e historias ancestrales, dormidas por años de congelamiento patrimonial bajo la lógica del despojo. Dichas prendas recuperan su potencia ritual en el campo del arte. Asimismo, las películas que proyecta sobre piedras, *matawe* y muros, los aromas de las hiervas medicinales que llenan la sala y la armoniosa articulación entre medios tecnológicos y naturaleza, crean un ecosistema que hace presente un orden distinto al de las instituciones que albergan la obra. Se trata de un orden ritual habilitado para ser actualizado y compartido. En Huichaqueo la práctica del arte es una forma de resistencia cultural y espiritual que invita a las personas a descolonizar la mirada. Pensar el arte contemporáneo como práctica espiritual y el Museo como lugar de ritualidad hace de su trabajo un acto de reparación e intercambio intercultural. Él no trabaja en la afirmación del arte como institución occidental de invención moderna, sino que transforma su ámbito de producción simbólica en una experiencia totalmente distinta. De alguna manera, se toma momentáneamente el lugar para mundo desde un orden que responde a otro paradigma.

Oyarzún

La segunda obra que vamos a comentar corresponde a Bernardo Oyarzún y se titula *Werken*, nombre que significa mensajero en la lengua *mapuzugun*. Esta consiste en una instalación de 1 500 máscaras *mapuche* (*kollong*) emplazadas al centro de una sala y rodeada en los muros perimetrales con letreros led en los que corren en color rojo los 6 906 apellidos *mapuches* aún existentes. El proyecto, curado por Ticio Escobar, se presentó en la 57ª Bienal de Venecia, 2017, luego de concursar para la representar a Chile. Para el pueblo *mapuche* el *werken* es el portavoz del territorio, el que está al tanto de lo que sucede políticamente y actúa como consejero del *lonco* (jefe o cabeza de una comunidad). El personaje representa a quien tiene el don de la palabra para la transmisión y custodia de la memoria del pueblo.

Las 1 500 *kollong* dispuestos a modo de una multitud fueron encargados especialmente a varios artesanos *mapuches*. Corresponden a máscara usada hasta el día de hoy en el *Nguillatun* por los encargados de mantener el orden y las reglas del ritual. La fuerte presencia de la comunidad se hace sentir con estas máscaras que el público debe rodear, mientras lee los miles de apellidos que aparecen en letras lumínicas. Estos apellidos aparecen a pesar de los siglos de bautismos con nombres cristianos, de cambios voluntarios para evitar la discriminación o de pérdida de la lengua que les su justa entonación.

Es necesario aclarar respecto de los 6 906 apellidos, que no sólo se trata de un alto número que sorprende en Chile, dando cuenta del grado de negación y de borradura hacia el pueblo indígena más numeroso, además, en el mundo *mapuche* éstos están en estrecha relación con el territorio. Con ellos se podía hacer un mapa del *Wallmapu* donde los linajes estaban asociados a lugares de origen. Para los *mapuches* los apellidos nombran su tierra, designan una pertenencia de lugar. Sacar a la luz todos esos apellidos revela la envergadura del despojo y permite dimensionar el desarraigo que significó la reducción en pequeñas comunidades.

A diferencia de Huichaqueo, Oyarzún proviene de una historia familiar marcada por la migración del campo a la ciudad y el asentamiento en un sector marginal de la capital. La trayectoria de obra que lo ha convertido en uno de los principales artistas *mapuches* es resultado de una ardua introspección identitaria. El origen de su familia es un tema del que no se hablaba en su niñez. En su caso, el ejercicio del arte ha sido el espacio de reconstrucción de quién es y qué lugar ocupa en un país donde aprendió en carne propia de la violencia racial y social. Si no se hubiera dedicado al arte su biografía habría sido similar a la de miles de *mapuches* en Santiago que viven en la marginalidad urbana, añorando los bosques y los ríos del sur. De alguna manera, la obra que acabamos de comentar es la culminación de un largo proceso de integración y apropiación de sí, que tiene alcances culturales. Hace unos años el volvió a la zona sur a vivir en el campo.

A modo de cierre

Quisiera aclarar que hablar de arte contemporáneo *mapuche* nos presenta una paradoja. Por un lado, hacemos una distinción positiva para situar ese conjunto de obras en un ámbito de comprensión que demanda aclaraciones específicas. Por otro, reconocemos que dicha producción participa de la circulación global del arte y necesitamos comprenderla, porque la herida colonial no atañe sólo a la nación *mapuche*, sino que a todos los que formamos parte de esta historia global, que trabajamos por configurar mejores instituciones culturales y necesitamos reparar siglos exclusión y despojo patrimonial. Mientras no esté sanada esta herida, es pertinente hablar de arte *mapuche* contemporáneo y destacar los esfuerzos por descolonizar nuestras miradas.

Además de Huichaqueo y Oyarzún no puedo dejar de destacar las obras de Santos Chávez (1934-2001), Paula Baeza Pailamilla (1988), Sebastián Calfuqueo (1991) y Rodrigo Castro Hueche (1994).

Actualmente el 10 % de la población en Chile es *mapuche*. La mayoría vive en la Región Metropolitana de Santiago y la zona centro sur, entre la Región del Bio-Bio y la Región de la Araucanía. El pueblo *mapuche* se encuentra en disputa con el Estado por la recuperación de su territorio ancestral. Por su parte, el Estado ha militarizado la zona sur, « la zona roja », una de las más empobrecidas del país y ha aplicado una política de reconocimiento meramente formal.

REFERENCIAS BIBLIOGRAFÍCAS

ALVARADO-CAÑUTA, C., HUICHAQUEO, F., « Restoring the cracks of dispossession for Küme Mongen » *in* SMITH-MORRIS, C., ABADIA, C. (eds.), *Countering Modernity*, Londres, Routledge India, 2024.

CAYUQUEO, P., *Historia secreta Mapuche*, Santiago de Chile, Catalonia, 2017.

–, *Historia secreta Mapuche 2*, Santiago de Chile, Catalonia, 2020.

OYARZÚN, B., ESCOBAR, T., « Werken » (maqueta digital), Santiago de Chile, 2017.

Julien Demelenne
École des hautes études en sciences sociales (EHESS)
Centre des Savoirs sur le Politique – Recherches et Analyses (CESPRA)

Les figures paradoxales du nationalisme paraguayen : la femme et la langue guarani

Le Paraguay est sans doute l'un des pays d'Amérique latine ayant accordé une importance particulière aux femmes et à une langue amérindienne, le guarani, bien avant que les études postcoloniales et de genre ne s'imposent dans les universités. Toutefois, le discours sur les femmes paraguayennes et les Guaranis a été imprégné par une idéologie nationaliste, développée au début du XXe siècle dans un contexte de post-guerre, notamment après la guerre de la Triple-Alliance (1865-1870)[1] et la guerre du Chaco (1932-1935)[2]. Cette idéologie a ensuite été politiquement instrumentalisée sous la dictature d'Alfredo Stroessner (1954-1989)[3].

Le guarani et la « fierté » d'être paraguayen

Dans le discours nationaliste paraguayen, le guarani est présenté comme une représentation de l'authenticité nationale, un élément central dans l'unification de la nation et un symbole de continuité historique reliant le passé préhispanique, la période coloniale et la nation moderne. Il est perçu comme la langue originelle du pays, incarnant en somme l'essence même de la nation paraguayenne. Cette vision linguistique est indissociable de sa dimension ethnique, puisque l'idéologie nationaliste associait le guarani à la notion de « race guarani ». Par ailleurs, cette langue est fortement liée à la figure du métis, symbolisant un facteur de cohésion sociale, car elle est parlée par la majorité de la population tout en servant d'élément distinctif par rapport aux autres nations latino-américaines. Aussi, alors que dans d'autres pays la langue coloniale (espagnol ou portugais) était privilégiée, le Paraguay a mis l'accent sur l'importance du guarani, construisant ainsi un discours autour de « l'exception paraguayenne ». Ce discours s'est appuyé sur la politique d'isolement géographique promue sous le gouvernement de José Gaspar Rodríguez de Francia (1814-1840), ainsi que sur l'isolement du pays par rapport à ses voisins lors des deux guerres. Ces circonstances ont ensuite contribué à ce que, entre autres, l'écrivain Augusto

Roa Bastos définisse le Paraguay comme une « île entourée de terre ».

Dans le contexte d'après-guerre, parler guarani est devenu un acte patriotique, renforçant l'idée que cette langue avait été utilisée durant la guerre de la Triple-Alliance comme un outil pour tromper l'ennemi, et qu'elle représentait un symbole de résistance et de sacrifice. L'association de la « race guarani » avec l'image du guerrier guarani s'est intensifiée, liant le guarani à la tradition en opposition aux valeurs modernes. Ce discours exaltait également la paysannerie, notamment les Pynandí (les pieds nus), présentés comme des héritiers directs des Guaranis, vivant en harmonie avec la nature et étant perçus comme un peuple simple, dévoué à la terre et à la patrie. La guerre du Chaco a servi de catalyseur pour cette cohésion nationale, devenant un symbole fort de la patrie, et, selon Rubin (1974), c'est durant ce conflit que la relation entre la langue guarani et le nationalisme paraguayen s'est encore davantage consolidée. Le guarani était alors présenté comme une « arme de guerre » qui aurait contribué à la victoire, au point que le gouvernement interdit l'usage de l'espagnol sur les champs de bataille (Meliá, 1992). Cette décision politique s'accompagna de la production de journaux écrits par des combattants, ainsi que de diverses œuvres poétiques et musicales populaires, dont le théâtre en guarani sur les champs de bataille, notamment celui de Julio Correa, et les compositions musicales d'Emiliano R. Fernández.

Le XXe siècle marque alors l'émergence d'une génération que Bareiro Saguier qualifie de « nationaliste-indigéniste » (1990), qui revendique la question indigène tout en revalorisant la langue guarani. Pour l'auteur, cette génération s'inspire des travaux scientifiques de Moisés Bertoni, où l'idée d'une « race guarani » est développée selon une perspective évolutionniste et positiviste, reprise ensuite par les auteurs nationalistes. Ainsi, la littérature des années 1930 a vu le jour (Pla, 1974 ; Meliá, 1992), illustrée par des revues telles que *Ocara Poty Cue*, fondée en 1922. C'est à partir de ce moment que naît une relation étroite entre le guarani et la « paraguayidad » (la manière authentique d'être paraguayen), où la langue est perçue comme l'élément définissant l'essence de l'identité paraguayenne, avec des figures telles que Juan E. O'Leary et Ignacio A. Pane, qualifiés de « poètes cultivés en guarani ». Parmi les principaux représentants de cette génération se trouvent Manuel Domínguez, avec son ouvrage *El Alma de la Raza* (1918), et Narciso R. Colmán, avec des œuvres en guarani telles que *Ñande Ypykuéra* (Nos ancêtres) et *Ocara Poty* (Fleurs sauvages). Dans *Ñande Ypykuéra*, Colmán s'inscrit dans la tradition jésuite de réappropriation culturelle, en fusionnant l'un des dieux guarani, Tupã, avec le Dieu catholique. Ce procédé crée une synthèse entre la vision indigène du monde et la foi catholique coloniale, contribuant ainsi à l'intégration de l'héritage guarani dans la spiritualité nationale et renforçant la place du guarani dans l'identité paraguayenne.

Une autre figure importante est Natalicio González (1897-1966), écrivain, fondateur de la revue *Guarania* et président du Paraguay pendant six mois, de 1948 à 1949. Dans son œuvre, on observe une exaltation de l'autochtone et des figures populaires, ainsi qu'une idéalisation floue entre les images du paysan et du soldat. Dans ses ouvrages *Proceso y Formación de la Cultura Paraguaya* et *Ideología Guaraní*, ses visions d'écrivain et ses aspirations politiques s'entremêlent. González présente le Paraguayen comme le produit de la grandeur de la langue guarani, héritée des Indiens guarani, mais qui constitue également une part essentielle du patrimoine métis. Plusieurs chercheurs, tels que Bareiro Saguier (1990) et Susnik et Chase-Sardi (1995), suggèrent que González a été l'un des principaux idéologues de la dictature d'Alfredo Stroessner (1954-1989). L'idéologie nationaliste qu'il a contribué à forger fut utilisée pour justifier les sacrifices nécessaires au bien-être de la nation, ainsi que pour légitimer la répression de toute critique ou opposition, perçue comme portant des valeurs étrangères et contraires aux traditions nationales. Selon Gabriela Zuccolillo (2000), c'est sous Stroessner que ces idées nationalistes deviennent une doxa, formant le socle du discours politique dominant. En 1967, une nouvelle Constitution nationale fut adoptée, permettant la troisième réélection de Stroessner[4] et inscrivant la langue guarani comme « patrimoine national ».

Depuis les années 1960, des travaux scientifiquement fondés ont émergé, remettant en question le récit historique d'une continuité harmonieuse entre la culture guarani et la culture coloniale. Des études anthropologiques, comme celles de Branislava Susnik (2013), déconstruisent la vision nationaliste des communautés guarani préhispaniques, tandis que des recherches sociolinguistiques, souvent menées depuis l'étranger, commencent à explorer les relations complexes entre les deux langues dominantes au Paraguay. Parmi ces chercheurs, Joan Rubin se distingue par son analyse des attitudes des élites paraguayennes, qui méprisent, selon elle, ceux qui ne parlent que le guarani. Elle met en lumière la corrélation étroite entre la distinction géographique (urbain-rural) et l'usage des langues (espagnol-guarani), soulignant que l'espagnol demeure la langue du pouvoir, utilisée pour accéder à la mobilité sociale et économique (Rubin, 1974). Cette situation révèle que le guarani reste stigmatisé. Cette contradiction met en évidence les tensions entre la valorisation idéologique du guarani en tant qu'élément central de la « paraguayidad » et sa marginalisation pratique dans les sphères du pouvoir et de l'ascension sociale.

La « glorieuse » femme paraguayenne

Entre les textes littéraires, la musique et les « ñe'ênga » (dictons populaires), une image idéalisée de la femme paraguayenne s'est progressivement construite, façonnée par l'idéologie hégémonique de la première moitié du XXe siècle. Cette idéologie se manifeste notamment dans la confusion entre les notions de « madre patria » (mère patrie) et de maternité, visible dans le fait que la fête des mères est célébrée le même jour que la fête nationale, le 15 mai, marquant l'indépendance du Paraguay. Cette décision de fusionner les deux célébrations fut prise en 1936, sous le gouvernement de Rafael Franco. La femme devient ainsi la dépositaire des valeurs nationales, investie de la responsabilité d'éduquer les enfants dans le respect des principes patriotiques, un rôle perçu comme essentiel à la reconstruction du tissu social, fragilisé par les guerres successives. Cette vision renforce l'association de la femme avec la maternité et la nation, créant un discours où elle est vue comme la gardienne des traditions et de l'identité paraguayenne.

Les femmes, en particulier les femmes indigènes et paysannes, telles que la « kuña guapa » (femme travailleuse), étaient idéalisées comme gardiennes de la culture guarani et du foyer. Elles étaient perçues comme des mères patriotiques et dévouées, responsables de transmettre la langue indigène à leurs enfants (Galeano, 2017). Durant la période coloniale, les femmes autochtones jouaient un rôle central dans les alliances politiques et dans l'approvisionnement de la communauté. De même chez les Guaranis, avec, en plus, un principe de réciprocité reposant sur l'échange de femmes. Les « tovaja » (dirigeants indigènes) utilisaient ces alliances matrimoniales pour s'assurer un soutien mutuel, garantissant ainsi des relations interethniques harmonieuses. Le prestige politique d'un homme était en partie déterminé par le nombre de femmes qu'il possédait, la polygamie devenant ainsi un outil de maintien du pouvoir. Cependant, cette influence des femmes ne leur conférait pas de pouvoir politique direct : elles étaient principalement perçues comme des objets d'échange au service des intérêts des familles, notamment des frères et sœurs. Les dirigeants guarani, après avoir constaté la supériorité militaire des Espagnols, décidèrent de sceller des alliances avec ces derniers en offrant des femmes. Cette pratique s'intensifia en raison de la rareté des femmes espagnoles, générant ainsi une population métisse importante, dont les enfants étaient reconnus par les Espagnols. Toutefois, avec la consolidation du pouvoir espagnol, le rôle des femmes dans ces relations de réciprocité s'affaiblit, transformant peu à peu cette relation en une forme de domination (Susnik, 2013). En plus de leur rôle dans les alliances politiques, les femmes jouaient un rôle économique crucial. Dans la culture guarani, elles étaient chargées des travaux agricoles, tandis que les hommes se consacraient à la chasse et à la pêche. En 1556, Domingo Martínez de Irala introduisit l'*encomienda*, un système de travail forcé réglementé pour les indigènes. Cependant, en parallèle de ce système, persistait la pratique de la « yanacona » (*encomienda* originelle), où les indigènes vivaient dans les maisons des *encomenderos*. Selon Potthast (2010 : 319), cette pratique pourrait refléter la continuité des anciennes relations de parenté qui structuraient les échanges et le travail dans les sociétés guarani.

Avec l'avènement de l'indépendance et de la République en 1811, les femmes n'ont pas acquis de nouveaux droits ni davantage de pouvoir. Ce n'est qu'avec la guerre de la Triple-Alliance que leurs actions prennent une dimension hautement symbolique. La contribution des femmes à la survie de l'armée est largement documentée par les récits historiques. Les femmes de l'élite offraient des provisions, mobilisaient leurs esclaves et donnaient leurs bijoux pour financer l'effort de guerre. Ces gestes, relayés par la presse à des fins de propagande en soutien au gouvernement, incluaient même des propositions de certaines femmes de prendre les armes, bien que cette initiative ait été rejetée par le président. Ces récits ont ensuite été utilisés pour construire l'image des femmes paraguayennes en tant que combattantes. Après la guerre, les femmes ont joué un rôle central dans la reconstruction sociale et économique du pays, une idée fortement exaltée durant la période nationaliste, avec un discours les présentant comme porteuses des valeurs nationales de sacrifice, de résistance et de travail, notamment en raison de leur capacité à redresser un pays dévasté, particulièrement sur le plan démographique. Une vision idéalisée de la femme émerge alors, celle de « l'héroïne de la nation » (Caballero, 1996), perçue comme gardienne de la culture et pilier de la reconstruction, notamment dans ses fonctions de mère et de protectrice du foyer (Galeano, 2017). Après la guerre, il est vrai que le rapport démographique entre hommes et femmes était extrêmement déséquilibré :

> Il y avait en moyenne quatre femmes pour un homme, et dans certaines régions, le rapport atteignait un homme pour dix voire vingt femmes. Le Paraguay est alors devenu célèbre dans le monde sous le nom de « pays des femmes », une référence uniquement à sa situation démographique, et non à sa situation politique (Potthast, 2010 : 326).

Ce déséquilibre démographique a souligné le rôle des femmes en tant que chefs de famille. Cependant, Potthast (2010) note que ce phénomène n'était pas entièrement nouveau, car même avant la guerre, plus de la moitié des ménages urbains étaient déjà dirigés par des femmes, principalement en raison de la migration de la main-d'œuvre.

Pendant la guerre du Chaco, bien que les femmes n'aient pas participé directement aux combats, leur contribution a été essentielle à plusieurs niveaux : elles ont notamment œuvré comme infirmières, soutenues par l'émergence de la Croix-Rouge, participé à la collecte de fonds et de fournitures et organisé des actions de soutien aux soldats. Les « marraines de guerre » ont également réapparu, envoyant des vivres et du réconfort aux combattants. À cette occasion, les femmes ont été honorées par l'attribution de médailles et de légions en reconnaissance des rôles qu'elles ont tenus (Bénitez, 1997).

Parallèlement au discours hégémonique, dès le début du siècle, des femmes instruites commencent à obtenir des diplômes universitaires, comme Serafina Dávalos, première femme diplômée de l'université en

1907. C'est avec ces femmes que, dans les années 1920 et 1930, émergent les premiers espaces féministes, tels que le Centro Feminista Paraguayo, fondé en 1920, et l'Asociación Feminista, créée en 1929. La révolution fébruariste de 1936 marque un tournant pour le mouvement féministe, qui connaît un essor avec la création de l'Unión Femenina del Paraguay et la parution du journal *Por la Mujer*. Cependant, la Constitution autoritaire de 1940[5], la guerre civile de 1947[6] et la succession de régimes autoritaires ont freiné la prolifération des mouvements féministes qui se développaient au cours de la première moitié du XXe siècle. Les espaces féministes se rétrécissent davantage sous le régime autoritaire d'Alfredo Stroessner, qui, paradoxalement, dans le but d'améliorer son image démocratique, a approuvé le droit de vote des femmes sous son gouvernement.

Conclusion : la convergence de la langue et du genre

Langue et genre se rejoignent autour de la figure centrale de la femme guarani, qui, durant la période coloniale, a joué un rôle-clé dans la formation d'alliances politiques entre les conquérants et les peuples autochtones. À ce récit colonial s'ajoute l'image « héroïque » des femmes pendant et après la guerre de 1870, un moment où la population masculine a considérablement diminué, ainsi que l'évocation de la bravoure de la « race guarani », incarnée dans l'âme des soldats qui défendirent avec ténacité le territoire paraguayen. Cette idéologie nationaliste a été politiquement instrumentalisée par des régimes autoritaires, dans le but de limiter l'émergence de voix critiques et alternatives sur ces questions. Alors même que les femmes et la « race guarani » étaient exaltées, le Paraguay fut le dernier pays de la région à accorder le droit de vote aux femmes, en 1961.

Ce n'est qu'avec la Constitution nationale de 1992 que le pays fut officiellement reconnu comme bilingue, bien que cet aspect ne se soit pas traduit par une véritable adoption institutionnelle de la langue guarani, et même s'il s'agit d'une langue de travail officielle du Mercosur. En dépit de cette fierté affichée, le guarani demeure perçu comme une langue de moindre prestige et un frein à la mobilité sociale, tandis que les femmes continuent d'être sous-représentées dans les sphères du pouvoir politique. Le Paraguay vit ainsi de ses paradoxes : bien qu'il exalte la figure féminine et la langue autochtone dans son discours, leur importance réelle reste limitée en dehors de la rhétorique officielle. En bref, « certains sont plus égaux que d'autres » pour reprendre la formule orwellienne.

NOTES

1. Guerre qui opposa le Paraguay à la « Triple-Alliance » de l'Argentine, du Brésil et de l'Uruguay. En cinq ans, le Paraguay fut anéanti, il perdit 40 % de son territoire et environ les deux tiers de sa population.
2. Guerre entre le Paraguay et la Bolivie pour le contrôle de la région occidentale du pays, une région semi-aride, soupçonnée de concentrer du pétrole.
3. La dictature d'Alfredo Stroessner fut la plus longue de l'Amérique du Sud, car il prit le pouvoir 10 ans avant les autres dictateurs de la région, en 1954. Le contrôle de l'État s'est fait avec le soutien politique du parti Colorado et le soutien militaire des forces armées. Cette dictature se termina en 1989 avec un coup militaire et la continuité du même parti politique pendant la transition démocratique.

4. Alfredo Stroessner a maintenu une façade démocratique en organisant des élections tous les cinq ans entre 1954 et 1989. En moyenne, il a obtenu 88,7 % des voix aux huit élections présidentielles, selon les données officielles, et a modifié la Constitution en 1967 pour autoriser sa réélection indéfinie.
5. La Constitution de 1940 a été promue par le président José Félix Estigarribia, qui avait assumé des pouvoirs extraordinaires à la suite d'un coup d'État en 1939. Cette Constitution visait à consolider un régime centralisé et autoritaire sous sa direction. Elle fut l'instrument juridique qui légitima les régimes autoritaires d'Higinio Morínigo (1940-1948) et d'Alfredo Stroessner (1954-1989).
6. La guerre civile de 1947 a permis de consolider le parti Colorado au pouvoir, qui y avait accédé grâce à un coup d'État militaire réalisé le 13 janvier de la même année et qui a exclu les partis d'opposition du gouvernement de coalition de Morínigo.

RÉFÉRENCES BIBLIOGRAPHIQUES

Bareiro Saguier, R., *De nuestras lenguas y otros discursos*, Asunción, Universidad Católica Nuestra Señora de la Asunción, 1990.

Benítez, S., *La mujer en la Guerra del Chaco : su rol y presencia en el conflicto bélico 1932-1935*, Asunción, El Lector, 1997.

Caballero, A., *El nacionalismo en Paraguay : un estudio sobre las ideas y representaciones nacionales (1920-1940)*, Asunción, Editorial Arandurã, 1996.

Galeano, M., *La nación y sus mujeres : representaciones de género y etnicidad en el Paraguay (1870-1940)*, Asunción, Servilibro, 2017.

Melia, B., *La lengua guaraní del Paraguay*, Madrid, Editorial MAPFRE, 1992.

Plá, J., « La literatura paraguaya en una situación de bilingüismo », *Revista de estudios paraguayos*, vol. II, n° 2, 1974, p. 5-30.

Potthast, B. I., « Las mujeres en la historia del Paraguay », *in* Telesca, I., *Historia del Paraguay*, Asunción, Taurus, 2010, p. 317-336.

Rubin, J., *Bilingüismo nacional en el Paraguay*, México, Instituto Indigenista Interamericano, 1974.

Susnik, B., *El Rol de los Indígenas en la Formación y en la Vivencia del Paraguay*, Asunción, Intercontinental Editora, 2013.

Susnik, B. et Chase-Sardi, M., *Los Indios del Paraguay*, Madrid, Editorial MAPFRE, 1995.

Zuccolillo, G., *Lengua y nación : el rol de las élites morales en la oficialización del guaraní*, thèse de doctorat sous la direction de Claudio Briones, Buenos Aires, Université de Buenos Aires, 2000.

Elsa De La Rosa
Northwestern University (États-Unis)

The Rise of Anti-Chinese Sentiment in Sonora (Mexico) and U.S. Influence in the Late Nineteenth and Early Twentieth Centuries

Following the passage of the U.S. Chinese Exclusion Act in 1882, and the signing of the Treaty of Friendship, Commerce, and Navigation between Mexico and China in 1899, Sonora experienced a significant influx of Chinese immigrants. The Chinese community in Sonora was the largest in Mexico until the 1920s, primarily evolving into a petite bourgeoisie. In response to this situation, certain sectors of Sonoran society began to perceive the Chinese as a threat to the economy, public health, and population. Located in northwestern Mexico and sharing a border with the U.S., primarily Arizona, Sonora's cross-border interactions were significantly shaped by the U.S. experience with Chinese immigrants – the main focus of this article. This analysis will show that exclusion and discriminatory practices prevalent in the U.S. during the late nineteenth and early twentieth centuries were acknowledged by Sonorans, Mexican workers, and revolutionary groups in the border region and were reported and discussed in both the Sonoran and the anarchist press. The newspapers, with their different approaches and agendas, informed different audiences about anti-Chinese rhetoric and measures, contributing to their dissemination and fueling the rise of Sinophobia in Sonora. They often mentioned the examples set by nations they considered « civilized » or advocated for policies similar to those of the U.S., which were seen as necessary to protect Mexican businesses and workers.

The Arrival of Chinese Immigrants During the Porfiriato[1] and the Rise of Anti-Chinese Sentiment in Sonoran Society and Press

Under Porfirio Díaz's rule, Mexico aimed to achieve economic and industrial progress by attracting foreign investment to exploit its natural resources, including mines and oil, building infrastructure, such as railways and telegraph lines, and seeking to establish itself as a modernized nation. However, this « order and progress », a positivist ideology adopted by Díaz to guide his public administration, came at the expense of basic political rights, and relied on the use of force to maintain social and political order, enabling him to centralize power. This resulted in economic growth that was unevenly distributed among the Mexican population, fostering discontent and social injustice, and ultimately paving the way for the Mexican Revolution.

A key aspect to Díaz's goal to modernize Mexico was the development of the country's uninhabited and underutilized regions, particularly the Mexican Northwest, which borders the U.S. Southwest. Díaz and his political circle believed that immigration could help solve some of Mexico's challenges and transform the nation into a prosperous and modern state. While white « civilized » Europeans were the most desired immigrants, they did not arrive in the numbers expected. Faced with this shortfall, Díaz and his group of advisors – formed by politicians, intellectuals, and businessmen – known as the *científicos*, who adopted a scientific approach to governing Mexico based on the philosophy of positivism, shifted their focus to Chinese immigrants, who were arriving in greater numbers than Europeans. However, the prospect of formalizing a treaty with China to facilitate Chinese immigration was controversial. Many Mexicans expressed reservations about welcoming these new foreigners into the country, including Mexican intellectuals and the political elite of the late nineteenth century. Their views were often characterized by inconsistency, divergence, and even opportunism. Lacking alternatives, Díaz brought in Chinese immigrants to fill the labor gap, employing them in remote areas where manual labor was needed in agriculture, mining, and railway construction.

Until the 1930 census, the largest Chinese community in Mexico was concentrated in the northwestern border state of Sonora, where the main anti-Chinese campaigns in Mexico took place during the first three decades of the twentieth century. These newcomers went from working in fields and mines to becoming mostly prosperous merchants. The economic success of the Chinese was so significant that Sonorans began to view them as a threat, perceiving them as monopolizing the retail trade. They were also associated with concerns about disease transmission and racial mixing. Because of Sonora's geographic location and proximity to the U.S., this fostered a substantial exchange of ideas, people, and goods, particularly with California, where some of the first discriminatory measures against the Chinese were enacted in the second half of the nineteenth century. These international connections, along with the local and national contexts, shaped the social dynamics of this transnational region.

Due to the limited number of workers willing to migrate to Mexico, especially to the less populated, remote, and coastal regions, Mexico signed the Treaty of Friendship, Commerce, and Navigation with China in 1899. However, certain groups within Sonoran society responded with skepticism that soon escalated to outright rejection, often manifested in discriminatory remarks against the Chinese community. One of the first newspapers to denounce the dangers of Chinese immigration was *El Tráfico*, published in Guaymas, Sonora, and founded in 1895. This publication, which contained news and advertisements, gained wide circulation among merchants, miners, industrialists, and farmers in Sonora, while also reaching many parts of the U.S. This publication highlighted the issues arising from the success of Chinese immigrants as merchants in the state. Consequently, *El Tráfico* referred to measures enacted in the U.S. to address the « Chinese problem », including the establishment of Chinatowns to contain the « terrible » influence of this community.

In addition, other Sonoran newspapers, such as *El Progreso* of Altar, Sonora, echoed xenophobic sentiments by publishing articles that emphasized the perceived threats the Chinese community posed to Mexican workers, particularly those involved in domestic work and retail trade. *El Tráfico* mentioned an article published by

El Progreso that highlighted the commercial growth of the Chinese in Sonora and echoed the Altar newspaper's negative portrayal of these immigrants, expressing its support and congratulating the publication for denouncing the Chinese community. Furthering this perspective, *El Tráfico*'s columns emphasized the joint efforts of the press and local merchants to combat the «powerful tentacles» of the Chinese, which they claimed were spreading throughout the region. This statement is significant because it identified these two groups as the initiators of the anti-Chinese movement in Sonora, which they continued to lead throughout the second half of the 1910s. The importance of *El Tráfico* went beyond simply reflecting the opinions of the people of Guaymas. Jose Luis Trueba Lara noted that the newspaper's anti-Chinese campaign became the ideological basis for the xenophobic movement against the Chinese community in the northwestern region of the country (Trueba Lara, 1990 : 40).

The Dynamics of Mexican Labor Across the U.S.-Mexico Borderlands

In the early twentieth century, Mexican workers participated in and contributed to anti-Chinese initiatives in Mexico. The shared formative experiences of the Mexican and U.S. labor movements, especially in the border region, helped create a unified zone for labor mobilization as workers on both sides advocated for social change, including better working conditions and freedom of expression (Torres Parés, 2014 : 9). This development was driven by the continued migration of Mexican workers across the border, in part due to the modernization efforts of the Díaz's administration. The growth of industry and mining spurred rapid advancements in livestock farming, accelerated urbanization, and promoted commercial expansion. The development of railroads and ports facilitated these changes, connecting the region to the southwestern U.S. and increasing Mexican exports of cotton, minerals, and livestock.

Despite the population growth in states bordering or near the U.S. – such as Coahuila, Chihuahua, Sonora, and Durango – the labor force remained scarce, leading to fierce competition for workers in the railroad, agriculture, and mining industries. Meanwhile, alternative employment opportunities in the U.S. further exacerbated the labor shortage. As a result, the labor force became highly mobile, creating a significant group of «semi-industrial and semi-agricultural» workers who frequently moved between precarious agricultural, mining, and railroad jobs (Torres Parés, 2014 : 52). They often crossed the border, moving between northern Mexico and the southwestern U.S. in search of employment. Within this group of Mexican workers, the Partido Liberal Mexicano (PLM), or Mexican Liberal Party, a political group of radical liberals led by Ricardo Flores Magón who were dissatisfied with Díaz's government, began building its social base as early as 1905 while operating in exile in the U.S. due to its opposition to the Díaz regime.

The Role of Mexican Workers and the Anarchist Press in Spreading Anti-Chinese Sentiment in Sonora

Despite the fluctuations of economic cycles, Mexican migrants became a fundamental part of the workforce in key sectors of the southwestern U.S. economy. Most U.S. unions did not prioritize radical social change and many openly discriminated against Mexicans by excluding them from membership. Fully aware of the biases they faced, Mexicans also recognized the similar prejudice these organizations had against Chinese migrants. Unions had rules that excluded non-European migrants, particularly

Mexicans and Chinese. In the Southwest, Mexicans were typically paid less than « Anglos » for doing the same work. However, some all-white unions faced pressure to admit Mexican workers because excluding them would allow Mexicans to undercut union wages. Moreover, closing the Mexican border proved far more difficult than closing the ports, making the idea of a Mexican equivalent of the Chinese Exclusion Act unrealistic and gaining little support.

In Sonora, particularly in Cananea, Mexican workers faced similar challenges, enduring unfair treatment and receiving lower wages than foreign workers despite being in their own country. U.S. citizens and Mexican miners lived in separate neighborhoods, and Mexicans were often arrested for disrespecting U.S. citizens or Chinese. A leaflet that circulated in Cananea captured the frustration of Mexicans, expressing : « How can it be that in Mexico, Yankees, Blacks and Chinese are valued more than Mexicans. » (Tinker Salas, 1992 : 455) These social inequalities and the wage gap between Mexicans and U.S. citizens doing the same work revealed the harsh realities of the new economic order and sparked political dissent and labor unrest throughout Sonora, particularly in Cananea, which was at the forefront of the general unrest that arose during the last years of the Porfiriato. In addition, it is important to acknowledge the experiences of Mexican workers who had previously been employed in the U.S. and later worked in Cananea, as they brought with them a heightened awareness of the discriminatory treatment that both Mexicans and Chinese individuals faced in U.S. work environments, such as mines and agricultural fields.

Another newspaper that promoted anti-Chinese views while also incorporating revolutionary ideas within the labor sector was *Regeneración*, the official organ of the PLM, founded in 1900. It published articles that analyzed the Mexican Revolution from an anarchist perspective and reached an audience both in Mexico and abroad, particularly in the U.S. The PLM's organizing board believed that Mexicans nationwide were fed up with the dictatorship and ready to rebel, a belief that shaped their daily task of editing *Regeneración* (Lomnitz, 2014 : 88). Since its founding in 1900, the newspaper became one of the few outlets through which people from all over Mexico could report legal violations and injustices committed by the Díaz administration. In the absence of alternative platforms under the Díaz regime, *Regeneración* was quickly inundated with letters. These correspondences became the lifeblood of the newspaper, driving its political agenda to the point where they even clouded the judgment of PLM leaders. They began to believe that every town was ready for revolution and that all that was needed was coordination, communication, and intellectual leadership (*Ibid.* : 233).

On March 1, 1906, the PLM issued a call in *Regeneración*, inviting all Mexicans to participate in the creation of the party's program, which its leaders wanted it to reflect the aspirations of the people. This program would guide the PLM's efforts to fight the abuses of the Díaz dictatorship and ultimately contribute to its overthrow (*Regeneración*, 1906 : 1). On July 1 of that year, *Regeneración* published the « Program of the Liberal Party and Manifesto to the Nation ». One of the key points was the demand to ban Chinese immigration as a measure to protect workers, especially Mexican laborers. This demand stemmed from the belief that Chinese immigrants, who were often willing to work for lower wages, threatened the livelihoods of other workers. The program claimed : « Their competition is disastrous and must be avoided in Mexico. In general, Chinese immigration does not bring the slightest benefit to Mexico. » (*Regeneración*, 1906 : 2). This attitude echoed the U.S. Chinese Exclusion Act of 1882, which barred Chinese workers from entering the country. James Cockcroft noted that this point in the PLM program reflected that many Mexicans in northern Mexico shared similar sentiments, viewing Chinese laborers as unfair competition, or labeling them as dirty or convenient scapegoats for their frustrations (Cockcroft, 1968 : 241).

Conclusion

At the turn of the twentieth century, anti-Chinese sentiment emerged in Mexico, particularly in the northwestern region, especially in Sonora. This sentiment was exacerbated by the increasing number of Chinese immigrants, their success in the retail trade, and their willingness to accept lower wages. Sonorans, Mexican workers, and anarchist revolutionaries expressed their grievances against Chinese immigrants, a sentiment reflected in both the local and radical press. They offered solutions that either cited U.S. laws as models to emulate or recommended policies that mirrored those of the U.S., often justifying them as necessary for protecting Mexicans and promoting Mexican nationalism. Sonora's geographic proximity to the U.S., particularly California, along with the natural flow of people, ideas, and shared experiences in this border region, further facilitated U.S. influence. As a result, this anti-Chinese sentiment escalated in the 1920s and early 1930s, eventually leading to the expulsion of most Chinese from the state.

NOTE

1. Name given to the regime established by Porfirio Díaz in Mexico, spanning from 1876 to 1980 and from 1984 to 1911.

BIBLIOGRAPHICAL REFERENCES

« Junta Organizadora del Partido Liberal Mexicano : Convocatoria » *Regeneración*, March 1, 1906 (1).

« Programa del Partido Liberal y Manifiesto a la Nación » *Regeneración*, July 1, 1906 (2).

Cockcroft, J. D., *Intellectual Precursors of the Mexican Revolution, 1900-1913,* Austin, University of Texas Press, 1968.

Lomnitz, C., *The Return of Comrade Ricardo Flores Magón*, New York, Zone Books, 2014.

Tinker Salas, M., « Sonora : The Making of a Border Society, 1880-1910 », *Journal of the Southwest*, vol. 34, n° 4, 1992, p. 429-456.

Torres Parés, J., *La Revolución sin fronter : El Partido Liberal Mexicano y las relaciones entre el movimiento obrero de México y el de Estados Unidos. 1900-1923*, Mexico City, Universidad Nacional Autónoma de México, 2014 [1990].

Trueba Lara, J. L., *Los Chinos en Sonora. Una historia olvidada*, Hermosillo, Universidad de Sonora, 1990.

Vargas de la Maza, A., « Inmigración china a los estados de Sonora, Sinaloa y Baja California », *El Universal*, April 30, 1925.

Juliette Dumont
Institut des hautes études de l'Amérique latine (Université Sorbonne Nouvelle)

« Soi-même comme un Autre » ? Diplomatie culturelle et logiques identitaires. Argentine, Brésil, Chili (1919-1943)

En 1934, un diplomate brésilien affirmait que « le Brésil, à travers la coopération intellectuelle, apparaît plus brésilien[1] ». Que signifie paraître « plus brésilien » ? Cette expression suggère que, sur la scène internationale, ce pays pourrait souffrir d'une image tronquée, qui ne rend pas compte de manière exacte de sa réalité, de son identité. Prendre part à la coopération intellectuelle, qui a pour objet la stimulation des échanges entre pays afin de favoriser la collaboration internationale, permettrait donc d'offrir au monde une représentation fidèle de ce qu'un pays est *réellement*. Les acteurs brésiliens, mais également argentins et chiliens, qui ont fait ce constat ne se sont pas limités à celui-ci : pour ces trois pays, la période qui va du début des années 1920 à la fin de la Seconde Guerre mondiale est celle de l'émergence et du développement de leur diplomatie culturelle, que l'on peut définir, entre autres, comme « la manière dont un gouvernement présente son pays au peuple d'un autre pays dans le but d'atteindre certains objectifs de politique extérieure » (Aguilar, 1996 : 9).

Être pris au sérieux, figurer de manière distincte sur la mappemonde de la culture universelle, donner à voir leur « vérité » au-delà des clichés : tels sont les objectifs des Argentins, Brésiliens et Chiliens quand ils se donnent pour tâche d'élaborer une image d'eux-mêmes sur la scène internationale, ce que nous appelons une « identité pour l'extérieur ». Encore faut-il savoir quels éléments sont susceptibles de la composer. Que montrer ? Qu'est-il préférable, au contraire, de passer sous silence ? Ces interrogations sont omniprésentes chez les acteurs des diplomaties culturelles argentine, brésilienne et chilienne et placent l'identité nationale, les discours et représentations dont elle est l'objet, au cœur de leur réflexion comme de la nôtre.

Circulations transnationales et jeu d'échelles

Cela pose d'emblée, pour l'Argentine, le Brésil et le Chili, certaines difficultés : comment distingue-t-on le national de l'étranger quand on a affaire à une société composée de migrants ? Comment peut-on bâtir un « nous » alors que la figure de l'Autre est davantage celle du Noir ou de l'Indien que celle de l'Européen ? Au-delà de leurs différences, ces trois pays font face, au cours de la période étudiée, à un défi commun qui suscite d'intenses débats autour des contours de leur identité nationale et de la définition de leur singularité. Ces questionnements n'intéressent pas que ces trois nations : dans toute l'Amérique latine, la question identitaire, nationale, mais aussi régionale, est un leitmotiv plus qu'insistant. De fait, ainsi que nous l'avons démontré dans de précédents travaux (Dumont, 2018), l'élaboration d'une « identité pour l'extérieur », qui serve et appuie les buts de la diplomatie traditionnelle, s'est inscrite dans une configuration relevant autant de dynamiques ayant lieu au sein de ces États-nations que de circulations opérant aux niveaux international, transnational et régional.

Nous avions de la sorte transposé le postulat d'Anne-Marie Thiesse selon lequel « il n'y a rien de plus international que la création des identités nationales » (Thiesse, 2001 : 11), en l'articulant au travail de Patricia Funes (2006) sur les débats identitaires qui caractérisent le sous-continent dans les années 1920. L'Amérique latine a aussi été, dans les années 1920 et 1930, un « vaste atelier d'expérimentation transnationale », à l'instar de l'Europe du XIXe siècle, un espace d'intenses circulations au sein duquel évoluaient et pensaient les acteurs des diplomaties culturelles argentine, brésilienne et chilienne, et dans lequel ils puisaient les références, pratiques et éléments discursifs qui serviraient à conjuguer l'universel au particulier. Dans ce cadre, la culture populaire et le folklore constituent un motif que l'on retrouve dans la partition de chacun des pays étudiés et dont nous analyserons ici l'émergence, les variations et les dissonances.

Nouvel ordre mondial et reformulation des identités nationales

Le processus que nous étudions se situe dans le sillage des commémorations des indépendances, véritables « vitrines nationales » dont la vocation était à la fois interne (« développer un sentiment d'unité et de fierté nationales ») et externe (montrer une « modernité attendue par les nations étrangères et resserrer les liens diplomatiques et commerciaux sur un pied d'égalité »). Françoise Martinez montre comment ces dernières promeuvent des « représentations de la nation rêvée », marquées par des silences assourdissants et des oublis volontaires[2]. Ce qui s'apparente à une série de « prophéties autoréalisatrices » tente de masquer que

> la déploration et l'inquiétude l'emportent à l'aune d'un constat presque unanime : celui de la fragilité d'entités nationales tiraillées par des forces centrifuges, parcourues par de profondes lignes de faille, sociales et raciales, et incapables de se faire une place dans le concert des puissances mondiales (Compagnon, 2013 : 15).

Au lendemain de la Grande Guerre, les pays latino-américains font face à un contexte international bouleversé, que ce soit en termes géopolitiques, économiques ou culturels. Le conflit a tout à la fois renforcé la dépendance économique vis-à-vis des États-Unis et abîmé, dans l'horreur des tranchées, l'image de l'Europe comme cœur de la civilisation auprès d'élites latino-américaines qui en avaient fait un modèle à partir duquel façonner les nouveaux États-nations (Compagnon, 2013). À l'encontre d'une conception où la nation et la patrie étaient assimilées à une république majoritairement blanche, où l'individu, en tant que citoyen, était au centre, on observe, dans les années 1920, « un glissement visible de l'individuel au collectif et de l'État au territoire de la société et de la culture » (Funes, 2006 : 135). Alors que les traditions libérale et positiviste favorisaient des appartenances nationales plus exclusives qu'inclusives et commuaient le temps des indépendances en temps des origines, les réflexions menées au cours de la deuxième décennie du XXe siècle cherchent, au contraire, à élargir la nation, dans sa dimension temporelle (en faisant appel à un passé et à des traditions qui remontent parfois avant la période coloniale) et sociale (en prenant en considération ces « autres » jusque-là exclus). L'héritage culturel latino-américain, dans sa diversité, est de fait reconsidéré, notamment par la prise en compte des éléments indiens et africains, dans une tension omniprésente entre tradition et modernité.

Un langage commun pour décliner la singularité : culture populaire et folklore

Au Brésil, il revient au mouvement moderniste d'avoir entrepris de penser la « *brasilidade* » en des termes enracinés dans les réalités physiques et démographiques du pays, en affirmant, par le concept d'anthropophagie, la possibilité d'assimiler les éléments culturels étrangers dans une matrice brésilienne, opérant ainsi une série de mutations. La plus notable réside dans l'affirmation d'un nationalisme culturel *via* des productions – notamment picturales, musicales, littéraires – censées exprimer « la substance de l'*être* brésilien » (Lippi Oliveira, 2008 : 77), trop longtemps bridé par le mimétisme des canons européens. Ainsi, parmi d'autres exemples, le roman *Macunaíma* de Mário de Andrade (1893-1945) paru en 1928 et mettant en scène un pays aussi bien indien, qu'africain et européen, ouvre la voie vers l'affirmation de l'identité brésilienne comme profondément métisse.

En ce qui concerne le Chili, dès le début du XXe siècle ont été publiées de nombreuses études archéologiques, anthropologiques et folkloristes visant à identifier les racines culturelles et matérielles considérées comme autochtones, participant ainsi à l'affirmation progressive d'une vision ethnoculturaliste de la nation chilienne, dans laquelle « le nationalisme se transforme en sauvetage de ce qui caractérise le plus un peuple : les coutumes, la langue, les proverbes, les façons d'être, la tradition » (Subercaseaux, 2007 : 117). Gabriela Mistral, une des actrices de la diplomatie culturelle chilienne, inscrit ce postulat dans le cadre plus large de l'Amérique latine à propos du projet de Congrès international d'Arts populaires organisé par l'Institut international de coopération intellectuelle[3] :

> Le travail manuel autochtone, celui que la machine n'a pas encore avili, dit, autant que le poème épique, ou plus que lui, l'esprit d'un peuple. Après l'Asie c'est notre Amérique qui peut tirer le plus d'avantages de cet événement. Le Mexique, le Pérou, l'Équateur, prouveront qu'ils possèdent une culture ancienne et magnifique. Le Chili apportera le tissu d'Auracanie. L'Argentine et la Colombie, leur stupéfiant folklore musical[4].

Oscar Chamosa montre, quant à lui, que, pour l'Argentine, la valorisation du folklore et de la culture populaire se cristallise autour de la figure du *criollo*, dans une interaction entre des intellectuels nationalistes, des universitaires, des hommes politiques, mais également les barons de l'industrie sucrière du Nord-Ouest du pays à partir des années 1920. Les gouvernements conservateurs des années 1930 transforment ce matériel en outil éducatif pour promouvoir auprès des élèves de l'Argentine urbaine la musique *criolla* et les danses comme la *zamba* ou la *chacarera* (Chamosa, 2010).

Ce processus d'élaboration des singularités nationales s'inscrit de manière croissante dans une dynamique panaméricaine : la *Good Neighbor Policy* et la montée des périls en Europe contribuent à renforcer l'idée qu'il est nécessaire pour les (Latino-) Américains de valoriser la « culture propre » au continent, car « les fondements mêmes de notre civilisation, plus exactement de la civilisation européenne, qui se reflètent dans les nations d'Amérique, paraissent être ébranlés et vaciller[5] ». Ainsi s'exprime, en 1934, Juvenal Hernández, recteur de l'Université du Chili, cette dernière devenant rapidement le moteur de la diplomatie culturelle chilienne et la cheville ouvrière de l'organisation, en 1943, d'une exposition d'arts populaires américaine, à Santiago du Chili. Se constitue ainsi un réseau de spécialistes, d'universitaires, d'artistes, formant une communauté transnationale, que l'élaboration de diplomaties culturelles va tout à la fois renforcer et exploiter[6], tandis que l'Union panaméricaine contribue, par la collecte de matériel et le recensement des institutions dédiées au folklore et à la culture populaire à travers le continent, à la reconnaissance de ces expressions culturelles comme patrimoine de « l'hémisphère occidental[7] ».

Peaux noires (ou métisses), masques blancs[8]

Il ne faudrait cependant pas conclure à l'avènement de conceptions identitaires fondamentalement pluralistes et ouvertes. L'assomption, au Brésil, des différentes composantes de sa population n'est pas pour autant synonyme d'un multiculturalisme, même si celui-ci est aujourd'hui considéré comme l'une des grandes forces du pays, et ne se traduit pas par leur valorisation dans le cadre de la diplomatie culturelle de ce pays. Si, par exemple, la monographie de Mário de Andrade, *La Musique et la chanson populaires au Brésil*, est diffusée par le Service de coopération intellectuelle du ministère brésilien des Relations extérieures[9], de manière générale ce dernier privilégie la culture érudite dans sa politique culturelle visant à élever le Brésil au rang de « nation civilisée ».

> [En effet,] l'intégration de la culture populaire, représentée notamment par des artistes noirs et métis, fut progressive et la projection de l'image d'un Brésil noir – opposé traditionnellement par les élites à celle d'un Brésil civilisé – suscita de fortes réticences dans les milieux diplomatiques (Dumont, Fléchet, 2009 : 71).

C'est également l'homogénéité, mais aussi la prédominance de l'élément « blanc », donc d'origine européenne, qui est valorisé au Chili, dans un document produit par le Service information et propagande du ministère chilien des Relations extérieures en 1940, afin de présenter une « vision panoramique » du pays à l'étranger :

> Une belle race homogène, caractéristique particulière du Chili se répand autant sous les latitudes ardentes d'Ariva que dans les steppes glacées de Magallanes. Du mélange ou croisement des grandes et combatives races – Espagne et Arauco –, a surgi un peuple au teint blanc, vaillant, dur à la tâche et travailleur qui a mérité l'observation attentive de critiques, d'écrivains et éminents hommes d'État, de science et d'étude[10].

Quant aux folkloristes argentins, dans une démarche marquée par les conceptions romantiques du XIXe siècle, ils construisent l'idée d'une culture de l'intérieur, produit d'un monde rural dont les chants, les récits, les mythologies et les pratiques religieuses, menacées par la modernité, représentent une « *argentinidad* » qui se dissout dans le matérialisme et le cosmopolitisme d'une ville comme Buenos Aires. L'âme argentine est, de la sorte, associée aux provinces les plus indigènes du pays, dont on escamote cependant les particularités ethniques et raciales (Chamosa, 2010). Cela se traduit dans l'ouvrage collectif *Le paysage et l'âme argentins*, publié en 1938, en français, par la Commission argentine de coopération intellectuelle, qui œuvre aux côtés du ministère argentin des Relations extérieures sur le terrain de la diplomatie culturelle. Les écrits rassemblés font la part belle au folklore, à un imaginaire national où la terre et les racines sont privilégiées, où la figure du *gaucho* est omniprésente, alors même qu'elle n'existe quasiment plus dans la réalité. Parallèlement, la revue *Informaciones argentinas*, publiée par le ministère entre 1938 et 1947[11], relaie cet imaginaire, tout en insistant, au fil des numéros, sur le fait qu'« en 94 ans, l'Argentine a progressé avec un rythme si accéléré qu'il est presque inconcevable pour l'Europe[12] ».

Dépasser la dichotomie « civilisation » *vs* « barbarie » : une histoire inachevée

Assumer et promouvoir l'*argentinidad*, la *brasilidade* et la *chilenidad* à l'extérieur, par le biais de la diplomatie culturelle, ne se fait donc pas sans tensions et contradictions. Par ailleurs, malgré tout, le regard européen continue d'être cet « œil vivant » sous lequel se placent bien des considérations sur la meilleure manière de donner à voir ce que sont l'Argentine, le Brésil et le Chili, confrontés au défi qui consiste à se « penser soi-même comme un autre », à effectuer la synthèse, parfois schizophrène, entre la marche vers le progrès et une certaine profondeur historique, entre l'assomption de la diversité culturelle et ethnique et l'impératif de présenter au monde des nations consolidées, harmonieuses et… « civilisées ». C'est ainsi que la culture populaire est valorisée, tandis que ses producteurs ne le sont pas toujours, du moins dans le cadre de la diplomatie culturelle. Ainsi des artistes noirs au Brésil ou des Indiens Araucans au Chili. Ou d'une Argentine oscillant entre une modernité triomphante et un passéisme qui la fige dans un âge d'or qui n'a, en réalité, jamais existé.

NOTES

1. Arquivo Histórico do Itamaraty, 542,6, 995/16141, 23/12/1934, Article du *Diario de Noticias*, interview d'Argeu Guimarães.
2. Toutes les citations de ce paragraphe sont tirées de Françoise Martinez (2023).
3. Ce dernier s'est tenu à Prague en 1928.
4. Archives de l'Unesco, AUN, A I 83, Article du journal *El Mercurio*, 13 juillet 1927.
5. Bibliothèque nationale du Chili, « Conferencia Inter-americana de educación, "Discurso pronunciado por el Rector de la Universidad de Chile, don Juvenal Hernández, en la sesión inaugural celebrada en el salón de honor del Congreso Nacional, el domingo 9 de setiembre de 1934" », Prensas de la Universidad de Chile, p. 5.
6. Voir Corinne Pernet (2004 et 2008).
7. Nous reprenons ici, en le traduisant, l'expression « Western Hemisphere », élément central de la rhétorique panaméricaine postulant une communauté de destin pour les pays du continent américain, notamment face à l'Europe.
8. D'après le titre de l'ouvrage de Frantz Fanon, *Peau noire, masques blancs*, Paris, Seuil, 1952.
9. Cet essai est notamment inséré dans une publication de l'IICI : *Folklore musical. Répertoire international des collections et centres de documentation avec notices sur l'état actuel des recherches dans les différents pays et références bibliographiques. Musique et chansons populaires*, Paris, IICI, 1939.
10. Ministère des relations extérieures du Chili, « Información y propaganda », Boletín de divulgación n° 3, mars 1940, « Chile, visión panorámica ».
11. Sur cette revue, publiée en espagnol, en français, mais aussi, pour certaines éditions, en allemand et en anglais, voir Dumont (2016).
12. Julio Navarro Monzó, « Le devenir argentin », *Informations argentines*, n° 12, septembre 1939.

RÉFÉRENCES BIBLIOGRAPHIQUES

AGUILAR, M., *Cultural Diplomacy and Foreign Policy. German-American Relations, 1955-1968*, New York, Peter Lang, 1996.

CHAMOSA, O., *The Argentine Folklore Movement. Sugar Elites, Criollo Workers, and the Politics of Cultural Nationalism, 1900-1955*, Tucson, The University of Arizona Press, 2010.

COMPAGNON, O., *L'Adieu à l'Europe. L'Amérique latine et la Grande Guerre*, Paris, Fayard, 2013.

DUMONT, J., *Diplomaties culturelles et fabrique des identités. Argentine, Brésil, Chili (1919-1946)*, Rennes, Presses universitaires de Rennes, 2018.

–, « *Informaciones argentinas*. Une revue au service de la diplomatie culturelle argentine (1938-1947) », *Matériaux pour l'histoire de notre temps*, n° 119-120, 2016, p. 48-53.

DUMONT, J., FLÉCHET A., « Pelo que é nosso ! Naissance et développements de la diplomatie culturelle brésilienne au XXe siècle », *Relations internationales*, n° 137, 2009, p. 61-75. En ligne sur <doi.org/10.3917/ri.137.0061>, page consultée le 18 décembre 2024.

FUNES, P., *Salvar la nación. Intelectuales, cultura y política en los años veinte latinoamericanos*, Buenos Aires, Prometeo Libros, 2006.

LIPPI OLIVEIRA, L., *Cultura é patrimônio. Um Guia*, Rio de Janeiro, Editora FGV, 2008.

MARTINEZ, F., « Les "oubliés" des vitrines commémoratives », *Cahiers des Amériques latines*, n° 102, 2023. En ligne sur <doi.org/10.4000/cal.18103>, consulté le 15 octobre 2024.

PERNET, C., « For the Genuine Culture of the Americas. Musical Folklore, Popular Arts, and the Cultural Politics of Pan Americanism, 1933-1950 », *in* GIENOW-HECHT J. (ed.), *De-Centering America*, New York, Berghahn Books, 2008, p. 132-168.

PERNET, C., « The Popular Fronts and Folklore : Chilean Cultural Institutions, Nationalism and Pan-Americanism, 1936-1948 », *in* KÖNIG H.-J., RINKE S. (eds), *North Americanization of Latin America ? Culture, Gender, and Nation in the Americas*, Stuttgart, Verlag Hans-Dieter Heinz, 2004, p. 253-254.

SUBERCASEAUX, B., *Historia de las ideas y de la cultura en Chile. Tomo IV. Nacionalismo y cultura*, Santiago, Editorial Universitaria, 2007.

THIESSE, A.-M., *La Création des identités nationales. Europe, XVIIIe-XXe siècles*, Paris Seuil, 2001 [1999].

Panaméricanisme ou latino-américanisme ? Un continent entre intégration et crise d'identité

Dès la formation des États-nations dans ce qui deviendra plus tard l'*Amérique latine*, on a vu apparaître, pour la première fois, une idée intégrationniste qui garantissait la souveraineté, tout en en remettant en cause, dès le départ, le panaméricanisme en tant que fondement. Le manque de soutien du Nord du continent, particulièrement des États-Unis, aux luttes d'indépendance des autres colonies, renforcé plus tard par la doctrine Monroe et son appropriation du terme « américain », nous a obligés à adopter le gentilé « latin » : pour certains, une imposition française, pour d'autres, une attribution propre[1].

La nécessité de s'impliquer dans les dynamiques mondiales et de revendiquer une identité propre ont été les deux axes principaux de ce projet d'intégration. La comparaison avec d'autres processus d'intégration, sous d'autres latitudes, permet alors de mieux comprendre les nôtres et d'approfondir des questions importantes telles que les raisons pour lesquelles ils semblent être en retard, ou pourquoi nous devrions nous intégrer, voire quelles stratégies devraient être ajoutées à l'ordre du jour de la région la plus désintégrée du monde.

Comprendre pourquoi le processus d'intégration a mieux réussi sur des continents présentant une plus grande diversité linguistique et des différences culturelles encore plus profondes, comme c'est le cas de l'Union européenne (UE), de l'Union africaine (UA) ou de l'Association des nations de l'Asie du Sud-Est (ASEAN), peut donner des éléments de réponses. Par exemple, le passé colonial et la position périphérique, dans le contexte du capitalisme mondial, que nous avons en commun avec l'Afrique permettent d'expliquer les retards et les conflits liés à notre intégration. Toutefois, alors qu'en Afrique, le panafricanisme a été suivi d'effets et que l'UA l'a adopté en vertu de ses principes intégrationnistes, ce qui a facilité la prise en charge de la complexité institutionnelle avec ses organisations régionales et sous-régionales, nous n'avons pas été en mesure de mettre en place une telle coordination.

D'un côté, il y a une vision latino-américaine qui critique l'ingérence tout en recherchant l'autonomie et le développement ; de l'autre, il y a la vision panaméricaine qui voit dans l'alliance avec les puissances le seul moyen de sortir du retard, avec le commerce comme unique bannière. L'Organisation des États américains (OEA), projet panaméricain par excellence, présente une série de garanties pour les pays membres, mais l'influence que les États-Unis exercent sur les autres États est ici beaucoup plus importante. Malgré la contribution de ses organes à la défense des droits humains ou à l'observation des processus de paix, la confiance nécessaire n'existe pas car les États-Unis ne traitent pas leurs pairs sur un pied d'égalité et, bien au contraire, leur intention de défendre leurs intérêts est toujours manifeste, sans faire preuve de la moindre solidarité ou de soutien pour des questions aussi délicates que les blocus économiques ou les crises migratoires. Au lieu d'encourager un projet intégrationniste, ce sont davantage des protocoles régionaux biaisés qui sont mis en œuvre.

En Amérique latine, nous pouvons parler d'un modèle intégrationniste atypique qui s'est établi dans pratiquement trois ou quatre régions du sous-continent

– si l'on tient compte de l'identification que l'on peut établir avec les processus et la proximité des Caraïbes – qui ne sont pas parvenues à un rapprochement officiel entre elles : la région andine, le Cône Sud, l'Amérique centrale et la Caraïbe. C'est seulement depuis l'émergence de la Communauté d'États latino-américains et caraïbes (CELAC), en 2010, que nous avons eu l'occasion de nous asseoir ensemble autour de la table et de réfléchir à des modes d'intégration plus efficaces.

Dans les projets unionistes, on trouve une alternance caduque entre modernisation et identité. Les plus actuels revendiquent une Amérique latine comme lieu de syncrétisme culturel par excellence, dotée d'un pouvoir et d'une pertinence en tant que région de paix et poumon du monde. Les priorités du xxe siècle étaient radicalement différentes de celles d'aujourd'hui, bien que l'intention, d'une part, de ne plus occuper une position subordonnée dans la division internationale du travail et, d'autre part, d'un retour à la primarisation soit toujours présente. Tandis que dans ce nouveau siècle, un autre type de modernisation a été conçu, fondé sur la durabilité environnementale, l'inclusion, le respect de l'identité des nations économiquement moins développées, la protection de nos ressources communes, la solution aux phénomènes migratoires et la protection contre l'ingérence.

Certaines intégrations, que l'on peut qualifier de rétrogrades, dont l'objectif n'est pas l'union des nations mais de contrebalancer le poids d'autres projets, d'annuler d'autres espaces de concertation qui s'épuisent au gré de la conjoncture, sont peu à peu reléguées aux coulisses de l'histoire. C'est le cas, par exemple, de l'Alliance du Pacifique (AP) et de son opposition à l'ALBA-TCP (Alliance bolivarienne pour les Amériques – Traité de commerce des Peuples), du Prosur (Forum pour le progrès et l'intégration de l'Amérique du Sud) contre l'Unasur (Union des nations sud-américaines) ou du Groupe de Lima qui semble aujourd'hui exsangue alors qu'il y a quelques années à peine, celui-ci cherchait à renforcer les sanctions à l'encontre du Venezuela par frustration de ne pouvoir soumettre ce pays par le biais de l'OEA. Le revanchisme idéologique qui existe dans notre région sape les fondements du projet panaméricain et nous empêche de parvenir à un consensus.

Le manque de succès des projets unionistes latino-américains semble être le fait d'une classe oligarchique qui ne cherche pas à suivre une voie appropriée aux caractéristiques de la région, mais qui souhaite plutôt copier des modèles étrangers ne convenant pas à la culture locale. Aujourd'hui, on ne pense pas seulement à l'intégration économique et politique, mais aussi à l'intégration culturelle et sociale, puisqu'elle inclut désormais les mouvements sociaux et la participation des citoyens. L'on semble, dès lors, opter pour la stratégie consistant à exclure, ou du moins à mettre de côté, les aspects commerciaux et productifs, en refusant au besoin la discussion sur l'intégration économique afin d'inclure à la fois les nations les plus ouvertes et les plus protectionnistes.

À la question, aussi polémique ou extrémiste soit-elle, de savoir si l'Amérique latine existe réellement, on peut répondre qu'elle existe en tant que projet culturel à visée politique. L'Amérique latine existe non seulement dans la confluence de mouvements sociaux et l'identification d'événements historiques traumatiques partagés, mais aussi dans une tradition civilisationnelle. L'intégration est une manière de revendiquer cet imaginaire qui est en gestation depuis plus de deux siècles, dans le but de rendre effective son action et de remettre en cause l'insignifiance suscitée par son soi-disant éloignement par rapport à ce qui serait le « cœur du monde », où se déroulent les conflits mondiaux et où passent les principales routes économiques. Bien au contraire, l'Amérique latine rappelle à l'ordre global la construction pacifique et pionnière de ses républiques, tandis que des actions régionales résolvent les conflits internes d'un grand nombre de ses nations. Néanmoins, nous ne perdons pas la pertinence qui est la nôtre en ne subissant pas les effets immédiats des guerres en cours, et si nous continuons à nous consolider en tant que région de paix.

Une priorité du projet intégrationniste semble donc être les politiques identitaires fondées sur la paix, sur les héritages et les cosmogonies des cultures indigènes, le principe de la diversité par rapport au syncrétisme, et la lutte contre la dette et les inégalités. Aujourd'hui, le panaméricanisme se trouve fortement délégitimé, au profit du latino-américanisme, qui lui est fondé sur le consensus et la coalition, tout en cherchant à surmonter les crises d'identité qui parcourent la région.

Santiago Garzón Bernal
Université nationale de Colombie (Colombie)

Traduction de l'espagnol par Michaël Oustinoff[2]

NOTES

1. Voir l'article de Franck Gaudichaud et Thomas Posado dans ce numéro.
2. L'article est disponible en espagnol sur la plateforme « Cairn mundo ».

RÉFÉRENCES BIBLIOGRAPHIQUES

Guadarrama, P., *Cultura integracionista en el pensamiento latinoamericano*, Bogotá, Penguin Random House, 2021.

Paikin, D., « Las organizaciones regionales en América Latina : un acercamiento a las razones de su superposición e inestabilidad », *in* Badia Martí A., Huici Sancho L. (dir.), *Las organizaciones internacionales en el siglo XXI*, Madrid, Marcial Pons, 2021 p. 339-355.

Quijada, M., « Sobre el orígen y difusión del nombre "América latina" (o una variación heterodoxa en torno al tema de la construcción social de la verdad) », *Revista de Indias*, vol. 58, n° 214, 1998.

Camila Arêas
Université de La Réunion

L'Amérique latine sous les projecteurs du *Noticiero ICAIC* (1960-1990)

Le *Noticiero ICAIC* a été conçu comme une arme de combat, un moyen de contre-information, d'agitation et de propagande pour la libération des pays du tiers-monde. [...] Nous avons voulu produire une **archive d'images** capable d'intervenir dans le cours de **l'histoire cubaine, latino-américaine et mondiale**. [...] On peut dire que le cinéma révolutionnaire latino-américain trouvera dans les **archives de l'ICAIC du matériel pour les aider à reconstruire une véritable histoire pour leur peuple.** [...] Pour nous, cinéastes cubains, **aborder l'Histoire**, la raconter dans sa juste mesure, l'interpréter n'est pas seulement une **opération cinématographique**, mais a été et continuera d'être une **nécessité idéologique**, culturelle et politique. Renoncer à cette ligne d'action, c'est renoncer au combat, c'est renoncer aux armes et aux outils de travail dont nous disposons aujourd'hui au sein d'une confrontation idéologique incontournable (Álvarez, *in* Aray, 1983 : 12-13).

La **vision tricontinentale du sud** – en indexant les espaces d'inégalité autour du globe et en incarnant une solidarité transaffective qui s'appuie sur une politique de couleur métonymique – anticipe l'usage contemporain du terme ***global south*** (Mahler, 2018).

Gravées sur des pellicules en noir et blanc, les actualités cinématographiques de l'Amérique latine diffusées par le *Noticiero ICAIC* (1960-1990) – le plus important journal d'actualité cinématographique cubain – configurent un portrait imagé d'un continent fait d'identités et de cultures plurielles, de réalités sociohistoriques particulières et des rapports de savoir-pouvoir inscrits dans un temps long. Sous les projecteurs du *Noticiero ICAIC*, l'Amérique latine apparaît comme un continent instable, traversé par des processus complexes d'*hétérogénéité*, d'*hybridation*, de *créolisation*, mais solidement unifié autour d'un même passé (colonialisme, esclavagisme) et d'un destin commun en contexte de guerre froide (lutte contre les dictatures et l'impérialisme états-unien). Filmées et éditées par les cinéastes de l'Institut cubain de l'art et de l'industrie cinématographiques (ICAIC) – organe phare de la politique culturelle cubaine castriste –, ces images représentent l'Amérique latine selon un point de vue cubain de l'histoire, suivant l'idée que la solidarité internationale des peuples latino-américains, africains et du « tiers-monde » suppose la lutte contre le capitalisme, le racisme et, surtout, l'impérialisme.

Après 30 ans d'oubli, les pellicules du *Noticiero* qui s'oxydaient à La Havane ont été récemment restaurées par l'Institut national de l'audiovisuel en France (INA), après que l'Unesco a intégré les négatifs à son registre international « Mémoire du monde », en 2009. En réapparaissant aujourd'hui dans l'espace public, ces pellicules révèlent une représentation du continent « afro-latino-américain » dont la construction imagée, imaginaire et imaginée mérite d'être d'analysée sous l'angle du rapport au temps, à l'histoire et à la mémoire qu'entretiennent ces archives d'actualités cinématographiques. Comme l'illustre le directeur du *Noticiero*, Santiago Álvarez, dans la citation ci-dessus, le ciné-journal, conçu par Fidel Castro[1], a pour but d'enregistrer le processus révolutionnaire des pays du « tiers-monde » réunis au sein du projet de la Tricontinentale[2], et les représentations de l'Amérique latine qui en ressortent fonctionnent aujourd'hui comme des sources audiovisuelles pour la construction d'une autre mémoire et histoire latino-américaines (Berthier, Arêas, 2022).

Se fondant sur ces considérations, cet article propose de réfléchir aux concepts d'*hétérogénéité*, d'*hybridation* et de *créolisation* à partir d'une perspective critique appuyée sur les théories post-/décoloniales. Il serait alors intéressant d'observer comment le *Noticiero ICAIC* traite la question de la *créolisation* dans son rapport à la mémoire et à l'histoire décoloniale latino-américaine. Plus précisément, cela revient à analyser la représentation d'une *créolité* (Césaire, 1955), telle qu'elle apparaît sur les écrans du *Noticiero ICAIC*, comme étant le résultat des revendications politiques et identitaires articulées autour des racines africaines et indigènes de l'Amérique latine (Cardenas *et al.*, 2022). Comment le langage expérimental[3] du *Noticiero* met en scène la question de la *créolisation* à Cuba ? Comment ces images d'archives se rapportent-elles à la mémoire et à l'histoire décoloniale latino-américaine ? Comment la question de la *créolisation* en arrive à être problématisée sous l'angle de la « colonialité du savoir-pouvoir » ?

Des sources audiovisuelles pour une autre histoire et mémoire du « tiers-monde »

Pour répondre à ces questions, nous nous appuyons sur une approche sémiotique propre aux sciences de l'information et de la communication (Lits et Desterbecq, 2008 ; Arquembourg, 2010 ; Noyer, Raoul, 2011) et sur l'analyse de trois éditions du *Noticiero ICAIC* emblématiques du sujet (Not. 744 ; Not. 427 ; Not. 798). Nous souhaitons montrer que la représentation articulée des luttes latino-américaines, africaines et asiatiques s'inscrit dans un projet politique internationaliste plus large, guidé par la remise en question de l'historiographie dominante et la revendication d'une réécriture (médiatique, cinématographique, artistique et politique) latino-américaine, le tout, dans une perspective tiers-mondiste et tricontinentale focalisée sur les pays du « Sud »[4].

Comme le souligne Marc Ferro à cet égard :

> Le cinéma contribue à construire une contre-histoire officieuse, en partie libérée des archives écrites qui ne sont rien d'autre que la mémoire conservée par nos institutions. Jouant un rôle actif en contrepoint de l'histoire officielle, le film devient un agent de l'histoire en tant qu'il contribue à une prise de conscience (1993 : 13).

Le présent article fonctionne comme une illustration de la proposition théorique de Ferro dans le sens où la question de la créolisation apparaît dans le *Noticiero ICAIC* comme un axe central de l'identité et de l'histoire cubaine et latino-américaine. Elle est à la base de la construction d'une identité collective « rhizomatique » qui unifie les pays dits du « Sud » autour de leur statut de subalternes, dominés et exploités par les puissances impérialistes ou coloniales. En ce sens, la créolisation fonctionne non seulement comme le véhicule d'une revendication politique (tricontinentale et sudiste) mais aussi, et surtout, comme une « trace » permettant de réécrire la mémoire audiovisuelle de l'histoire décoloniale cubaine, latino-américaine et tiers-mondiste. Dans le *Noticiero ICAIC*, la créolisation est ainsi évoquée en vue d'un projet de requête d'une justice épistémique et d'une décolonisation des savoirs (Santos, 2011) au moyen d'un langage expérimental cherchant, non seulement à signifier la réalité sociopolitique régionale, mais surtout à agir sur celle-ci dans le présent.

Cette étude s'inscrit ainsi dans un champ interdisciplinaire qui englobe les études postcoloniales, décoloniales et lesdites épistémologies du « Sud », fortement inspirées par les idées de la « tricontinentale » et du « Sud global » qui ont germé au sein de la période révolutionnaire cubaine. De telles approches critiques et sudistes offrent un cadre théorique et conceptuel enrichissant (capitalisme, colonialisme, patriarcat, subalternités, injustice épistémique, solidarités transnationales, dominations de classe-genre-race) pour problématiser la question de la *créolisation* sous l'angle de la « colonialité du savoir-pouvoir » (Quijano, 1992), ainsi que de nouvelles perspectives pour saisir cette *créolisation*, sur la base d'une « écologie des savoirs » et d'une « traduction interculturelle » (Santos, Menezes, 2010).

De la Tricontinentale au « Sud global »

La perspective tricontinentale se configure originellement lors de la Conférence tricontinentale « de solidarité des peuples d'Asie, d'Afrique et d'Amérique latine » qui s'est tenue à Cuba en 1966. C'est la première fois que les représentants des peuples – c'est-à-dire de mouvements d'opposition légaux ou clandestins, parfois armés – se réunissent, sous la forme de comités nationaux créés pour l'occasion, pour discuter des problèmes communs aux pays du tiers-monde. La condition tiers-mondiste devient ici une catégorie relationnelle pour analyser les dynamiques structurelles de domination – d'exploitation, d'oppression et de sous-développement – des pays du « Sud ». La particularité de ce projet politique est qu'il est né à Cuba et qu'il intègre l'Amérique latine au sein de la gauche internationaliste, anticipant des discussions géopolitiques qui, dans l'après-guerre froide, feront émerger l'idée du « Sud global ». Le projet politique de la Tricontinentale va ainsi largement inspirer les études décoloniales qui émergent dans les années 1980-1990 en Amérique latine, ainsi que lesdites épistémologies des années 1990-2000.

Héritières des auteurs des études postcoloniales pionnières (Spivak, 1999 ; Bhabha, 2007 ; Fanon, 1952 ; Césaire, 1955) qui promeuvent l'idée de « néocolonialisme » et de « colonialisme interne » comme nouveau paradigme pour analyser les rapports de pouvoir au niveau géopolitique (Nord-Sud) et national (ennemi de l'intérieur), les études décoloniales mettent l'accent sur la question de la « colonialité ». Cette approche critique émerge, dans les années 1980-1990 en Amérique latine, grâce aux travaux d'une nouvelle génération d'auteurs (Quijano, 2000 ; Mignolo, 2003 ; Grosfoguel, 2007) issus des études culturelles et inspirés par le marxisme, le poststructuralisme et le déconstructivisme. Partant du postulat que les indépendances du XIXe siècle n'ont pas signé la fin de la condition coloniale des pays latino-américains, mais plutôt la systématisation des rapports de savoir-pouvoir dans les pratiques et les institutions, ces auteurs plaident non pas pour la sortie (post) mais pour la déconstruction de la « colonialité ». Saisie comme une structure de domination/exploitation qui, depuis 500 ans, s'est trouvée plus profonde et durable que le colonialisme, la « colonialité » serait une condition, voire une ontologie de ce que l'on a appelé « Nouveau

Monde ». En ce sens, il serait alors impératif de défaire la « colonialité » du savoir-pouvoir hérité du Nord afin de se recentrer sur les épistémologies locales.

Vers une affirmation des épistémologies du « Sud »

Plus récemment, l'approche des épistémologies du « Sud », qui émerge dans les années 1990-2000, a mis au centre de la réflexion la question de « l'universalisme eurocentré » (selon eux, un oxymore). Ils parlent en termes d'« injustice épistémique » à l'égard des savoirs de ces peuples originaires qui ont été marginalisés et effacés par les colonisateurs. La particularité des épistémologies est de proposer une critique de la domination comprise comme une articulation entre le capitalisme, le colonialisme et le patriarcat, donc une triple exploitation de la force de travail et des corps (femmes, noirs, pauvres). Selon ces auteurs (de Sousa Santos, Menezes, 2009 ; Colin, Quiroz, 2021), si le colonialisme et le patriarcat existaient avant le capitalisme, ils ont été reconfigurés pour servir à ce dernier. En d'autres termes, le capitalisme ne fonctionne pas sans le colonialisme et le patriarcat.

En arguant que cette triple domination constitue une « ligne abyssale », ces auteurs plaident pour une nouvelle épistémologie conçue comme un « artisanat des pratiques » et une « écologie des savoirs ». Ils revendiquent alors une « sociologie des émergences » capable de dépasser les « monocultures » eurocentrées (savoir scientifique, universalisme, temps linéaire, productivité) au nom de la (re)connaissance des savoirs non hégémoniques issus des communautés locales et de leurs pratiques *in situ* (droits de la nature, connaissances indigènes, langues natives, etc.). S'appuyant sur des concepts clés – domination, lutte, épistémologie –, cette approche critique ne prétend pas être un savoir scientifique, mais plutôt une proposition épistémologique issue des luttes de terrain et orientée vers la transformation et l'émancipation sociales et politiques.

Nous pouvons donc suggérer qu'ayant été produites dans un contexte de guerre froide marqué par le contrôle étatique des productions médiatiques, notamment pendant les régimes militaires en Amérique latine, les pellicules restaurées du *Noticiero ICAIC* constituent aujourd'hui un réservoir d'images permettant de réécrire l'histoire de l'Amérique latine et du « Sud global » selon le prisme tricontinental. Puisant dans les racines africaines et indigènes du continent, la « créolité » émerge comme un potentiel créateur et émancipateur de l'histoire décoloniale latino-américaine dans la mesure où l'*hétérogénéité* et l'*hybridation* des processus historiques vécus au cœur du continent (colonialisme, patriarcat, dominations de classe-race-genre) permettent de rapprocher les luttes menées par les Cubains, les Latino-Américains et les Afro-Américains des mouvements d'indépendances en Afrique et en Asie. Le but étant de tisser des liens de solidarité internationale et de produire des sources audiovisuelles pour l'écriture médiatique d'une mémoire-histoire commune des peuples du « Sud ».

NOTES

1. Le ciné-journal critique et internationaliste a été conçu par Fidel Castro et son ami proche, Alfredo Guevara, nommé directeur de l'ICAIC. Cet Institut national du cinéma cubain a été créé en mars 1959, seulement 83 jours après le triomphe de la révolution cubaine. Entre juin 1960 et juillet de 1990, a été produit un total de 1 493 éditions du *Noticiero*, de 3 à 10 minutes, couvrant

les actualités du « Sud » – telles que la lutte contre les dictatures en Amérique latine, les luttes d'indépendence en Afrique et la résistance des Vietnamiens à l'invasion états-unienne (Guevara, 1960).

2. Organisation politique de solidarité des peuples d'Asie, d'Afrique, d'Amérique latine, créée en 1966 à Cuba.
3. En termes de langage, l'analyse du corpus et les entretiens que j'ai pu réaliser avec les cinéastes de l'ICAIC en 2019 permettent aussi de comprendre que le langage expérimental du *Noticiero* – situé à mi-chemin entre le télé-journalisme et le cinéma militant – est en réalité le produit des difficiles conditions de production de l'information. Le blocus états-unien et les coups d'État militaires en Amérique latine ont isolé Cuba et entravé l'accès des journalistes et cinéastes aux sources d'information aux niveaux régional et international. Comme résultat de ces conditions de production, émerge un langage expérimental singulier, fait des collages et superpositions des photos et images filmées provenant de sources journalistiques, documentales et fictionnelles.
4. Il est important de remarquer que l'idée de « Sud » est ici saisie non seulement dans sa dimension géographique mais également, et surtout, (géo)politique et épistémique.

RÉFÉRENCES BIBLIOGRAPHIQUES

Aray, E., *Santiago Álvarez : Cronista del tercer mundo*, Caracas, Cinemateca Nacional, 1983.

Arquembourg, J., « Des images en action. Performativité et espace public », *Réseaux*, vol. 5, n° 163, 2010, p. 163-187. En ligne sur <doi.org/10.3917/res.163.0163>, page consultée le 17 décembre 2024.

Berthier, N., Arêas, C. (dir.), *Noticiero ICAIC : 30 ans d'actualités cinématographiques à Cuba*, Bry-sur-Marne, Éditions INA, 2022.

Bhabha, H. K., *Les lieux de la culture. Une théorie postcoloniale*, Paris, Payot, 2007.

Cardenas, M. M., Arêas, C., Leiva-Espitia, A., Orobitg, C. (dir.), *Afro-Amérique latine : diaspora, représentations et résistances identitaires dans les sociétés (post)coloniales*, Saint-Denis (La Réunion), Presses universitaires indianocéaniques, 2022.

Césaire, A., *Discours sur le colonialisme*, Paris, Éditions Présence africaine, 1955.

Colin, P., Quiroz, L., *Pensées décoloniales. Une introduction aux théories critiques d'Amérique latine*, Paris, La Découverte, 2023.

de Sousa Santos, B., Meneses, M. P. (orgs.), *Epistemologias do Sul*, Coimbra, Almedina, 2009.

Díaz, M. A., *El Noticiero ICAIC y sus voces*, La Havane, Ediciones La Memoria, 2012.

Fanon, F., *Peau noire, masques blancs*, Paris, Seuil, 1952.

Ferro, M., *Cinéma et Histoire*, Paris, Denoël, 1993 [1977].

Grosfoguel, R., « The Epistemic Decolonial Turn », *Cultural Studies*, vol. 21, n° 2-3, 2007, p. 211-223.

Guevara, A., « Realidades y perspectivas de un nuevo cine », *Cine Cubano*, n° 1, 1960. En ligne sur <revistacinecubano.icaic.cu/realidades-y-perspectivas-de-un-nuevo-cine/>, page consultée le 17 décembre 2024.

Lits, M., Desterbecq, J., *Du récit au récit médiatique*, Bruxelles, De Boeck Supérieur, 2008.

Mahler, A. G., *From the Tricontinental to the Global South : Race, Radicalism, and Transnational Solidarity*, Durham, Duke University Press, 2018.

Mignolo, W. D., *Historias locales/diseños globales. Colonialidad, conocimientos subalternos y pensamiento fronterizo*, Madrid, Ediciones Akal, 2003.

Noyer, J., Raoul, B., « Le "travail territorial" des médias. Pour une approche conceptuelle et programmatique d'une notion », *Études de Communication*, n° 37, 2011. En ligne sur <doi.org/10.4000/edc.2933>, page consultée le 17 décembre 2024.

Quijano, A., « Colonialidad del poder y clasification social », *Journal of World-Systems Research*, vol. 6, n° 2, 2000, p. 342-386.

Spivak, G. C., *A Critique of Postcolonial Reason : Toward a History of the Vanishing Present*, Cambridge, Harvard University Press, 1999.

Eduardo Tamayo Belda
Université autonome de Madrid (UAM, Espagne)

L'Agence de presse espagnole EFE et la communication transnationale sur l'Amérique latine

Les agences de presse, acteurs transnationaux

La fin du XIXe siècle et le début du XXe siècle ont vu la naissance et l'établissement des agences de presse. Cette période a coïncidé avec le développement de l'esprit d'entreprise dans le secteur du journalisme écrit, et les journaux se sont révélés être des instruments politiques de grande diffusion en raison de leur capacité à atteindre les masses. Depuis lors, l'influence politique de la presse, d'abord, puis de la radio et de la télévision, et enfin d'Internet, n'a cessé de croître. Les agences de presse sont devenues des acteurs clés dans la production de contenus d'information, qu'elles transmettent sur tous les continents[1].

Les agences de presse sont – selon les cas – des entreprises privées, publiques ou hybrides, mais toutes sont dédiées à l'information et leur activité consiste à collecter des nouvelles pour les proposer à leurs clients, ou « abonnés », si on emploie le jargon journalistique. Les abonnés sont généralement des entreprises de communication, qui utilisent les informations des agences pour proposer des contenus à leurs lecteurs abonnés et/ou au grand public. Le travail des agences consiste à repérer des événements d'actualité et à produire du matériel écrit et audiovisuel à leur propos, car ils se déroulent généralement dans des lieux ou des zones auxquels leurs abonnés – les médias – n'ont pas accès. Grâce à leurs délégations et à leurs correspondants basés dans différentes villes, pays et régions, les agences génèrent du contenu et le transmettent le plus rapidement possible à leur siège, d'où il est aussitôt distribué aux clients (Castro, 1995 ; Peinado, 2016).

Tout au long du XXe siècle, il était très courant que les médias nationaux accèdent à l'information par l'intermédiaire de ces agences afin d'obtenir des contenus à un coût opérationnel raisonnable. Grâce à cette formule, les médias peuvent proposer des informations internationales sans avoir à allouer de gros budgets pour envoyer des correspondants internationaux ou ouvrir des délégations à l'étranger. Ce facteur a fait de ces agences des acteurs très pertinents dans les relations internationales, en particulier dans la communication, dans la circulation de l'information et dans la fabrication des imaginaires internationaux.

La capacité d'influence extérieure de ces entreprises n'est pas passée – et ne passe pas – inaperçue aux yeux des gouvernements, des grandes entreprises privées transnationales et des autres acteurs de la société internationale. Dès le début du xxe siècle, les États ont reconnu leur importance et les agences ont fini par devenir des organes de propagande de leurs gouvernements, d'abord de manière sporadique, puis, au fil du temps, de manière calculée, planifiée et même institutionnalisée.

Cet article examine la relation entre l'Agencia EFE et la politique internationale, en explorant en particulier l'importance de l'image que l'EFE construit de l'Amérique latine en Espagne à travers l'actualité. Il porte sur le processus de décolonisation de la communication et sur les possibilités qu'offrirait une vision plus transnationale de l'Agence EFE, première agence de presse internationale en espagnol[2].

L'Agence EFE : une vision espagnole du/pour le monde hispanophone

L'EFE[3] est née au début du régime franquiste, en tant qu'entité privée, mais cette indépendance supposée vis-à-vis du pouvoir de l'État n'a pas été garantie dans la pratique car les relations entre l'agence et le régime étaient importantes[4]. En réalité, l'agence a été formellement créée à Burgos en 1939 (directement lié à l'État franquiste naissant), avec un objectif politique et, bien qu'elle ait adopté la forme d'une société par actions, l'EFE restait un produit de la guerre civile. Au moins jusqu'en 1962, les informations internationales recueillies par ses correspondants étaient envoyées aux censeurs du régime avant d'être distribuées aux clients (Schulte, 1968).

Cette relation s'est poursuivie après la chute de la dictature, en 1975, grâce aux investissements des différents gouvernements espagnols et le statut définitif de propriété publique de l'agence. Depuis les années 1960, l'EFE a ouvert des délégations dans de nombreux pays des Amériques, en particulier dans les capitales, et compte aujourd'hui des délégations dans les vingt pays d'Amérique latine. Celles-ci recueillent des informations, les transforment en nouvelles pour le monde hispanophone et les fournissent aux médias espagnols et à d'autres clients internationaux, touchant ainsi l'opinion publique.

Avec près de neuf décennies d'expérience, l'EFE, première agence de presse en langue espagnole, est une entreprise d'information multimédia dotée d'un réseau mondial de journalistes qui, selon les propres chiffres de l'agence, compte plus de 2 000 professionnels de 60 nationalités différentes, travaillant depuis 180 villes dans 110 pays. Elle offre ses services à des abonnés sur les cinq continents, publiés dans trois bureaux de rédaction : Madrid, Bogota et Bangkok (pour le service multimédia en anglais).

Selon Roberto Gelado (2009), en Espagne, la dépendance des médias à l'égard de ces agences est forte, surtout pour les informations internationales et en particulier dans la presse[5]. Ceci est important car la répétition constante des informations des agences dans les médias – souvent reproduites sans plus de développement par les journalistes – entraîne celle des discours et des questions qui font l'*actualité*. Cela réduit considérablement la pluralité nécessaire (Bomfim et Aguilar, 2019), contribue à l'effet de *fixation de l'agenda* et renforce les stéréotypes (perpétuant le *statu quo* thématique).

Une entreprise d'information comme l'EFE ne pourra pas continuer à se projeter comme l'agence principale d'une langue entière, ici l'espagnol, si ses piliers sont basés sur une interprétation de l'actualité internationale, complexe, émanant exclusivement de l'imaginaire espagnol. Tôt ou tard, et de plus en plus rapidement en raison de la facilité de traduction des autres langues, les médias latino-américains chercheront d'autres moyens d'obtenir des contenus ou les utiliseront plus assidûment s'ils sont abonnés à l'EFE et à d'autres agences latino-américaines ou régionales, toujours plus nombreuses.

Cela ne signifie pas que l'EFE n'a pas le droit de transmettre un discours essentiellement espagnol, d'autant plus qu'elle fournit un contenu de haute qualité. La question est de savoir si elle peut le faire séparément du compte-rendu *espagnol* de la réalité politique internationale. Plus important encore, l'EFE peut-elle informer la société espagnole sans reproduire les stéréotypes déjà consolidés, en évitant d'encourager les pratiques journalistiques « nationalistes », soit en ne perpétuant pas un point de vue nettement local ?

La réponse à cette question est négative : pour y parvenir, il faudrait bouleverser l'ensemble du modèle d'entreprise de l'agence, qui est une entreprise publique appartenant à l'État espagnol et donc dépendante de son gouvernement. Elle devrait alors totalement être privatisée, ce qui n'est pas souhaitable, car elle ne remplirait plus sa fonction sociale pour la société espagnole. Or, comme le stipule son préambule du statut de 2006 – qui est le « véritable code d'éthique du personnel de l'EFE », selon Miguel Ángel Oliver, son actuel président –, l'agence EFE « est une entreprise d'information publique, propriété de l'ensemble de la société[6] ».

Il n'est jamais souhaitable de faire passer un bien public dans les mains du privé, mais il est nécessaire de savoir gérer la responsabilité historique qui découle du contrôle d'une institution qui construit l'information qui parvient à la société espagnole dans le monde. Par conséquent, et à l'exception de l'intégration de l'EFE dans une hypothétique agence fédérale européenne, dans le style du projet *European Newsroom*[7], l'EFE ne pourrait pas se séparer *politiquement* d'un traitement hispanocentré de l'actualité.

Transnationaliser le discours de l'EFE

Dans ses statuts de 2006 et dans son manuel de style (Style Book) de 2024, il est indiqué que, « en raison de sa condition de service public d'information, l'Agencia EFE n'a pas de ligne idéologique », mais, dans les faits, ce n'est qu'à moitié vrai. L'EFE souscrit à une orientation, dans la mesure où elle est *nationaliste* (espagnole) et penser le contraire, c'est renoncer à comprendre le nationalisme comme une ligne idéologique vérifiable, ce qui est un non-sens absolu en termes historiques.

Cependant, en assumant la propriété espagnole de l'EFE – comme c'est le cas pour la plupart des agences de presse internationales –, il existe un moyen de dissoudre ou de pluraliser – en partie – le récit *espagnoliste* de l'agence : transnationaliser son contenu. Car s'il y a une chose dont la société espagnole n'a pas besoin, c'est d'un surcroît de nationalisme. Tout au long de leur histoire, les agences de presse ont péché par égocentrisme national mal placé. Or, les institutions publiques espagnoles ne devraient pas contribuer à ce type de comportement, mais plutôt aider à y remédier. Pour ce faire, il est nécessaire de s'engager fermement dans la recherche d'alternatives transnationales en matière de journalisme et de communication.

Mais *transnational* ne signifie pas *somme des nationalités*. Il ne suffit pas de dire que l'EFE opère à partir de plus de cent pays et avec des journalistes de 60 nationalités différentes. Le transnational est ce qui s'étend « au-delà des unités nationales », selon les termes proposés par Pierre-Yves Saunier, c'est-à-dire qu'une attention particulière doit être portée à « ce qui vit contre, entre et à travers » les nations elles-mêmes (Saunier, 2021 : 31-32).

Comment le discours d'une agence de presse comme l'EFE peut-il être transnationalisé, en vue d'intégrer les récits sur l'Amérique latine qui parviennent à l'Espagne par le biais de celle-ci ? L'un des mécanismes pourrait consister à décentraliser les opérations autant que possible, en donnant plus de liberté aux délégations et aux rédacteurs en chef pour sélectionner et générer du contenu. Un autre moyen consiste à engager des rédacteurs locaux professionnels ou à les former en interne si la concurrence avec d'autres médias ne permet pas d'engager les meilleurs. L'important est qu'il s'agisse de journalistes qui connaissent bien la culture locale et qui peuvent mieux prendre le pouls de la société qui les entoure. Cela ne signifie pas que tous les rédacteurs en chef d'une délégation doivent être des ressortissants du pays, mais qu'il devrait y en avoir au moins un dans chaque délégation – et, il faut le souligner, l'EFE intègre déjà certains de ces éléments.

Ce qu'il est ici important de considérer, c'est la nécessité de transnationaliser l'EFE afin de favoriser une décolonisation progressive, prudente et raisonnable de son discours. Ainsi, le récit transféré aux médias par l'action de cette entreprise sera, dans une moindre mesure, un récit *hispanisé*, et plus clairement un discours commun aux sphères ibéro-américaine et latino-américaine, dans lesquelles la société espagnole et aussi les intérêts des institutions espagnoles sont évidemment inclus.

Être d'ici, mais penser et informer *avec* ceux de là-bas

Il y a près de deux siècles, Alexis de Tocqueville affirmait, dans son ouvrage *De la démocratie en Amérique*, que « le seul moyen de neutraliser l'effet des journaux est d'en multiplier le nombre ». Augmenter le nombre d'agences peut également avoir ce résultat, mais il existe également un processus d'apprentissage au sein de chaque agence qui passe aussi par la multiplication des sujets, des acteurs de l'information ou des approches, méthode cruciale pour que soit respectée la pluralité des faits transmis, les récits et les manières de conter la réalité internationale. Car il faut faire attention au fait que les sources institutionnelles communiquent, par définition, le récit national d'un État, qu'il s'agisse de l'Espagne, du Mexique, du Paraguay ou de Cuba.

Par ailleurs, pour une entreprise comme l'EFE, la question de la langue est centrale, car l'institution veut se projeter comme la principale agence en espagnol dans le monde, et c'est pourquoi, dans son prestige culturel et informatif, le langage utilisé a une importance absolue, radicale. Ainsi, lorsque CNN a créé sa plateforme en espagnol (CÑN) en 1997, elle l'a fait pour toucher l'opinion publique latino-américaine dans sa propre langue. Chez les journalistes, les analystes et les interviewés, les différents accents territoriaux des pays hispanophones d'Amérique latine sont facilement détectés, ce qui facilite l'identification linguistique et culturelle de l'auditeur. Cela n'arrive pas avec la plupart des contenus que l'EFE vend à ses clients, car ils sont, pour la grande majorité, écrits, et le processus de révision et d'édition réajuste de plus l'écriture au style de la langue espagnole de l'Espagne (suivant le Style Book de l'agence). En tant qu'entreprise, l'EFE souhaite accroître son marché potentiel et pour cela elle a besoin d'une identification culturelle avec l'Amérique Latine ; mais, d'un autre côté, l'agence doit aussi diffuser une image positive de l'Espagne et de la vision espagnole ou européenne de la situation internationale et cela nécessite de maintenir un certain contrôle du contenu. On voit ici la difficulté de concilier la délégation aux professionnels locaux et la permanence d'une direction depuis l'Espagne.

De nombreux pays se plaignent que les agences occidentales, lorsqu'elles diffusent des informations, mettent l'accent sur le négatif, comme les conflits, les catastrophes, etc. (Castro, 1995 : 458-459). Il s'agit souvent d'une omission – pas nécessairement délibérée – des aspects positifs du développement social, économique ou politique des pays moins développés, qui entraîne la reproduction des stéréotypes dans les pays récepteurs – comme l'Espagne – où ces informations ne touchent guère l'opinion publique. Or, en Amérique latine, la vie continue après un conflit, une catastrophe ou une élection, et les Espagnols n'en savent malheureusement pas grand-chose.

Penser et rendre compte avec les gens de cette région signifie également laisser de côté les sources institutionnelles et parler davantage à partir de la société. Les discours gouvernementaux ont tendance à être destinés à l'opinion publique interne : ils n'ont pas la volonté ou l'intérêt réel d'activer le changement politique, mais plutôt d'améliorer leur visibilité politique. C'est pourquoi l'EFE devrait cesser de suivre, autant qu'il est raisonnable de le faire, les discours des politiciens à la fois espagnols et latino-américains – et ce qu'ils pensent de l'Espagne –, et davantage informer les Espagnols sur la vie des populations en Amérique latine.

Tout au long de son Style Book 2024, l'EFE ne fait aucune référence à la manière d'aborder la transnationalisation et la décolonisation nécessaires de ses informations, entre autres parce que l'agence croit – à tort – qu'*elle manque d'idéologie.*

Conclusion : décoloniser la communication internationale

Les inerties du système capitaliste pénalisent fortement la capacité des acteurs locaux à internationaliser leurs récits. Leur capacité à offrir des informations et à diffuser leur vision à l'étranger est sévèrement limitée par le contexte économique. En ce sens, la responsabilité des principales agences de presse internationales est d'autant plus grande qu'elles ont, à l'instar de l'EFE, une vraie capacité de projection.

L'EFE s'est taillée une place de choix parmi les agences mondiales ; ce n'est pas pour rien qu'elle est l'agence la plus importante en langue espagnole. Mais cela doit être compris comme une *responsabilité*, et non comme un avantage pour le *soft power* espagnol.

Dans un contexte de croissance des agences de presse latino-américaines, l'EFE pourrait assumer un rôle beaucoup plus transnational, en se différenciant et en gagnant en réputation sur la base d'une communication transnationale et « décolonisée ». L'une des stratégies consisterait à trouver, dans les pays latino-américains à propos desquels elle génère un contenu, une pluralité de *voix* suffisante pour expliquer, en Espagne, les difficultés et les préoccupations des sociétés locales, au-delà des intérêts de leurs gouvernements.

Décoloniser la communication signifie ne pas imposer ses propres récits d'événements étrangers, mais aussi se séparer des discours étatiques sur la réalité, rechercher des lectures transnationales et « glocales », expliquer la réalité locale en vue d'objectifs et d'espoirs communs aux besoins des gens d'ici et d'ailleurs, et non en faveur de l'intérêt des États ou des grandes entreprises privées. Peut-être que, pour une agence comme l'EFE, la clé réside dans le fonctionnement interne du processus de sélection des faits dignes d'intérêt, la sélection des *voix* et l'approche éditoriale : éviter les récits du pouvoir institutionnel – qui ne fait que perpétuer son propre réseau de tensions d'intérêts – et mettre l'accent sur le transnational, sur les problèmes sous-jacents qui affectent communément la société internationale.

NOTES

1. Pour une analyse approfondie des agences, nous vous recommandons le travail de Fernando Peinado (2016) et la thèse de doctorat de Pedro Aguiar (2018), qui traite des agences de presse du « Sud ».
2. Rappelons que l'espagnol est parlé par plus de 600 millions de personnes sur la planète.
3. L'origine du nom EFE n'est pas déterminée, il s'agirait soit des initiales des agences fusionnées pour créer EFE (Faro y Febus et l'agence Fabra), soit d'une référence à la Phalange (« Falange » en espagnol), le parti fasciste espagnol du franquisme, entre autres hypothèses. Voir Olmos (1997 : 71-84).
4. Sur la création et le développement de l'EFE, voir Olmos (1997) et Díaz Sánchez Retana (2018).
5. C'est un peu moins le cas à la télévision et dans les médias numériques en raison de la « concurrence de l'immédiateté ».
6. Agencia EFE SAU SME est une société commerciale publique espagnole, dont l'unique actionnaire est la Sociedad Estatal de Participaciones Industriales (SEPI), qui dépend du ministère espagnol des Finances. Cette situation est établie par la loi 9/2017 du 8 novembre 2017.
7. « La European Newsroom (enr) est un projet coopératif regroupant des agences de presse de toute l'Europe, dont l'EFE. [...] La enr assure aux agences européennes des chances égales d'accès à l'information, ouvrant ainsi la voie à une couverture journalistique exhaustive, diversifiée et dépassant les frontières », voir, « European Newsroom. Description du projet », <europeannewsroom.com/fr/about/le-projet/>.

RÉFÉRENCES BIBLIOGRAPHIQUES

AGUIAR, P., *Agências de Notícias do Sul Global*, thèse de doctorat sous la direction de Sonia V. Moreira, Río de Janeiro, UERJ, 2018.

BOMFIM, I., AGUIAR, P., « Ainda poucas vozes : Jornalismo Internacional, Agências de Notícias e a busca pela pluralidade », *Pauta Geral*, vol. 6, n° 1, 2019, p. 1-4.

CASTRO SAVOIE, J. Á., *Las agencias transnacionales de prensa al final del siglo XX*, Madrid, Universidad Complutense de Madrid (UCM), 1995.

DÍAZ SÁNCHEZ RETANA, I., *Agencia EFE. La construcción de una gran Agencia Internacional de Noticias*, Madrid, UCM, 2018.

GELADO MARCOS, R., « La dependencia de la prensa española hacia las agencias de noticias », *Comunicación y sociedad*, vol. 22, n° 2, 2009, p. 243-275.

MURO BENAYAS, I., « Globalización de la información y agencias de noticias. Entre el negocio y el interés general », *Paidós*, n° 48, 2006.

SAUNIER, P.-Y., *La historia transnacional*, Zaragoza, Prensas de la Universidad de Zaragoza, 2021.

SCHULTE, H. F., *The Spanish Press. 1470-1966. Print, Power, and Politics*, Chicago, University of Illinois Press, 1968.

OLMOS, V., *Historia de la Agencia EFE. El mundo en español*, Madrid, Espasa Calpe, 1997.

PEINADO MIGUEL, F., « Las grandes agencias internacionales », *in* MARTÍNEZ VALLVEY, F., NÚÑEZ FERNÁNDEZ, V. (dir.), *La comunicación y su estructura en la era digital*, Madrid, Centro de Estudios Financieros (CEF), 2016, p. 71-110.

Le Secrétariat général ibéro-américain : une organisation au centre des incommunications latino-américaines

Le Secrétariat général ibéro-américain (SEGIB)[1] joue un rôle déterminant dans la promotion de la coopération et du dialogue entre les pays ibéro-américains. Son fonctionnement est pleinement inséré dans une logique d'incommunication. En effet, cette diversité est à l'évidence source d'incommunication, au sens où l'entend Dominique Wolton (2024) : des difficultés à s'exprimer, à être compris et à écouter, malgré une volonté évidente de communiquer. Comment, dès lors, le SEGIB navigue-t-il dans la complexité des relations entre ses 22 membres ?

Le SEGIB, une structure créée en 2003 pour « renforcer un espace de dialogue ibéro-américain[2] »

Le SEGIB est un organisme international créé en 2003 lors du XIIIe Sommet ibéro-américain à Santa Cruz de la Sierra, en Bolivie, et dont le Chilien Andrés Allamand est le Secrétaire général depuis le 8 février 2022. Sa mission principale est de renforcer la communauté ibéro-américaine et de promouvoir la coopération entre ses membres : « Nous sommes le seul espace officiel de convergence, de travail, de suivi et d'accords dans la région ibéro-américaine qui réunit des pays des deux côtés de l'Atlantique » précise son site Internet. Le SEGIB, dont le siège est à Madrid, coordonne ainsi les Sommets ibéro-américains et met en œuvre les mandats issus de ces rencontres. Il intervient dans un environnement complexe, caractérisé par la diversité linguistique, culturelle et politique de ses 22 pays membres et c'est le gouvernement espagnol qui supporte l'essentiel du budget. Le SEGIB est un outil d'influence important pour l'Espagne, mais un outil qui a perdu de son poids depuis la fin du mandat d'Enrique Iglesias, Secrétaire général de cet organisme international entre 2005 et 2014[3]. Enfin, un des enjeux majeurs du SEGIB est la promotion de la coopération Sud-Sud au sein de l'espace ibéro-américain. Cette forme de coopération est essentielle pour le développement de la région et encore davantage sous le prisme des BRICS (Oustinoff, 2017), mais elle nécessite une compréhension fine des différences culturelles et des intérêts divergents.

Des défis de communication importants au cœur de son activité

Le SEGIB fait face à des défis de communication importants. En effet, malgré le partage de langues communes (espagnol et portugais), les spécificités culturelles et les intérêts nationaux divergents peuvent créer des situations d'incommunication. Celles-ci ne résultent pas nécessairement d'un échec, mais plutôt de la nécessité de négocier constamment pour parvenir à une cohabitation. L'organisation doit naviguer entre les attentes parfois contradictoires de ses membres, allant des puissances régionales comme l'Espagne et le Brésil aux petits États insulaires des Caraïbes. Cette diversité d'intérêts et de perspectives peut mener à des malentendus et des désaccords et représente ainsi un défi constant pour le SEGIB.

La négociation, la médiation et le dialogue, instruments de son fonctionnement

Pour surmonter ces défis d'incommunication, le SEGIB a mis en place divers mécanismes de négociation, de médiation et de dialogue. D'une part, des Sommets ibéro-américains, organisés tous les deux ans, constituent la plateforme essentielle pour la discussion et la résolution des différends. Ces rencontres permettent aux dirigeants de s'engager dans ce que Wolton appelle la « relance de la négociation » (2024), un processus essentiel pour maintenir la cohésion de la communauté ibéro-américaine. D'autre part, le SEGIB facilite également des programmes de coopération dans des domaines tels que l'éducation, la culture et l'innovation. Ces initiatives créent des espaces de collaboration qui tentent de dépasser les barrières nationales et linguistiques, favorisant ainsi une meilleure compréhension mutuelle.

En définitive, Le Secrétariat général ibéro-américain joue un rôle important pour la création d'espaces de dialogue latino-américains où les différences culturelles et linguistiques peuvent être exprimées et négociées. Cependant, aujourd'hui, plusieurs chefs d'État n'assistent pas ou plus à ces sommets ibéro-américains. Cela peut s'expliquer par une volonté de certains pays de s'émanciper de l'Espagne, qui, malgré tout, reste un membre incontournable, ne serait-ce que sur la question budgétaire, mais aussi par un poids politique des Secrétaires généraux moins prépondérant depuis la fin du mandat d'Enrique Iglesias, ou encore par une baisse des crédits. Le Sommet de 2026 qui se tiendra Espagne sera, à ce titre, intéressant à analyser pour savoir si cet organisme international continue à jouer son rôle.

Nicolas Peyre
Université Toulouse Capitole

NOTES

1. https://www.segib.org/. Site Internet en trois langues : espagnol, portugais et anglais.
2. https://www.segib.org/quienes-somos/
3. https://www.segib.org/secretarios-generales/enrique-v-iglesias/

RÉFÉRENCES BIBLIOGRAPHIQUES

Oustinoff, M. (dir.), « Les BRICS, un espace ignoré », *Hermès, la Revue*, n° 79, 2017.

Wolton, D., *Penser l'incommunication*, Bordeaux, Le Bord de l'eau, 2024.

Mexique : Intronisation de Claudia Sheinbaum

Le 1er octobre 2024, les élèves mexicains étaient en congé : ils devaient pouvoir suivre à la télévision l'intronisation de Claudia Sheinbaum, élue pour un mandat unique de six ans par 60 % des votants. Journée marquante pour la cause des femmes, selon ses premiers mots : « Je suis mère de famille, grand-mère, scientifique et femme de foi, et à partir d'aujourd'hui, par la volonté du peuple du Mexique, présidente ».

Premier symbole fort : dans la chambre des députés, elle reçoit l'écharpe présidentielle d'une très vieille dame en fauteuil roulant. Ifigenia Martinez, 99 ans, première économiste mexicaine formée à Harvard, a dirigé les études économiques du ministère des Finances à partir de 1949, avant de rompre avec le PRI (le Parti révolutionnaire institutionnel, ex-Parti de la révolution mexicaine, au pouvoir de 1929 à 2000). En 2011, elle s'est engagée dans le Parti Morena (Mouvement de rénovation de la nation). Elle a élaboré le programme économique d'Andrés Manuel López Obrador, dit AMLO, et a fait inscrire les droits sociaux dans la Constitution. Elle meurt quatre jours après avoir ceint de l'écharpe tricolore la première femme présidente du Mexique.

Second symbole : les communautés autochtones sont à l'honneur sur le podium dressé sur la grand-place du Zocalo, à Mexico, pour la cérémonie publique. En 2018, AMLO s'était déjà fait remettre le bâton de commandement par les représentants des 68 ethnies indigènes. Le 1er octobre 2024, place aux femmes : « Petite sœur Claudia, nous te recevons avec amour et avec joie. Tu es la voix de celles qui n'ont pas eu voix au chapitre pendant longtemps ». Fumée d'encens, corne de brume, aspersions. Immobile dans sa robe blanche, Claudia Sheinbaum, la physicienne juive qui se dit athée, se prête aux rituels de purification récités dans diverses langues indigènes et reçoit le bâton de commandement qui lui impose de « tenir ses promesses ».

La présidente adoubée prend alors le micro pour son discours d'engagement : elle énumère et commente les 100 points d'un programme déjà largement diffusé, devant une foule enthousiaste. Fanfare, hymne national, hôtes de marque (Brésil : Lula ; Colombie : Petro ; Chili : Boric), clôture des cérémonies. À cette date, certains imaginent encore qu'une juriste noire pourrait être élue première présidente au nord du Rio Grande, face à leur scientifique blanche.

Comment une transition politique aussi aisée a-t-elle pu avoir lieu dans un des pays les plus violents de l'Amérique latine ? Un pays où les cartels de la drogue s'entretuent pour défendre territoires et trafics d'armes, s'emparent des terres agricoles communautaires, infiltrent la police et l'armée, achètent les élus et les juges, massacrent les journalistes, raptent les femmes, enrôlent des enfants, font disparaître les morts ? La presse décompte 92 homicides pendant la cérémonie de liesse, 488 au bout d'une semaine.

Bref retour en arrière. Entre 1988 et 2000, le PRI rompt avec son étatisme fondateur et « privatise » banques, téléphonie, retraites. Il signe un premier accord de libre-échange en janvier 1994, alors qu'éclate la révolte zapatiste. Il est vaincu en 2000, et le PAN (Parti d'action nationale, issu de l'aile droite du PRI) célèbre « une ouverture démocratique ». Les présidents Fox (ex-PDG de Coca-Cola Mexique), puis Calderon signent avec les États-Unis des accords de libre-échange et de « sécurité », à l'encontre des droits syndicaux. Cependant, en déclarant « la guerre au narcotrafic », Calderon engage l'armée contre les cartels qui s'attaquent en retour aux représentants de l'État (menacés, rançonnés, tués ou achetés).

Dans cette guerre civile rampante, la répression contre « les ennemis de l'État » va des trafiquants aux opposants politiques et aux journalistes (espionnés avec le logiciel Pegasus). En 2012, retour du PRI avec l'élection de Peña Nieto, mais des collusions troubles entre forces de l'ordre, élus et mafias du crime éclatent lors de la « disparition » des 43 normaliens d'Ayotzinapa en 2014. Scandales de corruption, échecs économiques, pauvreté croissante : mis en examen (blanchiment d'argent, fraudes électorales), Peña s'exile en Espagne (comme Calderon, devenu membre du *think tank* d'Aznar). AMLO, battu en 2008 et 2012, est élu au premier tour en 2018.

Président sortant avec 70 % d'opinions favorables, AMLO a un bilan social incontesté (bourses, salaire minimum accru, aides aux personnes âgées, aux handicapés, aux apprentis, droit syndical, prêts aux « petits » agriculteurs, artisans ou commerçants, etc.). Mais cela n'a pas, comme il l'attendait, réduit l'emprise des cartels sur les pauvres et les jeunes. Il a amélioré les recettes fiscales, stabilisé les taux de change, fait passer le PIB « avant celui de l'Espagne et de la Corée du Sud », mais son mandat est le plus meurtrier de l'histoire du Mexique : 30 000 meurtres par an « en moyenne ». Les disparitions, féminicides, viols, séquestration, attaques des journalistes, assassinats électoraux restent impunis à 95 %, faute d'enquêtes conclusives ou de clôture des procès.

D'où deux mesures, très controversées, pour vaincre la corruption « en col blanc ». Premier volet : l'armée. Jugée moins corruptible que la police, elle chapeaute désormais la garde nationale, gère les grands chantiers d'État (appels d'offres, exécution des travaux) et les aéroports. Contre les règles internationales imposant de séparer le civil et le militaire, l'aéroport de Mexico est contrôlé par les soldats de la marine (douanes, passeports, immigration, bagages). Certains redoutent les dérives possibles cette militarisation de la vie civile.

Second volet : la justice. Une loi de septembre 2024 prévoit « que le "peuple" élise des magistrats et les juges, y compris ceux de la Cour suprême, parmi des candidats proposés à parts égales par les pouvoirs exécutif, législatif et judiciaire ». La corruption de la justice est reconnue par tous, mais nombre de juristes opposés à la loi soulignent que, pour se faire connaître des votants, il faut de l'argent, porte ouverte aux pressions des cartels ou à celles des politiques au pouvoir, aujourd'hui aux mains de Morena.

Comment gérer cet héritage ? Ancienne experte du GIEC, Sheinbaum traite d'écologie dans ses politiques de santé (gestion de l'eau, de l'air, des déchets, énergies propres, aliments sans intrants) et des transports publics. Maire « féministe » de Mexico, elle a créé un secrétariat aux droits des femmes, assurant défense et suivi des victimes, mais le travail de renseignement et d'enquête (qui a fait baisser les homicides), a fait trop peu baisser les féminicides. Elle veut poursuivre la politique sociale d'AMLO et assume ses deux lois contestées sur l'armée et la justice. On l'attend donc sur deux défis majeurs : l'immigration et la violence[1].

Anne-Marie Chartier
LARHRA Lyon 2/ENS

NOTE

1. Sources : Presse mexicaine, presse francophone et anglophone en ligne, articles de la fondation Jean Jaurès.

Clément Roux
Rigoberto Reyes Sánchez
Camille Lecuyer
Dorothée Delacroix
Damien Larrouqué
Luis Rivera-Vélez
Kevin Parthenay
Humberto Cucchetti
Juremir Machado da Silva

Partie III. Conflits et mémoires

Clément Roux
Centre de recherche pour le développement (ZEF), Université de Bonn (Allemagne)

Communiquer la révolution : la propagande de la guérilla des FARC (1964-2016)

Avec le développement des médias sociaux, du *big data* et de l'intelligence artificielle, la « propagande » a opéré un retour en force dans la littérature universitaire. En même temps, le concept cesse d'être « éthiquement neutre », comme le préconisaient pourtant certains chercheurs, pour désigner le recours croissant à « la manipulation de masse » par les grands acteurs des relations internationales (Colon, 2019). Malheureusement, ces approches marquées par un imaginaire dystopique ont tendance à délaisser les stratégies de propagande asymétriques d'organisations agissant du faible vers le fort.

C'est le cas des Forces armées révolutionnaires de Colombie (FARC). Créées en 1964, elles ont survécu à la fin de la guerre froide, aux offensives de l'armée officielle et des milices paramilitaires, aux politiques contre-insurrectionnelles des États-Unis dans la région et au décès de la plupart de leurs dirigeants historiques. Même après l'accord de paix signé en 2016, plus de 5 000 hommes et femmes en armes continuent de lutter en leur nom dans les régions périphériques du pays, selon un décompte récent du ministère de la Défense colombien. Leur exceptionnelle longévité est d'autant plus surprenante que la Colombie est, par ailleurs, une démocratie libérale, ancrée dans le camp occidental, très urbanisée, dotée d'une économie stable et d'institutions solides. Ces dernières ont en effet permis, en 2022, l'accès au pouvoir d'un premier président de gauche : Gustavo Petro, ancien guérillero du M-19[1].

Comment les FARC ont-elles persuadé des milliers de personnes de rejoindre leur cause ? Cet article tâche d'apporter des réponses à cette ancienne question en se concentrant sur certains aspects organisationnels de leur dispositif de propagande : commission *ad hoc*, presse, radiodiffusion et Internet[2]. L'analyse se fonde sur la littérature grise des FARC ainsi que sur des interviews et observations ethnographiques réalisées dans la communauté des anciens guérilleros à Bogotá (Roux, 2023 : 62).

La Commission de la propagande

Dans les années 1980, les FARC se dotent d'un organe *ad hoc* établissant un contrôle vertical sur toutes les communications externes du groupe : la Commission de la propagande. Au sommet, l'un des sept commandants du Secrétariat[3] était responsable de son bon fonctionnement et disposait d'une équipe spécialisée. Puis, chaque unité organisationnelle (de haut en bas : l'État-major central, le Bloc, la Colonne, le Front, la Compagnie, etc.) disposait à son tour d'une Commission de la propagande, reflet de l'échelon supérieur dans sa structure interne et lui obéissant strictement. « C'était la traduction de notre fonctionnement hiérarchique », témoigne un ancien membre du Bloc oriental des FARC. « De haut en bas et de bas en haut. Dans toutes nos tâches, nous procédions de la sorte »[4].

L'usage assumé du terme « propagande » n'est pas surprenant pour une organisation marxiste-léniniste. Maintes fois cité dans les communications internes des FARC, Lénine considérait l'« *agit-prop* » comme un mélange de « propagande », activité consistant à transmettre des « idées nombreuses » à une élite intellectuelle, et « d'agitation », tâche moins reluisante puisque destinée à transmettre « une seule idée » à un public moins instruit (Fattal, 2018 : 42-43). Au cours des années 1950 et 1960, les révolutionnaires cubains délaissent cette distinction quelque peu condescendante. Sous la plume du *Che* Guevara, la « propagande » désigne le réseau médiatique parallèle et clandestin établi par un mouvement de guérilla. Elle se distingue du « travail de masse », qui consiste à construire des relations directes et durables entre les guérilleros et la population civile. Dans la pratique, ces deux activités étaient profondément imbriquées.

Pour les FARC, comme pour les révolutionnaires cubains avant eux, la propagande est toujours une activité hiérarchique unidirectionnelle. Ce type de communication provoque selon eux des effets directs et prévisibles sur les « masses », à l'image de la « seringue hypodermique » d'Harold Lasswell[5]. Une conceptualisation simpliste ayant le mérite d'être facilement expliquée aux personnes responsables de son déploiement (Roux, 2023 : 104-110).

La revue *Resistencia*

À la fin des années 1970, un Parti communiste colombien (PCC) aux abois autorise formellement son bras armé à publier sa propre revue, qui prend le nom de *Resistencia*. D'une trentaine de pages environ, elle est imprimée en couleur sur du papier glacé et donne une large place aux photos. Ces dernières sont souvent l'œuvre des guérilleras, car, comme le confirme Carmenza Castillo, la photographe ayant eu la plus longue trajectoire au sein des FARC, « c'est seulement quand nous sommes arrivés à La Havane [en 2012] que nous nous sommes rendu compte qu'en dehors de la guérilla, la photographie et la vidéo étaient des métiers exercés par des hommes[6] ». La représentation des femmes combattantes est d'ailleurs un enjeu pour *Resistencia*, qui met en scène des figures féminines en armes dans ses sections variées et variables : « actualités politiques », « sciences », « environnement », « lecture/littérature », « humour », etc.

Des guérilleros lisent une revue vers la fin des années 1990. Photo provenant d'une archive remise par les FARC à la Bibliothèque Luis Ángel Arango en 1999.

Après la mort de Raul Reyes en 2008, premier membre du Secrétariat abattu par l'armée en 40 ans de guerre, la rédaction de *Resistencia* cesse d'être la responsabilité du haut commandement des FARC. La revue est alors produite de manière décentralisée et discontinue, avec des éditions différentes selon la provenance géographique de l'unité responsable de sa publication. Elle devient en outre numérique, ce qui lui permet de circuler sur des clés USB ou par e-mail, et d'inclure des liens vers d'autres contenus, ainsi que des comptes de réseaux sociaux pour échanger avec les personnes responsables de son édition.

La revue est principalement lue par les membres de l'organisation eux-mêmes. Ainsi, les textes sont truffés de salutations, de dédicaces, de messages cachés, de références à des proches, etc. De la côte caraïbe à l'Amazonie, en passant par les prisons de Colombie, les guérilleros qui opéraient dans différents territoires pouvaient ainsi se sentir membres d'une grande famille : « *la Comunidad Fariana* » (la communauté des FARC).

La revue était aussi une preuve matérielle du caractère politique de l'organisation. Arborer un numéro de *Resistencia* lors d'un événement public, d'une conférence de presse ou d'un entretien avec un observateur international permettait de contredire les accusations de « narcoterrorisme », une catégorie structurante pour les discours des adversaires des FARC.

Radio et musique populaire

Intimement lié à celui de la musique, le rôle de la radiodiffusion dans le dispositif de propagande des FARC a été souligné par d'autres publications (Quishpe, 2020 ; Roux, 2023). Je me contenterai ici d'en présenter les traits essentiels.

Au moment de leur apogée, lors des négociations de paix avec le gouvernement d'Andrés Pastrana (1998-2002), les FARC lancent officiellement leur station de radio clandestine. Baptisée *Voz de la Resistencia* (Voix de la Résistance), elle se déploie au cours des années suivantes dans les territoires contrôlés par la guérilla, reflétant ainsi le centralisme typique du léninisme. Cependant, de la même manière que pour la revue, le Secrétariat doit laisser une certaine autonomie à chaque Bloc en ce qui concerne la réalisation des programmes, car la fragmentation géographique de l'organisation ne permet pas de diffuser un même signal dans toute la Colombie. *Voz de la Resistancia* se dote par ailleurs d'un système interactif de lettres du public lues à l'antenne par des animateurs eux-mêmes issus de la paysannerie. Ce mode de communication horizontal, de paysan à paysan, permet à la station de rester proche de son audience dans les zones rurales reculées, où elle est souvent la seule à être captée.

Par le biais des ondes insurgées, la « *música fariana* », genre musical inventé par les FARC, se popularise dans certaines régions. Il s'agit de chansons révolutionnaires interprétées par des guérilleros armés. À l'instar de Lucas Iguarán ou Julián Conrado, certains artistes deviennent de véritables vedettes locales. On retrouve à nouveau cette conception hiérarchique de la communication puisque selon Jaime Nevado, ancien troubadour du Secrétariat des FARC, « nous avons appris aux paysans à écouter la vraie musique populaire, celle qui naît des racines d'un peuple[7] ».

Ce succès est toutefois de courte durée. En 2005, avec l'aide du gouvernement américain, l'armée colombienne crée son propre réseau de radiodiffusion. Plus puissantes et stables que leurs rivales insurgées, ces stations officielles diffusent à profusion les chansons commerciales de la « nouvelle musique colombienne », un phénomène culturel qui comprend des artistes de renommée mondiale tels que Juanes, Shakira et Carlos Vives. Harnaché à cette industrie musicale, le réseau de radios de l'armée obtient un vif succès dans la population paysanne. Malgré l'interdiction imposée par le Secrétariat, les guérilleros eux-mêmes commencent à écouter les radios militaires la nuit, en cachette, dans leurs campements (Fattal, 2018 : 91). Traquée par les forces armées, la radio des FARC perd par ailleurs sa capacité à émettre en continu à partir de 2010.

Cependant, *Voz de la Resistancia* a durablement marqué l'imaginaire et les goûts musicaux des populations locales, comme en témoignent les nombreux « remix » de chansons des FARC que l'on trouve aujourd'hui sur TikTok et d'autres réseaux sociaux (Diaz, 2024).

Disque du groupe Los Compañeros distribué clandestinement par la guérilla à partir de 1990.

Le « front virtuel »

En dépit de l'image archaïque qui leur est associée, les FARC ont souvent été à l'avant-garde de l'innovation communicationnelle. Lancé en 1996, le site Internet de la revue *Resistencia* est le deuxième portail d'information créé en Colombie, un mois seulement après celui du quotidien *El Tiempo*, le plus important du pays (Roux, 2023 : 209).

Entre 1999 et 2009, les FARC établissent un « front virtuel », comprenant à son apogée une vingtaine de sites web et de comptes sur les médias sociaux. Créé au début des années 1990 pour coordonner les opérations réalisées dans les grandes villes de Colombie, le *Réseau urbain Antonio Nariño* (RUAN)[8] y joue un rôle prépondérant. Certains membres sont formés aux techniques du marketing virtuel par une Commission de la propagande qui va jusqu'à financer des MBA dans des écoles de commerce privées. Ces propagandistes ont, en outre, un accès permanent à une connexion stable, ce qui n'est pas le cas de la majorité des troupes. Ils produisent notamment un « JT insurgé » s'inspirant de CNN, qui deviendra particulièrement important lors des négociations de paix de La Havane, en 2012 (Fattal, 2017).

Cependant, le coup porté au Secrétariat lors de l'attaque du campement de Raul Reyes en mars 2008 provoque l'effondrement du front virtuel des FARC. En plus de la mort du porte-parole de la guérilla, « l'Opération Phoenix »[9] permet au gouvernement colombien de saisir les archives personnelles de Reyes. Celles-ci contiennent des milliers de documents révélant l'identité des membres du RUAN et leurs modes opératoires. La plupart des sites web des FARC sont alors démantelés, soit par les politiques antiterroristes des États hébergeant leurs serveurs, soit par les guérilleros eux-mêmes, qui craignent de provoquer davantage de fuites de données. Il faut attendre les négociations de paix de La Havane et surtout l'époque actuelle pour voir ce front virtuel ressurgir, principalement sur les réseaux sociaux (Diaz, 2024).

Photo – Équipe responsable du « JT insurgé » des FARC pendant les négociations de La Havane (2012-2016), Commission de la propagande des FARC.

Propagande FARC : l'invincible contre-public

Ces quelques observations empiriques soulignent en premier lieu le caractère rustique, c'est-à-dire robuste, simple, sans apprêts et ne requérant pas de connaissances complexes pour être utilisé, du dispositif de propagande des FARC. La guérilla paysanne s'est appuyée sur cette stratégie asymétrique d'influence, du faible vers le fort, pour survivre pendant plus de 50 ans à une guerre particulièrement sanglante.

Cela étant, la propagande des FARC n'avait pas pour principal objectif de convertir les masses au marxisme-léninisme, mais plutôt de renforcer un contre-public en opposition radicale avec le reste de la société. Fragmentée sur le plan géographique, la communauté de combattants et sympathisants (« *comunidad fariana* ») qu'elles s'efforçaient de créer avait vocation à être soudée symboliquement et affectivement par la circulation de textes médiatiques clandestins. Leurs discours mélangeaient autovictimisation et « éthos de pouvoir », un paradoxe caractéristique des contre-publics (Warner, 2002). La propagande des FARC a également constitué une preuve matérielle de leur caractère politique, contribuant du même coup à maintenir leur statut de belligérant tout au long du conflit armé, en semant le doute quant à leur nature profonde, probablement hybride, entre crime organisé et guérilla paysanne.

Cependant, les propagandistes des FARC souffraient de leur rigidité hiérarchique. Aujourd'hui, les groupes connus en Colombie sous le nom générique de « dissidences des FARC » ne s'embarrassent plus de cette pesanteur.

Fonctionnant comme une fédération de guérillas à géométrie variable, le dénommé « Estado Mayor Central de las FARC » (EMC) délègue sa propagande aux guérilleros de base. Ces derniers publient sur TikTok des vidéos de leurs fêtes alcoolisées, de leurs danses et de leurs modes de vie liés au trafic de cocaïne, ce qui favorise le recrutement de nouveaux combattants. Ils profitent pour cela des failles dans les dispositifs de modération des plateformes, mais surtout d'une hybridité croissante tant sur le plan organisationnel que discursif (Diaz, 2024).

Sur le long terme, l'adaptation constante du dispositif de propagande des FARC montre que la « crise de la puissance », l'une des principales caractéristiques des relations internationales contemporaines, comporte une dimension communicationnelle. Cette nouvelle mutation du conflit armé colombien nous invite à renouveler notre regard sur des stratégies asymétriques capables d'ouvrir de nouvelles brèches dans les hégémonies informationnelles des États. Pour le meilleur et pour le pire, la « politique de la faiblesse » (Badie, 2018) – selon laquelle, dans certaines circonstances, l'adversaire le moins doté en ressources peut utiliser sa position pour faire basculer le cours d'un conflit – continue d'imprimer sa marque sur l'agenda géopolitique mondial.

NOTES

1. Le Mouvement du 19 avril (M-19) était une guérilla colombienne d'origine urbaine. Fondée en 1974 par des personnes préoccupées par la fraude électorale qui menaçait alors la démocratie, elle se démobilise en 1990 à la suite d'un accord de paix. Le M-19 a notoirement négocié la mise en place une assemblée constituante, conduisant, en 1991, à l'adoption d'un texte permettant une profonde transformation institutionnelle en Colombie.
2. Abordés dans d'autres publications, les aspects narratifs ou discursifs de ce dispositif de propagande ne seront traités ici que de manière indirecte.
3. Le Secrétariat était l'organe de direction le plus puissant des FARC. Il réunissait sept commandants et avait le dernier mot sur toutes les décisions stratégiques. Ses membres étaient nommés à vie par le Secrétariat lui-même.
4. Entretien réalisé par l'auteur avec Manuel Bolívar, le 17 septembre 2020 à Bogotá.
5. Au lendemain des guerres mondiales, les pionniers des sciences de l'information et de la communication ont, dans le sillage de l'universitaire américain Harold Lasswell, développé des théories pour expliquer les raisons de la surprenante soumission des êtres humains dans les régimes totalitaires. La métaphore de « la seringue hypodermique » a été utilisée pour décrire ces théories, qui suggèrent que les propagandistes injectent leurs messages directement dans des publics passifs, lesquels réagissent de manière conditionnée à ces stimuli. La recherche a par la suite rendu obsolètes ces hypothèses béhavioristes, en démontrant notamment l'importance du contexte et l'agentivité des publics.
6. Entretien réalisé par l'auteur avec Carmenza Castillo au centre culturel « Casa de la Paz », à Bogotá, le 3 septembre 2021.
7. Entretien réalisé à distance par l'auteur avec Jaime Nevado, le 2 août 2021.
8. Aussi connu sous le nom de Frente Antonio Nariño, le RUAN était une structure dépendant du Bloc oriental visant à développer l'influence des FARC en milieu urbain. Présent dans la plupart des universités publiques du pays, c'était sans doute de la milice urbaine la plus redoutable des FARC sur le plan militaire.
9. Le 1er mars 2008, au milieu de la nuit, des avions et des fantassins de l'armée colombienne ont attaqué le campement de Raul Reyes, membre du Secrétariat et porte-parole des FARC. Réalisée à 1,8 kilomètre à l'intérieur de l'Équateur, « l'Opération Phoenix » s'est déroulée sans consulter ni informer les autorités du pays voisin. Elle s'est soldée non seulement par la mort de nombreux guérilleros (dont Reyes), mais aussi par la saisie de milliers de documents hautement confidentiels des FARC (Roux, 2023 : 182-184).

RÉFÉRENCES BIBLIOGRAPHIQUES

Badie, B., « Toward a Theory of Weakness Politics : Does Weakness Rule the World ? », *Global Society*, n° 32, 2018, p. 139-148. En ligne sur <doi.org/10.1080/13600826.2018.1438991>, page consultée le 23 décembre 2024.

Colon, D., *Propagande. La manipulation de masse dans le monde contemporain*, Paris, Belin, 2019.

Diaz, V., « TikTok, nouveau terrain de recrutement pour la guérilla colombienne », *Le Devoir*, 3 avril 2024. En ligne sur <ledevoir.com/monde/ameriques/810174/tiktok-nouveau-terrain-recrutement-guerilla-colombienne>, page consultée le 16 décembre 2024.

Fattal, A., *Guerrilla Marketing. Counterinsurgency and Capitalism in Colombia*, Chicago, The University of Chicago Press, 2018.

–, « Uploading the News After Coming Down From the Mountain : The FARC's Experiment with Online Television in Cuba, 2012–2016 », *International Journal of Communication*, n° 11, 2017, p. 3832-3856. En ligne sur <bit.ly/3mq00ci>, page consultée le 16 décembre 2024.

Quishpe, R., « Corcheas insurgentes : usos y funciones de la música de las FARC-EP durante el conflicto armado en Colombia », *Izquierdas*, n° 49, 2020, p. 554-579. En ligne sur <dx.doi.org/10.4067/s0718-50492020000100231>, page consultée, le 16 décembre 2024.

Roux, C., *Comunicar la revolución : Un análisis cultural de la propaganda de las FARC y su recepción en Colombia (1964-2022)*, thèse de doctorat sous la direction de Paolo Vignolo et Tristan Mattelart, Bogotá, Universidad Nacional de Colombia, 2023.

Warner, M., « Publics and Counterpublics (abbreviated version) », *Quarterly Journal of Speech*, vol. 88, n° 4, 2002, p. 413-425.

Rigoberto Reyes Sánchez
Université autonome métropolitaine (UAM, Mexique)

L'éternel retour du Sentier lumineux : art, mémoire et « *terruqueo* » dans le Pérou antidémocratique actuel

Traduction de l'espagnol par Michaël Oustinoff[1]

Sibila et les souvenirs inconfortables de la guerre

Le documentaire *Sibila* (2012) retrace la recherche de la documentariste chilienne Teresa Arredondo pour comprendre et se rapprocher de sa tante, Sibila (ou Sybila) Arredondo, également chilienne mais ayant décidé d'émigrer au Pérou pour vivre avec son mari de l'époque, l'écrivain José María Arguedas. Le documentaire montre que Sibila est une figure embarrassante, sur laquelle la famille de Teresa préfère garder le silence. On y apprend que c'est parce que celle-ci a été arrêtée en 1990 et condamnée à quatorze ans de prison pour terrorisme en raison de son soutien direct au Parti communiste du Pérou-Sentier lumineux (PCP-SL), peine purgée en 2003, année où elle aura été libérée par anticipation.

Dans sa quête pour en apprendre davantage sur l'histoire de sa tante, la réalisatrice découvre avec horreur les atrocités commises par le Sentier, qui contrastent avec l'image héroïque et de martyr de la gauche qui prévaut dans la sensibilité progressiste chilienne et, en général, dans le Cône Sud. Dans la dernière partie du documentaire on voit apparaître Sibila, une femme aux longs cheveux blancs qui répond avec fermeté à l'interrogatoire de sa nièce.

Ce qui est saisissant dans cette séquence, c'est le fait que Sibila n'exprime pas le moindre repentir pour ses actions, affichant ouvertement sa sympathie pour le PCP-SL et sa stratégie maoïste de déclenchement d'une guerre contre l'État péruvien. Interrogée au sujet des atrocités commises par le Sentier lumineux, elle répond de but en blanc : « il ne s'agissait pas d'actes criminels, mais d'actes politiques ». La tante, maintenant âgée, demeure toujours une militante communiste intransigeante qui, par défi, demande à sa nièce et au public : « Ce que tu veux, c'est que je demande pardon, que je me repente, c'est ça ? ».

Si la mémoire militante de Sibila semble problématique, c'est surtout à la lumière de l'ampleur, largement documentée, des horreurs que le PCP-SL a perpétrées non seulement contre l'oligarchie, mais aussi contre les populations pauvres qui s'opposaient à lui. Dans le Pérou d'aujourd'hui, ces mémoires militantes, ou celles qui s'éloignent du champ sémantique de la victime, de la réconciliation et des droits humains, continuent d'être censurées et persécutées, ce qui contraste avec ce qui a cours avec les témoignages, souvent présentés sur un ton héroïque, d'anciens guérilleros dans d'autres parties de l'Amérique latine.

Le conflit interne au Pérou a commencé en 1980 et se poursuivra jusqu'en 2000, date à laquelle le dictateur Alberto Fujimori a fui le pays sur fond de scandales de corruption. À cette date, le PCP-SL et le MRTA (Mouvement révolutionnaire Túpac Amaru) avaient déjà été complètement démantelés et neutralisés. Après la chute de Fujimori, l'État péruvien, dirigé par Valentín Paniagua, entame un processus de transition politique incluant la création d'une commission chargée de faire la lumière sur les événements de cette période. En juin 2001, est créée la Commission vérité et réconciliation (CVR) avec la collaboration de centaines de spécialistes. En août 2003, la CVR présente son rapport final, une enquête monumentale en neuf volumes reposant sur la base de nombreux témoignages.

La commission dresse un panorama de la brutalité d'une guerre laissant derrière elle des milliers de personnes assassinées, torturées et disparues. Les victimes étaient principalement des populations pauvres et indigènes. La commission s'est notamment fait remarquer en révélant que le Sentier lumineux avait été le principal responsable de la violence, et non les forces de l'État, conclusion qui a suscité certaines critiques, mais qui est généralement acceptée par les spécialistes comme par l'opinion publique.

Après la publication du rapport final de la CVR, de nombreuses organisations de défense des droits humains, des associations de membres des familles ainsi que certains secteurs du gouvernement ont préconisé des stratégies visant à renforcer la mémoire et à promouvoir la justice. Cependant, l'élite politique, économique et militaire a rapidement commencé à imposer ce que Cynthia E. Milton appelle « la mémoire du salut » (Milton, 2018), qui consiste en un récit selon lequel toutes les forces de l'État se sont vues contraintes d'affronter par les armes un groupe de terroristes qui menaçaient la paix et la démocratie dans le pays. Pour ce qui est de ce récit, le grand vainqueur de « l'ère du terrorisme » aura été Alberto Fujimori et son projet néolibéral-autoritaire cristallisé dans la Constitution de 1993.

Ce récit a servi à stigmatiser et à persécuter non seulement ceux qui diffèrent dans leur interprétation de la guerre interne, mais aussi les mouvements et les voix d'opposition. Sous couvert de cette politique d'intimidation, l'élite au pouvoir a procédé à un démantèlement de l'État de droit, générant ainsi une crise politique qui se prolonge jusqu'à aujourd'hui avec le régime antidémocratique et répressif dont la figure publique est la présidente Dina Boluarte, qui a accédé à la présidence en 2022, après le coup d'État contre le président Pedro Castillo, actuellement en détention.

Terruqueo, art et mémoire

Il existe au Pérou une vaste législation de lutte contre le terrorisme, établie à l'origine pendant la phase finale de la guerre interne, mais qui a été mise à jour. L'une des dispositions les plus dangereuses pour la liberté d'expression est le délit d'« apologie du terrorisme », qui prévoit des peines allant de 4 à 15 ans d'emprisonnement pour ceux qui exaltent, justifient ou glorifient les délits de terrorisme ou les personnes qui ont été condamnées pour de tels délits. Les peines se voient aggravées si l'auteur est un enseignant ou un membre de l'administration d'un établissement d'enseignement et sont encore plus sévères pour ceux qui le font par le biais d'objets, de livres, d'écrits, d'images, de contenus audio, voire de réseaux socionumériques (Congrès de la République, 2017).

Un exemple récent pour illustrer les abus que permet cette disposition : en août 2019, le ministère Public a requis 15 ans de peine privative de liberté et le paiement de 500 000 soles à l'encontre de deux jeunes qui étudiaient la photographie au Centre de l'image, au prétexte qu'ils avaient apposé des affiches montrant les images du général Juan Velazco Alvarado, président « révolutionnaire » du Pérou (1968-1975), et d'Abimael Guzmán, fondateur du PCP-SL, avec l'inscription « héros national » placée en tête, accompagnées d'un courrier électronique destiné à recueillir les réactions du public. Il s'agissait d'un projet d'étude visant à susciter des réactions et à explorer ainsi la relation de la société liménienne avec le passé récent. La requête a finalement été retirée le mois suivant.

Cet abus de la mémoire ne nécessite souvent pas même l'ouverture d'une procédure judiciaire : le jugement des médias et de la société suffit. Au Pérou, cette pratique est si courante qu'un néologisme a été inventé pour la décrire : le « *terruqueo* ». *Terruquear* signifie insinuer ou accuser directement de terroristes ou de séditieux toute personne ou collectivité défendant des idées associées à la gauche voire exprimant des points de vue critiques à l'égard du récit dominant de la guerre interne, ceci afin de les stigmatiser et de les exclure de la sphère publique. Depuis la crise politique qui a débuté en 2021, l'utilisation du *terruqueo* s'est intensifiée dans tous les domaines.

Deux affaires liées au domaine artistique se distinguent sur cette période : la première s'est produite au début de l'année 2024, lorsque le cinéaste Joel Calero a été accusé de romantiser le terrorisme dans son film *La piel más temida* (littéralement : « La peau la plus crainte », 2023), qui met en scène l'expérience d'une jeune femme apprenant que son père est en prison pour avoir appartenu au PCP-SL. Dans ce premier cas, le lynchage médiatique s'est aggravé au point que le groupe d'ultra-droite *La Resistencia* a fait irruption dans un débat auquel participait le réalisateur pour l'invectiver. Le second cas s'est produit le 4 octobre 2024 lorsque le *Gran Teatro Nacional*, théâtre public, a empêché la représentation du Duo Arguedas, un ensemble de musique traditionnelle andine formé par les frères Walter et Julio Humala. D'après les informations que l'on a pu recueillir, il s'agissait là d'un acte de censure en raison de leur participation aux manifestations contre le régime Boluarte.

Art inadmissible, mémoire proscrite

Dans cette dernière partie, nous nous concentrerons spécifiquement sur les pratiques artistiques de la mémoire élaborées par des acteurs liés ou proches d'une manière ou d'une autre du PCP-SL ou du MOVADEF (Mouvement pour l'amnistie et les droits fondamentaux), organisation identifiée comme favorable au Sentier lumineux. En particulier l'histoire de deux personnalités qui, selon nous, sont de nature à susciter des réflexions révélatrices sur la relation entre la mémoire, l'art et la censure, non seulement au niveau de l'œuvre, mais également du sujet qui la réalise.

Avant cela, il est éclairant d'évoquer l'exemple d'Elena Iparraguirre, surnommée la « numéro trois » du PCP-SL, purgeant actuellement une peine de prison à perpétuité pour terrorisme. En prison, celle-ci avait commencé à pratiquer la peinture sous la supervision d'un professeur. En 2014, certaines de ses œuvres ont été exposées dans le cadre d'une exposition d'art carcéral féminin à l'Atelier d'art et d'artisanat « Nueva Semilla » (« nouvelle graine »), qui comprenait également des œuvres d'autres femmes détenues pour terrorisme. L'exposition a été fermée. L'œuvre la plus remarquable en était le triptyque monumental intitulé « Les femmes dans l'histoire » d'Iparraguirre, dépeignant le rôle de femmes anonymes tout au long de l'histoire du Pérou.

Le premier cas que l'on évoquera est celui de Vladimir Leonardo « Olfer ». Issu d'une famille d'ouvriers du côté de son père et de musiciens du côté de sa mère, Vladimir est né dans un camp minier au sud de Lima. Sa première influence a été celle de Felix Rebolledo, graveur et peintre qui, accusé de subversion, a été emprisonné et incarcéré, et plus tard abattu lors de la tuerie des prisons en 1986. Dans son enfance, Olfer a également rencontré Sibila Arredondo en détention, qu'il considère comme une influence importante. Il a ensuite étudié la sculpture à l'École nationale des Beaux-Arts, où il s'est impliqué dans le mouvement étudiant, se rapprochant plus tard du MOVADEF. Influencé plastiquement par les graffitis, Olfer a rapidement commencé à réaliser des peintures murales de grand format.

Dans le cadre des politiques de mémoire préconisées par la CVR, Olfer a ainsi réalisé des peintures murales sur le conflit interne à Huanta, où il a participé à un projet dans lequel il a réalisé des œuvres rappelant les crimes commis par les forces de l'État. En 2014, il en dévoile une dans le centre de Lima, intitulée « Solidarité », en hommage au prêtre Hubert Lanssiers et à la défenseuse des droits humains Pilar Coll, qui avait été commanditée et financée par une organisation religieuse. Peu après, plusieurs voix et médias de droite ont répandu l'idée que cette œuvre représentait Abimael Guzmán et constituait, par conséquent, une apologie du terrorisme. Cette diffamation s'est rapidement traduite par des actes de vandalisme à l'encontre de la peinture murale, encouragés par l'homme de droite Luis Castañeda une fois celui-ci élu maire de Lima, aboutissant à l'effacement définitif de l'œuvre en question. Dans une interview télévisée, Olfer a exprimé sa sympathie pour le MOVADEF, définissant Abimael Guzmán comme un « philosophe qui a mené une guerre », ce qui n'a fait qu'intensifier les attaques contre lui. À la suite de cette campagne, l'artiste a perdu de nombreuses opportunités de commandes et a décidé de quitter pour un temps le pays afin d'exercer son art dans d'autres régions d'Amérique latine[2].

Figure 1. Photographie de la peinture murale « Solidarité » de Vladimir Leonardo « Olfer », Lima, 2014.

Source : Avec l'aimable autorisation de l'auteur.

Le deuxième cas abordé ici est celui de Carlos Incháustegui Degola, qui a étudié l'architecture à l'université Ricardo Palma dans les années 1980. Pendant ses années de formation, il s'est impliqué dans la culture « *subte* » et a fait partie de *Los Bestias*, groupe d'expérimentation artistique qui réalisait des interventions dans différents espaces. Après avoir terminé ses études, Incháustegui s'est impliqué de manière directe dans les cellules du PCP-SL et même dans la direction politique de l'organisation.

Incháustegui est apparu sous le feu des projecteurs de l'opinion publique le 12 septembre 1992, lorsqu'il a été arrêté et présenté aux médias en compagnie d'Abimael Guzmán, d'Elena Iparraguirre et de Maritza Garrido, dans le cadre de l'opération « Victoire », qui a permis de démanteler la direction du Sentier lumineux. L'architecte a été condamné à 22 ans de prison pour crime de terrorisme, peine qu'il est allé accomplir dans différentes prisons péruviennes, où il a progressivement commencé à réaliser de petits projets architecturaux et artistiques.

En 2014, Incháustegui a été remis en liberté après avoir purgé sa peine, et sa libération a été largement couverte par les médias, qui ont profité de l'occasion pour rappeler la brutalité du Sentier lumineux. L'association de son nom avec le terrorisme a fortement nui à son travail d'architecte, l'empêchant d'exposer ses œuvres d'art. C'est pourquoi il s'est rendu au Mexique en 2024, où il a monté sa première exposition individuelle au Museo Casa de la Memoria Indómita (Musée maison de la mémoire indomptable), espace situé dans le centre de Mexico et fondé par le Comité *¡Eureka !,* organisation créée en 1977 par des mères et des proches de personnes disparues pendant la « sale guerre » au Mexique.

L'exposition s'intitulait « *Llapanchik. Todos juntos* » (*Llapanchik.* Tous ensemble) et comprenait plusieurs créations dans lesquelles Incháustegui recourait à un langage mêlant les codes de l'art contemporain (*ready-made*, installation, *arte povera*) à l'esthétique de la poterie andine. Les œuvres font allusion, de manière assez surréaliste et intime, à différents moments de l'histoire du Pérou, depuis un passé mythique jusqu'aux récriminations et aux fragmentations du Pérou d'aujourd'hui. Une figure qui traverse l'exposition est celle des cochons volants, qui représentent aux yeux de l'artiste l'aspiration à la liberté et la revendication de l'utopie. Dans l'exposition prédomine une solution formelle austère et précaire, dans laquelle il n'existe pas de significations uniques ni de harangues politiques, mais plutôt une invitation au recueillement et à la contemplation[3].

Figure 2. Vues de l'exposition « Llapanchik. Todos juntos » de Carlos Incháustegui Degola, Ville de México, 2014.

Source : Photographies de l'auteur.

En guise de conclusion : la fermeture des futurs

Parmi ses recommandations et ses conclusions, la CVR soutient que, pour garantir que le passé ne se répète pas, il faudrait démanteler les énormes inégalités économiques, le racisme structurel, l'impunité systématique et la culture politique autoritaire qui prévalent au Pérou. Tant que ces conditions demeureront en place, le fantôme du Sentier lumineux fera toujours planer la menace de son éternel retour. Stigmatiser, censurer, voire recourir au *terruqueo* à l'encontre de ceux qui n'adhèrent pas à la « mémoire du salut » n'y changera rien. Mais il semble que ce soit précisément le discours triomphaliste de l'oligarchie péruvienne qui ait besoin du fantôme du terrorisme non seulement pour mettre au pas le présent, mais surtout pour fermer toute option d'un futur qui se démarque de l'eschatologie néolibérale. Une réponse politique pertinente serait peut-être, au-delà de la pure terreur antipolitique ou de l'idéalisation négationniste, de rappeler *l'idée* du communisme, afin de le réinventer.

NOTES

1. Cet article est disponible en espagnol sur la plateforme « Cairn mundo ».
2. Toutes les informations proviennent d'un entretien personnel avec Vladimir Leonardo « Olfer » réalisé en 2024.
3. Toutes les informations proviennent d'un entretien personnel avec Carlos Incháustegui Degola réalisé en 2024.

RÉFÉRENCES BIBLIOGRAPHIQUES

Congrès de la République, « Ley No. 30610. Ley que modifica el artículo 316 e incorpora el artículo 316-A al Código Penal, tipificando el delito de Apología del terrorismo », *El peruano*, Lima, Congreso de la República, 17 juillet 2017, p. 4-5.

Milton, C. E. (ed.), *El arte desde el pasado fracturado peruano*, Lima, IEP, 2018.

Morote, H., *¡Todos contra la verdad!*, Lima, Jaime Campodónico Editor, 2014.

Camille Lecuyer
CY Cergy Paris Université

Portraits de disparus. La construction d'une identité visuelle transnationale

L'Amérique latine est le continent comptant le plus grand nombre de disparitions forcées. Le contexte propre à chaque pays diffère de manière significative : la violence de la dictature militaire argentine est difficilement comparable à celle du conflit armé colombien ou du crime organisé au Salvador ou au Mexique. En dépit de ces spécificités locales, Gabriel Gatti a observé, ces dernières années, un considérable élargissement conceptuel de la catégorie de « disparu » : elle ne se limite plus au détenu-disparu des dictatures militaires – son berceau théorique originel – mais va désormais inclure les milliers de disparus des conflits armés ainsi que tout autre *nomen nescio* : migrants sans papiers, féminicides, victimes du narcotrafic ou de massacres ethniques, etc. Que faire de cette notion en plein essor, dont la complexité s'efface pour laisser place à une catégorie englobante ?

> Est-ce que nommer tout cela par le même nom a un sens ? Et, puisque nous le faisons, puisque *disparu*, *disparition* ou *disparition forcée* voyagent, pensent et désignent tant de choses, que faire de [ces catégories] ? Les célébrer (car humanitairement efficaces) ? Les questionner (car manquant de rigueur analytique) ? En profiter (car socialement fertiles) ?[1] (Gatti, 2008 : 14).

Si les différences contextuelles ne permettent pas une perspective historique de la disparition qui soit commune à tout le continent, le disparu s'est tout de même érigé en type social, mémoriel, culturel et même esthétique. La diversité des luttes et des enjeux régionaux trouve ainsi un point de convergence dans le portrait du disparu. De telles images, porteuses de significations complexes en dépit de leur apparente simplicité, se sont imposées comme un moyen efficace de permettre aux absents de se manifester dans l'espace public. À travers toute l'Amérique latine, ces portraits codifiés configurent l'identité visuelle collective de la lutte pour la mémoire et la justice et deviennent des espaces de réflexion permettant d'interroger la catégorie de disparu transnational.

Du portrait vernaculaire à la codification visuelle de la disparition

La photographie s'impose spontanément comme un outil de deuil individuel, permettant de maintenir, dans l'intimité, le souvenir des disparus et de créer un espace funéraire en l'absence de tombe. Cependant, l'utilisation militante de ces images dans l'espace public, aujourd'hui largement documentée, n'a pas d'emblée été la plus évidente. L'anthropologue Ludmila Da Silva rappelle en effet que l'usage des portraits en manifestation a sa propre genèse (Da Silva Catela, 2001 : 133). Dans les années 1970, les Mères de la Place de Mai leur préféraient les listes de noms ou des performances collectives telles que le *siluetazo*[2], afin d'insister sur l'effet de masse et d'éviter une individualisation des disparus, dans un contexte où l'objectif principal était d'abord de faire reconnaître le crime. Les premières photographies à apparaître dans l'espace public étaient des photographies de famille, qui permettaient de réinscrire visuellement le disparu dans un contexte intime et apolitique, de façon à inciter une identification avec les victimes et leurs proches. À partir des années 1990 – moment où la disparition forcée explose en Colombie et en Amérique centrale, tandis que l'Argentine connaît une nouvelle vague mémorielle –, les portraits tendent à être de plus en plus présents dans l'espace public. Leur forme est aussi de plus en plus codifiée ; visuellement, les portraits s'officialisent. Le sujet apparaît ainsi de face, il regarde directement l'objectif, le plus souvent sans sourire ; on ne voit que son visage et éventuellement le haut de ses épaules. Le portrait est le plus souvent en noir et blanc, possiblement de mauvaise qualité à force d'être agrandi et reproduit.

Lorsque les familles ne disposent pas d'une photo d'identité, des images personnelles sont recadrées, voire retouchées, pour en imiter le style. Cette tendance a pu être observée dans les *recordatorios*[3] en Argentine, à mesure que la pratique se politise. Publiés dans le journal *Página|12* à partir de 1988, les premiers *recordatorios* avaient à l'origine une fonction tout d'abord familiale de commémoration de la mort des disparus, et étaient simplement accompagnés de photographies de famille ; ils constituaient en quelque sorte un espace d'individualisation du souvenir, en contrepoint à l'effet de masse privilégié dans l'espace public. Les *recordatorios* sont cependant devenus de plus en plus militants : chaque année, le jour de la disparition, le jour de l'anniversaire ou de la fête des mères, le journal reçoit et publie des dizaines de ces messages dont la teneur a sensiblement évolué au cours du temps, à mesure que les mouvements de lutte pour la justice et la mémoire des disparus ont pris de l'ampleur. Dans une thèse sur le sujet, Celia Van Dembroucke a ainsi remarqué un usage de plus en plus systématique de phrases à caractère engagé, tel que le slogan des Mères de la Place de Mai « *Vivos se los llevaron, vivos los queremos* » [*Ils nous les ont pris vivants, nous les voulons en vie*] ou encore « *Nunca más* » [*Plus jamais*]. Les portraits accompagnant ces rubriques nécrologiques ont ainsi eu pour rôle d'approfondir encore la politisation de leur discours : les photographies choisies par les familles ne montrent plus le disparu dans un contexte intime et, désormais, on leur préfère des photos plus neutres (Van Dembroucke, 2010 : 75). Rappelons que lorsqu'un proche souhaite dénoncer une disparition, les autorités demandent de fournir un portrait d'identité : les photographies mobilisées dans l'espace public (en manifestation, dans les *recordatorios*) se rapprochent ainsi de celles qui sont manipulées dans les dénonciations officielles, afin d'abolir les frontières entre le deuil public et les exigences politiques.

On pourrait encore citer comme exemple le cas de la photographie de Luján Alcides Sosa Valdéz : la presse uruguayenne a recadré le portrait du disparu de façon à ce que l'on n'en voie que le visage, afin de rendre immédiatement lisible qu'il s'agissait là d'un cas de disparition forcée. En effet, sur la photographie originale, Luján apparaissait menotté – la photo ayant été prise lors de sa détention par l'armée –, ce qui ne correspondait pas à l'image traditionnelle du disparu dans l'imaginaire public, et risquait de criminaliser la victime. « Cette action cristallise une attente visuelle concernant l'identité des disparus » (Larralde Armas, 2016 : 48) et va, d'une certaine manière, réaffirmer la légitimité du disparu.

Photo 1 – Recordatorio de Óscar César Furman, disparu le 28 novembre 1976. Página |12, publié le 28 novembre 2014.

OSCAR CESAR FURMAN (COCHO)
28-11-1976

"Los desaparecidos tendrán la vida que los sobrevivientes tengan el coraje de darles."
L. R.

Tenemos **MEMORIA**
Tenemos **JUSTICIA**
(Megacausa ESMA)
Falta la **VERDAD**

¡¡Búsqueda y apertura de los archivos!!
Alicia y todos tus seres queridos
¡Homenaje a los 30.000!

On observe donc comment les photographies subissent des transformations[4] au moment de leur transfert vers la sphère publique, afin de mieux correspondre à l'image canonique du disparu. Cette codification a avant tout un objectif de légitimation : en se pliant à une série de codes visuels, le portrait incarne le disparu dans l'espace public, donne corps à ses réclamations et l'inscrit dans le cadre juridique et sociopolitique défini de lutte pour les droits fondamentaux, la mémoire et la justice. Ainsi retouchée, son image devient un message politique ; c'est pourquoi on a pu observer une tendance à correspondre à ces codes visuels dans des périodes plus récentes. Des images originellement en couleur ont ainsi pu être passées au noir et blanc[5], à la fois afin de faciliter la copie, mais aussi de façon à l'inscrire dans le canon visuel des portraits de détenus-disparus de la dictature argentine.

Stratégies politiques des portraits de disparus

Il est intéressant de constater que, lorsque le portrait mobilisé s'éloigne des codes habituels, une stratégie distincte a potentiellement été mise en place. Là où la codification du portrait répond à une volonté de justification politique de la disparition, des familles ont pu, à l'inverse, utiliser des photographies à caractère familial et intime dans le but de dépolitiser la mort. C'est le cas, par exemple, dans plusieurs projets graphiques réalisés en collaboration avec les mères de faux-positifs en Colombie. L'expression « faux-positifs » est utilisée pour désigner une série d'exécutions extrajudiciaires commises par des membres des forces armées colombiennes, en collaboration avec des groupes paramilitaires ou des bandes criminelles, durant l'année 2008. Des jeunes hommes sans emploi et provenant de quartiers défavorisés (notamment la ville de Soacha, au sud de Bogotá) ont été attirés par des promesses d'embauche, détenus, assassinés, déplacés dans des zones de combat puis présentés comme des membres de la guérilla afin de gonfler les chiffres des actions antirévolutionnaires mises en place par le gouvernement Uribe (2002-2010), dans le cadre de sa « politique de sécurité démocratique ». Face à un État potentiellement complice d'avoir maquillé l'assassinat de jeunes civils, les proches ont cherché à tout prix à montrer l'innocence des victimes, systématiquement questionnée, et à les humaniser. Dans ce contexte, les photographies de famille non retouchées se sont imposées comme des arguments visuels, une façon de présenter les disparus comme des adolescents normaux, aimants, joyeux, travailleurs, sans aucune affiliation politique, ni casier judiciaire, et moralement irréprochables. Au sein des images que les mères se retrouvent à devoir présenter aux yeux du public, l'album photographique revient souvent : diamétralement opposé aux portraits neutres utilisés en manifestation, les albums ont pour avantage de favoriser l'identification et l'empathie en même temps qu'ils sont profondément personnels et intimes. Les photographies prises durant le service militaire sont également récurrentes : le disparu y apparaît en patriote, ce qui rend encore moins crédible le mensonge voulant les faire passer pour des membres de la guérilla – et encore plus horrible la trahison des représentants de l'État envers ses citoyens.

Photo 2 – Alvaro Cardona, Árbol Adentro (2013).

Luz Marina Porras Bernal pose avec les photographies de son fils, Fair Leonardo Porras Bernal, faux-positif, âgé de 26 ans, disparu le 8 janvier 2008 à Soacha (Cundinamarca). Son corps a été retrouvé et identifié le 12 janvier dans une fosse commune à Ocaña, dans le nord du département de Santander. Fair souffrait de troubles mentaux profonds ; contrairement à ce qui avait été prétendu, il était impossible qu'il soit membre de la guérilla.

Le mode d'apparition des portraits de disparus dans l'espace public se révèle sous-tendu par des stratégies politiques de légitimation, conscientes comme inconscientes. Ce sont des images en circulation, ouvertes aux transformations et aux retouches de façon à s'inscrire dans un discours militant et/ou individualisant. Bien souvent d'ailleurs, les photos de disparus ne nous apparaissent pas directement – à moins de se rendre en manifestation –, mais plutôt mises en abîme dans un second type d'image : les portraits de ceux qui les brandissent, les proches de la victime, engagés dans la lutte pour sa mémoire et la recherche du corps. Ces photographies, très fréquentes dans la presse, nous montrent le parent, généralement la mère, le visage grave, tenant entre ses mains le portrait de l'absent. Il s'agit ici d'attirer l'attention sur celles et ceux qui sont tout autant victimes que les disparus eux-mêmes et de faire voir combien les portraits, au-delà de leur reproductibilité endémique, deviennent, en l'absence de corps, des objets d'une irréductible matérialité, infiniment précieux. Car quelle que soit la fonction politique que peut revêtir le portrait de disparu, il est nécessaire de rappeler qu'il est avant tout un objet, érigé en relique mémorielle, mais aussi dépendant des conditions de vie matérielles des victimes. Dans de nombreux cas, la famille ne dispose que de très peu de photographies du disparu (qu'il appartienne à une époque où la pratique du portrait était peu courante, ou à un milieu social n'y ayant que rarement accès), et il n'y a alors pas de choix possible[6]. Ainsi, le reporter espagnol Gervasio Sánchez, qui a photographié des victimes avec une photo de leur(s) disparu(s) dans plus de dix pays et sur une dizaine d'années, de 1999 à 2010, raconte la profonde souffrance de certains parents de disparus rencontrés, notamment au Guatemala, qui ne possédaient même pas un portrait pour accompagner leur – déjà impossible – deuil.

Les portraits utilisés en manifestation attirent l'attention sur l'absence et donnent momentanément corps aux disparus pour leur permettre de se matérialiser dans l'espace public et hanter la communauté des vivants. Ces images-objets témoignent des souffrances, du deuil et de la lutte des personnes qui les produisent, ici les proches des victimes qui réclament que les corps soient retrouvés. La continuité visuelle de ces apparitions dans l'espace public contribue à la codification de la représentation mentale des disparus ; leur image s'impose alors comme un motif culturel fort, qui faisait dire à René Pérez (Calle 13), dans sa chanson *Latinoamérica* : « *Soy la fotografía de un desaparecido* ».

NOTES

1. Nous traduisons.
2. Le *siluetazo* est une performance engagée réalisée pour la première fois à Buenos Aires, le 21 septembre 1983, par un collectif d'artistes (Rodolfo Aguerreberry, Julio Flores et Guillermo Kexe) et de militants. Il s'agissait d'installer plusieurs milliers de silhouettes à taille humaine, en carton noir, et de les disposer dans la ville, pour visibiliser la foule absente des trente mille détenus-disparus de la dictature argentine. D'autres *siluetazos* ont été reproduits par la suite, et la pratique est devenue un symbole d'action militante pour la mémoire du terrorisme d'État.
3. Voir <https://recordatorios.com.ar/>.
4. Dans un vaste travail de recherches dans la région de Castilla la Mancha, l'anthropologue Jorge Moreno Andrés a étudié ces transformations opérées sur les photographies des victimes de la guerre civile espagnole (1936-1939), mais ici dans un contexte de répression. Il a ainsi montré comment des clichés ont fait l'objet de retouches professionnelles afin de les officialiser, de les agrandir, d'en améliorer la qualité, ou encore d'effacer les traces d'un engagement politique républicain pouvant être considéré comme une forme de contestation (voir Moreno Andrés, 2018 : 62-83).

5. José Luis Rodríguez Maldonado est l'auteur de plusieurs séries documentaires sur la disparition forcée en Colombie, notamment *Lo que el miedo nos dejó* (s.d.), dans laquelle il photographie des parents de disparus en Colombie durant leurs activités associatives. À l'issue d'une de ses conférences, une spectatrice d'origine argentine lui a confié à quel point elle était effrayée et attristée de voir des portraits de disparus en couleur, là où elle était habituée à ce que dans son pays ils soient en noir et blanc : pour elle, il s'agissait là d'un signe brûlant de l'actualité de la disparition forcée (communication personnelle).

6. Jorge Moreno Andrés l'a bien montré dans son étude du contexte de l'Espagne rurale des années 1930 – époque où il était courant de ne posséder tout au plus qu'une ou deux photographies de soi. Dans ce cas, l'édition de l'image par les proches après le décès était d'autant plus visible : des copies étaient effectuées, avec plus ou moins de retouches, si bien qu'un même cliché pouvait exister en plusieurs versions *post-mortem*, toutes réservées à un usage précis (Moreno Andrés, 2020).

RÉFÉRENCES BIBLIOGRAPHIQUES

da Silva Catela, L., *No habrá flores en la tumba del pasado. La experiencia de reconstrucción del mundo de los familiares de desaparecidos*, La Plata, Ediciones Al Margen, 2001.

Gatti, G., *El detenido-desaparecido. Narrativas posibles para una catástrofe de la identidad*, Montevideo, Ediciones Trilce, 2008.

Larralde Armas, F., « Fotografía y desaparición : itinerarios de un rostro sin nombre. El caso de Luján Sosa », *Cuadernos del IDES*, n° 32, 2016, p. 4256. En ligne sur <memoria.fahce.unlp.edu.ar/art_revistas/pr.17542/pr.17542.pdf>, page consultée le 22 janvier 2025.

Moreno Andrés, J., *El duelo revelado : la vida social de las fotografías familiares de las víctimas del franquismo*, Madrid, Consejo Superior de Investigaciones Científicas, 2018.

Sanchez, G., *Desaparecidos. Víctimas del olvido*, Barcelone, Art Blume, 2011.

Van Dembroucke, C., *Absent Yet Still Present : Family Pictures in Argentina's Recordatorios*, thèse de doctorat sous la direction de Andrea Giunta, Austin, University of Texas, 2010.

Dorothée Delacroix
Université Sorbonne Nouvelle
Institut des hautes études de l'Amérique latine
Centre de recherche et de documentation des Amériques (CREDA UMR 7227, UMR IRD 280)

« Aider les morts à mourir ». Communiquer avec les âmes vagabondes des morts de la violence en Colombie et au Pérou

L'idée que les morts nécessitent l'aide des vivants est très répandue à travers le monde. On dit d'eux qu'ils réclament justice, qu'ils requièrent des attentions, des prières, des offrandes ou encore qu'une hospitalité leur est due. Cela, de l'Islande (Pons, 2002) au Vietnam (Sorrentino, 2018), en passant par la Mongolie (Delaplace, 2009) et l'Europe (Molinié, 2006; Despret, 2015).

Le retour des morts et, plus généralement, la diversité culturelle du rapport à la mort sont des thèmes dont s'est emparée l'anthropologie. Ancêtres, damnés et fantômes sont analysés comme des entités sociales avec lesquelles les vivants interagissent de diverses façons. La mort clinique est en effet loin de constituer une fin en soi (Bloch, 1993) : elle ouvre vers une extraordinaire variété des modes de relation avec les défunts. En Amérique latine, des représentations catholiques de la mort dominent. Le Purgatoire, la souffrance des âmes en peine, leur salut et l'idée d'une justice divine y occupent des motifs centraux. Ainsi, revenants, saints, spectres, damnés ou fantômes sont des façons récurrentes de caractériser le retour des morts, et chacune de ces figures implique des (ré)actions variées dans l'ordinaire de la vie sociale et du deuil.

En contexte de violence armée, l'augmentation vertigineuse du nombre de malemorts, c'est-à-dire de morts violentes, soudaines et contre-nature, confronte les vivants à une grande détresse et à redoubler d'efforts pour « socialiser » ces morts prématurés. Pour y parvenir, ils puisent dans un répertoire narratif et des motifs eschatologiques connus. Cet article propose de mettre en évidence la subtile communication maintenue entre les vivants et les morts en contexte de guerre et d'après-guerre, au Pérou et en Colombie, ainsi que ses effets sociaux.

Communications *post mortem*

Au Pérou, les paysans et paysannes des Andes ont payé le plus lourd tribut de la guerre qui a opposé le Sentier lumineux aux forces armées de l'État durant les deux dernières décennies du XXe siècle. Les assassinats ont généré, dans les récits du quotidien, des figures d'âmes en peine et des relations dialogiques avec les défunts. La cohabitation avec ces êtres touchés par la mort violente, mais encore « présents » hante bien des foyers qui tentent, par divers moyens, de les « aider à partir ».

La présence persistance de ces morts n'est pas déconnectée du fragile tissu social d'après-guerre et des représentations politiques des acteurs. J'émets notamment l'hypothèse que les récits de damnés[1] mettent en lumière des responsabilités dans la perpétration des violences qui peuvent difficilement être énoncées autrement, dans un contexte où la proximité des victimes avec les auteurs de ces violences et le maintien de ceux-ci dans des positions de pouvoir sont patents (Delacroix, 2018).

Les récits qui suivent sont le fruit d'enquêtes ethnographiques sur les mémoires de la guerre, réalisées dans les Andes péruviennes et dans la capitale du pays[2]. Ils m'ont été racontés spontanément, au gré de conversations qui portaient sur la guerre et ses suites. Alors que mes recherches étaient focalisées sur des morts « bien en place », ceux commémorés au sein de monuments publics, sont ainsi apparus des morts qui revenaient, parlaient parfois et qui « vivaient » au quotidien parmi les vivants, dans l'attente de leur « vraie » mort (*Ibid.*).

Ces figures liminales et ambivalentes peuplent les récits des survivantes et des survivants. Elles sont vues comme prisonnières entre deux mondes et animées d'attentions qui peuvent alternativement être perçues comme néfastes ou au contraire réconfortantes à l'égard de leurs proches. Le plus souvent, ces victimes de malemort sont en recherche de paix, d'ancrage de leur souvenir dans un cimetière ou un lieu de mémoire, ou encore d'achèvement d'une ritualité funéraire réduite à sa plus simple expression pendant la guerre. Absence de veillées funèbres, dépouilles qui ne purent être lavées, enterrements de nuit par peur des représailles ou encore inhumations sans cercueil constituent autant d'éléments qui ont entravé les rituels et les ont rendus précaires. Aujourd'hui encore, l'impossibilité de récupérer certains corps, ceux des disparus, constitue un enjeu crucial et des plus douloureux pour les familles, faisant du deuil, un deuil sans fin.

> Mon époux a été tué par le Sentier lumineux une nuit de pleine lune. [...] Il a été [victime de] malemort. Après son décès, j'ai vécu toute sorte de choses. [...] Il me perturbait dans mes rêves, je le voyais revenir à la porte [de la maison]. « *Aïe, aïe, aïe ! Touche-moi ici, là où est entrée la balle* », me disait-il. Et moi j'obéissais, je touchais le trou par où la balle était entrée. Ça me donnait des sueurs froides. À d'autres moments, il se plaignait d'avoir été enterré comme un chien, la bouche dans la terre [sans cercueil]. Certaines nuits, il tentait de me consoler. Il disait : « *Ne pleure pas tant ! À tant pleurer tu vas finir par en mourir ! C'est moi le responsable de toute ta tristesse car je t'ai bercé d'illusions alors que tes parents n'acceptaient pas notre union.* » Il était veuf avant que l'on fonde notre famille. Mon père disait : « *Je ne sais pas pourquoi tu es avec lui. Il est beaucoup plus vieux que toi. Tu vas souffrir, il va te faire pleurer.* » Tout ce qu'a dit mon père s'est réalisé. (Justina Torres Avendaño, communauté paysanne de Tanta, Apurímac, 20 juillet 2012. Récit recueilli en quechua et traduit en espagnol avec l'aide de Rosa Jiménez)

Luis, le défunt mari de Justina, s'exprime et exige d'elle des actions. Comme le montre Arianna Cecconi (2012) dans son étude sur le rôle social des rêves dans les Andes, une différence fondamentale distingue les « rêves du dedans » des « rêves du dehors » : tandis que les premiers sont considérés comme le fruit des pensées et activités diurnes, les seconds sont vécus comme une visite nocturne d'une âme, le plus souvent d'un familier, et sont considérés hautement signifiants. Ici, le défunt se fait tantôt persécuteur, tantôt consolateur. En demandant à son épouse de toucher sa blessure, il partage sa douleur d'une mort par balle. Il souffre et fait souffrir. Il se plaint également d'une mort prématurée et de l'absence de funérailles. Enseveli sans cercueil, simplement enroulé dans un poncho, il dit « avoir été enterré comme un chien ». Dans les deux cas, les mots glissés la nuit à son épouse rappellent les devoirs des vivants envers les morts. Sans aucun doute, l'inaccomplissement rituel engendre des âmes agressives, figures prédatrices en quête de soins rituels. Leur furie n'est pourtant pas absolue. Luis réconforte également Justina, allant jusqu'à s'accuser de l'avoir séduite alors qu'elle était une jeune femme âgée d'une dizaine d'années de moins que lui. Celle-ci interprète *a posteriori* la mise en garde de son père comme un présage. De façon plus habituelle dans les Andes, le motif du présage (qu'il soit bon ou mauvais) est fréquemment attribué aux âmes qui se manifestent la nuit. Bien après son assassinat, survenu en 1987, Luis a continué de s'exprimer. En 2010, la fosse commune où il reposait aux côtés d'une femme supposée être son amante, a été exhumée. Après cet évènement et la restitution des restes identifiés aux familles, les enfants de Luis et Justina ont tenu a enterré leur père « comme s'il venait de mourir ».

> Ce n'est qu'après l'avoir exhumé [en 2010] et réenterré comme il se doit que nous sommes plus tranquilles avec mes fils. On l'a veillé à la maison et on a organisé une messe à Lima et deux à Chalhuanca. On l'a enterré comme s'il venait de mourir, avec des habits et des chaussures neuves [déposés sur les restes osseux dans le cercueil]. On a préparé la *chicha* [boisson alcoolisée à partir de maïs fermenté] et on a tué une vache. Alors mon époux est venu me remercier dans mes rêves pour ce bel et digne enterrement. Il m'a dit qu'il ne souffrait plus. Il m'a dit merci pour ce qu'on avait fait pour lui. (*Ibid.*)

Justina décrit avec satisfaction un mort en paix et reconnaissant, qui le verbalise explicitement. Clairement, le rétablissement des rituels funéraires ordinaires socialise le défunt et apaise les proches. De façon plus générale, ce retour à l'ordre dans les relations entre morts et vivants rassure également les habitants du village. La promiscuité avec les lieux d'enterrement plus ou moins clandestins demeure en effet un véritable défi dans l'ordinaire de la vie villageoise. Les morts de la violence ne persécutent pas seulement leurs proches, mais quiconque s'aventure à proximité de leur indigne sépulture. Dans la nosographie andine, le mauvais vent (*mal viento* en espagnol), aussi dénommé « vent du mort » (*qhayqa* en quechua), caractérise la pathologie provoquée par le contact avec les morts récents. Ces derniers occupent un statut liminal, entre le monde des vivants et celui des morts, avant que ne soit parachevée une ritualité funéraire adéquate. Or les morts de la violence, laissés sans sépulture ou presque, restent bloqués dans cet entre-deux et sont réputés dégager des effluves dangereux pour la santé. Afin de contrer cette présence nocive pour les vivants, il faut prendre soin d'eux et leur parler. Domine ainsi le souci généralisé de la convenable socialisation des défunts, y compris et surtout ceux de la violence.

Soins rituels et conversations avec les morts anonymes de la violence

Plusieurs études anthropologiques récentes invitent à considérer les interactions rituelles et communicationnelles avec les fantômes, notamment ceux produits par des décennies de violence meurtrière. L'idée d'un partage des mondes, au-delà du seuil ontologique de la mort, conduit à analyser les relations ordinaires avec ces « voisins invisibles » (Kwon, 2008), tandis que la recherche des corps des disparus est susceptible d'être prise en charge par des médiums (Sorrentino, 2018). Entre persécution et coopération, des relations se tissent et se pérennisent.

En Colombie, les restes des morts anonymes de la violence, charriés par le fleuve Magdalena, trouvent un point d'ancrage dans le bourg portuaire de Puerto Berrio. Là, ils sont diversement pris en charge. Les restes humains récupérés dans le fleuve transitent d'abord par la morgue, puis vers le cimetière où ils sont placés dans une niche funèbre, frappée du sceau « NN » pour « non identifié ». Cette inconnue identitaire se révèle être le fondement d'une étonnante parenté rituelle, source d'efficacité symbolique (Losonczy, 2022). En effet, des villageois, et singulièrement des villageoises, « élisent » certains morts, leur attribuent un prénom et leur rendent des hommages réguliers. Les adoptants, protecteurs des morts anonymes, se disent protégés en retour par leur « élu » (*elegido* en espagnol) et sollicitent leurs faveurs. La prise en charge rituelle et l'apaisement de leur âme en souffrance les élèvent ainsi en figures de recours sanctifiées.

Toutefois, l'interrelation de soins et de faveurs ne se borne pas à la dualité adoptant/adopté. Elle participe d'un vaste réseau de réciprocité à l'échelle d'une région ou d'un pays frappé par la violence armée et l'amoncellement de cadavres anonymes, souvent décédés loin de leur foyer. En effet, prendre soin d'un mort anonyme ici, c'est espérer qu'ailleurs quelqu'un fera de même à l'égard du membre de la famille disparu.

Dans une logique similaire, en milieu urbain, des églises spiritualistes organisent des séances pour « aider les morts à mourir[3] ». L'objectif est d'appeler les âmes en peine pour leur expliquer la raison de leur décès, souvent par armes à feu ou armes blanches, et de les inciter à accepter leur sort et leur nouveau statut de défunt. Il s'agit, en somme, d'établir une communication entre l'au-delà et l'ici-bas pour apaiser les âmes des personnes assassinées, mais aussi rendre vivable la fréquence et la proximité angoissantes des meurtres. En d'autres termes, sur le terreau d'un ordinaire de vie en interaction avec des figures de malemorts, se développe un entrelacs discursif et rituel sensible à la détresse des morts anonymes qui fait le pari du soin et de l'intercommunication afin d'apaiser les tourments des morts comme des vivants.

Micropolitiques de la pacification hors de l'État

Les formes spontanées et ritualisées d'interrelations avec les morts de la violence s'ancrent dans des contextes de réparation aux victimes précaire et inachevée, voire maltraitante (Koc-Menard, 2014 ; Delacroix, 2021). Dès lors, il n'est pas anodin que ces pratiques se développent en toute autonomie, et parfois en conflit, avec les actions de l'État. Ce dernier est d'ailleurs parfois directement incriminé dans la perpétration des exactions.

En outre, les récits de relations avec les morts de la violence sont fréquemment relégués au rang de séquelles psychologiques de la guerre ou perçus comme des archaïsmes, y compris par les secteurs en faveur des droits humains. Pathologisés ou folklorisés, ces modes de relation aux morts sont accusés d'entretenir la mémoire du conflit ou un ressassement nuisible à l'équilibre psychologique. Pourtant, ces dispositifs de lien avec les morts élargissent les possibilités de vivre après le désastre et contribuent activement aux micropolitiques de la pacification, mais ce, en dehors de l'État.

Cette contribution invite ainsi à considérer combien les relations d'affectivité et de communicabilité entre le monde des vivants et celui des morts se révèlent inventives et riches. Elles luttent contre des formes de marginalisation *post mortem* et offrent un moyen de nouer une cohabitation tenable, et peut-être une entente durable, entre les différentes entités qui peuplent un territoire meurtri et parsemé de charniers.

NOTES

1. Dans les discours ordinaires sur la mort et la littérature orale andine, les damnés (*condenados* en espagnol, *kuku* ou *kukuchi* en quechua) sont les coupables de lourds pêchés privés de salut. On dit qu'ils souffrent et errent sur terre, semant diverses calamités.
2. Dans le cadre de mes recherches doctorales en anthropologie sur les mémoires des violences politiques au Pérou, j'ai réalisé au total quatorze mois d'enquêtes ethnographiques, principalement dans les Andes d'Apurímac. En tant que postdoctorante (2015-2019), j'ai continué à travailler dans cette région, mais en prenant pour objet les exhumations (Delacroix, 2021).
3. Je fais référence à une enquête exploratoire que j'ai menée à Medellín et dans le Chocó caribéen en novembre 2018 et novembre 2019.

RÉFÉRENCES BIBLIOGRAPHIQUES

Bloch, M., « La mort et la conception de la personne », *Terrain*, n° 20, 1993, p. 7-20.

Cecconi, A., *I Sogni vengono da fuori. Esplorazioni sulla notte nelle Ande Peruviane*, Florence, Editpress, 2012.

Delacroix, D., « L'État cannibale. Rumeurs de trafic d'os exhumés au Pérou », *Cultures & Conflits*, n° 121, 2021, p. 73-97. En ligne sur <doi.org/10.4000/conflits.22659>, page consultée le 21 novembre 2024.

–, « Le bal des âmes. Postérité de la mort de masse en contexte péruvien », *Terrain*, 2018. En ligne sur <doi.org/10.4000/terrain.16819>, page consultée le 21 novembre 2024.

Delaplace, G., *L'Invention des morts. Sépultures, fantômes et photographie en Mongolie contemporaine*, Paris, Centre d'études mongoles et sibériennes/École pratique des hautes études, coll. « Nord-Asie », 2009.

Despret, V., *Au bonheur des morts. Récits de ceux qui restent*, Paris, La Découverte, coll. « Les Empêcheurs de penser en rond », 2015.

Koc-Menard, N., « Notes From the Field: Exhuming the Past After the Peruvian Internal Conflict », *International Journal of Transitional Justice*, vol. 8, n° 2, 2014, p. 277-288.

Kwon, H., *Ghosts of War in Vietnam*, Cambridge, Cambridge University Press, 2008.

Losonczy, A-M., « Le tourbillon des morts : modes, statut et temps d'existence des cadavres de la violence entre identification et sanctification en Colombie », *in* Delacroix, D. et Losonczy, A-M., *Le cadavre et ses avatars. Approches anthropologiques en contexte de sortie de violence*, Paris, Éditions PETRA, 2022, p. 59-94.

Molinié, M., *Soigner les morts pour guérir les vivants*, Paris, Seuil, coll. « Les Empêcheurs de tourner en rond », 2006.

Pons, C., *Le Spectre et le Voyant. Les échanges entre morts et vivants en Islande*, Paris, Presses de l'Université de Paris-Sorbonne, 2002.

Sorrentino, P., *À l'épreuve de la possession. Chronique d'une innovation rituelle dans le Vietnam contemporain*, Nanterre, Publications de la Société d'ethnologie, coll. « Recherches sur la Haute-Asie », 2018.

Damien Larrouqué
CY Cergy Paris Université

Défendre le legs de la dictature en démocratie : le rôle de la Fondation Jaime Guzmán au Chili

Dans un article de *Hermès, la Revue*, dont le titre faisait écho à celui du célèbre ouvrage de Conan et Rousso (1994) sur la guerre des mémoires autour du régime de Vichy, Compagnon et Gaudichaud (2008) déploraient qu'au Chili « le passé [est] trop vite passé ». Quinze ans plus tard, il s'avère qu'une page importante de l'histoire chilienne ne s'est effectivement toujours pas tournée (Nogué, 2022). Et pour cause, certains partis et plusieurs institutions qui gravitent dans l'orbite de la droite conservatrice et radicale continuent, à l'instar de la Fondation nationale Francisco Franco en Espagne, de défendre la légitimité de la dictature (1973-1990). C'est en particulier le cas de la Fondation Jaime Guzmán (FJG), qui porte le nom du principal juriste du pinochétisme, assassiné en 1991.

En référence à l'excellent roman de Giuliano Da Empoli (2022), Jaime Guzmán aurait été à Pinochet ce que l'énigmatique Vadim Baranov fut pour le maître du Kremlin : l'une de ses éminences grises. Membre de la commission Ortúzar en charge de rédiger la Constitution du régime (toujours en vigueur), Jaime Guzmán a été l'artisan du rapprochement entre les économistes monétaristes formés à l'Université de Chicago (les fameux « Chicago Boys ») et la jeune garde ultra-conservatrice passée par l'Université pontificale catholique (Mansuy, 2016), où il fut professeur de droit constitutionnel. Partisan hayékien d'un néolibéralisme autoritaire d'avant l'heure, il a théorisé le principe de la « démocratie protégée contre elle-même » – une formule malencontreusement convoquée par Dominique Schnapper (2024)[1].

On se propose ici de faire la lumière sur un personnage méconnu en France, mais dont le spectre hante encore le Chili. Non content d'avoir mis son talent de communicant au service du plus infâmant des régimes, cet idéologue a surtout posé les bases d'une transition iconoclaste, entendant préserver l'héritage dictatorial en démocratie. Ce dessein est désormais poursuivi, dans une logique de combat, voire d'acommunication (Wolton, 2019), par cette institution de droit privée dévolue à lui rendre hommage. Concrètement, la raison d'être de la FJG est de pérenniser le carcan juridico-constitutionnel que le théoricien d'extrême droite a contribué à bâtir en vue de contenir le système politico-électoral chilien contre toute velléité de réforme.

Le « mage de Pinochet »

D'ascendance navarraise comme la plupart des grandes familles de l'oligarchie politique chilienne, Jaime Guzmán Errazúriz est né le 28 juin 1946 à Santiago. Myope et malingre, il est d'abord porté sur la foi (Moncada Durruti, 2006). Après avoir accompli une scolarité brillante au sein du très traditionaliste Collège des Sacrés Cœurs, il intègre, à seize ans, la prestigieuse Université pontificale catholique (PUC) avec la prêtrise pour ambition. Toutefois, son engagement politique précoce dans les rangs du parti conservateur et l'effervescence de la contre-culture des années 1960 le détournent de ses vœux. Alors que la PUC est secouée, dans le sillage de la révolution cubaine (1959) et du Concile Vatican II (1962-1965), par une rébellion des étudiants, le jeune Guzmán prend la tête du mouvement dit « grémialiste », qui réunit ses camarades les plus virulemment opposés à la réforme universitaire. De cette association corporatiste émergera, deux décennies plus tard, le parti majoritaire de la droite chilienne, l'Union démocrate indépendante, fondé par le même Guzmán en 1983 (Alenda, 2014).

Entretemps, le juriste adepte de Carl Schmitt est devenu constitutionnaliste (Cristi, 2011). Personnalité médiatique, il est connu pour son anticommunisme implacable. Lorsque Allende arrive au pouvoir en novembre 1970, il se fait l'un de ses plus violents contempteurs dans des tribunes au vitriol. Dans le même temps, il fraie avec la milice d'extrême droite Patrie et Liberté, accusée de mener des opérations de sabotage visant à déstabiliser le gouvernement de l'Unité populaire (Boisard, 2016). Appelant de ses vœux le renversement du président socialiste, il se met au service des militaires le jour même du coup d'État, le 11 septembre 1973, en offrant sa plume pour la rédaction de l'un des premiers décrets de la junte[2] (*Bando militar*). Intellectuel nationaliste et catholique intégriste (Mansuy, 2016), le jeune réactionnaire se hisse très rapidement auprès du Secrétariat général du gouvernement, intégrant ainsi le premier cercle décisionnel de la dictature.

Pas encore trentenaire, il a déjà l'oreille de Pinochet. Il lui rédige plusieurs de ses actes ou discours, à l'instar de celui de Chacarillas de juillet 1977, qui pose les bases d'une longue transition institutionnelle (plus de dix ans), au terme de laquelle la future démocratie devra être « protégée contre elle-même » ; c'est-à-dire maintenue sous la férule des forces coercitives (armées, carabiniers). Admiré par Hayek – qui a visité à deux reprises le Chili pinochétiste[3] –, ce processus de libéralisation sous contrôle militaire sera qualifié par le parrain du néolibéralisme autoritaire de « dictature transitionnelle » (Farrant *et al.*, 2012).

Entre « dictature transitionnelle » et « démocratie protégée »

Plusieurs de ces fameuses « enclaves autoritaires », telles que la présence de sénateurs non-élus (constituant une minorité de véto) ou l'existence d'un Conseil de défense (en capacité de s'autoconvoquer), sont incorporées dans la Constitution de 1980, dont Guzmán est le principal rédacteur.

De plus, sans l'avoir pensé, mais l'ayant avalisé au milieu des années 1980, le professeur de droit bénéficie d'un mode de scrutin binominal biaisé qui lui permet d'intégrer le Parlement. En décembre 1989, il est ainsi élu sénateur de la région métropolitaine (Santiago Ouest), alors qu'il n'a obtenu que 17 % des suffrages (contre 30,5 % pour le candidat socialiste et futur président du pays Ricardo Lagos), mais selon deux conditions victorieuses : 1) dans une liste arrivée en seconde position avec 32,5 %, et 2) sans que la liste arrivée en tête ne double le score électoral de la précédente. Le tableau suivant résume cette configuration électorale, voulue pour favoriser les listes de droite. Inédit à l'échelle internationale, ce mode de scrutin qui, en quelque sorte, sauve les perdants, voire les « troisièmes couteaux », a été maintenu jusqu'en 2018. Il a constitué l'un des legs parasitaires de cette démocratie *protégée* « à la Guzmán ».

Tableau 1 – Résultats arrondis des élections de 1989 dans la circonscription sénatoriale n° 7.

Candidats	**Listes (scores)**	**Partis**	**Votes**	Pourcentage	**Résultats**
Candidat A	Concertation pour la Démocratie **(62 %)**	Parti Démocrate-chrétien	408 200	**31,5 %**	**Élu sénateur**
Ricardo Lagos		Parti pour la démocratie	399 700	30,5 %	
Jaime Guzmán	Démocratie et progrès **(32,5 %)**	UDI	224 400	**17 %**	**Élu sénateur**
Candidat D		Rénovation nationale	199 900	15,5 %	
Candidat E	Coalition indépendante (5,5 %)	/	59 800	4,5 %	
Candidat F		/	13 400	1 %	

Le *leader* de l'UDI ne siégera qu'un an au Parlement. Le 1er avril 1991, il est abattu par un groupuscule d'extrême gauche sur le campus de la PUC. Son magnicide l'érige au rang de martyr de la nouvelle droite chilienne. En 2013, un mausolée à sa gloire a été construit en plein cœur du quartier d'affaires de Santiago (Aedo, 2013). Quant à la fondation qui porte son nom, elle s'efforce, depuis 1991, d'entretenir sa mémoire, mais aussi et surtout de préserver son legs institutionnel et politique.

La FJG et l'écosystème des *think tanks* conservateurs chiliens

Créée en 1991, au lendemain de l'assassinat du sénateur Guzmán, et fédérant une équipe d'une trentaine d'employés, la FJG compte dans son directoire les anciens ministres Hernán Larrín et Andrés Chadwick. Ce dernier fut notamment contraint à abandonner le maroquin de l'Intérieur à la suite de la violente répression du « printemps chilien » d'octobre-décembre 2019 (Aguilera, 2020 ; Morales La Mura, Galloro, 2019). Outre la collecte et la numérisation des archives personnelles de Guzmán, la fondation s'est donné pour mission « d'éduquer » et « d'inspirer les générations futures dans l'idéologie » défendue par le chantre du pinochétisme[4]. « Mue par la certitude que le pays a besoin de personnes prêtes à influencer les destinées de la Patrie », la FJG entend former des jeunes professionnels aux métiers de la fonction publique, avec comme ambition de perpétuer la mainmise technocratique sur l'État dans la pure tradition hayékienne (Larrouqué, 2022). Plus fondamentalement, cette organisation politico-partisane effectue un travail de lobby législatif, en accord avec « les principes et le style politique de Jaime Guzmán ». Particulièrement active auprès des parlementaires du bloc conservateur, elle se présente comme une « institution privée qui, à travers le développement et la discussion des idées – fondées sur les principes de celui qui porte son nom – cherche à concevoir des politiques publiques qui contribuent au développement authentique [du] pays ».

Dans les faits, il s'agit d'une organisation proche de l'UDI et qui fait partie de la vingtaine de *think tanks* conservateurs, parmi lesquels le Centro de estudios políticos (CEP), l'organisme Libertad y Desarrollo (LyD) ou encore l'institut Ideas republicanas (Barreda *et al.*, 2023). Il est à noter que le Chili offre un cadre institutionnel très favorable au développement de ces incubateurs d'idées politiques, organes de communication et autres groupes d'experts spécialisés dans l'action publique. Depuis la fin des années 1980 et la transition vers la démocratie, les *think tanks* ont joué un rôle croissant, si bien que « la professionnalisation de la vie politique chilienne a conduit à une situation [singulière] où les partis comme les pouvoirs publics élaborent leurs programmes et prennent les décisions [après avoir consulté] des experts dans différents domaines, [qui], pour la plupart d'entre eux, [n'appartiennent pas] à l'appareil d'État traditionnel » (Moya Diaz et Garrido, 2022 : 105). Aboutissant à une forme d'« irresponsabilité politique organique » – configuration dans laquelle plus personne n'est responsable de rien (Larrouqué, 2020) –, cette technocratisation institutionnelle fondée sur une externalisation des mécanismes décisionnels peut conduire à une situation de crise aiguë, voire de très grave explosion sociale, comme l'a montré la révolte populaire d'octobre 2019 consécutive à l'augmentation discrétionnaire du prix du ticket de métro décidée par un panel réduit d'experts.

Ce « printemps chilien » a donné lieu à un projet de refonte constitutionnelle particulièrement chaotique et *in fine* infructueux, dont l'objectif initial était précisément de se débarrasser de la Magna Carta héritée de la dictature (Cerda-Guzman, 2023). À bien des égards, l'échec de ce processus constituant sonne comme une victoire posthume pour le juriste ultra-catholique. Et pour cause, la FJG a été l'un des acteurs les plus acharnés de l'opposition à la nouvelle mouture constitutionnelle, luttant d'arrache-pied pour le maintien de la Loi fondamentale de 1980 et la préservation des acquis guzmaniens (Denis, 2023). Partisane du *statu quo*, l'institution n'a eu de cesse de dénoncer le projet progressiste défendu par la première Assemblée conventionnelle paritaire au monde et largement issue de la société civile (2020-2021). Aux côtés d'autres organisations de droite résolues à « gagner la bataille des idées » (Alenda *et al.*, 2020), la FJG a déployé tout un arsenal juridique et communicationnel, allant de la critique scientifique la mieux étayée à la désinformation la plus effrontée.

Une communication « acommunicationnelle » au service de l'oligarchie

Dans un ouvrage iconoclaste qui s'ouvre sur la répression du printemps chilien, Pierre Dardot et ses collègues (2021) repensent la domination néolibérale comme une expression martiale au premier sens du terme. Pour emprunter à l'allégorie hobbesienne, cette guerre de tous contre tous serait menée sous l'égide d'un néo-Léviathan, lieutenant suprême en charge de garantir l'ordre social pour le compte d'un libre marché globalisé. Sous cet angle et pour reprendre la typologie de Dominique Wolton (2019), la communication ne chercherait donc plus, à l'heure du néolibéralisme échevelé et du « nationalisme concurrentialiste » incarné par Trump et Bolsonaro (Dardot *et al.*, 2021 : 123), à prévenir l'*acommunication*, c'est-à-dire la mort du débat, la violence et la déshumanisation de l'adversaire, mais constituerait au contraire sa raison d'être même. De fait, à l'instar du Cato Institute ou de l'Heritage Foundation aux États-Unis, la communication de nombreux *think thanks* contemporains se révèle être consubstantielle à une vision du monde antidémocratique, qu'ont promue tout au long du XXe siècle ceux que l'historien canadien Quinn Slobodian (2022) nomme les « globalistes », amenés par Mises, Hayek et consorts.

En l'espèce, en défendant l'héritage néolibéral-autoritaire de la dictature chilienne, la Fondation Jaime Guzmán entretiendrait une forme de communication « acommunicationnelle », dont l'objectif est de préserver les acquis institutionnels de la junte militaire contre les incertitudes électorales, les alternances politiques et les réclamations populaires. Bref, il s'agit bel et bien, comme le voulait le doctrinaire du pinochétisme, de « protéger » la démocratie contre elle-même et, *in fine*, d'en faire l'instrument de l'oligarchie traditionnelle.

NOTES

1. Dans le numéro anniversaire de *Cités* récemment paru (n°100, décembre 2024), la philosophe française l'emploie dans une acception positive qui méconnaît la racine foncièrement antidémocratique de sa première occurrence intellectuelle.
2. Voir *Bando n° 5* du 11 septembre 1973. Accès le 6 janvier 2024 à partir du site des Archives nationales du Chili, <https://urlz.fr/opl6>.
3. Sur l'influence de la philosophie hayékienne sur Guzmán et plus largement sur la politique chilienne, lire : Larrouqué (2022).
4. Sauf mention contraire, les citations de cette section sont extraites du site de la FJG, rubrique « Quiénes somos ? », <www.fjguzman.cl/>.

RÉFÉRENCES BIBLIOGRAPHIQUES

Aedo, A., « Rêves et paradoxes d'un édifice rituel au cœur d'un quartier d'affaires de Santiago (Chili) », *Journal des anthropologues*, n° 134-135, 2013, p. 199-220. En ligne sur <doi.org/10.4000/jda.4798>, page consultée le 5 février 2025.

Aguilera, C., « Violaciones a los Derechos Humanos en el largo octubre chileno », *IdeAs. Idées d'Amériques*, n° 15, 2020. En ligne sur <doi.org/10.4000/ideas.8386>, page consultée le 5 février 2025.

Alenda, S., « Les avatars de la "nouvelle droite" chilienne : la fabrique d'une institution partisane (1967-2010) », *Politix*, n° 106, 2014, p. 159-187. En ligne sur <doi.org/10.3917/pox.106.0159>, page consultée le 5 février 2025.

Alenda, S., Gartenlaub, A., Fischer K., « "Ganar la batalla de las ideas" : el rol de los *think tanks* en la configuración de la nueva centro-derecha chilena », *in* Alenda, S. (dir.), *Anatomía de la derecha chilena : Estado, mercado y valores en tiempos de crisis*, Santiago, FCE, 2020, p. 119-156.

Barreda, M., Ruiz Rodríguez, L., Sánchez Medero, G., « Cuando los *think tanks* entran en campaña : el caso de Chile », *Colombia internacional*, n° 114, 2023, p. 123-151. En ligne sur <revistas.uniandes.edu.co/index.php/colombia-int/article/view/908/8512>, page consultée le 5 février 2025.

Boisard, S., « La matriz antiliberal en las derechas radicales : el caso del Frente Nacional Patria y Libertad en Chile (1971-1973) », *Nuevo Mundo Mundos Nuevos*, 2016. En ligne sur <doi.org/10.4000/nuevomundo.69124>, page consultée le 5 février 2025.

Cerda-Guzman, C. « Autopsie d'un échec : retour sur le rejet du projet de Constitution pour le Chili », *Jus Politicum*, n° 29, 2023, p. 111-147.

Compagnon, O., Gaudichaud, F., « Chili : un passé trop vite passé », *Hermès, la Revue*, n° 52, 2008, p. 83-89.

Conan, E., Rousso, H., *Vichy, un passé qui ne passe pas*, Paris, Fayard, 1994.

Cristi, R., *El pensamiento político de Jaime Guzmán. Una biografía intelectual*, Santiago, LOM, 2011.

Da Empoli, G., *Le Mage du Kremlin*, Paris, Gallimard, 2022.

Denis, J., « L'échec du projet constitutionnel chilien de 2022 à l'aune du rôle joué par les organisations de droite », Mémoire de master de Politique comparée, sous la direction de D. Larrouqué, CERSA / Paris II Panthéon-Assas, juin 2023.

Dardot, P., Laval, C. *et al.*, *Le choix de la guerre civile. Une autre histoire du néolibéralisme*, Montréal, Lux, 2021.

FARRANT, F., MCPHAIL, E., BERGER, S., « Preventing the "Abuses" of Democracy : Hayek, the "Military Usurper" and Transitional Dictatorship in Chile ? », *The American Journal of Economics and Sociology*, vol. 71, n° 3, 2012, p. 513-538.

LARROUQUÉ, D., « Le savant et le politique. La conception hayékienne de l'action publique au Chili », *Terrains/Théories*, n° 16, 2022. En ligne sur <doi.org/10.4000/teth.5126>, page consultée le 5 février 2025.

–, « "Ok pour 30 pesos ?" Vertus et contradictions de la techno-démocratie chilienne », *IdeAs. Idées d'Amériques*, n° 15, 2020. En ligne sur <doi.org/10.4000/ideas.8362>, page consultée le 5 février 2025.

MANSUY, D., « Jaime Guzmán : une synthèse libérale-conservatrice », *Revue de philosophie économique*, vol. 17, n° 1, 2016, p. 209-229. En ligne sur <doi.org/10.3917/rpec.171.0209>, page consultée le 5 février 2025.

MONCADA DURRUTI, B., *Jaime Guzmán. Una democracia contrarrevolucionaria. El político de 1964 a 1980*, Santiago, RIL Editores, 2006.

MORALES LA MURA, R., GALLORO P., « Violence(s) : le printemps chilien ou cette chair coût de l'espérance », *Pensée plurielle*, n° 50, 2019, p. 139-151. En ligne sur <doi.org/10.3917/pp.050.0139>, page consultée le 5 février 2025.

MOYA DIAZ, E., GARRIDO, V., « Patronage in Chile. A process in reconfiguration », *in* PETERS, G. *et al.* (eds.), *The Politics of Patronage Appointments in Latin American Central Administrations*, Pittsburgh, University of Pittsburgh Press, 2022, p. 90-110.

NOGUÉ, A., « Chili : une page qui ne se tourne pas », *Politique étrangère*, 2022, n° 4, p. 115-126.

SCHNAPPER, D., « Protéger la démocratie contre elle-même », *Cités*, n° 100, 2024, p. 143-149.

SLOBODIAN, Q., *Les Globalistes. Une histoire intellectuelle du néolibéralisme*, Paris, Seuil, 2022.

WOLTON, D., « Communication, incommunication, acommunication », *Hermès, la Revue*, n° 84, 2019, p. 200-205.

Luis Rivera-Vélez
Centre d'études mexicaines et centraméricaines (CEMCA, Mexique)

De quoi le terme « mexicanisation » est-il le nom ?

Le 1er novembre 2024, alors que le Mexique célèbre la Fête des Morts, le ministre de l'Intérieur français, Bruno Retailleau, dénonce la supposée « mexicanisation » de la France à la suite d'une fusillade entre trafiquants de drogue dans les rues de Poitiers. Le ministre reprend à son compte les mots de journalistes et des autorités de Marseille qui définissent la « mexicanisation » comme « une poursuite des affrontements entre bandes criminelles [dans la rue et] dans les établissements pénitentiaires » (Sénat, 2024). L'idée générale renvoie donc à une augmentation de la violence armée liée à la prise de contrôle de certains territoires par les groupes criminels, notamment ceux liés au trafic de drogue. Dans une logique alarmiste, des sondages – peu représentatifs – montrent que les auditeurs des chaînes d'information en continu adhèrent majoritairement au discours du ministre (Desjobert, 2024).

Le terme « mexicanisation » fait appel à un imaginaire du Mexique véhiculé à haute dose, dans les films et séries étasuniens, mais aussi français comme le montre le récent film de Jaques Audiard, *Emilia Pérez* (2024). Cet imaginaire du narcotrafic et de la violence s'accompagne aussi de l'idée d'un « narco-État », notion prisée par les journalistes, suggérant la cooptation de l'appareil étatique par les cartels de la drogue qui le poussent jusqu'à la faillite. Certes, la criminalité est objectivement très élevée au Mexique, avec, par exemple, un taux d'homicide de 24 pour 100 000 habitants en 2023 (INEGI, 2024). À titre de comparaison, pour la même année, ce taux est, en France, de 1,5 (Vie publique, 2024). Or le Mexique est une démocratie dont les institutions publiques restent assez solides et où les problèmes de criminalité et de violence sont concentrés dans certaines parties du territoire et suivent des dynamiques spécifiques. Comment donc comprendre les dynamiques de la violence liée aux drogues au Mexique et sa supposée contagion à la France ?

Il s'agit d'expliquer, dans cet article, les sources de la violence au Mexique, en soulignant l'effet néfaste de la « guerre contre les drogues » et de la vulnérabilité sociale qui rendent caduques les stratégies de lutte contre la criminalité. La conclusion que l'on tire de cette analyse met en lumière le besoin de changer de paradigme pour observer les faits différemment et sortir de stéréotypes qui empêchent de formuler des solutions viables.

L'effet dévastateur de la « guerre contre les drogues »

Avant de faire l'amalgame entre les drogues et la violence, il convient de mieux décortiquer les dynamiques qui rendent le marché des drogues violent. En effet, les chiffres ne permettent pas de faire une corrélation entre la consommation de drogue et l'augmentation de la violence, mais ils sont clairs dans les liens entre celle-ci et la politique de « guerre contre les drogues ».

L'expression « War on Drugs » est principalement utilisée aux États-Unis pour décrire une politique de lutte contre la production, le trafic et la consommation des drogues fondée sur la répression, y compris armée. Le président Nixon est le premier à employer cette expression lorsqu'il déclare, en 1971, une « nouvelle offensive générale » contre les drogues, consistant à la fois dans une lutte féroce contre leur production autour du monde et dans une campagne de prévention de la consommation (Nixon, 1971). Au Mexique, cette politique est initiée dès 1969, alors que les autorités étasuniennes se proposent de fouiller l'ensemble des voitures traversant la frontière sud du pays à la recherche des drogues illégales (Gooberman, 1974). À l'époque, on vise particulièrement le cannabis et l'héroïne, devenus populaires dans les années 1960 pour les consommateurs étasuniens, même si Nixon lui-même ne considère pas le cannabis comme particulièrement dangereux (Londoño, 2024).

Si la politique de répression a ralenti l'essor du marché des drogues, et notamment celui des opiacés, elle a aussi eu des « conséquences non recherchées » selon l'ONU (ONUDC, 2009 : 216), notamment l'apparition de groupes violents organisés qui bénéficient du marché noir. Ceux-ci doivent s'imposer par la force face à la concurrence afin de profiter d'un marché où « les prix de détail sont fréquemment cent fois plus élevés que les prix à la production » (*Ibid.* : 220). Ainsi, malgré l'augmentation exponentielle des peines contre le trafic et la production de drogue (Uprimny *et al.*, 2012), les marchés ne disparaissent pas. Au contraire, ils se déplacent géographiquement quand ils sont trop fortement réprimés, tandis que des substances de « substitution » apparaissent lorsque l'usage d'une drogue se trouve entravé par des restrictions frappant l'offre ou la demande. C'est par exemple ce qui arrive avec le fentanyl, un opioïde de fabrication rapide – deux heures, contre plusieurs mois pour l'héroïne – et générateur de très fortes marges : de 200 à 800 fois le prix du précurseur, une fois que le produit fini passe le Rio Bravo du Sud vers le Nord (Botts *et al.*, 2023).

Le Mexique est un cas emblématique de cette dynamique d'augmentation de la violence face à la répression. Alors que le taux d'homicide dans le pays était en constante diminution depuis les années 1940, le lancement de la « guerre contre le narcotrafic » du président Felipe Calderón en 2006 renverse la courbe et provoque une explosion d'homicides et de disparitions. Les explications de cette augmentation sont nombreuses mais toutes soulignent l'effet paradoxal de la politique de répression comme une source de violence (Zepeda Gil, 2018), notamment quand les opérations sécuritaires parviennent à démanteler les *leaders* de l'organisation car les recompositions internes se font souvent par la force. La conséquence de cette politique est une fragmentation des forces en présence, sans une baisse de leur influence : alors que l'on compte six grands cartels en 2006, ils sont 12 en 2010, et 19 en 2024 (Bagley 2012 ; Grillo, 2024).

À partir de ce moment-là, la spirale de violence ne fait que se renforcer : plus le gouvernement attaque les cartels, plus ceux-ci deviennent violents, et plus le gouvernement doit mettre en place des politiques pour les réprimer. Les différents gouvernements mexicains, depuis 2006, quel que soit leur bord politique, n'ont cessé de réprimer le marché des drogues et, par conséquent, d'alimenter les cercles de la violence. Même le président Andrés Manuel López Obrador (AMLO), premier président de gauche du

Mexique, a reproduit cette politique de « guerre contre la drogue » alors qu'il avait promis, pendant sa campagne, un changement de paradigme fondé sur le principe d'« abrazos, no balazos » (« des embrassades, pas des fusillades ») (Elementa DDHH, 2024).

L'aggravation de la violence par la vulnérabilité sociale

Bien évidemment, si la répression des cartels de drogue est l'un des principaux facteurs de l'augmentation de la violence c'est aussi parce que celle-ci se nourrit de la pauvreté et de la vulnérabilité sociale. Des reportages montrent comment, pendant la pandémie de Covid-19, les organisations criminelles ont pris l'initiative de soutenir les communautés que le gouvernement n'était pas en mesure d'atteindre, par exemple en distribuant des vivres estampillés aux logos des cartels (Saliba, 2020). Ceci n'est pas un cas exceptionnel, car les cartels ne font pas uniquement de la « charité » : ils mettent à disposition une véritable « aide sociale clandestine » qui représente un filet de sécurité permanent pour de nombreuses personnes qui n'ont pas accès à la protection sociale et à d'autres services sociaux, qu'ils soient publics ou privés (Zapata Celestino, 2023).

Derrière l'image de « Robin des bois » que les groupes criminels se donnent, il faut toutefois signaler deux éléments. Premièrement, les cartels ne remplacent pas l'État car ils n'octroient pas des droits aux populations mais créent plutôt des clientèles qui doivent leur prêter allégeance au risque de se voir violentées. Beaucoup des personnes qui entrent en relation avec ces groupes doivent ainsi soutenir leurs commerces et leurs manières d'agir par la force, ce qui encourage la violence. En se substituant à l'État, ils imposent finalement la violence comme solution aux problèmes sociaux.

Deuxièmement, la capacité des cartels à agir sur les services sociaux est due à la diversification de leurs activités. Les drogues ne sont plus le seul secteur d'activité des cartels au Mexique, qui s'occupent de contrôler des marchés aussi bien illégaux, comme la migration et les extorsions, que légaux, par exemple la production agricole et immobilière dans différentes régions du pays (*Voz de América*, 2024). À la frontière Nord, les flux migratoires sont leur principale source de revenus, tandis que dans la ville d'Acapulco, partiellement détruite en novembre 2023 par l'ouragan Otis, une véritable « mafia du béton » contrôle la reconstruction. Les groupes criminels sont, selon des estimations, le cinquième employeur du Mexique, embauchant entre 160 000 et 180 000 personnes en 2022, y compris nombre de mineurs (Prieto-Curiel *et al.*, 2023). La pauvreté, le manque d'opportunités et une exposition très jeune à la violence sont souvent les conditions qui rendent attractive l'intégration des groupes criminels pour les jeunes mexicains (Reinserta, 2022). Ceci explique pourquoi, malgré le fait que les progrès médicaux augmentent, leur espérance de vie diminue (Aburto *et al.*, 2016). AMLO a tenté d'y remédier avec la mise en place du programme d'insertion sociale « Les jeunes construisent le futur », sans résultat probant cependant, puisque le nombre d'homicides sous son mandat est resté très élevé.

La force paradoxale des institutions mexicaines

Enfin, il est souvent compliqué de parler de « narco-État » au Mexique. La corruption provoquée par l'argent du marché noir des drogues demeure l'une des grandes problématiques du pays, mais les cas avérés montrent davantage une dynamique propre à certains acteurs qu'une véritable faillite de l'État. Le terme de « narco-État » tend ainsi à simplifier à l'extrême, voire à masquer, les réalités sociopolitiques et économiques complexes des pays producteurs de drogue (Chouvy, 2016). C'est donc un qualificatif difficile à employer pour parler du Mexique.

En effet, dans ce pays, le trafic de drogue est perçu comme une source de pouvoir politique et de gains économiques, ce qui entraîne des relations complexes entre les acteurs étatiques et les trafiquants de drogue. Une bonne illustration est la condamnation, en 2024, de l'ancien ministre mexicain de la Sécurité et responsable de la « guerre contre le narcotrafic » entre 2006 et 2012, Genaro Garcia Luna, par la justice étasunienne à 38 ans de prison pour trafic de drogue (Vigna, 2024), confirmant les liens profonds que certains cartels peuvent avoir avec les autorités publiques. Or, le procès montre aussi qu'en dehors de certaines personnes, il est difficile de prouver la complicité de l'ensemble de l'appareil étatique avec le narcotrafic. Certes, la corruption est très présente au niveau local, mais elle s'amoindrit quand on remonte à l'échelle nationale.

De plus, la légitimité de l'État mexicain n'est pas remise en question. Les élections sont reconnues comme étant démocratiques et les services publics tels que l'éducation et la santé sont assurées sur une large partie du territoire. Les politiques sociales volontaristes mises en place par le président AMLO ont permis à plus de cinq millions de Mexicains de sortir de la pauvreté. Comme le propose Ioan Grillo (2023),

> nous pourrions peut-être considérer l'État mexicain comme une forêt. Les différents arbres représentent les différentes institutions du gouvernement, l'armée, l'éducation, la santé, l'immigration. Les cartels sont comme une mauvaise herbe venimeuse qui a encerclé certains troncs d'arbres, mais pas tous. C'est en effet une mauvaise herbe puissante qui a pris le dessus sur certaines plantes au point que l'on ne voit plus où commence l'arbre et où s'arrête la mauvaise herbe. Pourtant, d'autres arbres sont en meilleure santé. Et nous devons essayer d'arracher le venin sans brûler toute la forêt.

Une France en péril ?

Si la violence liée au trafic de drogues et au crime organisé en France inquiète, l'exemple mexicain montre que la surenchère sécuritaire risque d'aggraver les tensions sans traiter les causes profondes de la criminalité. Or, l'utilisation de l'imaginaire du Mexique comme une terre de non-droit contrôlé par les trafiquants de drogue est plutôt liée à une (in)communication politique qui cherche à légitimer des politiques de répression sans fondement scientifique. En reprenant une vision déformée du Mexique, souvent véhiculée par une « culture populaire » hollywoodienne, les autorités françaises ne font que reproduire un stéréotype négatif et à charge de l'Amérique latine. Plutôt que d'adopter une rhétorique alarmiste et des mesures exclusivement punitives, il serait pertinent d'explorer des approches alternatives, centrées sur la prévention, la réduction des risques et le renforcement des opportunités sociales, le tout, sans stigmatiser l'ensemble d'un pays à travers l'usage de termes tels que « mexicanisation ». Mais surtout, il est temps de penser la légalisation de certaines drogues comme seule politique durable pour freiner l'escalade de la violence (Global Commission on Drug Policy, 2014). En cela, l'expérience mexicaine doit être vue non comme une fatalité à éviter, mais comme une leçon sur laquelle méditer pour ne pas répéter les erreurs du passé.

RÉFÉRENCES BIBLIOGRAPHIQUES

ABURTO, J. M., BELTRÁN-SÁNCHEZ, H., GARCÍA-GUERRERO, V. M., CANUDAS-ROMO, V., « Homicides In Mexico Reversed Life Expectancy Gains For Men And Slowed Them For Women, 2000–10 », *Health Affairs*, vol. 35, n° 1, 2016, p. 88-95.

BAGLEY, B., « Drug Trafficking and Organized Crime in the Americas : Major Trends in the Tweny-First Century », Washington, Woodrow Wilson International Center for Scholars, 2012. <wilsoncenter.org/sites/default/files/media/documents/publication/BB%20 Final.pdf>, page consultée le 24 janvier 2025.

BOTTS, J., HARTMAN T., TAI C., « Fast, cheap and deadly », *Reuters*, 9 août 2023. En ligne sur <reuters.com/graphics/MEXICO-DRUGS/FENTANYL/dwvkadblovm/>, page consultée le 20 novembre 2024.

CHOUVY, P.-A., « The myth of the narco-state », *Space and Polity*, vol. 20, n° 1, 2016, p. 26-38.

DESJOBERT, Q. « Sondage : 71 % des Français estiment que le pays est en voie de "mexicanisation" », *CNews*, 7 novembre 2024. En ligne sur <cnews.fr/faits-divers/2024-11-07/sondage-71-des-francais-estiment-que-le-pays-est-en-voie-de-mexicanisation>, page consultée le 20 novembre 2024.

ELEMENTA DDHH, « Radiografía de la prohibición : política de drogas en México 2018-2024 », 2024. En ligne sur <elementaddhh.org/radiografia-de-la-prohibicion-politica-de-drogas-en-mexico-2018-2024-2/>, page consultée le 24 janvier 2025.

GLOBAL COMMISSION ON DRUG POLICY, *Taking control : Pathways to Drug Policies That Work*, Genève, Global Commission on Drug Policy, 2014. En ligne sur <globalcommissionondrugs.org/reports/taking-control-pathways-to-drug-policies-that-work>, page consultée le 24 janvier 2025.

GOOBERMAN, L., *Operation Intercept : The Multiple Consequences of Public Policy*, New York, Pergamon, 1974.

GRILLO, I., « México's Cartel Map 2024 », *CrashOut*, 3 janvier 2024. En ligne sur <crashoutmedia.com/p/mexicos-cartel-map-2024>, page consultée le 20 novembre 2024.

–, « So, Is Mexico a Narco State ? », *CrashOut*, 21 février 2023. En ligne sur <crashoutmedia.com/p/so-is-mexico-a-narco-state>, page consultée le 20 novembre 2024.

INEGI, « Defunciones por Homicidio. Enero a diciembre de 2023 (preliminar) (Comunicado de prensa 460/24) », 1er août 2024. En ligne sur <inegi.org.mx/contenidos/saladeprensa/boletines/2024/DH/DH2023_Ene-dic.pdf>, page consultée le 24 janvier 2025.

LONDOÑO, E., « Nixon Started the War on Drugs. Privately, He Said Pot Was "Not Particularly Dangerous" », *The New York Times*, 14 septembre 2024.

NIXON, R., Conférence de presse « America's public enemy number one in the United States is drug abuse », Washington, 17 juin 1971. En ligne sur <youtu.be/y8TGLLQlD9M?si=YImH7y8z_Zlojb1p>, page consultée le 20 novembre 2024.

ONUDC, *Rapport mondial sur les drogues 2008*, Vienne, 2009. En ligne sur <unodc.org/documents/wdr/WDR_2008/WDR08_French_web.pdf>, page consultée le 24 janvier 2025.

PRIETO-CURIEL, R., CAMPEDELLI, G., HOPE, A., « Reducing cartel recruitment is the only way to lower violence in Mexico », *Science*, vol. 381, n° 6664, 2023, p. 1312-1316.

REINSERTA, « Niñas, niños y adolescentes reclutados por la delincuencia organizada », 2022. En ligne <reinserta.org/wp-content/uploads/2023/10/ESTUDIO-RECLUTADOS-POR-LA-DELINCUENCIA-ORGANIZADA.pdf>, page consultée le 24 janvier 2025.

SALIBA, F., « Au Mexique, les cartels s'adaptent à l'épidémie due au coronavirus », *Le Monde*, 19 avril 2020.

SÉNAT, « Compte rendu de la CE narcotrafic du 5 mars 2024 », 2024. En ligne sur <senat.fr/compte-rendu-commissions/20240304/ce_narcotrafic.html>, page consultée le 20 novembre 2024.

UPRIMNY, R., GUZMÁN, D., PARRA NORATO, J., « La adicción punitiva. La desproporción de leyes de drogas en América Latina », Bogota, Dejusticia, 2012. En ligne sur <dejusticia.org/wp-content/uploads/2012/12/La-Adicci%C3%B3n-Punitiva-PROV.pdf>, page consultée le 24 janvier 2025.

VIE PUBLIQUE, « Insécurité et délinquance : les chiffres définitifs pour 2023 », 24 juillet 2024. En ligne sur <vie-publique.fr/en-bref/294972-insecurite-et-delinquance-les-chiffres-definitifs-pour-2023>, page consultée le 20 novembre 2024.

Vigna, A., « Genaro Garcia Luna, ancien ministre mexicain de la sécurité, condamné par la justice américaine à trente-huit ans de prison pour trafic de drogue », *Le Monde*, 17 octobre 2024.

Voz de América, « ¿Cómo los cárteles mexicanos gestionan flujo de migrantes en su camino a EEUU? », 2 novembre 2024. En ligne sur <vozdeamerica.com/a/como-carteles-mexicanos-gestionan-flujo-de-migrantes-en-su-camino-frontera-eeuu/7848838.html>, page consultée le 20 novembre 2024.

Zapata Celestino, K., « The clandestine welfare : The role of illicit actors in the provision of social protection in Latin America », *Journal of International and Comparative Social Policy*, vol. 39, n° 2, 2023, p. 128-146. En ligne sur <doi : 10.1017/ics.2023.10>, page consultée 24 janvier 2025.

L'Amérique latine désunie face à la guerre en Ukraine

L'invasion russe en Ukraine a provoqué un profond bouleversement international, et l'onde de choc a été ressentie jusqu'en Amérique latine. Ce conflit fait écho à un certain nombre de principes internationaux pour lesquels les États latino-américains ont été historiquement des contributeurs de premier plan et auxquels ils sont fortement attachés : le *non-usage de la force* et la *non-intervention.* Pour autant, les voix des États du continent face à cette guerre ont été plurielles. Si aucun pays n'a pris de sanctions officielles contre la Russie – seule l'entreprise Antel en Uruguay a suspendu la chaîne *Russia Today* –, leurs positions respectives peuvent se répartir en quatre types : 1) une condamnation forte (entre autres, Chili, Colombie, Costa Rica), autant d'États qui sont par ailleurs proches des États-Unis ; 2) une neutralité accompagnée d'une condamnation de l'invasion russe (Brésil, Mexique) ; 3) une neutralité accompagnée d'une légitimation des positions russes (El Salvador) ; 4) un soutien ferme à la Russie (Bolivie, Cuba, Nicaragua, Venezuela).

Concernant les déclarations officielles, certains États ont condamné de manière radicale les « attaques contre l'Ukraine » (Colombie), « l'invasion » (Mexique, Guatemala), l'usage de la force et la violation de la souveraineté ou de l'intégrité territoriale de l'Ukraine (Costa Rica, Équateur, Chili, Paraguay). L'Uruguay « refuse les actions contraires au droit international ». L'Argentine avait « déploré profondément l'escalade belliqueuse » et la « situation générée en Ukraine ». Quant au Panama, il a exprimé son inquiétude par rapport « aux événements récents ». Bien qu'opposés à la guerre, la diversité des formulations employées traduit cet engagement diplomatique différencié. En parallèle, le Brésil et le Pérou avaient affiché une plus grande neutralité, offrant un soutien aux ressortissants brésiliens et péruviens en Ukraine mais ne s'exprimant pas sur le fond du conflit. Au Brésil, des divergences avaient alors émergé entre la présidence (Jair Bolsonaro) et les diplomates de carrière. Dans ce registre, d'autres États sont restés plutôt silencieux affichant une neutralité *de facto* qui trahissait une bienveillance à l'égard de la Russie (Cuba, Bolivie, El Salvador). Enfin, le Venezuela et le Nicaragua ont soutenu explicitement la Russie, Daniel Ortega rappelant le « droit de se défendre » de Moscou et le Venezuela « refusant l'aggravation de la crise en Ukraine, produit de la rupture des Accords de Minsk par l'OTAN ». À l'heure où la guerre a éclaté, les voix latino-américaines étaient ainsi loin d'être homogènes.

Ces différences se sont renforcées au sein des instances multilatérales. Plusieurs résolutions ont été introduites notamment dans les organisations onusiennes, obligeant les États à formaliser leur position diplomatique. Nous relevons deux cas. La première résolution votée le 2 mars 2022 (*Aggression against Ukraine*) a vu se dessiner deux coalitions initiales fixant certaines « lignes rouges » principielles, notamment en lien avec le non-usage de la force. La majorité des États latino-américains ont voté en faveur d'une condamnation de l'agression de la Russie. Parmi ceux-ci, le Brésil, alors membre non permanent du Conseil de sécurité des Nations unies (CSNU). Toutefois, la position brésilienne a, par la suite, été plus ambiguë. De fait, le pays s'est abstenu de condamner la Russie à l'occasion d'une résolution présentée au sein de l'Organisation des États américains (OEA) le 25 février 2022 (*The Situation in Ukraine*). Il faut comprendre ici les motivations stratégiques différenciées de l'État brésilien, par ailleurs membres des BRICS+, en fonction des espaces dans lesquels ses positions sont exprimées. Au sein du CSNU, l'intérêt prioritaire était plutôt d'accompagner de manière constructive le travail multilatéral et d'éviter les reproches ou stigmatisations de la part de ses homologues[1]. Sur cette première résolution, on identifie une coalition adverse, celle du soutien à la Russie, composée de la Bolivie, de Cuba, du Nicaragua et du Salvador. Il faudrait, sur le fond, y ajouter le Venezuela (mais non-votant en raison de retards de paiements aux Nations unies). Ces États ont en commun d'avoir développé d'étroites relations politiques avec la Russie (et la Chine) pour compenser les prises de distances d'autres États – en premier lieu les États-Unis –, justifiées par les dérives autoritaires et/ou illibérales de ces régimes.

Le 7 avril 2022, une seconde résolution (*Suspending Russia's membership in the UN-HRC*) visant la suspension de la Russie du Conseil des droits de l'Homme fut présentée. Contrairement aux critiques essentiellement formulées par les États occidentaux, interprétant l'abstention du Mexique et du Brésil comme un soutien à la Russie, ce vote reflète une posture historique des États latino-américains : la promotion du multilatéralisme et la prédominance du dialogue (maintien de la Russie dans l'instance multilatérale plutôt qu'en dehors). Le Mexique et le Brésil ne pouvant s'opposer frontalement à d'autres alliés par un vote « contre », ils se sont surtout refusés à soutenir la demande d'exclusion de la Russie de cet organe onusien partant du principe que cela limiterait les opportunités de dialogue et de négociation.

Face à cette guerre, l'Amérique latine ne parle pas d'une seule voix. On retiendra en revanche que certains des États du continent tels que le Brésil ou le Mexique, se trouvent face à de nouveaux dilemmes diplomatiques : ne pas condamner (la Russie) et s'exposer à une stigmatisation internationale ou condamner et se priver de ressources nécessaires à la consolidation d'une autonomie stratégique (de la Russie ou de la Chine). Les positions diplomatiques ne découlent plus tant d'un simple arbitrage des coûts et avantages de l'alignement – face aux États-Unis – que d'une évaluation stratégique des coûts-avantages d'une palette élargie de postures diplomatiques disponibles. Si l'échiquier diplomatique régional n'est désormais plus sous l'emprise d'une seule puissance, mais fait face à la présence d'une plus grande diversité d'acteurs extrarégionaux (Chine, Russie, Inde, etc.), cette nouvelle donne ouvre autant d'opportunités diplomatiques que d'incertitudes quant aux stratégies diplomatiques et au rôle que pourront jouer, dans les années qui viennent, les États du continent, d'autant plus lorsque ceux-ci avancent désunis et fragilisés par des crises multiples.

Kevin Parthenay
Université de Tours, Institut universitaire de France

NOTE

1. Voir l'article de Mélanie Albaret et Élodie Brun (2022), qui développe cet argument en étudiant la variété des stratégies diplomatiques du Venezuela entre le CSNU et l'AGNU.

RÉFÉRENCES BIBLIOGRAPHIQUES

Albaret, M., Brun, E., « Dissenting at the United Nations : Interaction orders and Venezuelan contestation practices (2015–16) », *Review of International Studies*, vol. 48, n° 3, 2022, p. 523-542.

Parthenay, K., « L'Amérique latine face à la guerre russo-ukrainienne », *La vie des idées*, 2023. En ligne sur <laviedesidees.fr/L-Amerique-latine-face-a-la-guerre-russo-ukrainienne>, page consultée le 18 décembre 2024.

La bataille culturelle, cœur de la « communication Milei »

Personnalité exaltée, radicalité idéologique ou écran de fumée, Javier Milei est un président paroxystique dont la communication est au cœur de son identité politique. Milei est tout d'abord un phénomène médiatique, notamment depuis qu'il a été invité dans des talk-shows politiques sous le gouvernement de Mauricio Macri (2015-1019, centre-droit), vis-à-vis duquel il est un farouche opposant, au nom de l'anarco-capitalisme. La communication est au centre de la fabrique politico-électorale de Milei, celle-ci se développant en pleine pandémie de Covid-19, durant l'année 2021, elle a également permis à l'économiste de se faire connaître à l'échelle nationale grâce aux réseaux sociaux. Certes, son parti politique est faible et réunit des figures sans véritable poids territorial, mais il a le soutien des mouvements pro-vie et fait également des émules parmi une jeunesse de plus en plus séduite par le « libertarianisme ». Il défend en effet la liberté comme une valeur populaire et juvénile. Le candidat qui revendique la destruction de l'État s'impose alors en 2023 jusque dans des provinces qu'il n'a jamais visitées ni même organisé de meetings de campagne.

Milei est le vainqueur dans un système politique, économique et social effondré. Si le nouveau président qui prend les rênes du pouvoir le 10 décembre 2023 n'a pas un programme réaliste en termes de gestion étatique, s'il ne contrôle pas le Parlement, s'il ne dispose pas d'un gouvernement soudé ni d'une structure partisane solide derrière lui, il met en revanche en place une machine de guerre communicationnelle. Il existerait ainsi une rationalité pragmatique de la gestion Milei : le programme économique qu'il emprunte à la droite libérale et centriste découle également des contraintes d'une économie marquée par une inflation incontrôlable (211 % pour l'année 2023). Aussi l'invocation par Milei de la logique de la « bataille culturelle » apparaît-elle d'autant plus indispensable qu'elle permet d'escamoter le pragmatisme d'un chef-président qui, dans ses discours, exploite les trahisons d'une « caste » sociale et économique avec laquelle il négocie pourtant en permanence.

Sa communication confine à la logique de guerre. Le président n'épargne aucune insulte à ses ennemis qu'il traite de « nid de rats » (le Parlement de la Nation), de « gauchistes de merde » (à peu près tous ses opposants), de « corrompu » (Lula da Silva, président brésilien), de « communiste assassin, terroriste » (Gustavo Petro, président colombien) ou encore de « mari d'une femme corrompue » (Pedro Sánchez, premier ministre espagnol). Quant aux journalistes, ils ne sont que des « *ensobrados* » – c'est-à-dire, des agents qui reçoivent des « enveloppes avec de l'argent » pour diffamer et mentir. La culture de l'insulte incarnée par le libertarien inclut des invectives « visuelles » dont l'esthétique renvoie à l'utilisation de la trisomie pour disqualifier ses adversaires, en sus des récurrentes allusions homophobes.

Ces « dérapages » relèvent-ils de problèmes d'ordre psychiatrique – la santé mentale du président est un thème largement abordé dans le débat public argentin – ou d'une stratégie de provocation censée produire un choc moral ? Retenons la seconde explication. L'avènement de l'ère Milei pourrait être abordé en termes d'avancée politique de l'« anti-wokisme », ciblant l'électorat jeune et masculin. Ces dynamiques de rejet – des droits de femmes, de la thématique du genre et des revendications des minorités sexuelles – ne sont pas nouvelles au sein des droites radicales. Des politistes tels que Piero Ignazi, Bert Klandermans et Nonna Mayer (2001) ont souligné l'ancrage social et culturel des thématiques mobilisées par ces droites, dans le cadre européen, depuis les années 1980, où l'immigration occupe une place centrale. Le sujet peut également être abordé à partir des recompositions du monde religieux, telles que la « contre-révolution catholique » analysée par Yann Raison du Cleuziou (2019). J'ai moi-même proposé le concept d'« activisme civilisationnel » (Cucchetti, 2022) pour aborder des revendications culturelles qui mêlent défense de la civilisation occidentale et agitation politique dans un espace intersectionnel religieux et public. Milei, président-activiste à l'échelle mondiale – d'après lui, juste derrière Donald Trump –, se fait l'apôtre du sauvetage d'un Occident, capitaliste de surcroît, désormais en décadence et menacé par les élites socialistes.

Dynamique sociale explicative ou stratégie de communication-propagande ? Le Lion (son animal-totem) continue son épopée au sommet du pouvoir argentin. La nation miléiste déploie des médias alternatifs et des émissions diverses pour faire passer son message, tels que « Carajo », « La misa de Dan » ou le journal *La Derecha Diario*.

La fabrique de fantasmes est incessante et indispensable pour la nouvelle élite. Les « trolls » font partie d'une stratégie de la peur et de l'intimidation. Le grotesque aiderait à bâtir un pouvoir autoritaire. La mythologie fonctionne à l'extrême. « Ingénieur du chaos », dans le sens de Da Empoli (2019), Santiago Caputo, conseiller spécial du président sans nomination formelle dans l'organigramme du bureau de la présidence, est censé distribuer les positions de pouvoir au sein de l'administration en place. On l'accuse de vouloir, en plus, placer des magistrats à la Cour suprême de justice. Plus encore, il organise lui-même, et dans l'ombre, la machine de guerre communicationnelle de Milei en construisant son propre personnage à partir d'un pseudonyme qui lui collerait à la peau : « le Mage du Kremlin » (Da Empoli, 2022). Le paroxysme et la grandiloquence traversent les esprits de l'élite au pouvoir…

Milei incarne la politique sans lien, autrement dit, la politique 2.0, espace suprême de la « bataille culturelle », loin de l'esprit démocratique : le miléisme ou les « forces du ciel ».

L'ingénierie du chaos peut-elle fonctionner pour diriger l'État argentin ? Il est probable que le destin d'un gouvernement dit anarco-capitaliste se joue ailleurs, dans un domaine que les trolls, les « X » et les insultes ne contrôlent point : la politique concrète, le redressement économique et social du pays. Une autre histoire qui dépasse largement les enjeux de propagande[1].

Humberto Cucchetti
Conseil national de la recherche scientifique et technique
(CONICET – UNTREF)

NOTE

1. À la suite de la rédaction de ce texte, deux événements semblent avoir ébranlé la communication de Milei : le discours tenu à Davos le 23 janvier 2025, dans lequel il établit une équivalence entre mariage homosexuel et pédophilie, et sa participation au lancement de la crypto-monnaie « $Libra », le 14 février de la même année. Cette opération a donné lieu à un scandale à grande échelle, accompagné d'accusations de fraude et d'escroquerie.

Références bibliographiques

Cucchetti, H., « Pierre Debray et le Rassemblement des Silencieux de l'Église », *Archives de sciences sociales des religions*, n° 198, 2022, p. 109-132.

Da Empoli, G., *Le Mage du Kremlin*, Paris, Gallimard, 2022.

–, *Les ingénieurs du chaos*, Paris, JC Lattès, 2019.

Ignazi, P., « Les partis d'extrême droite : les fruits inachevés de la société postindustrielle », *in* Perrineau, P., *Les Croisées de la société fermée. L'Europe de l'extrême droite*, Paris, Éditions de l'Aube, 2001, p. 369-384.

Klandermans, B., Mayer, N., « Militer à l'extrême droite », *in* Perrineau, P., *Les Croisées de la société fermée. L'Europe de l'extrême droite*, Paris, Éditions de l'Aube, 2001, p. 147-162.

Raison Du Cleuziou, Y., *Une contre-révolution catholique. Aux origines de la Manif pour tous*, Paris, Seuil, 2019.

Le retour de Donald Trump, une menace renouvelée pour l'Amérique latine

Le 2 décembre 1823, James Monroe, président des États-Unis d'Amérique, annonçait, lors de son message au Congrès, ce qui allait devenir la doctrine Monroe : « l'Amérique aux Américains » – avec une Amérique considérée dans son sens large, continental, pour des Américains qui ne seraient évidemment que ceux du Nord. Celle-ci a été, plus tard, complétée par la politique du *Big Stick*, ou du gros bâton, initiée par Theodor Roosevelt Jr., président des États-Unis de 1901 à 1909 : « Parlez doucement et portez un gros bâton ». On ne pouvait l'accuser de cacher son jeu.

Désormais, Donald Trump, de retour à la présidence de la plus grande puissance capitaliste du monde, semble combiner ces deux doctrines en une seule politique, avec une différence de ton notable, sans détour, ce qui rappelle une phrase du grand Honoré de Balzac : « Frappez sans pitié, vous serez craint[1] ».

Lors d'une conférence de presse, peu après la cérémonie d'investiture du 20 janvier 2025, lorsqu'on lui a demandé à quoi ressembleraient les relations entre les États-Unis et le Brésil sous son gouvernement, Donald Trump n'a pas hésité. Selon lui, il n'y aurait aucun problème : « Ils ont plus besoin de nous que nous d'eux. Nous n'en avons pas besoin. Tout le monde a besoin de nous. » Avant de reprendre le pouvoir, Trump avait déjà déployé sa rhétorique belliciste, signalant que les États-Unis pourraient reprendre le contrôle du canal de Panama, annexer le Canada et acheter le Groenland au Danemark.

À l'échelle de son propre pays, il a rapidement ordonné le changement du nom du golfe du Mexique en golfe d'Amérique. Et les agences de presse qui entendent conserver le nom originel pourraient être exclues des interviews avec le président états-unien, comme cela s'est déjà produit avec la traditionnelle Associated Press. Google a tout de suite adhéré à l'idée de Trump à propos de ce golfe d'Amérique, les grandes entreprises technologiques, les *Big Tech*, s'étant officiellement ralliées à Trump et à son bras droit, le milliardaire Elon Musk, propriétaire de X et partisan de la doctrine Monroe élargie aux nouvelles conditions géopolitiques : le monde pour l'Amérique et ses entreprises technologiques.

En parallèle, les principaux coups portés par Donald Trump ont provoqué l'accélération des expulsions d'immigrés irréguliers sur le territoire américain – avec l'envoi de criminels présumés dans les prisons de Guantánamo, implantées sur le territoire cubain – et la hausse des prix, consécutive à l'adoption de lourdes taxes sur des produits étrangers, notamment importés du Brésil, du Mexique, de la Colombie, du Canada et même de l'Argentine alliée, gouvernée par l'anarcocapitaliste Javier Milei.

Concernant ses voisins les plus proches, les principaux problèmes venus du Mexique seraient liés, selon le gouvernement états-unien, à l'entrée de drogues synthétiques, en particulier le fentanyl, et à l'arrivée de migrants sur le territoire. Trump a alors imposé des taxes supplémentaires au Mexique et au Canada – également accusé de négliger ses frontières –, mais les a suspendues pour trente jours après que les deux pays ont convenu de prendre des mesures pour surveiller leurs frontières, avec l'envoi, par le Mexique, de 10 000 soldats. Ainsi, Trump force ses voisins à devenir ses inspecteurs des douanes. Les immigrants sont renvoyés menottés et enchaînés dans des avions dans des conditions de voyage précaires, comme lors d'un vol vers le Brésil, dans lequel la climatisation a cessé de fonctionner. Après les plaintes de la Colombie et du Brésil, la situation s'est calmée, mais ces types de vols, qui avaient déjà lieu avant le retour de Trump, ont continué. La peur s'est emparée des communautés étrangères installées aux États-Unis : des raids seraient même organisés par les agents pour expulser un nombre d'immigrants record.

Trump défend, en théorie, un « commerce réciproque », c'est-à-dire, taxer tous les pays qui taxent les produits états-uniens. Le seul pays qui dispose de réelles conditions pour riposter est la Chine. Reste à voir ce qui se passera lorsque viendra le tour de l'Europe. Quant à l'Amérique latine, elle est entrée dans une situation de pression externe extrême. Le président Lula a évoqué la possibilité de répondre de la même manière, sans mettre en pratique sa menace, malgré les taxes établies sur l'acier brésilien. Le Brésil est le deuxième plus grand exportateur d'acier vers les États-Unis, après le Canada, une taxe de 25 % sur ce produit constitue donc un coup dur pour les exportations brésiliennes. Mais, en réalité, l'acier brésilien avait déjà été surtaxé durant le premier mandat de Trump. La solution de l'époque, à nouveau envisageable, avait consisté en l'établissement de quotas pour l'entrée de l'acier brésilien aux États-Unis, sans le fardeau de taxes excessives. Cette proposition est largement soutenue par le vice-président brésilien, également ministre du Développement, de l'Industrie, du Commerce et des Services, Geraldo Alckmin, qui a tenté de rassurer l'administration Trump en déclarant que « le Brésil n'est pas un problème commercial pour les États-Unis ». Les États-Unis dépendent toutefois, dans une certaine mesure, des produits provenant des pays d'Amérique latine. Taxer lourdement l'acier et l'aluminium aura toujours des conséquences sur l'économie états-unienne, et notamment des répercussions sur les montants des taxes appliquées aux consommateurs, ce qui, de fait, augmentera l'inflation.

Certains pensent que Donald Trump bluffe : il utiliserait son gros bâton juste pour forcer les pays concernés à adopter un discours modéré à la table des négociations. Si la présidente mexicaine Claudia Sheinbaum s'est exprimée avec force sur la question du golfe du Mexique, rappelant qu'une partie du territoire actuel des États-Unis faisait partie de « l'Amérique mexicaine », l'instauration des taxes sur les produits mexicains, l'a forcée à baisser le ton et à négocier avec l'homme qui occupe désormais le Bureau ovale. Et les actions de Trump ne s'arrêtent pas ici. Dans une déclaration très provocatrice, il a annoncé que les BRICS, un groupe de pays considérés comme économiquement émergents et puissants, allaient mourir à cause de ses taxations.

Aussi, que peut-on conclure jusqu'à présent, alors que la présidence Trump vient seulement de commencer ? Principalement que les relations des États-Unis avec l'Amérique latine durant ce deuxième mandat seront tendues, contrairement à ce qu'avait annoncé le président.

Trump se bat pour être craint et ainsi forcer chaque interlocuteur à être plus prudent. L'orgueil de chaque nation est piétiné sans pitié. Comme on dit communément, celui qui peut commande, celui qui a besoin négocie. Les débuts de l'administration Trump annoncent-ils la couleur pour l'ensemble de son mandat ? Seul le temps nous le dira. Rien ne semble cependant indiquer un changement de témoin.

Juremir Machado da Silva
Université pontificale catholique de Rio Grande do Sul (Brésil)
Texte rédigé en février 2025.

NOTE

1. Honoré de Balzac, *Le Père Goriot*, Paris, Folio, 2001 [1842].

Cécile Michaud
Béatrice Fonck
David Copello
Vanessa Landaverde-Kastberg
Vincent Lambert
Simona Modreanu
Carolina Cerda-Guzman
Edmond Doua
Alexander Alberro
Rebeca Alencar Silva
Julie Amiot-Guillouet
Jorge Sosa
Élodie Bordat-Chauvin
Maria Elvira Alvarez Gimenez
Damien Larrouqué
Lissell Quiroz

Partie IV. Circulations et transferts

Cécile Michaud
Pontificia Universidad Católica del Perú (PUCP)
Max-Planck Partner Group « Empires, Environments, Objects », Kunsthistorisches Institut, Florence

L'image religieuse coloniale hispano-américaine : un média global historique et contemporain

Un art faussement périphérique

Confronté à la Bible lors de son emprisonnement dans la ville de Cajamarca par les conquérants espagnols, l'Inca Atahualpa, selon certaines versions de l'événement (Guaman Poma de Ayala, 2015 [1615-1616] : 385 [387]), aurait porté l'objet à son oreille pour en entendre le message. N'y trouvant que le silence, il l'aurait jeté à terre, un geste qui fut considéré comme un blasphème Ce célèbre épisode[1] est parfois cité pour évoquer les phénomènes d'incompréhension culturelle liés aux premiers temps de la conquête espagnole, à la barrière de la langue et à tout ce qui différencie, et souvent oppose, la cosmovision chrétienne et la cosmovision andine. Dans ce contexte de malentendus, mais aussi, et surtout, d'imposition d'une nouvelle structure sociale, d'une nouvelle religion et d'une nouvelle façon de voir le monde, l'image religieuse[2] allait très vite devenir un média d'une redoutable efficacité pour la conversion des populations de ce nouveau territoire. En outre, elle allait également ouvrir une infinité de possibles en termes d'assimilation et de transculturation. Les figures saintes et les scènes bibliques, les formes et techniques artistiques européennes imposées aux artistes indigènes et plus tard créoles pour ornementer les espaces sacrés, sont aussi souvent le lieu d'expressions plus subtiles : les cultes préhispanique et chrétien s'y rencontrent, les paysages réels et mentaux du Nouveau Monde y affleurent. Naîtra alors ce que d'aucuns ont nommé un art chrétien américain : proche en apparence de l'art européen de la même période, et pourtant nouveau dans sa visualité et une partie de ses contenus.

Comment arriver à nommer et à définir ces créations ? L'historiographie a souvent cherché à répondre à cette question, avec plus ou moins de succès. Elle a d'abord été marquée dans la première moitié du XXe siècle par le dédain, face à une production artistique souvent beaucoup moins soucieuse du réel que l'art européen de la même époque en termes de représentation de l'espace et de l'être humain – perspective, anatomie, traitement de la lumière, entre autres. Puis, la fortune critique de l'art colonial hispano-américain a su peu à peu reconnaître celui-ci pour ses valeurs plastiques intrinsèques : un art souvent éthéré, consciemment ingénu, voire irréel (Stastny, 2013 [1966] : 33), et régulièrement caractérisé, surtout à partir de la fin du XVIIe siècle, par une profusion décorative où abondent les détails ornementaux et les motifs peints à la feuille d'or[3]. En ce sens, une bonne part de cet art colonial, dans sa relation plastique au divin, a moins à voir avec l'art de la Renaissance qu'avec l'art byzantin, roman ou les créations du gothique international.

Des créations à la fois locales et globalisées[4]

Mais il est sans doute vain de vouloir sans cesse rechercher le parangon de l'art européen, et beaucoup plus fructueux de reconnaître définitivement l'originalité de ces productions, dans leur diversité plastique et la richesse de leurs contenus. Bien plus que des variantes provinciales de l'art européen, il s'agit plutôt d'expressions multiples d'un art globalisé, où chaque territoire colonisé par l'Empire hispanique a forgé, au fil des décennies, une production unique, à la fois au travers de ses sources visuelles européennes, non européennes et ses spécificités locales. Une production qui est parfois le fascinant produit d'une intense circulation de matériaux et d'artistes. Deux exemples, entre de nombreux autres possibles : une forme unique d'archange arquebusier, que l'on rencontre surtout dans le sud de l'actuel Pérou et de l'actuelle Bolivie, curieux mélange des archanges traditionnels du siècle d'or espagnol et de représentations d'hommes en armes issues de manuels flamands du XVIe siècle. Un archange guerrier donc, prêt à défendre le dogme chrétien contre tout ennemi, et dont l'élégance vestimentaire d'inspiration à la fois andine et espagnole semble vouloir indiquer son statut dans la hiérarchie céleste tout comme sa double origine culturelle. De la même manière, l'Amérique espagnole accueille dans ses cathédrales et ses monastères des christs sculptés dans un ivoire provenant de l'actuelle Thaïlande par des artistes chinois alors immigrés aux Philippines, un territoire également conquis par l'Empire hispanique. Sa capitale, Manille, sera une plateforme fondamentale dans les routes commerciales transpacifiques opérées par les Espagnols entre la Chine, la Nouvelle-Espagne (actuel Mexique), la vice-royauté du Pérou et l'Europe (Gruzinski, 2010 : 124-150). Peut-on trouver, dans ce contexte, des objets plus globalisés ?

De la même manière, certaines productions locales ont connu d'impressionnants phénomènes d'exportation au sein même du territoire hispano-américain, comme ces grandes peintures religieuses de « l'École de Cusco » au XVIIIe siècle, réalisées en série par plusieurs artistes à un rythme effréné, pour être ensuite exportées vers Lima, Quito où d'autres villes de la vice-royauté du Pérou. C'est sans doute le cas le plus extrême d'exportation commerciale de peinture à grande échelle documenté dans toute l'Amérique hispanique (Mesa y Gisbert, 1962 : 155-156).

Photo 1 – Peintre anonyme, Archange arquebusier (Arcángel Arcabucero), XVII*e siècle, huile sur toile, vice-royauté du Pérou (Cusco).*

Source : Robert Simon Fine Art, New York / Proyecto Arte Colonial Americano ARCA.

Identités et dévotions du passé et du présent

L'Empire espagnol n'est par ailleurs pas aussi efficacement centralisé qu'on a longtemps bien voulu le croire. Les règles dictées depuis Madrid, Séville ou Cadiz sont loin d'être toujours strictement respectées, d'autant plus que génération après génération, les *criollos* (les personnes d'origine espagnole nées sur le territoire américain) se rebelleront régulièrement contre certaines mesures imposées par la couronne espagnole – en particulier à partir de 1700 avec l'introduction de nouvelles règles administratives par les Bourbons –, cherchant à faire valoir leur identité. Dans ce contexte, le composant visuel religieux s'affirme et se confirme comme un média dont la fonction n'est pas seulement de convertir les indigènes. Elle devient aussi un puissant véhicule pour transmettre des messages d'affirmation identitaire et sociale, ainsi que de revendication politique, dans une société multiculturelle extrêmement complexe.

L'image religieuse coloniale hispano-américaine est aussi une image de culte et de dévotion, souvent globalisée par les dynamiques politiques, et en même temps bien personnelle et individuelle. De la Vierge de la Guadalupe en Nouvelle-Espagne à Sainte Rose de Lima[5], des martyrs franciscains crucifiés à Nagasaki au fondateur des Jésuites Saint Ignace de Loyola, la représentation des figures saintes et le culte des martyrs provenant de diverses régions du globe accompagnent les ordres religieux des territoires hispaniques dans leur recherche de légitimation politique devant le pape et le monarque espagnol (Cañeque, 2020 : 297). La concurrence est rude entre les ordres pour voir leurs figures héroïques promues, être eux-mêmes perçus comme un ordre plus puissant et plus efficace que les autres dans la diffusion du dogme chrétien, et ainsi percevoir plus de moyens économiques pour leur province (Gálvez Peña, 2012 : 150). Ces images sacrées sont aussi des figures protectrices dans de nombreux pans de la société, tels que, entre autres, les confréries, les guildes ou le monde universitaire. Mais l'image de culte et de dévotion, c'est aussi celle de la dévotion personnelle dans les chapelles privées, les autels domestiques ou celle accrochée aux murs des cellules des couvents, et qui parfois conduit à l'autoflagellation et au jeûne.

À notre époque contemporaine, c'est sans doute l'image de dévotion qui a survécu de la manière la plus probante. Les représentations de saints et de martyrs, celles qui avaient été conçues pour exalter les héros d'un ordre religieux, couvrent toujours les murs, les voûtes ou les *azulejos* des églises et monastères de Lima, México, Quito, Bogotá, Cusco ou Potosí. Mais c'est l'image de dévotion, celle des processions et des petites estampes colorées, qui donne sans doute aujourd'hui son visage le plus vivant à cette culture coloniale qu'on ne sait toujours pas bien nommer : syncrétique, hybride, métisse ? Les discussions vont encore bon train. Chaque terme peut être à la source de problèmes méthodologiques et conceptuels : il nous interroge en effet sur notre regard eurocentrique et sur ses contenus implicites en relation au dominant et au dominé. Existe-il un seul vocable qui puisse réellement traduire, dans leur plénitude, la complexité et la multiplicité intrinsèques des fruits de cette rencontre forcée entre deux mondes il y a cinq siècles ? On peut sincèrement en douter, mais une chose est sûre : l'image religieuse est toujours présente de manière vibrante dans le cœur de millions de Latino-américains. Ne nous y trompons pas : les saints et les saintes, les christs en croix, les sculptures et tableaux qui sortent en procession au milieu de foules pleines de ferveur, ne sont pas les mêmes images religieuses que celles arrivées à partir de 1520 sur le territoire américain. Ce sont des images dont l'apparence peut paraître parfois identique (ou non), mais dont le contenu symbolique sera toujours le fruit de siècles de transformations et de transculturations.

Avec ou sans *aura* ?

L'attachement personnel à l'image religieuse d'origine coloniale, la foi en son pouvoir miraculeux et guérisseur, les structures socioreligieuses existant toujours autour des processions et des fêtes patronales qui scandent le calendrier jusqu'à aujourd'hui sur tout le territoire hispano-américain sont autant de manifestations du caractère vivant de la dévotion. Elles contrastent par ailleurs avec l'intérêt modéré que suscite l'art colonial, en tant que production esthétique parmi le grand public de ces régions. Il est en effet intéressant de constater que, dans plusieurs villes d'Amérique latine, ce sont les expositions sur les cultures préhispaniques qui réveillent davantage l'enthousiasme des foules. Ce phénomène est justement explicable, au moins en partie, par la dévotion même, encore si vivante, envers ces images religieuses. En effet, qu'on le veuille ou non, présenter l'art colonial dans un musée ou une exposition temporaire, c'est, pour reprendre le concept de Walter Benjamin dans un autre contexte, l'offrir au spectateur sans son *aura*, c'est-à-dire sans ce pouvoir d'interaction et cette unicité qu'il devait à sa fonction première, à son contexte d'origine[6]. Un art désacralisé par sa présentation muséale même.

Un autre exemple de désacralisation de l'art colonial, mais qui, en même temps, témoigne d'une extraordinaire continuité de production depuis l'époque de l'Indépendance, est l'existence, dans les ateliers cusquéniens au Pérou, d'images religieuses considérées comme canoniques de l'art colonial de cette région (la Vierge allaitant l'enfant Jésus, les anges arquebusiers, entre autres), et fabriquées exclusivement pour le tourisme. D'un côté, ces images religieuses sont produites dans un contexte que l'on pourrait considérer comme similaire à celui du XVIIIe siècle décrit plus haut, c'est-à-dire en série, mais de l'autre, le public récepteur n'est plus un commanditaire fortuné, un aristocrate ou un ordre religieux. Il s'agit là de touristes nationaux ou internationaux, qui feront un usage divers de ces images, plus ou moins lié à une foi existante (ou non), et qui verront sans doute souvent dans ces objets une dimension purement décorative ou un simple souvenir associé à leur voyage. Ce sont donc des images qui ne sont pas conçues dans un but confessionnel, mais comme l'un des symboles artistiques emblématiques d'un lieu, d'une culture – dans ce cas présent, Cusco – symbole à travers lequel les acteurs de ce lieu souhaitent être gardés en mémoire. Dans une ville intensément revendiquée par ses habitants et ses autorités politiques comme la Cité impériale, que tout oppose à la capitale Lima, et dont l'identité visuelle inca est encore extrêmement visible en termes urbains et architecturaux, l'affirmation identitaire de Cusco aux yeux du monde à travers une version contemporaine de son école de peinture coloniale pourrait être considérée comme un phénomène curieux. Mais elle montre au contraire comment ces différents moments de l'histoire de la cité peuvent aujourd'hui cohabiter et, l'un comme l'autre, représenter son identité.

Allers et retours sur les routes du monde

La diffusion de l'image religieuse coloniale hispano-américaine dans le monde entier grâce au tourisme est un phénomène contemporain, mais trouve souvent des correspondances à l'époque coloniale. Certaines dévotions et leurs représentations visuelles, comme celle de la Vierge de Copacabana ou de Sainte Rose de Lima, nées en Amérique coloniale, deviennent globales et s'étendent en Europe, parfois même au-delà de l'Empire hispanique. La globalisation ne fonctionne donc pas seulement dans un sens, depuis un supposé centre vers de supposées périphéries. Il y a aussi ces routes commerciales intermédiaires, comme celle entre Acapulco en Nouvelle-Espagne et Lima au Pérou, sur le chemin entre l'Asie et l'Europe, et qui contribuera grandement à la diffusion de la culture visuelle orientale en Amérique du Sud. Et puis, il y a le « voyage-retour » vers l'Europe (*el tornaviaje*), qui n'est pas seulement l'envoi d'objets et de représentations « ethnographiques » pour faire connaître au souverain espagnol et aux collectionneurs des cabinets de curiosité le phénotype des personnes et l'apparence des autres êtres vivants sur les territoires américains. Le « voyage-retour », c'est également la possibilité de comprendre comment, justement, ces images et ces cultes créés en Amérique ont pu contribuer à faire de cet Empire espagnol un immense tout : un tout au sein duquel les habitants et notamment les artistes des territoires conquis sont les acteurs à part entière d'un monde globalisé en constante métamorphose.

NOTES

1. Antichambre de l'exécution du souverain, ce moment annonce le basculement entre la conquête de l'Empire inca et la naissance de la vice-royauté du Pérou en 1533.
2. Nous utilisons l'expression « image religieuse » dans son acception de média et de source de dévotion. Il peut donc s'agir d'une peinture, d'une statue ou d'autres types d'objets de contenu visuel religieux, ici en l'occurrence chrétien.
3. Ces caractéristiques visuelles sont particulièrement reconnaissables dans le sud andin.
4. Par « art globalisé » ou « globalisation », nous entendons dans ce contexte les phénomènes de circulation et de diffusion des objets, des iconographies et des dévotions sur l'ensemble du globe, dans les territoires conquis par l'Empire hispanique et parfois au-delà de ses frontières.
5. Rose de Lima (1586-1617), mystique péruvienne et première sainte du Nouveau Monde canonisée en temps record (1671), incarne de manière paradigmatique les phénomènes complexes à la fois de globalisation d'un culte et de revendication politique. La dévotion à Sainte Rose de Lima s'étendra rapidement à la Nouvelle-Espagne, à l'Asie et à l'Europe. Elle incarnera souvent, en images, la défense du dogme chrétien dans les Indes occidentales, représentée comme un soutien sans faille de la couronne hispanique, mais elle sera aussi

particulièrement vénérée para les *criollos* qui la revendiqueront comme le symbole politique de leur identité américaine.

6. Dans son essai *L'Œuvre d'art à l'ère de sa reproductibilité technique*, Walter Benjamin évoque une perte d'*aura* lorsqu'une œuvre d'art est reproduite : « À la plus parfaite reproduction il manque toujours quelque chose : l'ici et le maintenant de l'œuvre d'art – l'unicité de sa présence au lieu où elle se trouve » (Benjamin, 1971 [1936] : 174).

RÉFÉRENCES BIBLIOGRAPHIQUES

BENJAMIN, W., *L'Œuvre d'art à l'ère de sa reproductibilité technique*, trad. M. de Gandillac, *in Poésie et révolution. Essais*, t. II, Paris, Denoël, 1971 [1936].

CAÑEQUE, A., *Un imperio de mártires. Religión y poder en las fronteras de la Monarquía Hispánica*, Madrid, Marcial Pons, 2020.

GÁLVEZ-PEÑA, C., *Writing History to Reform the Empire : Religious Chroniclers in Seventeenth-Century Peru,* thèse de doctorat, New York, Columbia University, 2012.

GRUZINSKI, S., *Las cuatro partes del mundo. Historia de una mundialización*, México, Fondo de Cultura Económica, 2010 [2004].

GUAMAN POMA DE AYALA, F., *Nueva Corónica y buen gobierno*, 4 tomes, Lima, Biblioteca Nacional del Perú, 2015 [1615-1616].

MESA, J. DE, GISBERT, T., *Historia de la pintura cuzqueña*, Buenos Aires, Instituto de Investigaciones Estéticas, 1962.

STASTNY MOSBERG, F., « La pintura colonial y su significación artística » [1966], *in* ESTENSSORO FUCHS, J. C, ROSE S. (eds.), *Francisco Stastny Mosberg. Estudios de arte colonial*, Lima, Museo de Arte de Lima / Institut français d'études andines, 2013.

Béatrice Fonck
Institut catholique de Paris

L'« aventure coloniale » d'un Argentin imaginaire : José Ortega y Gasset et le prisme espagnol de l'Amérique latine

S'il a toujours prétendu qu'il était espagnol autant qu'on pouvait l'être, José Ortega y Gasset n'a jamais omis d'ajouter qu'il devait une partie de lui-même à son expérience d'outre-Atlantique, notamment celle de l'Argentine qui l'accueillit à trois reprises, en 1916, en 1928 et de 1939 à 1942, lorsqu'il avait décidé de s'y installer, après son exil parisien. De toute évidence, le succès et l'impact culturel de ces différents voyages ont marqué d'un sceau indélébile la carrière de ce philosophe espagnol « in partibus infidelium » comme il se désignait lui-même, non sans ironie (Campomar, 2009; Asenjo, 2000-2002; Blanco, 2009-2011).

De fait, nous proposons de décrire la dualité de la vision américaine d'un philosophe espagnol qui, conscient du déclin de sa nation, cherche à la réhabiliter auprès des Argentins, tout en s'appliquant à sonder l'identité de ce pays qui le fascine pour son dynamisme économique, sa diversité démographique et les potentialités induites par son histoire sous influence européenne sur le devenir de l'Amérique[1] et, à terme, de l'Occident.

En Espagne, plus particulièrement depuis la célébration du quatrième centenaire de la « découverte » de l'Amérique, puis la perte des dernières colonies d'outremer en 1898, les intellectuels espagnols, en plein débat existentiel sur le devenir de leur nation, commençaient à s'intéresser à ce qui, de part et d'autre de l'Atlantique pouvait encore réunir l'Espagne et ses anciennes colonies, en prenant soin de les différencier de l'Amérique anglosaxonne, dont le soutien auprès des indépendantistes cubains et philippins avait révélé les appétits impérialistes. Activer l'idée d'une communauté de culture qui serait plus forte que les dissensions politiques et les rivalités commerciales, et qui démentirait l'argumentaire de la « légende noire » dont pâtissait l'Espagne depuis Charles Quint (Pérez, 2009) était bien présent dans leur esprit. Cette quête aboutit à la notion d'hispanité, susceptible de recevoir des contenus divers.

Convaincu, lui aussi, que le débat sur le futur de l'Espagne ne pouvait se contenter de la seule audience nationale, Ortega s'était d'abord fait le chantre d'une nécessaire européisation de l'Espagne pour la sortir de son retard culturel et de son isolement, tout en renouant avec l'opinion des nations américaines émancipées.

Invité au Chili en 1928, il prononça, en présence du chef de l'État, un discours au Parlement, qui œuvrait en faveur d'un esprit fraternel dans les relations entre l'Espagne et l'Amérique latine : « Ce qui m'importe principalement [c'est] que mon statut de passager contribue à ce que cette Assemblée serre la main à une Espagne ardente et renaissante, laquelle, dotée d'une énergie toute nouvelle, revient vers ces pays dont elle fut la mère dans un esprit différent et plus jeune de grande sœur[2] » (OC, IV, 2010 : 227-228). Une manière de gommer la *Mère Patrie* Espagne, contestée par les nations américaines qui venaient de célébrer le centenaire de leur indépendance.

Un rêve de progrès universel projeté sur l'Amérique latine

Dès 1911, il publie dans *La Prensa* de Buenos Aires une série de 11 articles présentés sous forme d'un courrier écrit depuis une ville allemande, Marburg, puis depuis Madrid, notifiant son statut d'universitaire espagnol rompu à la culture européenne, notamment germanique. Il met en avant les œuvres de Freud, « une médecine spirituelle », alors méconnu du public argentin, et de Ferdinand Lasalle, « un héros moderne » du socialisme, ainsi que celles de trois Espagnols, quintessence à ses yeux d'une Espagne nouvelle, et peu encline aux états d'âme sur les grandeurs d'un passé révolu. Il fait ainsi valoir l'originalité, l'indépendance artistique et l'esprit de résistance du Greco en son temps, de Zuloaga et de Baroja, remarqués par les instances culturelles européennes de l'époque. Admettant que la résistance de l'Espagne à la modernité explique son retard et son repliement, il soutient en revanche que celle de ces artistes est un facteur prometteur, un signe de prise de conscience nationale, une virtualité régénératrice d'une culture européenne alanguie : « L'Europe, fatiguée en France, épuisée en Allemagne, débile en Angleterre, trouvera une nouvelle jeunesse sous le soleil puissant de notre terre » (OC, I, 2010 : 337) avait-il annoncé quelques mois auparavant. La capacité de rebondissement culturel européen dévolue à l'Espagne est alors associée à la gestation d'un « homme nouveau » décrypté à travers le creuset régénérateur de l'Argentine imaginée pour son lectorat de *La Prensa* :

> Argentine ! Des Andes à l'Atlantique, une immense matrice où est conçu l'homme nouveau ! Ni Français, ni Italien, ni Espagnol, ni Allemand sera cet homme nouveau, mais tous en même temps, c'est-à-dire le meilleur de chacun, l'essentiel des races[3] européennes, l'Européen. Ce qui est européen est un idéal, une espérance, un projet qui s'est levé pour la première fois dans les cœurs des habitants des côtes de la mer Égée [...]. La possibilité de ce qui est européen est ce qui est américain. Jusqu'à quel point la conscience de sa mission culturelle suprême est-elle vivace en Amérique ? (*Ibid.* : 471)

Avec l'instauration de gouvernements constitutionnels et de régimes parlementaires en Occident, l'auteur de *La révolte des masses* perçoit que le concept moderne de citoyenneté est d'autant plus déterminant que l'Amérique latine connaît alors une succession de vagues d'immigrants européens entre 1845 et 1914[4]. La population d'origine européenne prenant un poids nouveau dans l'histoire du continent américain, Ortega décline les contours d'une Amérique latine qui se montrerait capable de réaliser ce qui fait défaut à l'Europe : l'intégration de ses composantes nationales.

À ce titre il s'insurge contre la doctrine Monroe qui lui semble contre-productive car, sous couvert de respect des règles diplomatiques, elle reproduit en pire le nationalisme stérile des peuples du Vieux Continent : la Chine, l'Angleterre, la France et l'Allemagne. Sous-entendu, si l'Amérique latine se laissait séduire par le panaméricanisme, elle déméritérait de s'appeler le « nouveau monde qui prend tant de place dans nos rêves de futur ». Un rêve d'une Amérique qui serait une Europe meilleure. « Tu es mon meilleur moi ? pense l'Europe de l'Amérique, quand elle se reconcentre sur elle-même dans les méditations de l'un de ses philosophes ou de ses historiens » (*Ibid.* : 470), à condition de ne pas tomber dans les errements européens du capitalisme et du colonialisme rétrograde. Elle devrait plutôt s'inspirer d'un « socialisme international[5] » humaniste, affranchi de son idéologie matérialiste affirme-t-il, tout en dénonçant les contradictions du colonialisme des puissances européennes en Afrique du Nord, l'engagement militaire de l'Espagne au Maroc restant largement tributaire des desideratas de la France et de l'Angleterre, incapables de comprendre le monde musulman et de tenir compte de l'interpénétration ancestrale de ce monde et du monde occidental expérimentée par l'Espagne (Fonck, 2023 ; 121-127).

Cherchant à modifier le regard de ses lecteurs argentins sur l'Espagne coloniale, Ortega dessine les contours d'une Amérique latine qui serait en mesure de reprendre le flambeau d'une culture universaliste spiritualiste opposée à l'exemple matérialiste des États-Unis devenus esclaves de leur économie, à l'instar des Européens[6]. S'il n'y a pas d'Amérique imaginaire chez ce jeune philosophe, il y a en revanche une Amérique imaginée sur le modèle d'une Europe qui se renouvelle éternellement d'Est en Ouest[7], dont la récente vague migratoire constitue un vivier expérimental, un « nouvel entre choc des races qui pourrait s'élever à une unité spirituelle propice au progrès universel » (*Ibid.* : 171)[8].

L'Argentine, un « sanatorium » de jouvence pour un Européen désenchanté

Son premier voyage est déterminant : en pleine possession de ses capacités didactiques et investigatrices, il vit une expérience qui le surprend, le fascine et le séduit. Il est ébloui par la modernité et le développement du Buenos Aires de 1916, en pleine expansion commerciale, dont la place prépondérante sur le continent favorise les relations avec l'Europe, ainsi que par la puissance d'une presse devenue un facteur de prise de conscience nationale et de fusion de l'Argentine créole et de l'Argentine des immigrants européens de fraîche date.

Captivé par cette prospérité qui se traduit politiquement par l'installation du parti radical au pouvoir pour près de quatorze ans, avec l'élection d'Hipólito Yrigoyen, Ortega salue à la fois la capacité intégratrice du peuple créole et son « talent socialisateur d'État ». Réconforté par la vitalité, l'enthousiasme, l'esprit d'entreprise, l'énergie juvénile du public de ses conférences, il se découvre alors un talent d'« Argentin imaginaire ». Il s'investit dans une mission pédagogique élargie à ce public, dont il mesure *in situ* les potentialités culturelles induites qu'il entend associer pleinement aux réseaux d'organismes institutionnels, de publications journalistiques et savantes dont il devient le promoteur patenté en Espagne à partir de la deuxième édition de la revue *El Espectador*, en 1917.

Convaincu que la langue constitue un vecteur sensoriel de communication inestimable au point qu'« un écrivain espagnol ne devrait pas se sentir plus éloigné de Madrid que de Buenos Aires », il affirme que *El Espectador* y sera mieux apprécié qu'en Espagne parce que la perspicacité, la curiosité et la sensibilité de ce peuple intensifient sa perception de la hiérarchie des valeurs nécessaires à la communauté d'esprit qui transcende les frontières étatiques :

> Nous verrons alors qu'au siècle dernier, et grâce à l'indépendance des peuples centre et sud-américains, un nouvel ingrédient prêt à œuvrer dans l'histoire de la planète s'est amorcé : la race espagnole, une Espagne plus mature, dont notre péninsule n'est qu'une province […] Le parler castillan a acquis un volume mondial, il convient de hausser son volume avec autre chose que des émotions et des pensées rustiques (OC, II, 2010 : 267).

Ayant fait valoir auprès de ses étudiants argentins que l'origine de la philosophie a été une « aventure coloniale » (OC, VII, 2010 : 560) semblable à celle de la Grèce, il désamorce ainsi la connotation péjorative du colonialisme pour en faire un élément de langage porteur d'une ouverture culturelle, en pariant sur la jeunesse pour conforter la croissance d'une nation qui ne saurait se contenter du seul développement économique.

Le statut de l'homme colonial : pionnier, homme sur la défensive ou homme masse ?

À partir de son second séjour, il perçoit avec acuité la désagrégation politique et sociale du pays et le retour du caudillisme, accéléré par la crise économique mondiale. Les États-Unis la subissant de plein fouet, il se sent conforté dans ses pronostics quant à leur puissance supposée par les Européens, alors qu'ils sont un peuple primitif, « camouflé par les dernières inventions de la technique européenne », qui n'a pas encore souffert et, par conséquent, n'a pas encore acquis les vertus nécessaires à l'hégémonie mondiale.

Ceci conduit l'auteur de *La révolte des masses* à réfléchir à la condition du pionnier, mise en parallèle avec celle du colon argentin, tandis qu'il décrit la dégénérescence morale, sociale et politique de l'homme masse dans les sociétés libérales qui, de ce fait, risque de basculer dans le fascisme ou le bolchevisme. Dès 1929 il en avertit les Américains du Nord et du Sud, notamment les Argentins, à qui il propose une sorte de prise de conscience des limites de leur « argentinité », qui devrait ne pas négliger les retombées néfastes du colonialisme sur leur comportement (OC, II, 2010 : 728-757 ; IV : 621-625 ; VII : 560). Ces différents essais souvent contestés de part et d'autre de l'Atlantique, proposent une réflexion sur la rémanence de la condition coloniale dans le statut officiel des États indépendants.

Sans prendre en compte le statut des indigènes, il s'intéresse à l'évolution existentielle du colonisateur dans son rôle de civilisateur des peuples colonisés. Le créole, dans le cas de l'Argentine, apparaît comme un « homme sur la défensive » qui a gardé le primitivisme du pionnier. Le colon nord-américain et latino-américain, un Européen doté d'un bagage technique plus avancé que celui du monde qu'il découvre, se croit investi d'une puissance supérieure qui finit par l'infantiliser au contact de son nouvel environnement. Il subit une sorte de régression psychique au stade de l'homme primitif au contact des territoires vierges et dépeuplés. Sa mégalomanie, son arrogance, son impétuosité procèdent du déséquilibre entre sa puissance civilisatrice supposée et la vie élémentaire de son environnement. Si bien qu'il s'enfonce dans un processus de frustration induite qui rejoint celle de l'homme masse. En effet l'homme masse est l'Européen qui met en danger les fondements de la civilisation qui l'a produit, tandis que l'« homme sur la défensive », lancé sur des terres vierges, tente vainement de calquer idéalement l'organisation de la société nouvelle sur celle de sa terre d'origine. Cet être tout à la fois impétueux et fier de sa réussite, reste sur ses gardes face à l'ambition des nouvelles vagues de migrants. Empêché d'être lui-même et d'accomplir sa véritable vocation, il s'enferme dans un narcissisme et une fuite en avant semblables à celle de l'homme masse devenu imperméable aux impératifs de sa propre culture. De fait, Ortega compare le « nationalisme puéril » des jeunes nations américaines à une salle de classe en ébullition en l'absence du maître (Fonck, 2023 : 250-264).

Malgré ce bilan peu flatteur, il continue d'œuvrer en faveur des « peuples jeunes » appelés à assumer en toute connaissance de cause leur condition d'homme colonial en faveur d'une prise de conscience de la nécessaire intériorisation de l'individu face à la dispersion qui le menace, en tenant compte de celle qui met en péril la civilisation occidentale à laquelle il appartient.

En conclusion de notre propos, il importe de souligner la constance du regard ortéguien sur l'Amérique, de ses liens étroits et amicaux avec l'Argentine. Convaincu de ses potentialités il y encourage le développement de sa propre culture et favorise à tous les niveaux les relations entre ce pays et l'Espagne. Sa longue collaboration avec le quotidien *La Nación* à partir de 1923, avec des revues universitaires, sa participation à la création de la maison d'édition Espasa Calpe, ainsi que la mise à disposition du public argentin de *El Espectador* et de *La Revista de Occidente*, sans compter le contenu des cours dispensés dans les universités argentines annonçant ses œuvres futures[9], concourent à instaurer un dialogue ininterrompu avec les nations latino-américaines. Celles-ci l'ont gardé en mémoire puisqu'elles le convient au premier congrès de l'Union latine, en 1951, à Rio de Janeiro. Empêché de s'y rendre, il n'en rédige pas moins un discours prônant la fécondité assumée de la latinité au profit du nécessaire rééquilibrage de l'Occident entre ses composantes latines et anglo-saxonnes (OC, X, 2010 : 359-361), une question qui reste encore d'actualité.

NOTES

1. Ortega s'est également rendu au Chili et en Uruguay pour des visites ponctuelles, ainsi qu'aux États-Unis, en 1949.
2. Toutes les traductions sont les nôtres.
3. Le terme *raza* en espagnol n'a pas de connotation biologique. Il s'agit d'une catégorie historique qui englobe l'ensemble d'un peuple.
4. La population quadruple aux États-Unis et fait plus que doubler en Amérique centrale et du Sud.
5. À noter que les articles de 1911 publiés dans *La Prensa* par Ortega sont concomitants des conférences prononcées par Jaurès à Buenos Aires en septembre/octobre 1911. Ils révèlent sa réactivité et le souci de contrebalancer l'impact de la culture française dans le public argentin. Pour les conférences de Jaurès voir, Carlos Miguel Herrera, « Jaurès en Argentine », *Cahiers Jaurès*, n° 221, novembre 2009, p. 9-35.
6. Ortega cite en référence l'ouvrage de H. G. Wells, *The Future in America* (1906), qui professait un socialisme humaniste promoteur d'un État universel.
7. Comme le prouve le cas de la philosophie européenne apparue il y a 25 siècles sur les côtes de la mer Égée…
8. Ortega précéderait ainsi les propos de Jacques Le Goff sur le concept de *Translatio imperii* élaboré au Moyen Âge.
9. Voir, entre autres, *El tema de nuestro tiempo* (1923), *La rebelión de las masas* (1929), *El hombre y la gente* (1957), etc.

RÉFÉRENCES BIBLIOGRAPHIQUES

Asenjo, C., Articles, *Revista de Estudios Orteguianos*, n° 1, 2, 3, 4, 2000-2002.

Blanco, I., Articles, *Revista de Estudios Orteguianos*, n° 19, 20, 21, 22, 23, 2009-2011.

Campomar, M., *Ortega y Gasset en la curva histórica de la Institución cultural española*, Madrid, Biblioteca Nueva, 2009.

Fonck, B., *José Ortega y Gasset. Penseur de l'Europe*, Paris, Les Belles Lettres, 2023.

Ortega y Gasset, J., *Obras Completas de José Ortega y Gasset* [Œuvres complètes, OC], 10 tomes (I-X), Madrid, Taurus, 2010.

Pérez, J., *La légende noire de l'Espagne*, Paris, Fayard, 2009.

Georges Friedmann (1902-1977), l'un des pionniers oubliés du latino-américanisme

Normalien, marxiste critique et résistant

Né à Paris dans une famille de la bourgeoisie d'affaires d'origine allemande, Georges Friedmann entre à l'École normale supérieure au milieu des années 1920, où il se forme à la théorie marxiste. Fasciné par la Russie soviétique, il apprend la langue de Dostoïevski et se rend à trois reprises à Moscou, entre 1932 et 1936 (Mazuy, 2004). Bien qu'échaudé par les procès staliniens, il ne désavoue pas le modèle communiste, mais réprouve le sectarisme forcené qui entoure le PCF, avec lequel il rompt à la fin des années 1930. À la suite de la débâcle de juin 1940, l'agrégé de philosophie « converge sur Toulouse » – d'après la formule de son disciple Edgard Morin. Rattrapé par les lois antisémites du régime de Vichy, il rejoint bientôt les rangs de la Résistance, où il devient l'agent de liaison en zone sud du célèbre réseau du Musée de l'Homme (jusqu'à son démantèlement en mars 1941), avant d'échapper par deux fois à la Gestapo en 1943 (Amalric, 2004).

L'instigateur de la sociologie du travail

Après la guerre, il obtient la chaire d'histoire du travail au Conservatoire national des arts et métiers. Estimant que l'entreprise ne saurait être considérée comme une entité close sur elle-même, mais qu'elle est partie intégrante de l'espace social, il incite ses étudiants à se pencher sur « toutes les collectivités humaines qui se constituent à l'occasion du travail » (Bolle de Bal, 2004 : 59). Directeur du Centre d'études sociologiques (CES, créé en 1946), il intègre en parallèle le conseil d'administration de l'Institut des sciences sociales du travail et participe, de la sorte, à l'institutionnalisation académique de la sociologie du travail, dont il fonde la revue éponyme en 1959 (Tanguy, 2008). Notons que l'empreinte de Friedmann a aussi été manifeste dans les sciences de l'information et de la communication[1] : aux côtés d'Edgar Morin, de Roland Barthes et d'Olivier Burgelin, il a ainsi été associé à la création du Centre d'études des communications de masse (CECMAS, aujourd'hui Centre Edgar-Morin), en 1960, qui, dès l'année suivante, publie la revue *Communications*.

Président de l'Association internationale de sociologie (1956-1959), il a pour doctorant Michel Crozier et Alain Touraine, qui deviennent respectivement, dans son sillage, les défricheurs de deux nouvelles sociologies, celle des organisations pour le premier et des mouvements sociaux pour le second. Entre ses deux épigones, « le sociologue des périodes froides et le sociologue des périodes chaudes » (Bolle de Bal, 2004 : 56), Friedmann apparaît, en quelque sorte, comme le sociologue des périodes tempérées. Or, après avoir été victime du maccarthysme[2], c'est pourtant sous les tropiques, en Amérique latine, qu'il trouve une nouvelle inspiration pour ses travaux de recherche.

Trois importants séjours en Amérique du Sud

Friedmann effectue sa première visite à l'automne 1957, à l'invitation de l'Université de Buenos Aires et de l'Université du Chili, pour laquelle il supervise avec son équipe du CES la première étude nationale de sociologie industrielle dans la région de Concepción. L'année suivante, il retourne à Buenos Aires puis à Santiago, afin de lancer les activités scientifiques de la célèbre Faculté latino-américaine des sciences sociales (Flacso), dont il sera le président d'honneur jusqu'en 1964. À cette même occasion, il se rend à Lima, et surtout à São Paolo et Rio de Janeiro, où il noue un partenariat très solide avec les universités brésiliennes[3], au point que leur tropisme nord-américain s'en trouve réorienté (Festi, 2023). Son dernier séjour connu date de 1960 et le conduit dans le Cône Sud et au Mexique.

Des analyses clairvoyantes sur la réalité latino-américaine

À partir de ses observations, Friedmann a publié chez Gallimard, entre 1959 et 1961, un ouvrage en deux volumes intitulé *Problèmes d'Amérique latine*; titre qui sera repris par Alain Touraine lorsqu'il fonde en 1964 la revue du même nom. Dans le premier opus, le sociologue constate l'étroitesse des marchés nationaux et appelle à une meilleure intégration régionale, relayant ainsi le diagnostic comme le remède développementaliste défendus par la Commission économique pour l'Amérique latine des Nations unies (CEPAL), installée à Santiago depuis 1948. Du reste, si la révolution cubaine questionne la possibilité d'une « troisième voie » (sous-titre interrogatif du second volet), Friedmann se montre réservé quant aux chances de succès de l'entreprise des *Barbudos*[4], nouveaux maîtres de La Havane. Dans un climat de guerre froide exacerbé, l'intellectuel doute que les États-Unis ne laissent prospérer les velléités d'indépendance économique et politique dans des pays qu'ils estiment relever de leur « pré-carré ». Ourdi avec l'appui logistique et financier de la CIA, le renversement de Jõao Goulart au Brésil en 1964 lui donne d'autant plus raison que ce coup d'État annonce le basculement autoritaire du Cône Sud au cours de la décennie suivante.

À la suite d'André Siegfried (1875-1959)[5], Georges Friedmann est indiscutablement l'un des pionniers des études latino-américanistes en France, lesquelles se consolideront à partir des années 1970-1980 autour d'un certains nombres de centres de recherche tels que l'Institut des hautes études de l'Amérique latine (IHEAL) ou le CERI-Sciences Po (Pereira, Rodríguez, 2017).

Damien Larrouqué
CY Cergy Paris Université

NOTES

1. En 1979 a été publié un livre posthume compilant plusieurs de ses contributions en la matière. Intitulé *Ces merveilleux instruments. Essais sur la communication de masse*, cet ouvrage a fait l'objet d'une courte recension dans la *Revue française de sociologie* (vol. 21, n° 3, 1980), en ligne sur <persee.fr/doc/rfsoc_0035-2969_1980_num_21_3_5037>. L'auteur remercie Bernard Valade pour ces précisions.

2. Son visa pour un nouveau séjour aux États-Unis lui est refusé en 1950-1951, si bien qu'« ulcéré par ce refus, il n'y [serait] jamais retourné » (Tanguy, 2008 : 744, note n° 48). En vérité, il est fait mention d'un passage par les États-Unis au retour d'un séjour au Mexique en 1960 (Festi, 2023 : 9).
3. De ces liens académiques découlera, en particulier, la grande amitié entre Alain Touraine et Fernando Enrique Cardoso, futur président du pays (1995-2003).
4. Incarnés par la figure de *Che* Guevara et des frères Castro, les « Barbus », en français, désignent les forces rebelles de la Sierra Maestra qui ont déchu le dictateur Batista le 1er janvier 1959.
5. On doit au père fondateur de la sociologie électorale un étonnant précis sur l'Amérique latine publié chez Armand Colin en 1934. Ce petit manuel de géographie générale peut être consulté sur Gallica, <gallica.bnf.fr/ark:/12148/bpt6k34021950/f22.item.texteImage>.

RÉFÉRENCES BIBLIOGRAPHIQUES

AMALRIC, J.-P., « “Terribles et grandioses” : les années toulousaines de Georges Friedmann (1940-1945) », *in* GRÉMION, P., PIOTET, F., *Georges Friedmann. Un sociologue dans le siècle, 1902-1977*, Paris, CNRS Éditions, 2004, p. 29-49. En ligne sur <doi.org/10.4000/books.editionscnrs.1637>, page consultée le 10 avril 2025.

BOLLE DE BAL, M., « Georges Friedmann, père-fondateur d'une “autre” sociologie », *Cahiers internationaux de sociologie*, n° 116, 2004, p. 55-76. En ligne sur <doi.org/10.3917/cis.116.0055>, page consultée le 10 avril 2025.

FESTI, R., « Georges Friedmann et les voyages en Amérique latine dans la construction de la sociologie du travail », *Cahiers des Amériques latines*, n° 102, 2023. En ligne sur <doi.org/10.4000/cal.17398>, page consultée le 10 avril 2025.

MAZUY, R., « Des voyages aux doutes : Georges Friedmann en URSS », *in* GRÉMION, P., PIOTET, F., *Georges Friedmann. Un sociologue dans le siècle, 1902-1977*, Paris, CNRS Éditions, 2004, p. 21-28.

PEREIRA, C., RODRÍGUEZ, D., « Los latinoamericanistas en Francia : una mirada desde la ciencia política », *Anuario latinoamericano*, n° 5, 2017, p. 105-126.

TANGUY, L., « Retour sur l'histoire de la sociologie du travail en France : place et rôle de l'Institut des sciences sociales du travail », *Revue française de sociologie*, vol. 49, n° 4, 2008, p. 723-761. En ligne sur <doi.org/10.3917/rfs.494.0723>, page consultée le 10 avril 2025.

David Copello
Institut Catholique de Paris
UR Religion, Culture et Société (EA 7403)
Centre de Recherche et de Documentation sur les Amériques (CREDA – CNRS UMR 7227)

« I like to be in (Latin) America ? » Les gauches européennes et l'Amérique latine : enjeux anciens et questions nouvelles

« Si lointaine et si proche », l'Amérique latine en général, et les gauches latino-américaines en particulier, est souvent présentée de ce côté-ci de l'Atlantique sous le signe de l'analogie : « laboratoire », « modèle » ou « source d'inspiration ». Le sous-continent apparaît ainsi comme un outil de délimitation de ce qu'est et de ce que peut la gauche « du XXIe siècle », autant que de ce qu'elle devrait à tout prix éviter. Au cours des dix dernières années, ces mobilisations de la référence latino-américaine dans l'espace public européen se sont exprimées de façon particulièrement forte autour de deux entreprises politiques dotées de caractéristiques convergentes et fréquemment associées l'une à l'autre : Podemos en Espagne (créée en 2014) et La France insoumise (créée en 2016). La relation de ces deux partis-mouvements à certaines forces politiques et gouvernements latino-américains a fait l'objet d'une attention particulière au sein des champs médiatique, intellectuel et du monde militant au sens large, en articulant deux types de dynamiques diversement agencées selon les périodes. Revendiquée par les *leaders* de ces organisations, la relation à l'Amérique latine sert leurs stratégies de légitimation sur la scène politique locale à travers la référence à un ailleurs perçu comme prestigieux. À l'inverse, dénoncée par les opposants de ces organisations, l'association à l'Amérique latine sert les stratégies de délégitimation d'une gauche radicale associée à un ailleurs inquiétant.

Cette relation particulière des gauches européennes à l'Amérique latine, pour intense qu'elle ait pu paraître dans la période récente, ne s'inscrit pas moins dans une histoire déjà ancienne de circulations idéelles et militantes, qu'il s'agira de retracer brièvement. On peut toutefois émettre l'hypothèse que ces dynamiques se sont amplifiées autour des années 2010 : il faut dès lors tâcher d'identifier quelques facteurs d'émergence de ce

« nouveau » moment latino-américain des gauches européennes. Cette actualisation d'une problématique bien ancrée peut également servir d'occasion pour déplacer la perspective, souvent focalisée sur les dirigeants, en portant une attention particulière aux espaces ordinaires de la pratique politique, où se construit un stock de références latino-américanistes communes à tout un univers militant.

Une vieille histoire

Bien que la relation des gauches européennes à l'Amérique latine ne soit pas surgie du vide dans les années 1960 (Hégron, 2023), les références actuelles s'inscrivent toutefois, pour l'essentiel, dans une mémoire militante dont la généalogie s'ouvre avec la « découverte » de la révolution cubaine. En France, c'est à partir de 1960, avec la publication dans *France Soir* d'une série de reportages de Jean-Paul Sartre intitulés « Ouragans sur le sucre », que la petite île caribéenne commence à occuper une place centrale dans l'imaginaire de gauche. La vague contestataire des années qui suivent, au cours de laquelle le continent européen, entre autres, voit pulluler les *new lefts* et autres deuxièmes gauches, se caractérise par une recherche de nouveaux modèles vers lesquels orienter la solidarité internationale, dans un contexte de discrédit relatif du communisme soviétique. Ces conditions locales rendent possible et facilitent la diffusion des idées et porte-voix de la *nueva izquierda* latino-américaine (comme du maoïsme par ailleurs). L'imaginaire politique de l'Amérique latine pourra dès lors s'exprimer à travers des textes à vocation doctrinaire, tels que l'essai *Révolution dans la révolution ?* de Régis Debray (1967), mais aussi par des biens culturels de plus grande consommation, du tourisme organisé (Bodie, 2020) aux produits dérivés générés par le *Che* Guevara, transformé en icône pop (Hosek, 2012).

Si la référence cubaine reste ancrée dans les mémoires militantes à gauche, elle est complétée dans la décennie suivante par l'évocation des dictatures de sécurité nationale mises en place dans le Cône Sud. Le Chili, en particulier, apparaît comme central : parce que le coup d'État y est particulièrement brutal ; parce qu'il met fin à un gouvernement d'*Unidad Popular* déjà scruté à l'international ; mais aussi parce que le champ politique chilien repose sur une structuration gauche-droite aisément compréhensible pour les publics européens – notamment par la présence d'un parti communiste et d'un parti socialiste dominants au sein de la gauche. Avec l'arrivée en masse d'exilés latino-américains dans les années 1970, des communautés militantes euroaméricaines se structurent dans certaines grandes villes, favorisant la création de réseaux locaux et la diffusion de références communes autour de mobilisations dénonçant les exactions des régimes militaires (Baby, 2024). Ici aussi, cet univers de références militantes se trouve répercuté dans les cultures populaires, du documentaire politique (avec les films de Chris Marker ou Patricio Guzmán) au cinéma grand public : *Missing* de Costa Gavras reçoit la Palme d'or à Cannes en 1982.

Autour des décennies 1960-1970 se structure un cadre de référence double, qui organise les perceptions de l'Amérique latine en Europe jusqu'à nos jours en combinant promotion d'une transformation sociale d'ampleur et défense des libertés politiques contre l'autoritarisme et/ou l'impérialisme. Le discours « antitotalitaire », si présent dans la solidarité internationale envers les dissidents d'Europe centrale et orientale à partir des années 1970, est moins prégnant dans la promotion internationale des droits humains en Amérique latine, qui reste associée à un horizon de transformation sociale plus marqué. C'est ce que montrent les réactivations successives de cette dynamique latino-centrée dans les décennies suivantes. La défense de la révolution sandiniste au Nicaragua après 1979, puis la solidarité avec l'insurrection zapatiste au Chiapas après

1994 génèrent des dynamiques comparables de tourisme militant, de production de discours sur l'Amérique latine et de consommation de produits (culturels ou alimentaires) associés à cette région. De ce point de vue, le tropisme latino-américain du mouvement altermondialiste, dans les années 1990-2000, et l'enthousiasme suscité par la « vague rose » des gouvernements de gauche sud-américains dans les années 2000-2010 ne constituent que les épigones d'une histoire au moyen cours.

Une dynamique amplifiée ?

Force est toutefois de constater que, dans les années 2010, cette relation entre les gauches latino-américaines et leurs homologues européennes a acquis des dimensions particulières et dignes d'attention en elles-mêmes. En effet, autour de la création de Podemos et La France insoumise, la mise en avant des expériences des gauches latino-américaines comme modèles pouvant être *importés* en Europe est frappante. Est-elle de nature différente des affinités que pouvaient entretenir les groupes armés européens des années 1970 avec les guérillas latino-américaines, ou les postopéraïstes italiens des années 2000 avec les néozapatistes ? Peut-être pas mais, à l'inverse des deux exemples qui précèdent, elle se déplace des marges vers le centre du champ politique. La relation à l'Amérique latine s'exprime en tout cas de façon extraordinairement directe, explicite et structurante dans certains des textes programmatiques publiés par Pablo Iglesias, dirigeant-fondateur de Podemos (Iglesias, 2015), tout comme elles émaillent les ouvrages et prises de parole de Jean-Luc Mélenchon, au moins depuis 2010 et la publication de *Qu'ils s'en aillent tous ! Vite, la révolution citoyenne* – dont le titre inclut une double référence au slogan du mouvement social de 2001 en Argentine et au gouvernement mis en place par Rafael Correa en Équateur après 2007. Comment expliquer cette amplification contemporaine des dynamiques euroaméricaines de la gauche ? Trois facteurs permettent d'en donner quelques clefs de compréhension.

Le premier est avancé aussi bien par les acteurs politiques et dirigeants que par certains travaux de type plus académique : on assisterait, depuis le début du XXIe siècle, à une « latino-américanisation du Vieux Continent » (Tarragoni, 2019). Celle-ci renvoie d'abord à la reproduction, au niveau européen, de politiques néolibérales favorisant la privatisation et/ou la mise en concurrence des services publics, dont les racines pourraient être trouvées dans les réformes impulsées par les Chicago Boys au Chili, ou dans les privatisations argentines des années 1990. Mais cette dynamique de « latino-américanisation » renvoie également à la transformation de la structure sociale des pays européens, caractérisés par un effacement des frontières de classe les rapprochant progressivement des sociétés latino-américaines, où les masses populaires, travaillant pour une large part dans l'informalité et la précarité, n'auraient jamais correspondu tout à fait au modèle marxiste de la classe ouvrière. Qu'elle soit avérée ou pas, cette lecture des transformations sociales à l'œuvre en Europe se diffuse dans le champ politique et vient légitimer une recherche de solutions dans le « laboratoire » latino-américain des gouvernements de gauche : à mêmes problèmes, mêmes solutions.

Aux croyances partagées portant sur la transformation des structures sociopolitiques européennes s'ajoute un deuxième facteur structurel favorisant l'importation de modèles politiques (perçus comme) latino-américains : le poids accru des circulations transnationales dans les trajectoires (notamment académiques et professionnelles) des cadres partisans et intellectuels de la gauche. Cette transnationalisation du vécu militant s'incarne notamment dans l'expérience du Centro de Estudios Políticos y Sociales (CEPS). Cette fondation à but non lucratif, créée en 1992 par des juristes de l'université de Valence en Espagne et dissoute autour de 2015, fonctionnait comme une agence de *consulting* politique à destination des gouvernements et forces politiques de gauche en Amérique latine. De nombreux cadres espagnols de ce qui deviendrait par la suite Podemos ont ainsi réalisé des missions (parfois multiples, parfois longues) de ce type, en particulier au Venezuela, en Bolivie et en Équateur (Chazel, 2019). De façon plus générale, de nombreux dirigeants de Podemos ou de La France insoumise ont bénéficié, dans leur trajectoire universitaire, du renforcement progressif des partenariats académiques internationaux, et de la généralisation des séjours d'échange à l'étranger : l'expérience du voyage se diffuse et s'institutionnalise, multipliant les opportunités de rencontres et la création de solidarités politiques transatlantiques fondées sur une expérience initiatique. Chez ces populations fortement diplômées, il est d'ailleurs fréquent de croiser des docteurs en sciences sociales spécialistes de tel ou tel pays latino-américain. Inscrites dans les dynamiques plus générales de la mondialisation, les circulations entre l'Amérique latine et l'Europe se banalisent ainsi au sein des sphères militantes : l'accumulation d'expériences qui en résulte vient logiquement irriguer la stratégie des acteurs politiques qui en bénéficient.

Directement lié à cet accroissement des circulations transnationales, un troisième facteur d'amplification, plus conjoncturel, peut être identifié : l'élaboration, par un universitaire argentin basé au Royaume-Uni, Ernesto Laclau, d'une théorie politique du « populisme » directement inspirée de l'expérience du péronisme en Argentine (Laclau, 2008). De fil en aiguille, cette théorie en vient à être associée aux expériences gouvernementales de la gauche sud-américaine qui lui sont contemporaines – détrônant ainsi la théorie du « socialisme du XXIe siècle », promue initialement par le chavisme et formalisée par le sociologue allemand (et conseiller de Chávez) Heinz Dieterich Steffan. Abstraite donc exportable, la théorie populiste élaborée par Laclau, en collaboration avec Chantal Mouffe[1], essaime parmi leurs étudiants, et fait l'objet de réappropriations dans des travaux au carrefour de la recherche et de l'intervention intellectuelle, qui la délocalisent et en reproduisent les applications bien au-delà de l'Amérique latine. La théorie populiste se présente ainsi comme un « kit » idéel, facilitant les exportations par sa dimension formelle et transférable – un formalisme qu'elle ne partage pas avec les sources d'inspiration *latinas* dominantes à d'autres époques, du foquisme castro-guévariste au néo-zapatisme du sous-commandant Marcos. La centralité du « populisme », directement associé avec l'Amérique latine, dans les stratégies développées par des acteurs centraux du champ politique européen et, de façon sans doute plus déterminante, dans le discours indigène portant sur ces stratégies, revêt donc une dimension inédite, en particulier entre 2014 et 2019 – année où les élites partisanes de La France insoumise, suivant en cela les principaux dirigeants de Podemos quelque temps auparavant, commencent à se dissocier de plus en plus nettement des éléments associés à cette « stratégie ».

Un stock de références communes

La focalisation sur ladite stratégie du « populisme de gauche » et sur la relation entretenue par quelques forces politiques européennes avec les gouvernements mis en place en Amérique latine dans les années 2000 ne doit toutefois pas occulter la richesse et la diversité des liens euroaméricains qui traversent les gauches à de multiples niveaux.

Premièrement, ces liens ne sont pas exclusifs de la gauche dite « radicale ». Ils sont aussi observables au centre-gauche, comme le montrent les travaux sur le Parti socialiste en France (Bonnin, 2017), et dans l'extrême gauche extra-parlementaire, comme pourraient l'illustrer des recherches (inexistantes à ce jour mais qui seraient bienvenues) sur le rôle joué par les militants sud-américains dans les réarticulations contemporaines du trotskisme français, en particulier autour de l'organisation Révolution permanente.

Deuxièmement, la focalisation sur les gouvernements dits « bolivariens » dans les évocations actuelles de la relation euroaméricaine tend à occulter la permanence d'un fonds de références plus larges, comme le montrent les résultats d'une enquête par questionnaire menée auprès des militants de Podemos et de La France insoumise en 2020 (Copello, 2022). Les « références » politiques mentionnées spontanément par les enquêtés renvoient principalement aux années 1960 à 1980, et se concentrent en particulier sur des figures individuelles associées à la révolution cubaine, au gouvernement de Salvador Allende au Chili ou au coup d'État du général Pinochet. Parmi les militants ordinaires, l'importance spontanément accordée aux « révolutions citoyennes » contemporaines se révèle donc très limitée : leur bagage de références paraît ainsi beaucoup plus classique que celui qui est habituellement attribué à leurs dirigeants.

Élargir les perspectives sur les relations entre gauches européennes et Amérique latine supposerait donc de déplacer le regard vers de nouvelles organisations, de nouvelles références mais aussi de nouveaux acteurs, en réorientant le foyer de l'analyse des sphères dirigeantes vers le bas de la hiérarchie organisationnelle. Ce déplacement du regard permettrait par ailleurs de redonner aux pratiques sociales « latinophiles » les plus banales une centralité dont elles ne bénéficient que trop rarement dans l'analyse des circulations politiques transnationales. Quelle place accorder, ainsi, à cette pratique anodine consistant à entonner le chant chilien « El pueblo unido jamás será vencido » en manifestation ? Comment des pratiques sociales de ce type s'instituent-elles au sein des univers militants de la gauche ? De quelles façons les militants et sympathisants (ordinaires ou non) contribuent-ils et elles à produire et reproduire, à travers un éventail de pratiques sociales d'apparence anodine, et ce parfois depuis plusieurs décennies, cet univers de références ? Que signifient ces pratiques pour les différents types d'acteurs qui s'y trouvent pris ? Dans quelle mesure sont-elles liées à, voire productrices, d'une vision politique d'ensemble ? Sociologiser ainsi notre compréhension des rapports militants à l'Amérique latine constitue sans doute une opportunité prometteuse pour œuvrer à une compréhension plus générale des interactions entre idées et pratiques politiques.

NOTE

1. Une élaboration conjointe dont les prémisses remontent aux années 1980 (Laclau et Mouffe, 1985).

RÉFÉRENCES BIBLIOGRAPHIQUES

Baby, S., *Juger Franco ? Impunité, réconciliation, mémoire*, Paris, La Découverte, 2024.

Bodie, G., « "It Is a Shame We Are Not Neighbours" : GDR Tourist Cruises to Cuba, 1961–89 », *Journal of Contemporary History*, vol. 55, n° 2, 2020, p. 411-434. En ligne sur <doi.org/10.1177/0022009419860898>, page consultée le 3 décembre 2024.

Bonnin, J., « François Mitterrand à la découverte de l'Amérique latine (1971-1981) », *Le Genre humain*, vol. 1, n° 58, 2017, p. 29-53. En ligne sur <doi.org/10.3917/lgh.058.0029>, page consultée le 3 décembre 2024.

Chazel, L., « De l'Amérique Latine à Madrid : *Podemos* et la construction d'un "populisme de gauche" », *Pôle Sud*, n° 50, 2019,

p. 121-138. En ligne sur <doi.org/10.3917/psud.050.0121>, page consultée le 3 décembre 2024.

COPELLO, D., « L'Amérique latine vue par les militant.e.s de La France Insoumise et Podemos », Rapport de recherche, CY Cergy Paris Université, 2022. En ligne sur <hal.archives-ouvertes.fr/hal-03661127>, page consultée le 3 décembre 2024.

DEBRAY, R., *Révolution dans la révolution ? Lutte armée et lutte politique en Amérique latine*, Paris, Maspero, 1967.

HÉGRON, B., « El México cardenista, ¿un modelo político para la izquierda francesa ? », *Secuencia*, n° 116, 2023. En ligne sur <doi.org/10.18234/secuencia.v0i116.2059>, page consultée le 3 décembre 2024.

HOSEK, J. R., *Sun, Sex, and Socialism : Cuba in the German Imaginary*, Toronto, University of Toronto Press, 2012.

IGLESIAS, P., « Understanding Podemos », *New Left Review*, n° 93, 2015, p. 5-22. En ligne sur <newleftreview.org/issues/ii93/articles/pablo-iglesias-understanding-podemos>, page consultée le 3 décembre 2024.

LACLAU, E., *La Raison populiste*, Paris, Seuil, 2008.

LACLAU, E., MOUFFE, C., *Hegemony and Socialist Strategy : Towards a Radical Democratic Politics*, London, Verso, 1985.

TARRAGONI, F., *L'esprit démocratique du populisme*, Paris, La Découverte, 2019.

Le nouveau modèle Bukele, la dictature cool ou le trumpisme à la sauce latino

En 2016, Donald Trump est élu président des États-Unis pour la première fois, à l'issue d'une campagne cousue de scandales, de fausses informations, le tout, dans un registre langagier brusque et irascible. Et le ton de cette campagne, couplé à la manière de Trump d'exercer le pouvoir, continue de résonner, notamment en Amérique latine, laboratoire et terre fertile du populisme américain. Là, de nombreuses démocraties mises à l'épreuve par la montée de la droite populiste, par la puissance des mouvements religieux et par les institutions gouvernementales noyées par la corruption des gangs et de la drogue, se confrontent à la puissance virale des fausses informations (Rouquié, 2019). Par conséquent, les populations se retrouvent déboussolées et vulnérables.

Le style personnel de Trump a instauré une rupture profonde avec les normes établies du discours politique et médiatique (Dabène, 2018), y compris en Amérique latine. C'est ainsi que, en 2017, Nayib Bukele, héritier d'une famille de publicistes fortunés, jeune entrepreneur directeur d'Obermet, une agence de communication influente nationalement, accède à la présidence de la République du Salvador sur un programme flattant les valeurs d'un des pays les plus conservateurs du continent. Nous montrerons ici comment la figure de Bukele a permis de construire un nouveau modèle de communication politique populiste à la croisée d'un conservatisme catholique latino, d'un trumpisme revisité et d'un style *start-up nation*.

De quels ingrédients se compose le cocktail Bukele ? Tout d'abord d'une bonne dose de populisme, dans la ligne classique des discours performatifs et spectaculaires. Son expérience professionnelle de la communication politique s'inspire d'un style excessif, de promesses invraisemblables, d'idées saugrenues et de présentations mégalomaniaques en accord avec un *storytelling* très abouti dans lequel il met en scène sa famille, son entourage et sa religiosité. Il soigne son récit médiatique par des images très travaillées qu'il diffuse sur tous les supports modernes. Enfin, il accompagne ses annonces sensationnalistes, baignées de post-vérité, d'une politique de l'action également relayée dans les médias. Par des mesures très répressives contre les gangs, les narcotrafiquants et l'avortement, il s'attire l'enthousiasme d'une opinion nationale conservatrice et la curiosité des milieux politiques internationaux. Sa « super prison » a, par exemple, défrayé la chronique dans le monde entier en février 2023, notamment parce qu'il y a enfermé à la va-vite gangsters et autres suspicieux, sans respecter les voies judiciaires.

Ajoutons quelques aromates à la recette Bukele. Il met en valeur un apparat *streetwear* : barbe, casquette, veste en cuir, jean, baskets… Avec un style propre sur lui mais décontracté, il contraste avec le traditionnel costume-cravate des hommes politiques. Il cultive cette image accessible, jeune, de bonne famille, adaptée aux codes vestimentaires du monde de la *tech*. Il s'y rattache délibérément en promouvant dans son économie le *Bitcoin* comme monnaie de circulation au même titre que le dollar américain, en développant son petit pays comme une *surf city* à la californienne, ou comme une « *Bitcoin city* » pour plaire au milieu de la finance. Par exemple, en 2024, il s'affiche ostensiblement avec l'entrepreneur milliardaire Elon Musk.

Il propose ainsi une autre image que celles des deux grands populistes d'Amérique du Sud, Jair Bolsonaro, suivi au Brésil par la droite conservatrice et la poussée évangélique, et Javier Milei, ultralibertaire et anarco-capitaliste argentin prônant le désengagement massif de l'État. En parallèle, pour l'inauguration de son deuxième mandat, en juin 2024, Bukele reçoit une partie de la famille Trump et, dès le 6 novembre 2024, il félicite chaleureusement le nouveau président américain d'avoir emporté l'élection présidentielle. La singularité du modèle Bukele réside dans une forme de rassemblement droite-gauche – un peu comme ce qui a propulsé Emmanuel Macron au pouvoir en 2017 –, donnant l'illusion d'une position d'équilibre dans un pays où il y a toujours eu une alternance, au pouvoir, entre les extrêmes. Or, il s'affiche davantage sur une ligne populiste ultralibérale en accointance avec le religieux. Enfin, il profite de sa posture pour modifier de manière arbitraire la Constitution afin de conserver le pouvoir plus longtemps, technique dictatoriale tout à fait classique, ce dont il se vante allègrement, début 2024, sur son profil X (ex-Twitter), en se qualifiant lui-même comme : « El Dictador más cool del mundo mundial ».

Alors, comment expliquer l'attractivité du modèle Bukele ? Et en quoi l'Amérique latine demeure-t-elle le perpétuel laboratoire politique du monde ? Deux éléments séduisent particulièrement son électorat à la fois jeune et conservateur : son image de *businessman millennial* qui réussit tout ce qu'il entreprend, et celle du jeune chef de famille pieux, respectueux des valeurs familiales traditionnelles. Ses messages sur Facebook et sur X mettent en avant sa vie publique et privée ; on y voit des photos de lui dans des jets privés, dans sa luxueuse maison, entouré de sa famille, ou dans son bureau avec des chefs d'État et des hommes d'affaires, marqueurs d'une vie matérielle réussie, enviable. Certes, nous pourrions nous rassurer en arguant que, sur un continent où la moyenne d'âge est de 29 ans, doublée du fait que le niveau d'études est plutôt faible et les inégalités sociales et économiques profondes, ces politiques de communication influencent la population plus facilement. Ce modèle d'hommes d'affaires prospères reconvertis en politiciens semble promettre une amélioration économique à tout un chacun, notamment la jeunesse abandonnée par les classes politiques traditionnelles. Mais l'attrait qu'apportent les différents chefs d'État et élites économiques internationales des cinq continents à ce nouveau type de dirigeant laisse présager que ce cocktail ne manquera pas de succès par ailleurs. Encore une fois, l'Amérique latine servira de laboratoire politique, le Salvador en tête, pour un nouveau genre de dictature qu'on essaierait de rendre politiquement correcte, ni d'extrême droite, ni communiste, mais une dictature dite « cool ».

Vanessa Landaverde-Kastberg
Université Côte-d'Azur

Vincent Lambert
Université Côte-d'Azur

RÉFÉRENCES BIBLIOGRAPHIQUES

Dabene, O., « L'effet Trump en Amérique latine : une nouvelle donne régionale ? », *Les Études du CERI*, n° 233-234, 2018, p. 4-8. En ligne sur <sciencespo.hal.science/hal-03471736v1/document>, page consultée le 18 décembre 2024.

Garland, G., « Making a dictator », *Hemispheres*, vol. 47, n° 1, 2024. En ligne sur <tuftshemispheres.org/2024/03/13/making-a-dictator/>, page consultée le 18 décembre 2024.

Navas, A., « Nayib Bukele, ¿el presidente más cool en Twitter o el nuevo populista millenial ? », *GIGAPP Estudios / Working Papers*, vol. 7, n° 168, 2020, p. 529-552.

Rouquié, A., « Amérique latine : Démocraties à l'épreuve », *Le Débat*, n° 203, 2019, p. 4-19. En ligne sur <10.3917/deba.203.0004>, page consultée le 19 décembre 2024.

Siles, I., Guevara, E., Tristán-Jiménez, L., Carazo, C., « Populism, Religion, and Social Media in Central America », *The International Journal of Press/Politics*, vol.28, n° 1, 2021, p. 138-159. En ligne sur <doi.org/10.1177/19401612211032884>, page consultée le 18 décembre 2024.

Simona Modreanu
Université Alexandru Ioan Cuza (Roumanie)

Le réalisme magique, une métaphore communicationnelle entre deux continents

« Personne ne peut savoir si le monde est fantastique ou réel, et non plus s'il existe une différence entre rêver et vivre. » (Jorge Luis Borges, *Fictions*)

Le « réalisme magique » : du concept européen…

Le syntagme « réalisme magique » n'a pas grand-chose à voir, au départ, avec ce qu'il est arrivé à désigner par la suite. Au XVIIIe siècle, Novalis parlait déjà des « réalistes magiques » (Lysøe, 2002), et c'est toujours en Allemagne qu'en 1923, Franz Roh, un critique d'art, forge le terme de « *magischer realismus* » pour parler de la peinture de Karl Haider et, plus globalement, du mouvement qui tend à supplanter l'expressionnisme dans l'après-guerre[1], tel une sorte d'horizon d'attente de l'époque. Quatre ans plus tard, l'écrivain italien Massimo Bontempelli récupère le terme « *realismo magico* » pour l'appliquer à la littérature. Il désigne alors un néoclassicisme moderne qui participe d'un retour à l'ordre naturel, faisant pendant à la nouvelle objectivité allemande, au moment où le fascisme commençait à monter en Europe. Roh et Bontempelli opposent à l'expressionnisme allemand et au futurisme italien la nouvelle réalité d'un « stade supérieur de l'être » identifiable dans « les choses ordinaires », tout en déclarant que de « nouvelles magies sont descendues sur la terre »[2].

Il s'agit donc d'une double origine – allemande et italienne – et d'une double référence – picturale et littéraire –, réunies autour d'une alliance entre réel et magie, entre description réaliste et perspective singulière, qui révèle le caractère énigmatique des êtres et des choses de ce monde. Mais les arts sont des vases communicants, et quand une formule forte surgit quelque part, elle acquiert vite une forme d'autonomie de mouvement qui la fait se développer aussi bien « verticalement », brisant les cadres génériques de l'imaginaire, qu'« horizontalement », chevauchant frontières géographiques et jetant des ponts par-delà les océans. Et surtout, on voit cette notion se dé- puis se resémantiser, selon les nouveaux éléments qui la codifient, à la suite d'une communication imparfaite ou délibérément distordue. La question se complique davantage lorsque le syntagme en question opère des allers-retours inattendus, forgeurs d'identité sur la base de revendications tout autant que de rejets intellectuels.

… au phénomène sud-américain

C'est ainsi que la destinée théorique de la catégorie du « réalisme magique » à l'européenne a changé de cap en traversant l'Atlantique. « Dérobé » et subissant quelques mutations importantes, le stéréotype était en train de (re)naître ailleurs. L'Amérique latine l'adopte, l'absorbe et le dote d'attributs complexes, tout d'abord sous la plume de son principal théoricien, le Cubain d'origine franco-russe Alejo Carpentier, qui vit à Paris dans les années 1920, où il fréquente les impressionnistes de Montparnasse et s'abreuve aux mouvements artistiques européens, avant de rentrer dans son pays, où il écrit plusieurs textes, dont le roman *El reino de este mundo* (*Le royaume de ce monde*, 1949), pour revenir en France en 1967, où il réside jusqu'à sa mort. Le prologue de ce roman consacre la naissance du réalisme magique littéraire latino-américain – ou plutôt du « réalisme merveilleux », selon les termes de Carpentier –, ouvrant la voie vers un univers et une culture jusque-là méconnus, empreints de mythes, de croyances diverses, d'histoire(s) sanglante(s), configurant une identité culturelle spécifique, voie qui sera brillamment illustrée par les grandes plumes du « Sur », tels Gabriel Garcia Marquez, Carlos Fuentes, Eduardo Galleano, Mario Vargas Llosa, Adolfo Bioy Casares, Julio Cortazar, et celui qui est arrivé à incarner cet esprit de synthèse entre des cultures différentes, Jorge Luis Borges.

Ce premier texte plus ou moins théorique de Carpentier fait ressortir une logique du relativisme culturel que l'on appellerait aujourd'hui « postcoloniale » ou même « décoloniale », l'écrivain cubain se dressant contre l'hégémonie des grandes civilisations occidentales et leur tendance à définir une « norme » culturelle universelle. Dans son prologue, il prend des distances critiques avec les pratiques artistiques européennes dites « réalistes magiques », les estimant trop fabriquées, émanant davantage d'une pose artistique que d'un élan naturel, d'une propension innée, tandis que le « réalisme merveilleux » ou « la pensée magique » du monde latino-américain est le produit d'un métissage culturel indigène, se distinguant par un mélange propre à créer une perception du réel caractérisée par l'extraordinaire, exprimant ainsi le véritable esprit réaliste magique.

Une *forma mentis* de l'identité littéraire latino-américaine

L'Amérique latine est loin d'être un espace unitaire, mais les représentations symboliques et les naissances des mythologies ont, entre autres, ceci en commun qu'elles ont besoin d'une aperception globale pour s'asseoir. Et cette aperception, dans le cas du « réalisme magique », prend corps dans les contacts civilisationnels des écrivains de l'Amérique latine et de l'Europe (notamment de la France), à chaque fois avec des rebondissements, des enrichissements inouïs et une prise de conscience biaisée, réfractée. Ainsi, Alejo Carpentier va déclarer au journal *El Pais* : « Plus je vivrai en Europe, plus je me sentirai Cubain[3] ». En extrapolant – et en remplaçant « Cubain » par Argentin, Péruvien, Guatémaltèque, Mexicain, Uruguayen, Chilien, Bolivien, etc. –, on pourrait y voir le leitmotiv de la destinée de cette littérature et de l'étiquette qui l'accompagne depuis au moins un demi-siècle (des années 1920 jusque vers 1970). Apparemment, c'est au contact de l'altérité – une altérité recherchée, admirée, aimée et parfois repoussée, telle la culture française – que ce concept singulier devient la *forma mentis* de l'identité littéraire d'un continent entier. Évidemment, il y a un siècle, la communication ne passait pas par Internet ou par les réseaux sociaux planétaires, qui rendent l'instant éternellement présent, mais l'absence d'une immédiateté donnait plus de poids au contenu d'une représentation symbolique, qui prenait le temps de se poser avant de se voir confronter à une réalité qui, elle-même, du jour au lendemain, n'était plus ni tout à fait la même, ni tout à fait une autre.

Les écrivains latino-américains ne sont pas sortis d'un moule unique, loin de là, mais il y a un point qui les unit dans leurs innombrables facettes, c'est l'« Aleph » de cette partie du monde, pour reprendre le fameux vocable de Borges, à savoir la présence, dans toutes ces œuvres, d'une réalité dissimulée, d'une énigme qui palpite sous la surface des choses banales et dont la perception requiert une certaine sensibilité. Une vision inclusive du réel se fraie lentement son chemin vers une esthétique universelle et les esprits curieux se laissent de plus en plus envoûter…

L'appellation de « realismo magico » devient très populaire dans les cercles littéraires latino-américains qui commencent à s'y mirer jusqu'à l'identification – à commencer par le Guatémaltèque, Prix Nobel de littérature, Miguel Angel Asturias[4], pour lequel Roger Caillois a inventé le dérivé « réalisme halluciné ». Les Européens lisent les écrivains latino-américains à l'aune de ce prisme – qui, même nuancé ou dépassé, demeure une clé de lecture tenace –, tandis qu'un nombre croissant de ces derniers naviguent vers la France pour se pénétrer de ses lumières, pour tremper dans l'ambiance intellectuelle dense et polémique du Paris de l'après-guerre, où tendances et visions nouvelles, tant littéraires que sémantiques ou scientifiques, frappent de plein fouet l'esprit des « gens du Sur » et se répercutent, diffractant l'espace de leurs écrits.

Dans le « réalisme magique », selon les tenants et les époques, tantôt un terme, tantôt l'autre prend le dessus, d'autant plus qu'il ne s'agit pas uniquement d'un univers thématique où réel et surnaturel font bon ménage, mais aussi de techniques narratives innovantes que la contamination des deux cultures – latino-américaine et française – favorise. Le travail de l'une sur l'autre, de l'une contre l'autre, est réciproque, l'équilibre n'est pratiquement jamais atteint. La transmission est à double sens entre magie herméneutique et magisme hermétique.

Point n'est besoin de fouiller profondément dans l'histoire de la littérature pour s'apercevoir que, en matière de réalisme, l'Europe avait, depuis longtemps, fait ses preuves et que, par ailleurs, elle avait traversé toutes les formes imaginables de la fantaisie : le fantastique, le merveilleux, le gothique, le féerique, l'onirique, l'étrange, la fantasy, la science-fiction. Qu'avait-il donc de si extraordinaire ce réalisme-magique sud-américain ? En quelques mots, nous dirions que c'est l'absence de frontière, le flou fluide, les règles flexibles de la réalité, et en même temps, la révélation de la signification profonde des lieux et des objets ordinaires, la dimension symbolique de tout acte, le pouvoir poïétique du verbe actif.

Nous prendrons ici deux exemples parmi les plus notoires, pour survoler les ricochets et les mutations traversés par cette boule de neige venue du chaud.

Jorge Luis Borges et Julio Cortazar : les Argentins les plus français

Ce sont deux figures de « passeurs » – représentants majeurs de ce « réalisme magique » à la diffusion européenne duquel ils ont largement contribué par leurs écrits –, où la complémentarité entre fantaisie et structure, entre un univers de légendes, de frénésie imaginative et de sang côtoie et englobe la rigueur et la raison herméneutique. Sur la jeune nation argentine, Paris exerçait un véritable tropisme. Les élites en particulier, se targuaient de parler français et voyaient dans la France leur seconde patrie littéraire et intellectuelle, au point de soulever l'irrévérence salutaire de Borges à l'adresse de l'« afrancesamiento », de la francisation de la société argentine qui ressemblait davantage à une imitation culturelle de thèmes et modèles importés aux dépens de la spécificité locale. Loin de critiquer une littérature dont il était lui-même imprégné – pour ne mentionner que Baudelaire ou Mallarmé, avec qui il partageait le rêve d'un livre unique –, Borges ne voulait cependant pas que les écrivains argentins remplacent une subordination (espagnole) par une autre (française), mais plutôt qu'ils s'installent dans un dialogue d'égaux, comme il le fit lui-même, une fois que ses textes ont commencé à être traduits et publiés en France, grâce, entre autres, à Paul Valéry et Roger Caillois.

Ayant grandi dans une ambiance multiculturelle – chez lui, on parlait espagnol et français, et sa grand-mère était anglaise –, Borges s'est forgé un esprit universaliste, confiant dans la communication des cultures et se considérant un citoyen du monde. Cela dit, la culture française a joué un rôle à part dans sa formation intellectuelle. Enfant, il dévorait déjà les grands écrivains qui ont profondément marqué son style et sa vision de la littérature : Hugo, Mallarmé, Zola, Flaubert, Stendhal, Proust, Breton. Mais au-delà du réalisme, du symbolisme, du surréalisme, la pensée complexe de Borges s'est également ravitaillé en philosophes existentialistes, phénoménologues, structuralistes, allant de Pascal à Bergson, Bachelard, Barthes, mais aussi en physique quantique et en mathématiques fractales, influences visibles, par exemple, dans un de ses textes les plus fameux, *L'Aleph* (publié en 1949), où se déploient – de manière très concentrée, d'ailleurs, mais toujours élaborée et sophistiquée – tous les grands thèmes qui lui sont chers : le temps et l'infini, le labyrinthe, les réalités reflétées, l'exploration du sous-conscient. Summum du réalisme magique à la Borges, l'Aleph est un point dans l'espace qui contient tous les autres points, de même que, dans la lignée de Bergson ou Proust, les délimitations temporelles entre passé, présent et futur sont pratiquement effacées. L'idée que l'Aleph symbolise la totalité de l'univers et des moments de l'existence reflète une fascination pour les rapports entre le fini et l'infini très similaire chez Borges, Baudelaire ou Valéry, ainsi que dans la pensée scientifique et philosophique de l'Hexagone. On pourrait donc envisager *L'Aleph* comme un hommage synthétique à tout ce que la culture française lui a donné, d'autant plus que, sur les traces de l'intertextualité barthésienne, Borges joue avec de nombreuses références à d'autres auteurs et textes, réalisant une tapisserie dialogale très riche qui reflète l'interconnexion des littératures.

Inversement, on devrait aussi évoquer l'influence de Borges sur les écrivains et les penseurs français, tels Foucault, Derrida, Genette, pour ne plus parler de Barthes qui renvoie souvent à l'écrivain argentin dans ses textes. Sans être structuralistes à proprement parler, les écrits borgésiens, caractérisés par leur complexité et leurs jeux avec la structure narrative, ont attiré l'attention des penseurs structuralistes, et *L'Aleph* en est un exemple de choix, l'organisation de la nouvelle, la relation entre le tout et les parties, la nature arbitraire des systèmes de signification, ou l'exploration du point infini pouvant être vues comme une métaphore par excellence de l'approche structuraliste. De même, le motif du labyrinthe, récurrent chez Borges, relève à son tour de la magie herméneutique, image de la structure complexe du langage et de la littérature.

Quant à Julio Cortazar, il est le visage même du boom de la littérature latino-américaine en France, surtout après la publication, en 1966, de la traduction de son roman emblématique, *Marelle*, quintessence d'une effervescence créative hors norme, tant par son inventivité formelle, que par le métadiscours théorique incorporé. Sans oublier les va-et-vient entre les bohèmes artistiques et intellectuelles de Paris et de Buenos Aires, de même que cette heureuse métamorphose du réalisme magique sud-américain en cristallisation de la sensibilité d'une époque.

Né à Bruxelles, rentré à Buenos Aires en 1918, et choisissant définitivement l'exil parisien, en 1951, pour fuir le gouvernement autoritaire de Péron, Cortazar se révèle un enchanteur de mots, à cheval entre la magie, le réel et le poétique, aussi représentatif pour la culture française, dont il est profondément imbu, que pour la littérature argentine, dont il revendique l'identité. Un mélange d'influences et de styles qui l'ont conduit à se forger une voix unique, où l'intégration de la culture française et l'héritage sud-américain s'articulent de manière originale.

Les deux grands écrivains argentins partagent de nombreuses passions, y compris la fascination pour Breton et Proust, et pour l'exploration, dans la veine du réalisme magique de la mémoire, de l'imaginaire onirique, des pratiques narratives fractales. Mais la curiosité intellectuelle impétueuse de Cortazar, doublée de son expérience politique, le pousse à explorer d'autres dimensions également : les questions existentielles et la réflexion sur la liberté et la condition humaine le conduisent vers Camus et Sartre, tandis que les avant-gardes, et plus encore, la découverte de l'Oulipo, se rencontrent sous les formes les plus inattendues dans les structures non-linéaires de *Marelle*, dans les défis lancés au lecteur, qui est activement entraîné dans la navigation fictionnelle. Le lecteur a en effet le choix entre une lecture classique, linéaire, chronologique, et une autre qui « saute » d'un chapitre à un autre, qui alterne considérations sur l'écriture, histoires d'amour et vie parisienne, autant de clins d'œil révérencieux à l'esprit expérimental et ludique de la littérature française (à Georges Perec notamment, mais peut-être aussi à son ami-ennemi Borges et à son « jardin aux sentiers qui bifurquent »), où forme et contenu s'interpénètrent souvent. Le réalisme magique qui en résulte est une combinaison inouïe de magisme hermétique de souche latino-américaine et de magie herméneutique de l'esprit voltairien, d'usage original de la langue et des structures du langage, de la réalité, de l'identité. Par ailleurs, plus que son aîné, Cortazar a été un véritable passeur entre les deux versants civilisationnels, ne se contentant pas d'assimiler et de métaboliser ingénieusement la culture d'adoption, mais traduisant lui-même des œuvres de la littérature française en espagnol et contribuant ainsi à l'introduction des tendances et directions nouvelles dans le monde hispanophone.

Conclusion : un anachronisme délibéré ?

Il faudrait des tomes entiers pour épuiser les exemples de découverte, familiarisation, et exploration mutuelle de deux grands univers littéraires autour d'un syntagme percutant, devenu une « métaphore obsédante », filée d'une rive à l'autre de l'Atlantique. Alors, notion esthétique, concept philosophique, courant littéraire, paradigme universel ? En vérité, même si cette formule ne se rattache guère plus à une aire géographique précise – des auteurs comme Salman Rushdie ou José Saramago pourraient également la revendiquer –, la plupart des lecteurs l'associent toujours à l'Amérique latine. Probablement en raison d'une sorte d'*anachronisme délibéré* qui semble être à sa place là-bas, mais qui comporte des vertus d'évasion et de réflexion universelles lui permettant de se resémantiser d'un hémisphère l'autre.

NOTES

1. « Le terme de "réalisme magique", qui peut lui aussi être appliqué à l'époque qui est sur le point de commencer, annonce le nouveau, mais renonce en même temps à l'expression de la continuité [...] ». Commentant un tableau de Haider, Roh parle de l'« imbrication de l'énorme et du minuscule, du macrocosme et du microcosme », d'une « rencontre magique du premier plan » avec « le phénomène du lointain », « prenant encore une fois le sens de cette simultanéité magique ». De la sorte, le créateur devient un « magicien qui nous enseigne le lien caché entre des choses contraires que nous ne tenions plus ensemble ». Les citations de Roh figurent dans Lukas Brock (2024).
2. Massimo Bontempelli, cité par Eva Wissen (2018).

3. Cité *in* Anke Birkemaier y Roberto Gonzáles Echevarría (dir.), *Cuba : Un siglo de literatura (1902-2002)*, Madrid, Editorial Colibrí, 2004, p. 65.
4. Asturias entend par « magie » non seulement l'insertion des croyances et légendes indigènes dans les récits contemporains, mais aussi le pouvoir du verbe sur la réalité : « La recherche des mots en action. Une autre magie. Le poète et l'écrivain au verbe actif. La vie. Ses variations. Rien de préfabriqué. Tout en ébullition. Ne pas faire de la littérature. Ne pas substituer les mots aux choses. Chercher les mots-choses, les mots-êtres. » Cité par Guillermo Medina, 1970, p. 15-16 (nous traduisons).

RÉFÉRENCES BIBLIOGRAPHIQUES

BATT, N., « Dynamique littéraire et non-linéarité », *in* COTTE, P. (dir.), *Langage et linéarité*, Villeneuve-d'Ascq, Presses universitaires du Septentrion, 1999.

BORGES, J. L., *L'Aleph*, trad. de l'espagnol (Argentine) par Roger Caillois et René L.-F. Durand, Paris, Gallimard, 1977.

–, *Fictions*, trad. de l'espagnol (Argentine) par Roger Caillois et René L.-F. Durand, Paris, Gallimard, 1967.

BROCK, L., « Michael Scheffel, Réalisme magique : l'histoire d'un terme et une tentative de définition : "Le lieu historique du terme" », *Acta fabula*, vol. 25, n° 7, 2024. En ligne sur <doi.org/10.58282/acta.18377>, page consultée le 3 novembre 2024.

CORTAZAR, J., *Marelle*, trad. de l'espagnol par Laure Guille-Bataillon et Françoise Rosset, Paris, Gallimard, 1966.

LYSØE, E., « Le réalisme magique : avatars et transmutations », *Textyles*, n° 21, 2002. En ligne sur <doi.org/10.4000/textyles.891>, page consultée le 1 novembre 2024.

MEDINA, G., « Conversación con un Premio Nobel », *in Asturias. Latinoamérica y otros ensayos*, Madrid, 1970.

ROH, F., *Postexpressionnisme – Réalisme magique – Problèmes de la peinture européenne la plus récente*, trad. de l'allemand par Jean Reubrez, Dijon, Les Presses du réel, 2013 [1925].

VIÑUELA, A., « Récursion en littérature », *Eroxacourthes*, 2008. En ligne sur <eroxacourthes.wordpress.com/2008/04/30/recursividad-en-literatura-alberto-vinuela/>, page consultée le 4 novembre 2024.

WISSENZ, E., « Réalisme magique », *Natural Writers*, 2018. En ligne sur <naturalwriters.org/naturalwriters.org/fr/textes/lectures-et-paroles/article/realisme-magique.html>, page consultée le 3 novembre 2024.

Carolina Cerda-Guzman
Université de Bordeaux (CERCCLE)

L'Amérique latine : terre du constitutionnalisme magique ?

Au sein du monde juridique, l'Amérique latine est souvent présentée comme une terre d'importation du droit, car elle a pour habitude de s'inspirer des modèles, concepts et normes existants (surtout en Occident) pour construire ses propres règles. En droit constitutionnel, l'inspiration majeure vient du droit européen (du fait de son histoire coloniale, le droit en Amérique latine est un droit romano-germanique), et en particulier de l'Espagne, de l'Allemagne, de l'Italie et de la France. Mais il arrive que les pays latino-américains prennent également pour modèle les États-Unis afin d'implanter non pas tant un droit de *common law* que de prendre appui sur des mécanismes propres à ce système juridique (comme celui de l'*impeachment*) pour les intégrer au leur. Pour autant, ces importations ont rarement été faites à l'identique. Comme bien souvent, chaque État latino-américain a, au moment de la greffe, décidé d'apporter des adaptations afin de mettre en cohérence l'objet importé à ses contingences nationales. Ces dernières années, et notamment depuis la fin du XXe siècle, ce soin de mise en cohérence a fait son apparition au sein du champ constitutionnel. Alors que ce droit était largement influencé par les modèles constitutionnels et cadres de pensée européens et nord-américains, il est aujourd'hui de plus en plus original, singulier et perçu comme un moyen de consacrer de véritables particularités nationales.

Pour marquer cette spécificité, une nouvelle expression est née : celle de « constitutionnalisme magique ». Cette expression fait clairement référence au « réalisme magique » qui est un courant artistique né dans les années 1920, et qui, dans son versant littéraire, a fait florès en Amérique latine avec des auteurs tels que Miguel Ángel Asturias, Gabriel García Márquez, Jorge Luis Borges ou Isabel Allende[1]. Leurs œuvres brouillent les frontières entre le réel et l'irréel et font intervenir dans les dimensions les plus crues et triviales du quotidien du merveilleux, du féerique et de l'étrange. Transposée au droit constitutionnel, l'expression de « constitutionnalisme magique » nous permet de mettre en exergue le fait que de nombreuses constitutions latino-américaines ne cherchent pas tant à limiter le pouvoir et à encadrer les institutions politiques (comme cela est le cas en Europe), mais à transformer miraculeusement la réalité. Alors que les Constitutions européennes décrivent une société telle qu'elle est, les constitutions latino-américaines l'encadrent telle qu'elle devrait être. Ainsi, il y a, dans ces constitutions, l'idée sous-jacente que les mots, par leur simple force performative, permettraient, d'un coup de baguette, de changer les sociétés.

Lorsque l'on fait référence au constitutionnalisme magique en Amérique, trois pays viennent immédiatement en tête : le Venezuela, l'Équateur et la Bolivie. Ces trois pays ont adopté, en dix ans, entre 1999 et 2009, trois chartes fondamentales particulièrement marquantes. Initialement, ces textes étaient présentés comme l'expression d'un nouveau courant, celui du « nouveau constitutionnalisme », également appelé « constitutionnalisme andin » ou « constitutionnalisme du Sud » (Herrera, 2015). L'idée était surtout de mettre en exergue le fait que ces constitutions induisaient un basculement dans l'organisation traditionnelle des pouvoirs à travers non seulement une plus grande reconnaissance de droits aux communautés et peuples autochtones, mais aussi, et surtout, en cherchant à faire du peuple un acteur primordial au sein des institutions étatiques. Ces trois constitutions présentent la caractéristique d'instaurer des instruments originaux de démocratie participative et directe, assez rares dans le reste du monde (comme la révocation populaire du président de la République). Puis, avec le temps, le qualificatif utilisé a évolué. Dans la mesure où la plupart de ces mécanismes participatifs ont échoué – ou se sont révélés peu efficaces –, il est apparu que la singularité de ces textes se trouvait ailleurs : dans leur croyance excessive qu'un texte juridique pourrait à lui seul résoudre des inégalités économiques et sociales structurelles.

Ainsi, non seulement l'expression de « constitutionnalisme magique » revêt une dimension dépréciative (Dory et Martinez Cardona, 2023) dans la mesure où elle est bien souvent utilisée par les détracteurs de ces constitutions, mais elle est bien plus englobante et permet à ce titre d'inclure d'autres constitutions de la région, comme celle de la Colombie, du Brésil ou du Mexique. Plus récemment, elle a été employée au Chili par les opposants au projet de Constitution de 2022, qui cherchait à faire passer le pays d'un État néolibéral et subsidiaire (c'est-à-dire n'intervenant que marginalement dans la régulation de l'économie) à un État de droit social, plurinational, écologique et paritaire. La volonté de transformation de l'État et de la société véhiculée par ce texte était indéniable. Son rejet par référendum le 4 septembre 2022 pourrait alors être interprété comme une confirmation des critiques faites à ce « constitutionnalisme magique ». Pour le mesurer, il importe de revenir sur ce qualificatif, car s'il est possible de défendre l'idée que le droit est par nature un instrument transformateur, les constitutions d'Amérique latine courent également le risque d'être discréditées par leur naïveté et leur utopisme.

Les traits caractéristiques du « constitutionnalisme magique »

Avant d'examiner plus en avant ces critiques, il nous incombe de préciser ce qui se cache véritablement derrière ce qualificatif. Comment identifier les constitutions s'inscrivant dans ce « constitutionnalisme magique » ? Il n'existe pas véritablement de critère unique, mais plutôt un faisceau d'indices. L'un des principaux traits d'identification est la longueur de leurs catalogues des droits fondamentaux, en particulier des droits sociaux. La vaste majorité des constitutions dans le monde s'attachent à consacrer des droits et libertés aux individus. Cependant, il faut admettre qu'en Amérique latine, il y a une propension extrêmement marquée, dans les pays, à faire de cette reconnaissance un trait marquant de leur texte. De fait, le record mondial de longueur se trouve dans cette région du monde, puisque la Constitution équatorienne contient pas moins de 99 droits. Viennent ensuite la Bolivie avec 88 droits, le Venezuela et ses 82 droits, le Mexique avec 81 droits, puis le Brésil avec

79 droits. En moyenne, les constitutions latino-américaines contiennent plus de 70 droits. Cette région se situe ainsi à un niveau bien plus élevé que la moyenne mondiale, qui est davantage aux alentours de 48 droits, selon une étude faite par Zachary Elkins et Tom Ginsburg (2021).

L'autre trait caractéristique est la référence faite au spirituel. Bien souvent, les rédactrices et rédacteurs de ces textes insèrent dans les articles ou dans le préambule des références à Dieu, mais aussi à d'autres entités déifiées, comme la Pachamama. L'exemple le plus topique à cet égard est la Constitution bolivienne de 2009. Son préambule marque très clairement la démarche transformatrice du texte, puisque y est affirmée la volonté de laisser dans le passé l'État colonial, républicain et néolibéral, et que cette évolution ne peut se faire qu'avec la force de la « Pachamama » et la gratitude envers Dieu.

Enfin, un des aspects notables de ces textes est la présence de devoirs ou d'obligations imposés à l'État et aux individus, mais qui peuvent être parfois considérés comme des vœux pieux. Ainsi, on retrouve dans la Constitution bolivienne le devoir pour toute personne de dénoncer et de combattre tout acte de corruption (art. 108.8). La Constitution équatorienne, quant à elle, indique que le devoir de l'État est de « garantir à ses habitants le droit à une culture de la paix, à une sécurité intégrale et de vivre dans une société démocratique libre de toute corruption ». On y retrouve également de nombreux principes directeurs qui doivent théoriquement guider la mise en œuvre du texte, mais dont on peine parfois à déterminer avec exactitude le contenu, comme les principes d'efficience, de transparence, de pertinence territoriale, de suffisance ou de moralité.

Ces quelques points sont ceux qui sont particulièrement mis en avant par les détracteurs de ces textes. Toutefois, si l'on s'attache uniquement à ses signes extérieurs, on passe à côté de la véritable intention des rédactrices et rédacteurs de ces textes, qui est de faire de ces constitutions des outils de transformation du réel.

La puissance symbolique du « constitutionnalisme magique »

Bien souvent est pointée du doigt l'inflation des droits sociaux que ces constitutions engendrent. La crainte est que cette multiplication de droits génère davantage de problèmes qu'elle ne permet d'en résoudre, et en particulier une importante frustration au sein de la population. En effet, comment lire ces textes et croire en leur contenu quand on connaît la dure réalité que vivent et subissent tous les jours les populations de ces États ? Le Mexique est un pays qui a un taux extrêmement élevé d'homicides, et pourtant, l'article 17 de sa Constitution affirme que « Nul ne peut se faire justice soi-même ni avoir recours à la violence pour exercer ses droits ». Il existe un décalage criant entre la réalité vécue et le contenu parfois illusoire de ces textes.

Malgré ces critiques, il n'en demeure pas moins que la reconnaissance de droits demeure une caractéristique centrale de toute constitution, même celles qui ne relèvent pas du « constitutionnalisme magique ». Ainsi, concentrer la critique de ce courant uniquement sur la longueur des catalogues des droits ou sur le fait qu'il existe un décalage entre la réalité et les faits n'est pas extrêmement intéressant puisque cette même critique peut être faite à toute constitution. Le 14e amendement de la Constitution des États-Unis affirme, depuis 1868, qu'aucun État ne refusera une égale protection des lois à quiconque relève de sa juridiction. Or, on sait que cette égalité a été une profonde fiction pendant des décennies, notamment au regard de la ségrégation raciale mise en œuvre par certains États fédérés, et qu'elle continue à l'être dans bien des aspects encore aujourd'hui. Partant, on pourrait même aller jusqu'à considérer que l'idée même d'inscrire des droits dans les constitutions est une chimère.

Cette critique fait perdre de vue un point central de ces textes. Si les rédacteurs et rédactrices de ces constitutions ont cru bon de lister, dans le moindre détail, des droits et libertés, et d'énumérer une liste d'obligations pour l'État, c'est par prise de conscience de leur impuissance à pouvoir directement répondre à ces inégalités. Face à des forces économiques, sociales, voire militaires, extrêmement puissantes ces droits peuvent être vus comme des barrières de papier, mais ils ont le mérite d'exister en tant que tentative de réponse à une réalité d'une grande dureté. Le symbole est souvent l'arme de dernier recours, quand toutes les autres ont échoué. En projetant un avenir plus radieux et en précisant quelles sont les actions que doivent conduire l'État et les individus, l'idée est de poser officiellement le cadre dans lequel ces forces économiques et sociales doivent se mouvoir ou, à défaut, si elles restent inactives ou rétives à ce changement, de faire des juges les acteurs de cette évolution, puisqu'en invoquant ces droits devant eux, ils peuvent contraindre ces forces à respecter ces droits et obligations.

Or, c'est ici que le bât blesse, car le problème réel du constitutionnalisme magique n'est pas tant son postulat initial, qui repose sur l'idée que le droit peut changer la société (croyance partagée par bien d'autres constitutions dans le monde), mais sur son manque de pragmatisme, dans le sens où il s'attache davantage au symbolique, avec une foi excessive dans le caractère performatif du droit, sans veiller aux moyens pour sa mise en œuvre effective.

Les écueils pratiques du constitutionnalisme magique

Comme nous l'avons vu, la mise en application de ces « constitutions magiques » repose sur un principe central : le recours au juge pour qu'il veille à sa bonne application. Ce que l'on appelle la « garantie juridictionnelle des droits » est un trait caractéristique du constitutionnalisme contemporain depuis la seconde moitié du xxe siècle. En Amérique latine, cette garantie est assurée par un recours spécifique, souvent appelé « amparo », qui permet à tout individu, dont les droits constitutionnels ont été lésés, de saisir un juge pour faire cesser cette violation et obtenir réparation.

La critique que l'on peut formuler à l'égard du constitutionnalisme magique n'est pas de s'appuyer sur cette garantie juridictionnelle mais d'en faire pratiquement son seul mécanisme de réalisation de ces droits. En les transformant en les seules courroies de transmission des demandes des citoyens, le risque est de dénaturer la fonction des juges. En effet, opposer les juges aux pouvoirs exécutif et législatif est toujours un combat risqué. Les juges ne disposent jamais de la même légitimité que les gouvernants et quelle que soit leur attitude, celle-ci est toujours perdante. S'ils refusent d'en découdre avec l'exécutif ou le législatif, en ayant une attitude particulièrement respectueuse à leur égard, les droits inscrits dans les constitutions restent de pures illusions. Si, au contraire, ils se font les défenseurs ardus de ces droits, cela les conduit nécessairement à devoir interpréter des concepts parfois très vagues. Leur pouvoir d'interprétation est alors poussé au maximum. Le risque est alors qu'ils soient contestés et dénoncés comme activistes et politisés, alors même qu'ils ne détiennent aucune légitimité électorale. La récente réforme constitutionnelle au Mexique visant à mettre davantage le pouvoir judiciaire sous le contrôle du pouvoir exécutif constitue à cet égard un effet boomerang que l'on pouvait prévoir.

Pour l'éviter, la solution pourrait être de renoncer au rêve utopique de ces constitutions. Certains auteurs suggèrent une autre piste. Au lieu de faire une croix sur ces ambitions, il conviendrait de repenser d'autres garanties pour s'assurer de la mise en œuvre concrète de ces dispositions. Roberto Gargarella (2013), un juriste argentin, propose notamment de prêter davantage attention à ce qu'il appelle la « salle des machines », c'est-à-dire aux autres dispositions des constitutions qui s'attachent à décrire et à organiser le pouvoir au sein de l'État. Lui aussi reproche aux constitutions latino-américaines leur focalisation autour des catalogues de droits fondamentaux. Mais, dans ses écrits, il ne propose jamais de les réduire ou de les reformuler, sinon de veiller à ce que l'organisation du pouvoir politique soit conçue de façon à ce que les attributions dévolues au chef de l'État, à son gouvernement et au Parlement fassent l'objet d'une nouvelle répartition et qu'ils soient conduits, par la force des choses, et par de nouvelles procédures, à prendre en compte ces droits et obligations au moment d'élaborer de nouvelles politiques publiques. De leurs côtés, Rosalind Dixon et David Landau (2015) insistent sur la nécessité que ces textes prévoient et précisent la manière dont on peut faire de ces droits des réalités, en indiquant les étapes à suivre pour arriver de manière incrémentale et progressive à leurs concrétisations. Il existe ainsi en théorie une voie pour que ce « constitutionnalisme magique » devienne un constitutionnalisme transformateur et ne se contente plus d'être un simple constitutionnalisme utopique.

NOTE

1. Voir l'article de Simona Modreanu dans ce numéro.

RÉFÉRENCES BIBLIOGRAPHIQUES

DORY, D., MARTÍNEZ CARDONA, E. (coord.), « Constitutionnalisme magique », *Problèmes d'Amérique*, n° 124, 2023, p. 9-89.

ELKINS, Z., GINSBURG, T., *Comparative Constitutions Project*, 2021. En ligne sur <comparativeconstitutionsproject.org/>, page consultée le 14 novembre 2024.

GARGARELLA, R., *Latin American Constitutionalism, 1810-2010. The Engine Room of the Constitution*, New York, Oxford University Press, 2013.

HERRERA, C. M. (dir.), *Le constitutionnalisme latino-américain aujourd'hui : entre renouveau juridique et essor démocratique ?*, Paris, Éditions Kimé, 2015.

LANDAU, D., DIXON, R., « Utopian constitutionalism in Chile », *Global Constitutionalism*, vol. 13, n° 1, 2024, p. 228-238. En ligne sur <cambridge.org/core/services/aop-cambridge-core/content/view/9DB046E29A9E664788D5FBABD57205CF/S2045381723000266a.pdf/utopian-constitutionalism-in-chile.pdf>, page consultée le 14 novembre 2024.

Edmond Doua
Université Félix Houphouët-Boigny (Côte d'Ivoire)

L'odyssée de la salsa cubaine en Afrique

Introduction

La musique sert généralement de support d'identification, d'autant plus qu'elle détient cette capacité à rassembler, à la fois des identifiants culturels et des récepteurs de messages. Force est de constater que les modes musicaux ne sont jamais distribués sans déranger les conventions politiques et sociales les plus fondamentales. En Afrique, plus particulièrement, la musique représente, pour toute entité sociale, une sorte de « carte d'identité sonore », qui permet à l'auditeur de reconnaître son pays, son ethnie, son groupe ou l'origine de son clan. Toutefois, au contact avec le monde occidental, par le biais d'abord de l'esclavage et ensuite de la colonisation, la musique africaine a subi une mutation et une restructuration en profondeur, entraînant ainsi une modification des pratiques sociales, politiques et identitaires.

À la lumière de cette réalité, ce texte jette un regard rétrospectif sur l'histoire des rencontres des musiques africaines et cubaines, afin de mieux décrire les influences mutuelles consécutives à ce voyage effectué entre l'Afrique et la Caraïbe. Dans cette optique, l'on indiquera plus spécifiquement la manière dont le métissage culturel s'est opéré, surtout dans un contexte de relations internationales assez particulier à l'époque coloniale. Pour ce faire, et de façon spécifique, l'on s'adossera au cas de la musique « salsa ».

L'Afrique et Cuba : idéologie politique et interactions culturelles

La République de Cuba a d'abord été une colonie espagnole de 1492 à 1902, avant de voir débarquer, entre 1521 et 1886, des centaines de milliers d'esclaves d'Afrique (Houdaille, 1971). Le brassage intense des populations de cet archipel s'exprime parfaitement dans le dicton populaire qui clame haut et fort que : « tout Cubain a au moins quelques gouttes de sang congolais, ou à défaut, qu'il compte parmi ses ancêtres des Africains originaires de Carabali, au Nigeria[1] ». Ainsi, des influences exercées par le Congo sur Cuba ont été relevées, surtout sur la présence de vocables africains dans le parler cubain (Carpentier, 1985). En sens inverse, d'autres recherches ont aussi examiné l'influence de Cuba sur le continent noir. Dès le début, en effet, ces mouvements ont été manifestes dans le champ des idéologies et de la communication politique. À titre d'exemple, en décembre 1964, Ernesto Guevara, dit le *Che*, prend officiellement la parole dans l'enceinte des Nations Unies, pour dénoncer l'opération « humanitaire » menée par l'armée belge, sous prétexte de secourir les Occidentaux pris en otages à Stanleyville, au Congo. Après son séjour à New York, le *Che* entreprend une longue tournée à travers quelques pays africains et, dans la continuité de cette stratégie de communication politique, il tient un discours en février 1965, face aux étudiants algériens, dans lequel il fustige l'impérialisme occidental. À la faveur de leur arrivée au pouvoir, en 1959, à la suite du renversement du régime de Batista, jugé dictatorial, les frères Castro, Ernesto Guevara et d'autres, tentent d'exporter leurs idéaux socialo-marxistes en dehors de l'île. Plus qu'une finalité politique, cette initiative est avant tout le corollaire d'une véritable volonté idéologique : la libération des peuples opprimés du monde entier, en même temps que l'opposition à l'impérialisme occidental (Léger, 2019). Cette doctrine est expérimentée extensivement en Amérique du Sud et surtout en Afrique, où l'implication politique, diplomatique et militaire de Cuba a effectivement eu un impact historique décisif.

L'expression « couleur cubaine » a été utilisée officiellement, pour la toute première fois, en vue de définir la société cubaine multiculturelle (Pic-Gillard, 2012)[2], car en réalité, l'extension de la culture de la canne à sucre a favorisé l'apport constant d'esclaves africains, qui vivaient alors entre eux sur la plantation et dormaient dans des maisons collectives de fortune. C'est ainsi que, sur le plan linguistique, ce genre de regroupement devient un facteur de pidginisation[3] puis de créolisation, pour glisser progressivement vers l'espagnol. Le corollaire est la sauvegarde de certaines langues, pour un usage spécifiquement religieux, comme cela a été le cas du lucumí, de l'abakua et du congo. Les relations entre les deux communautés ont donc été analysées, surtout en termes d'interpénétration culturelle, en particulier dans le domaine de la musique, qui synthétise les influences euroafricaines (Vinsonneau, 2000). Cependant, l'héritage africain n'était pas reconnu par la classe dominante blanche, qui craignait de voir se « noircir » la culture cubaine. D'autre part, les deux cultures ne se sont pas développées séparément, malgré les tensions extrémistes entre elles : elles ont même réussi à former une culture métisse, sans domination de l'une sur l'autre (Djebbari, Grabli, 2022).

Origine, pratiques et influences de la musique salsa en Afrique

La salsa est une danse et une musique cubaine, apparue aux États-Unis, précisément à New York et surtout à Miami, vers la fin des années 1960[4]. Terre de multiples vagues d'immigration, Cuba conçoit un folklore sonore d'une richesse inégale, par le truchement de l'apport de plusieurs traditions musicales. À la suite de la « découverte » de l'île, en 1492, par les Européens, les premiers musiciens y transfèrent leur patrimoine à la fois poétique et musical. Les Noirs, provenant des côtes nigériennes, déplacés en Amérique comme esclaves, ont eu le don d'assimiler et de transformer ce matériel sonore, tout en lui estampillant, à l'aune de leurs propres cultures, un caractère nouveau. Les premiers groupes d'Africains ont amené avec eux les chants et les rythmes de leur pays d'origine (Puccio, 2000). La Havane est alors envahie par le *son*, grâce auquel les percussions africaines, jusqu'alors confinées dans les quartiers pauvres habités par les Noirs, acquièrent une valeur universelle. Cette musique traditionnelle et populaire, d'origine africaine, est à la base de la naissance de la salsa[5] (Carpentier, 1985).

La musique salsa a été véritablement créée à partir d'un mélange entre les cultures espagnole et africaine. Après la déportation des esclaves, les colons espagnols se sont mélangés à eux pour créer la salsa, conçue à la fois comme musique et danse. Ainsi, qu'elle soit interprétée par les émigrants de Porto Rico ou par les exilés de Cuba, dans une évocation nostalgique de leur patrie, la salsa tourne son regard vers l'ailleurs et le lointain (Pietrobruno, 2006). Dans le sens inverse, cette même influence s'est produite d'Amérique latine et des Caraïbes vers l'Afrique. À partir de la deuxième moitié du XIXe siècle, des soldats caribéens servant dans les armées coloniales ont été envoyés en Afrique où ils ont exporté leur culture (Montes Pizarro, 2010). Des villes maritimes importantes comme Dakar, Conakry, Cotonou et Abidjan sont devenues les ports d'entrée de la musique latino-américaine et des Caraïbes en Afrique. Le retour des esclaves affranchis a ainsi eu un impact en termes d'influence musicale des diasporas africaines sur le continent d'origine à partir de 1820. Des musiciens cubains, tels que Cachaito Lopez, Johnny Pacheco ou Ray Barretto, ont fait de fréquents séjours en Afrique, contribuant aux transferts musicaux.

Médias et promotion des rythmes musicaux

À leur tour, les stations de radio entrent dans la danse, pour diffuser les musiques issues d'Amérique latine dans les pays africains. Par exemple, les animateurs de *Radio Congolia,* créée au Congo en 1939, jouent des disques qui donnent l'occasion aux populations de découvrir la musique latino-américaine (Pizarro, 2010). Par conséquent, cette technique de communication médiatique influencera les pratiques musicales des artistes locaux. Ainsi des percussions cubaines importées, progressivement remplacées par des instruments sonores traditionnels. Les cas de la samba et de la rumba en deviennent de parfaits éléments, illustrant cette inspiration des musiciens locaux en contact avec les diasporas africaines[6].

L'héritage musical africain est donc né d'un mélange avec d'autres formes culturelles, et a lui-même donné naissance, plus tard, à de nouvelles formes musicales. L'on peut citer l'exemple de célèbres artistes qui ont fortement transformé la musique africaine en 1930, comme Labah Sosseh chanteur de salsa sénégalais d'origine gambienne, qui produit des sonorités musicales principalement influencées par les structures musicales caribéennes à cette époque. Après les indépendances, les efforts se sont multipliés pour africaniser la musique et promouvoir les expressions artistiques et culturelles. Il faut noter que les musiciens de rumba congolaise ont été parmi les plus actifs dans la diffusion de leur musique sur tout le continent. À titre d'illustration, des stars congolaises ont célébré les indépendances africaines avec leurs chansons aux rythmes cubains, telles que le mythique *Indépendance cha-cha* du Grand Kallé, accompagné de l'African Jazz, devenu un hit panafricain en 1960, ou encore le groupe OK Jazz.

Deux ensembles de facteurs distincts sont à mentionner pour expliquer l'accueil chaleureux que l'Afrique a réservé à la musique cubaine. Le premier aspect concerne la dimension traditionnelle des pratiques que les pays africains ont su conserver. L'explication la plus plausible était que les musiciens issus de ce continent se sont emparés de la musique d'Amérique latine et des Caraïbes parce que celle-ci présentait des similitudes avec les formes traditionnelles de leur propre musique. Deuxièmement, la modernité des musiques africaines est à attribuer à la musique latine et des Caraïbes, d'autant plus que les sonorités issues de cette partie du monde constituaient une introduction certaine à la musique moderne. En effet, simultanément, les nouvelles pratiques musicales importées ont permis de s'affranchir des rigidités du monde rural africain, et surtout, de la dominance culturelle des autorités coloniales occidentales à cette époque.

Conclusion

En s'appuyant sur l'exemple de la musique, l'on a pu mesurer l'impact des différents transferts culturels qui ont eu cours entre l'Afrique et la Caraïbe, plus spécifiquement, à la faveur de l'esclavage, de la traite des Noirs et lors de la période coloniale, du XVe siècle à la fin du XIXe siècle. Ce voyage historique entre les deux continents fut à la base de l'invention de nouvelles formes d'expressions artistiques qui, plus tard, susciteront de nouveaux modèles de comportement, de communication politique et idéologique. En termes de perspectives, entre l'Amérique latine et l'Afrique, sur le plan des pratiques musicales, les influences des musiques afro-cubaines se sont quelque peu estompées de part et d'autre. En réalité, la ferveur observée autour de ce rythme musical, au tout début de son émergence, ne semble plus être la même aujourd'hui, surtout auprès de la nouvelle génération africaine.

Toutefois, il reste encore quelques Africains nostalgiques de cette « vielle et bonne époque » de la danse salsa et rumba qui, à quelques rares occasions, n'hésitent pas arborer avec fierté leurs apparats liés à cette expression culturelle. Au travers d'un code vestimentaire, fait de chapeaux melons et de chaussures, sans oublier les cigares « *made in* La Havane », quelques amateurs de musique cubaine peuvent être aperçus dans les grandes capitales africaines telles qu'Abidjan, Conakry, Bamako ou Dakar et au sein des diasporas africaines en Occident, pour témoigner de leur appartenance à cette double culture afro-cubaine.

NOTES

1. Cette idée se traduit en espagnol, comme ceci : « *En Cuba, el que no tiene de Congo tiene de Carabali* ».
2. L'auteure s'est adossée, dans ce contexte, à l'idéologie des penseurs et initiateurs des guerres d'indépendances du XIXe siècle. Cette expression « reflète à la fois une réalité démographique mais aussi une prise de position, quant à l'identité cubaine qui s'est construite sur l'intégration des minorités, en particulier la minorité noire » (Pic-Gaillard, 2012 : 231).
3. Ce vocable désigne une façon de parler : le pidgin est une sorte de langue véhiculaire, fondée sur une langue originale. Le créole est, en quelque sorte, un pidgin complexifié, où les langues originales ont disparu au profit d'un langage commun partagé dans une société.
4. À ce sujet, rappelons que les premières grandes migrations cubaines, formées de personnes fuyant la prise de pouvoir castriste en 1959, ont permis de lancer l'intégration progressive de Miami dans la mondialisation (Bénistant, 2020).
5. Salsa signifie littéralement « sauce » en Espagnol.
6. Précisons que la samba est à la fois genre musical et danse, d'origine afro-brésilienne. C'est aussi le cas de la rumba, conçue comme une danse et un rythme musical, qui tire ses origines du Congo.

RÉFÉRENCES BIBLIOGRAPHIQUES

Bénistant, A., « La mondialisation des musiques "latino" : stratégies industrielles et rapports de pouvoir », *Hermès, la Revue*, n° 86, 2020. En ligne sur <doi.org/10.3917/herm.086.0109>, page consultée le 8 décembre 2024.

Carpentier, A., *La Musique à Cuba*, Paris, Gallimard, 1985.

Cabrera, L., *Reglas de Congo : Mayombe, Palo Monte*, Miami, Ediciones Universal, 1986 [1979].

Djebbari, E., Grabli, C. (dir.), « Imaginer le “mémorial musical”. Musiques et (re)transmissions des mémoires des traites et des esclavages », *Esclavages & Post-esclavages*, n° 7, 2022.

Houdaille, J., « Nombre d'Africains introduits à Cuba », *Population*, vol. 26, n° 4, 1971, p. 761-762.

Léger, A., « De *Carlota* à Cuito Cuanavale : l'intervention cubaine en Angola », *Revue Défense Nationale*, n° 817, 2019, p. 107-118. En ligne sur <doi.org/10.3917/rdna.817.0107>, page consultée le 8 décembre 2024.

Montes Pizarro, E. L., « El bolero en África : un diálogo musical alrededor del Atlántico Negro », *in* Tejeda, D., Yunén, R. (eds), *El son y la salsa en la identidad del Caribe*, Santiago, Instituto de Estudios Caribeños y Centro León, 2010.

Pic-Gillard, C., « Couleur cubaine : intégration, ségrégation, assimilation des Noirs à Cuba », *Alizés : Revue angliciste de La Réunion*, 2012, Intégration/exclusion des minorités à la lumière de l'interculturalité, vol. 36, p. 232-243.

Pietrobruno, S., *Salsa and its Transnational Moves*, Lanham, Lexington Books, 2006.

Puccio, D., « Sous le signe de la salsa. Les danses latino-américaines à Toulouse », *Terrain*, 2000, p. 23-40. En ligne sur <doi.org/10.4000/terrain.1055>, page consultée le 8 décembre 2024.

Vinsonneau, G., *Culture et comportement. Introduction à la psychologie anthropologique et interculturelle*, Paris, Armand Colin, 2000.

Alexander Alberro
Columbia University (United States of America)

Doris Salcedo's Art at the Nexus of Cultures

Contemporary art's recent expansion has exploded its breadth and scope. It has also generated a complex worldwide interaction between what I will refer to as coexisting art frameworks that give meaning to that which circulates within them, construct identifications, and regulate the practices of artists, institutions, and publics in their interactions with one another. The nature of the relations between those frameworks remains unclear, however, as does their effect on production and exhibition.

Art frameworks provide relatively fixed constellations of shared meanings and conventions that give artists operating within them a sense of who they are and where they belong. While significant discrepancies persist within each framework, the configurations themselves are relatively well-circumscribed and marked off from others. This delineation of artistic difference increases group identity. But those imagined communities are decentered at the intersections between frameworks where actors constantly negotiate significations, artistic practices, and new identity forms.

In this paper, I argue that today's most innovative and transformative art materializes at the nexus of different cultures. In particular, I focus on the generative role the dynamic boundary zone between the Western and Latin American art frameworks, where distinct aesthetic norms and values meet, plays in the work of the Colombian-born visual artist and sculptor Doris Salcedo. I show how the artist translates back and forth between the two frameworks' codes and conventions, developing a double dialogue that maintains subtle relations of selective appropriation and cross-cultural negotiation. I also maintain that Salcedo exercises agency in what she adopts and what she rejects. She thinks from the boundary zone between the two formations, cultivating a double consciousness that overlaps idioms and accents, tropes and metaphors, and is inspired by the practice and politics of bridging. This phenomenon foregrounds the dilemma between location and identity, turning historical and geopolitical questions of « home » into investigations about its meaning. It confronts spectators with articulations of differences and similarities that no longer cohere solely within a single art framework.

Negotiating Difference

Salcedo's artistic productions thread the needle between the Latin American formation's protocols and the conventions of the Western (i.e., European/U.S.)

framework. She deflects and translates the latter configuration's imperatives from her own cultural tradition, and, in doing so, she constitutes a new kind of localism in the context of contemporary art. This localism is not self-sufficiently particular but arises at the interstices between formations.

Salcedo's art communicates the Colombian art context's difference without essentializing it. It conveys the negotiations that take place between agents who shape artistic practice in the South American nation. Evidently, the artist recognizes that cultural identity is not inherent, naturally rooted in a national or geographical location or set of unchanging customs. It is something social entities constantly construct : lives lived with others. Accordingly, Salcedo's artworks are transcultural and performative. They produce new identifications that are never complete and are always in process. They are also highly textured and nuanced. They imbue their local framework's histories and concerns with broader resonances. They are, in short, both Latin American and Western, the products of practices that opt to neither assimilate nor oppose the codes and conventions of any one formation fully.

Salcedo's art focuses on the traumatic effects of the social and political brutality that has devastated many in Colombia. The artist conveys the violence that has convulsed Colombia since the late 1940s and its victims' need to grieve through her artworks' constructed materiality. For instance, her Atrabiliarios series of sculptural installations, created between 1991 and 2004, reflects on barbarousness, loss, and bereavement. The title of the series references the Latin term for melancholy associated with mourning. The installations transform familiar objects – worn shoes – into symbols of absence and trauma, inviting viewers to contemplate the lingering effects of violence. The shoes belonged to victims – primarily women – who disappeared in the terror that ravaged the country during the Cold War as rightwing paramilitaries fought Marxist guerillas. Forensic archaeologists often use shoes to identify individuals buried in common graves. Encased in small niches embedded into the gallery wall and covered by layers of stretched and preserved skin-like animal fibers affixed with medical sutures, the Atrabiliarios's shoes vividly and fetishistically stand in for the now-absent bodies of these unfortunate individuals. They also evoke the atrocities committed in this proxy war's name and stress that femicide compounds much of the barbarism.

Salcedo's untitled sculptures made of domestic furniture occupied by volumes of concrete also affectively allude to Colombia's ongoing social and political turmoil and how it plays out in women's lives. The artist presents many of the mutilated and concrete-filled wooden wardrobes, dressers, beds, bedside tables, and chairs, some of which the murdered victims' families gave her, as traces of those who violence has traumatized or rendered absent. Colombian families usually locate the simple wooden domestic furnishings in the most private recesses of homes. The households consider these sites sacrosanct and commonly associate them with women's spaces. The sites provide a refuge from the public sphere's dangers. Salcedo's use of the furniture summons the debasement of private life. The damage inflicted on the furniture by the building material's immense weight suggests the brutality of interminable violence. The artist presents not just the murdered but also their loved ones as victims who will forever struggle painfully with the atrocity's horrors.

But rather than limiting her work to a representation of Colombia's troubled history, Salcedo expands the epidemic of savagery beyond her natal home to explore what it shares with other cultures. Her art begins with the firsthand testimony of traumatized Colombian citizens and gives physical manifestation to experiences of human suffering in systemic violence. Its theme extends to the worldwide crisis of politically motivated carnage. This barbarism is a subject that both the Latin American and the Western art frameworks largely banished to their constitutive outsides. By now, somewhat awkwardly, presenting the disdained subject within those frameworks, Salcedo's art troubles both the local and global's symbolic authority. Its meaning is most powerful not in the Latin American or the Euro/U.S. art frameworks but in the dynamic boundary zone between the two, where shared experiences and conditions are rendered visible and the possibility of developing what the curator Okwui Enwezor provocatively describes as an « imagined community of global culture » becomes a reality (Enwezor, 2010 : 431).

A Robust Back-and-Forth Dialogue

Curators, critics, and historians working within the Western framework, and those in the Latin American framework who defer to the hegemon's authority, have located the meaning of Salcedo's work in the intertextual dialogue it establishes with canonical European and North American-based artists' productions. They emphasize the lessons the artist learned in the U.S. while working toward a Master of Fine Arts degree at New York University on a Colombian Institute of Educational Credit and Technical Studies Abroad scholarship (1981-1984) to interpret her work through the lens of the dominant Western framework. These critics and curators often mention the influence of West German artist Joseph Beuys, who inflected his productions with questions of how to heal after social and political traumas, on Salcedo's production (Schneider Enriquez, 2016 : 5 ; Serrano, 1990 : 9). They also cite Marcel Duchamp's, Christian Boltanski's, Mona Hatoum's, and Rachel Whiteread's importance in Salcedo's artistic practice, seeing the way many of these well-known artists' sculptural installations combine the spatial engagements of Minimal art with the expanded material possibilities of Post-Minimalism to focus on themes of memory, absence, violence, and oppression as central to Salcedo's work (Molesworth, 201). The impression one gets from reading the now extensive literature on Salcedo's production by Western and Western-centric observers is clear : the artist's sources are European and U.S.-based ; she imagines a Western or Western-philic public for her work ; and her art's most significant aspect is the way it negotiates artistic practices the Western framework has already deemed important.

In reality, however, Salcedo's artworks develop a robust back-and-forth dialogue with dominant codes and conventions in the Latin American artistic context. The importance of Colombian artists Óscar Muñoz's or Juan Manuel Echavarría's productions for Salcedo is enormous. These artists' rich body of work has long explored the Latin American nation's destabilization because of war and violence, and Salcedo's reflections on this theme are highly indebted to it. Beatriz Gonzaléz's art, too, has profoundly informed Salcedo's practice. Commentators have noted the crucial lessons that González taught Salcedo during the latter's student years at the University of Bogota in the 1980s. But they have largely overlooked the pivotal relationship Salcedo's furniture sculptures establish with the secondhand household furniture Gonzaléz scavenged to make art in Colombia in the early 1970s. Gonzaléz deliberately chose these lowbrow domestic objects, saturated with what Gonzaléz's biographer Ana Maria Reyes describes as « local, gender, and class references, » to speak back to and put in doubt the sensibilities of the conservative elites that long dominated Colombia's art institutions (Reyes, 2019 : 3). Accordingly, Salcedo's focus on political and gender violence and her use of castoff domestic furniture is highly significant within the Colombian art context where artists have long marshaled these themes and materials to represent human suffering and aspiration.

Interaction and Co-determination

Salcedo's artistic production operates at the threshold between the Latin American framework and norms that dominate the Western formation. The artist's engagement with both is a testament to her multiple identities and her refusal to identify solely with any single one. Theorizing the dialogical relations that occur at the boundaries between cultures, where different trajectories intersect, is crucial to comprehending her production.

The art of Salcedo interrelates the conventions of one framework with those of another to generate relational experiences. One cannot adequately understand it in isolation from the codes of the cultures and societies it most directly represents. In this sense, for the European and U.S. public, the concerns and sensibility of Salcedo's work come from the place of the Other. Yet the artist's liminal position between frameworks locates her as both inside and outside, Self and Other, and her conflicted perspectives enable her to produce art that questions the frameworks' coherence. As a result, no single context sustains her production. The latter goes beyond her homeland Colombia's social and cultural history. Rather than representing this history and the human subjects who produce it as fundamentally distinct, Salcedo's art entangles it with those identities dominant in the Western formation and its global imaginary and highlights their interaction and co-determination. Her art takes on history's and identity's complexities and performativity instead of their stability.

Ironically, artists such as Salcedo often find their local communities the hardest to crack. For instance, relatively few solo exhibitions have featured Salcedo's work in Colombia. The country's closed artistic infrastructure carefully guards a conservative national-cultural identity and has long been reticent to recognize the politicized productions of female artists of color. But Salcedo's reputation in Colombia has benefited from her success in the wealthier and more powerful Western framework whose protagonists are keen to include her work in their canons. In a seeming paradox, this success has shifted the interests of the country's cultural gatekeepers and encouraged local critics to recognize the significant ways her art engages with Colombian art history. We can surmise confidently that Salcedo's art would not have had the reception and respect it has today in Colombia had she not successfully negotiated both the Latin American and the European and U.S. frameworks' codes and conventions.

Like many artists who work at the boundaries of formations at the turn of the millennium, Salcedo has developed a practice that establishes a relationship between distinct ways of making sense. Her artworks translate local issues and conventions into another framework's codes and modes of address and filter the latter's aesthetic vocabularies through local contexts. Hence, they cut across borders but do not erase boundaries; they represent local concerns and sensibilities to another framework's public without losing the concerns' and sensibilities' integrity as local. Colombia's art and social history is fully present in her work. The artist's production mediates the artistic conventions of the Latin American framework and those of the Western configuration. Accordingly, it makes sense in both formations.

Locations of Cultural Dialogue

Returning briefly to the material qualities of Doris Salcedo's untitled furniture sculpture is helpful as a form of conclusion. Some might describe the artworks as appropriated objects, transfiguring discarded domestic materials into iconic memory images for a much more affluent framework's public. The sculptures reclaim the vernacular as a powerful signifier within the Western formation's global processes, commonly assumed to erode preexisting though still operational localized norms and traditions in their quest to produce a uniform art worldwide. But when exhibited in European and U.S. galleries and museums, Salcedo's artworks do not just represent displaced signifiers of a differential space. Instead, they connect to the local context and touch on its relationship to the violence they signify. Publics in each location translate the art into their own terms to make sense of it. The relational optics of these transcultural operations add new dimensions to the artworks whose contents and meanings are permanently transforming. The artworks connect and separate the locations at the same time. They function as contact points between cultures, locations of cultural dialogue and diplomacy, where people perpetually negotiate values and relational identities anew.

BIBLIOGRAPHICAL REFERENCES

Mieke Bal, *Of What One Cannot Speak : Doris Salcedo's Political Art*, Chicago, University of Chicago Press, 2011.

Enwezor, O., « Mega-Exhibitions and the Antinomies of a Transnational Global Form (2004) », *in* Filipovic, E., van Hal, M., Ovstebo, S. (eds), *The Biennial Reader*, Ostfildern-Ruit, Hatje Cantz, 2010, p. 426-445.

Molesworth, H., « Doris Salcedo's Readymade Time », *in* Grynsztejn, M., Rodrigues Widholm, J. (eds), *Doris Salcedo*, Chicago, University of Chicago Press, 2015, p. 201-208.

Princenthal, N., Basualdo, C., Huyssen, A., *Doris Salcedo*, London, Phaidon, 2000.

Reyes, A. M., *The Politics of Taste : Beatriz González and Cold War Aesthetics*, Durham, Duke University Press, 2019.

Schneider Enriquez, M., *Doris Salcedo : The Materiality of Mourning*, Cambridge, Harvard Art Museums, 2016.

Serrano, E., « Doris Beuys », *Arte*, 1990.

Rebeca de Alencar Silva
Groupe de Recherche sur les enjeux de la communication – GRESEC, Université Grenoble Alpes

De la marginalisation culturelle à l'intégration socio-économique : le cas du funk brésilien

Introduction

Cet article a pour but d'interroger les stratégies socio-économiques des agences de production de clips dans la valorisation marchande du genre musical funk brésilien en tant qu'expression culturelle. Nous privilégierons, dans notre recherche, les analyses de la théorie des industries culturelles (Bouquillion *et al.*, 2013) et l'École des études culturelles (Hall, 2007). La première cherche à saisir une posture socio-économique permettant d'éclairer les rapports de forces entre les différents acteurs, tandis que la deuxième nous donne la possibilité d'analyser les articulations qui ressortent dans les processus de représentations des identités à travers les productions culturelles.

Notre hypothèse suggère que, dans la tentative de valoriser les clips de funk sur la scène nationale pour attirer des annonceurs, les productions de ces clips subissent des changements visant à reformater les représentations visuelles. Ainsi, d'une part, nous observons les tentatives des agences d'intégrer leur production dans la chaîne de financement des grands annonceurs, tout en maintenant cette production comme une forme d'expression de l'identité culturelle de la vie des populations des favelas. D'autre part, nous notons les tentatives des annonceurs de s'insérer dans la vie culturelle d'une audience significative sur la scène nationale, sans pour autant compromettre leur image de marque. L'attention portée ici à ce genre spécifique réside ainsi dans l'identification de certaines particularités dans les processus de production et de valorisation des clips avec, par exemple, l'intérêt très récent des annonceurs de marques transnationales pour le financement de ces clips de funk. Notre objectif est de comprendre les processus sociaux et culturels imbriqués dans l'appropriation symbolique de ce genre par les acteurs des industries culturelles, de la communication et par les annonceurs.

Notre analyse se déroule en deux phases distinctes. La première porte sur le contexte socio-économique, en se concentrant sur les stratégies de « publicitarisation » (Patrin-Leclère *et al.*, 2014) des clips vidéo, et la seconde se penche sur les articulations développées entre les agences

Kondzilla et GR6 Explode dans leur stratégie de répartition de production (Bouquillion, 2010). Ces agences ont été sélectionnées car elles utilisent la culture locale pour organiser une structure socio-économique autour des productions vidéo musicales de funk. À partir des données des analyses qualitatives de notre enquête, nous montrerons que les stratégies utilisées par Kondzilla interfèrent directement dans le processus de production des contenus.

Du hip-hop nord-américain au funk brésilien : mettre en avant la diversité culturelle à travers le clip vidéo

Nous partons du constat que les agences de production de clips vidéo de funk se sont approprié les « plateformes » numériques (Bullich, 2021) telles que YouTube pour valoriser ce genre musical. Cela s'explique par le fait que le funk brésilien continue de faire face à des obstacles pour s'insérer dans les médias traditionnels, en raison des stigmates sociaux associés à l'idée de basse culture, de criminalité et d'érotisme excessif (Vianna, 1997). En effet, il est important de souligner que ce genre musical fait référence aux conditions et modes de vie des personnes issues de processus d'exclusion et de marginalisation, ici les populations noires – conséquence des politiques coloniales et urbaines qui les ont affectées. L'histoire du funk brésilien, aujourd'hui plus largement connu sous le nom de funk carioca, est marquée par des représentations stigmatisantes qui l'associent fréquemment à la criminalité, notamment dans les médias. Son essor s'accompagne de la création des *bailes funk* (bals funk), événements populaires où l'on chante et l'on danse sur ces nouveaux rythmes. Cependant, ces bals à la réputation sulfureuse sont encore interdits dans certaines villes brésiliennes, au nom de la sécurité publique et la protection de la jeunesse, ce qui est largement relayé par les médias et ce, alors même que les artistes du genre parviennent à attirer un large public. Cette couverture médiatique ne fait que renforcer le lien entre le funk et la criminalité (Herschmann, 2000), discriminant à la fois le genre et son public.

Le funk brésilien a pris racine dans la zone sud de Rio de Janeiro dans les années 1970 avant de muter en une expression culturelle principalement associée aux banlieues populaires et aux favelas (Vianna, 1997). Cette musique s'inspire fortement du *Miami bass*, un sous-genre du hip-hop nord-américain et, encore aujourd'hui, ces deux genres musicaux sont étroitement liés. Ils partagent des problématiques socio-économiques communes aux cultures périphériques et marginalisées et suscitent fréquemment des débats intenses sur l'acceptabilité, ou non, d'une culture dominante, imposée par un milieu social souvent conditionnant et parfois conservateur. Cependant, au fil des années, de nouvelles variantes ont vu le jour, notamment grâce à l'influence de maisons de production de clips vidéo installées à São Paulo. Des artistes et producteurs de clips ont trouvé sur YouTube un moyen de développer de nouvelles stratégies de valorisation de leurs contenus, pour contourner le rejet de ce genre musical par les médias traditionnels.

Les clips de funk brésilien, notamment ceux produits par l'agence Kondzilla, mettent ainsi souvent en scène des individus issus de milieux défavorisés, principalement non blancs et vivant dans les zones périphériques des grandes métropoles. Ils sont filmés dans un contexte de réussite sociale fantasmée, à travers une valorisation de l'image de l'homme entouré de femmes sexualisées. Cette représentation reprend les codes des clips de hip-hop nord-américain, en particulier du gangsta rap, mais transposés dans le contexte spécifique des favelas brésiliennes, où le consumérisme et le luxe contrastent fortement avec la réalité sociale environnante. Le lien visuel entre le funk brésilien et le hip-hop américain est ainsi omniprésent et se révèle à travers des codes culturels similaires : l'ostentation de la réussite matérielle, le consumérisme exacerbé et l'usage de symboles de réussite sociale. Cette intersémiotique, qui s'appuie sur une esthétique partagée d'une représentation du luxe et de la surconsommation, suggère une aspiration commune à une réussite qui transcende les frontières culturelles et géographiques. Dans cette perspective, les productions audiovisuelles de funk ostentatoires ne se contentent pas d'imiter des codes visuels américains du hip-hop ; elles les réinterprètent et les adaptent, créant ainsi une sorte de dialogue intersémiotique entre les deux genres. Kaique Alves, directeur exécutif de Kondzilla, souligne cette inspiration croisée lorsqu'il mentionne le rappeur américain 50 Cent comme une de ses références audiovisuelles pour la production de ses clips. Ce croisement esthétique, où le luxe du hip-hop américain s'invite dans les favelas brésiliennes, met en relief des aspirations sociales et économiques partagées dans les productions de cette filière de l'industrie culturelle, tout en générant une tension avec la réalité locale.

Les appropriations symboliques du funk brésilien par les industries culturelles et les annonceurs

L'accès à YouTube a marqué un tournant dans la diffusion des clips musicaux de funk. Pour les petites maisons de disques, cette plateforme offre une vitrine en dehors du périmètre limité des favelas, et des agences de production de clips, telles que Kondzilla ou GR6 Explode, ont su l'utiliser pour structurer et valoriser leurs productions culturelles.

En 2016, Kondzilla a retenu l'attention au niveau national avec le clip *Baile de Favela*, et a marqué l'histoire de l'agence, selon Kaique Alves, en faisant l'objet d'un « nettoyage visuel » : il a été produit sans la présence de répliques d'armes à feu dans les mains des MCs[1] et avec moins de scènes à caractère érotique. Le clip a atteint plus de 100 millions de vues, ce qui n'a pas manqué d'attirer l'attention des annonceurs. Cependant, ces adaptations n'ont pas été suffisantes pour garantir des financements immédiats de leur part et Kondzilla a dû continuer à produire des clips exempts de violence pour démontrer sa capacité à répondre aux attentes des marques, jusqu'à ce qu'elles acceptent d'investir dans ce type de contenus, deux ans plus tard, comme nous l'a expliqué Kaique Alves « c'est là [en 2016 avec le clip *Baile de Favela*] que nous avons vraiment changé notre approche, vous savez ? Mais les marques n'ont vraiment commencé à venir que presque deux ans plus tard. C'est vraiment à partir de 2018 qu'elles sont venues en force[2] ».

Selon notre enquête, les deux années suivant la sortie du clip ont été consacrées à l'adoption de politiques internes visant à rendre le contenu des clips vidéo plus attractif pour les annonceurs. Une analyse sémiologique de 225 vidéos impliquant 26 MCs montre que les éléments culturels et l'identité des jeunes des périphéries sont restés au centre des représentations visuelles (Hall, 2007) et que ces identités conservent les principales caractéristiques que l'imaginaire public se fait des populations de la favela, telle que la présence des jeunes et des populations noires. Parmi les 26 chanteurs qui figurent dans le top YouTube avec des productions de Kondzilla, 7 ont une couleur de peau claire et 19 mate ou noire. En outre, plus de la moitié de ces artistes sont âgés de moins de 25 ans, tandis que les autres ont entre 25 et 32 ans. Ces données indiquent que, bien qu'il y ait une adaptation aux exigences des annonceurs pour les attirer et élargir le public, la diversité raciale et la jeunesse continuent d'être représentées, reflétant la réalité socioculturelle d'un pays au sein duquel, selon l'Institut brésilien de géographie et de statistiques (IBGE), en 2010, 67 % des personnes vivant dans les favelas sont noires.

Concernant le scénario du clip vidéo, d'après notre étude sémiologique, la présence significative de la favela (33 %) révèle que, malgré le désir de reformulation pour plaire aux annonceurs, les vidéastes parviennent à maintenir une représentation de la réalité du milieu urbain originel sans la censurer. De même, la mise en scène de lieux conviviaux comme des bars, des snacks et des *bailes funks* dans la favela (18 %) démontre une volonté de valoriser une image d'interactions sociales plutôt que des archétypes négatifs associés à la culture funk, tout en garantissant son authenticité. Ces environnements promeuvent une narration d'inclusion et d'appartenance à un espace, souvent présenté dans les médias comme un lieu de criminalité.

La stratégie de répartition de production de Kondzilla et GR6

La nouvelle stratégie de production de l'agence Kondzilla s'est effectuée en partenariat avec la maison de disques GR6, et la chanson *Baile de Favela* a fait l'objet d'une version épurée pour sa diffusion en radio. Depuis 2017, les chansons produites par Kondzilla doivent respecter certaines règles concernant le contenu des paroles avec, notamment, une absence de référence au crime. Cette collaboration entre Kondzilla et GR6 révèle une association des productions culturelles : d'une part, Kondzilla sélectionne des artistes dont les paroles des chansons sont jugées moralement acceptables par les annonceurs ; d'autre part, GR6 se concentre sur des productions qui maintiennent une qualité technique élevée et l'idée d'un funk « originel », sans vraiment se soucier de leur contenu.

Les adaptations des clips ne se limitent pas à cette demande d'« hygiénisation » de l'image et des paroles, mais s'étendent également à l'insertion publicitaire de l'annonceur. Dans une production financée par la marque Colgate, Kaique Alves évoque, lors de notre entretien, les détails des adaptations visuelles effectuées dans la production culturelle : « Nous avons choisi les chaises, les stands et les vêtements aux couleurs de la palette de la marque » ; en plus du choix du casting en fonction des idées défendues par la marque. Ici, tous les participants devaient avoir une dentition bien régulière et blanche. En ce sens, l'éclairage, ainsi que le cadrage, était orienté pour mettre en valeur le sourire des acteurs du clip vidéo. Ces stratégies sont étroitement liées à la capacité de Kondzilla à s'adapter aux demandes des annonceurs, tout en maintenant leur production culturelle comme une forme d'expression de l'identité des jeunes issus de la favela.

Conclusion

Malgré son succès commercial, le funk reste stigmatisé et associé à la violence. Les médias traditionnels offrent encore un espace limité à ce genre musical et la marginalisation du funk reflète la persistance de l'exclusion sociale des populations périphériques dans les industries culturelles traditionnelles. En revanche, YouTube s'affirme comme une plateforme centrale pour sa diffusion, grâce à certains changements dans la production adoptés par la plus grande agence de production de clips de funk au Brésil, Kondzilla. Notre réflexion sur le processus de « nettoyage » des images et des paroles révèle une dynamique sociale dans un « espace de communication » (Odin, 2011) d'appropriations des références culturelles issues des négociations et des luttes symboliques dans le processus de production de ces contenus, marquées par une tension dialectique.

Enfin, nous avons constaté que la relation entre les vidéastes et les annonceurs implique également une tension, résultant, cette fois-ci, de négociations de sens à travers un processus d'adaptation sémiologique. Cela vise à rendre le funk acceptable moralement aux yeux des annonceurs sans pour autant effacer les indicateurs les plus pertinents de l'univers du funk, tels que le contexte de la favela et les représentations identitaires et les habitudes de sociabilité des jeunes des périphéries.

NOTES

1. Maître de cérémonie ou *master of ceremonies* : chanteur ou rappeur principal.
2. Entretien réalisé le 1er juillet 2020.

RÉFÉRENCES BIBLIOGRAPHIQUES

Bouquillion, P., « Industries, économie créatives et technologies d'information et de communication », *tic&société*, vol. 4, n° 2, 2010, p. 8-40. En ligne sur <doi.org/10.4000/ticetsociete.876>, page consultée le 21 novembre 2024.

Bouquillion, P., de Miège, B., Moeglin, P., *L'industrialisation des biens symboliques. Les industries créatives en regard des industries culturelles*, Grenoble, Presses universitaires de Grenoble, 2013.

Bullich, V., « Plateforme, plateformiser, plateformisation : le péril des mots qui occultent ce qu'ils nomment », *Questions de communication*, n° 40, 2021, p. 47-70. En ligne sur <doi.org/10.4000/questionsdecommunication.27413>, page consultée le 21 novembre 2024.

Hall, S., *Identités et cultures : Politiques des cultural studies*, Paris, Éditions Amsterdam, 2007.

Herschmann, M., « As imagens das galeras funk na imprensa », *in* Pereira, C. A. M. *et al.* (eds.), *Linguagens da violência*, Rio de Janeiro, Rocco, 2000. p. 97-106.

MC João, « Baile de Favela (KondZilla) », YouTube, 2015. En ligne sur <youtube.com/watch?v=kzOkza_u3Z8>, page consultée le 22 novembre 2024.

Odin, R., *Les espaces de communication*, Grenoble, Presses universitaires de Grenoble, 2011.

Patrin-Leclère, V., Marti de Montety, C., Berthelot-Guiet, K., *La fin de la publicité ? Tours et contours de la dépublicitarisation*, Bordeaux, Le Bord de l'eau, 2014.

Vianna, H., *O Mundo do Funk Carioca*, Rio de Janeiro, Jorge Zahar Editor, 1997.

Julie Amiot-Guillouet
CY Cergy Paris Université[1]

Solidarité dans la concurrence : les relations cinématographiques Europe-Amérique latine au XXIe siècle

Les relations entre l'Europe et l'Amérique latine dans le domaine du cinéma sont très anciennes : le sous-continent a été parcouru par les représentants de la maison Lumière dès la fin du XIXe siècle. Plus tard, l'Europe a été un espace d'inspiration alternatif au modèle hollywoodien commercial dans le contexte de l'émergence du Nouveau Cinéma latino-américain dans les années 1960, permettant aux cinéastes latino-américains d'importer, en les adaptant à leurs propres contextes et nécessités, les récits et les esthétiques du néoréalisme italien et de la Nouvelle Vague (Del Valle Dávila, 2014). Toutefois, ces échanges n'ont pas été sans susciter des débats, notamment parmi les réalisateurs latino-américains, qui ont fini par s'interroger sur la légitimité de productions cinématographiques critiques et réflexives qui circulaient bien davantage – contextes politiques oblige – sur les écrans du Quartier latin que dans leurs propres pays (Figueirôa Ferreira, 2000 ; Amiot-Guillouet, 2004).

Depuis une vingtaine d'années, les relations entre l'Europe et l'Amérique latine dans le domaine cinématographique connaissent un regain de vigueur, engageant de nouvelles modalités de coopération entre acteurs institutionnels et privés. Ce renouveau s'inscrit dans le sillage des dynamiques ayant émergé autour de la défense de l'exception culturelle (années 1990) puis de la diversité culturelle (années 2000). Nous nous proposons ici d'en dégager quelques caractéristiques.

Des fonds institutionnels promouvant une expression culturelle diverse soutenue par le secteur privé

À la fin du XXe siècle, l'expansion états-unienne semblait de nature à mettre en péril la diversité des représentations culturelles, suscitant une réaction depuis la France et l'Europe pour promouvoir des contre-feux à ce qui était perçu comme une entreprise de domination et d'homogénéisation des cultures dans le contexte de l'expansion de réseaux de communication de plus en plus globalisés. Ainsi, le Vieux Continent s'est positionné comme l'allié de pays périphériques (Elena, 1999) susceptibles de subir de plein fouet l'invisibilisation de leurs cinémas face au rouleau compresseur industriel hollywoodien (Elsaesser, 2005).

Cela a donné lieu à la mise sur pied de multiples instruments multilatéraux de financement du cinéma, visant à promouvoir les interactions entre professionnels du secteur. Des fonds publics ont émergé, tels que le Fonds Sud Cinéma (devenu Aides aux Cinémas du Monde en 2012) depuis la France, ou Ibermedia (réseau de partenaires liant l'Espagne et l'Amérique latine). D'autres types de fonds de soutien, liés notamment à des festivals de cinéma sont également apparus : Cinéma en construction entre les festivals de Saint-Sébastien en Espagne et Toulouse en France, Hubert Bals Fund à Rotterdam, etc.

Du côté de l'Amérique latine, nombreux sont les pays qui ont créé ou renforcé, depuis le début du siècle, des institutions publiques ayant vocation à soutenir la production cinématographique locale – Instituto Nacional de Cine y Artes Audiovisuales en Argentine ; Agência Nacional do Cinema au Brésil ; Proimágenes en Colombie ; CinemaChile au Chili, etc. Il s'est agi, à chaque fois, d'offrir un soutien au développement de la filière cinématographique, en tant que vecteur de représentations culturelles et identitaires, mais aussi en tant que source d'emplois et de création de petites et moyennes entreprises accompagnant l'émergence des industries culturelles et créatives dont le poids dans le PIB des pays n'a cessé de croître depuis le début du siècle. Ce modèle se trouve donc ancré dans l'économie néolibérale, où le soutien public permet le développement d'activités de production et de distribution privées.

Ces dynamiques concomitantes et complémentaires doivent se comprendre comme l'expression d'une volonté d'affirmation à la fois économique et culturelle : du côté latino-américain, l'émergence de ce nouvel écosystème de production et de diffusion des films permet de bénéficier de réseaux alternatifs aux *majors* hollywoodiennes ; du côté européen, il offre la capacité à des acteurs de premier plan, notamment la France, de conserver une position privilégiée dans le domaine de la coopération. Du point de vue de la diplomatie culturelle, des fonds somme toute relativement modestes en termes de financements contribuent à engranger des retombées significatives, notamment en ce qui concerne leur image à l'international.

L'empreinte thématique et formelle de cadres de coopération renouvelés

Bien entendu, cela ne se fait pas sans frictions : la dépendance du cinéma pourtant dit « indépendant » en Amérique latine vis-à-vis de ces circuits pose en effet la question, enracinée dans les relations entre les deux continents, de la complaisance des créateurs latino-américains vis-à-vis des attentes de professionnels et de publics exogènes. L'instauration de ces modes de production et de diffusion cinématographiques peut traduire des arrière-pensées néocoloniales, notamment dans les relations entre l'Espagne et l'Amérique latine mises en œuvre dans le programme Ibermedia (Falicov, 2012), voire même déboucher sur des formes d'auto-exotisation (Shaw, 2014). Les débats déjà présents dans les années 1960 trouvent ici une forme d'actualisation. Il est intéressant d'observer que ces critiques émanent, pour la plupart, du monde anglo-saxon, et postulent une lecture à partir du prisme unique des rapports de force sur le double plan économique et culturel. Si elles sont en grande partie fondées, elles ne permettent toutefois pas d'épuiser le sujet.

D'une part, il convient de réinscrire les contradictions de ces relations dans la réalité de l'économie néolibérale actuelle. La puissance publique s'y efforce de soutenir une activité privée dont le but n'est pas nécessairement de s'imposer en mettant fin à la diversité, mais de faire du profit

(McClennen, 2018). Cela concerne également la plupart des acteurs de l'économie culturelle qui n'ont pas vocation à occuper de positions hégémoniques. Les films produits dans le cadre des partenariats promus par les fonds de soutien relèvent de structures budgétaires que l'on peut qualifier de moyennes. C'est-à-dire que ce ne sont ni des films fortement financés par les principaux acteurs commerciaux de l'industrie audiovisuelle, ni des films radicalement indépendants réalisés selon le modèle subversif, sur le plan esthétique et économique, du « cinéma-guérilla » pratiqué par certains (Campos, 2019).

D'autre part, nos recherches récentes ont permis de montrer que de tels circuits mettent en œuvre des récits relativement homogènes par-delà leur diversité thématique. Cela s'explique par le fait que ces réseaux d'appairages reposent sur l'expertise de professionnels du cinéma ayant pour ambition une exploitation commerciale en salles des films ainsi produits (Amiot-Guillouet, 2018). Il est indéniable que ce nouveau cadre ne laisse pas d'imprimer sa marque sur les projets soutenus, et ce, dès l'étape de leur soumission, par le biais de l'intériorisation de codes tacites qui font que chacun sait quel type de film il est susceptible de soumettre à quel type de fonds, en observant son cadre institutionnel et le catalogue des films soutenus par le passé. Si, par exemple, les comédies s'y font rares, ce n'est pas parce que le cinéma latino-américain ne produirait pas de comédies (les plus gros succès aux box-offices nationaux sont des comédies produites avec le soutien des grandes chaînes de la télévision commerciale), ni parce que la réalité de ces pays serait particulièrement dure ou violente. Cela reflète plutôt un choix de produire un cinéma d'auteur contemporain dont sont friands les festivals et publics transnationaux, conduisant certains analystes à interroger la notion de « film de festival » comme une catégorie esthétique, narrative et économique à part entière qui coexiste avec d'autres, relevant d'autant de « genres » (Smith, 2011).

L'écueil de la distribution : une réalité à nuancer

L'autre domaine dans lequel cette production cinématographique issue de la coopération transnationale entre l'Europe et l'Amérique latine est l'objet de discussions et de débats est celui de leur circulation et de leur diffusion. Là encore, une certaine vulgate académique suggère que les films produits dans ces cadres sont davantage visibles dans les festivals – situés pour la plupart des plus prestigieux en Europe – et prisés du public européen, au détriment des publics locaux. L'on retrouve ici l'idée d'un cinéma qui serait fabriqué en mettant en œuvre des recettes relevant d'attendus européens, ceux des commissions de sélection des films depuis le Vieux Continent, au détriment de leur supposée authenticité. La réalité est bien plus complexe : d'une part, dans son dossier inédit d'Habilitation à diriger des recherches, Amanda Rueda a bien montré comment ces circuits transnationaux débouchaient sur des logiques de « reterritorialisation » et de « cosmopolitisme critique » (Rueda, 2022) ; d'autre part, ces modalités de circulation, où l'Europe reste un pôle attractif, doivent être réinscrites précisément dans le contexte de l'émergence de ces acteurs institutionnels et privés, qui donnent à nombre de réalisateurs et producteurs latino-américains accès à des espaces de diffusion qui sont, pour eux, un horizon professionnel désirable au même titre que pour leurs homologues européens (Amiot-Guillouet, 2020).

Il convient également de contextualiser l'observation comparée de la diffusion des films en salles de part et d'autre de l'Atlantique à partir des modalités de la programmation cinématographique dans les multiplexes dont le modèle est devenu hégémonique, et qui est largement aux mains des *majors* – en particulier états-uniennes – de la distribution. Ainsi, dans la plupart des pays s'étant doté d'organismes collectant les données sur l'exposition des films en salles en fonction de leurs origines géographiques, une constante se fait jour : la part écrasante occupée par les productions hollywoodiennes. Prenons l'exemple de l'année 2022, qui marque une forme de retour à la normale postpandémie de Covid-19 : sur les 16,5 millions de spectateurs au Chili, pratiquement 15 millions ont vu des films états-uniens contre 34 000 pour la production nationale[2] ; en Colombie, sur un peu plus de 42 millions d'entrées en salles, 1,3 sont allées au cinéma national, soit 3,2 % de la fréquentation[3] ; au Mexique, si les films nationaux ont représenté 22 % des sorties, ils n'ont cumulé que 3 % des entrées et des recettes[4]. Si l'on s'intéresse aux meilleurs résultats au box-office, ils se concentrent sans surprise au Mexique sur les *blockbusters* hollywoodiens distribués par les plus grandes compagnies états-uniennes (Universal, Disney, Paramount)[5] ; dans le top 20 chilien, le seul film non états-unien est britannique (*Les Animaux fantastiques*)[6].

Notons tout de même que le même phénomène s'observe en Europe : en 2022 toujours, en France, les 10 meilleures entrées sont également des *blockbusters*, le premier film français, *Simone, le voyage du siècle*, occupant la 12e position[7]. En outre, si les productions nationales restent largement marginales sur leurs propres écrans en Amérique latine, il est remarquable que nombre de films produits et réalisés dans le cadre des partenariats décrits ici obtiennent des résultats tout à fait honorables : le film de Ciro Guerra, *Les Oiseaux de passage*, coproduit avec la France en 2017, s'est hissé à la troisième place du box-office national colombien en 2018, avec pratiquement 280 000 entrées contre un peu moins de 100 000 en France[8]. Quant à *La Llorona* (Jayro Bustamante, 2019), bénéficiaire de l'Aide aux Cinémas du Monde, le film a fait 65 000 entrées en France et est resté à l'affiche cinq semaines consécutives au Guatemala, un résultat exceptionnel pour ce pays à la production cinématographique très modeste, peu étudiée et documentée, à de rares exceptions (Cabezas Vargas, 2023).

Conclusion

Les mutations récentes des modalités de la coopération entre l'Europe et l'Amérique latine permettent de suggérer que, dans un contexte très concurrentiel pour la production et la diffusion de contenus culturels sur les écrans désormais globalisés, on assiste bien au passage d'une attitude « paternaliste » à d'authentiques « partenariats » (Amiot-Guillouet, 2024). Ceux-ci mettent en œuvre une forme de concurrence solidaire et liée aux intérêts convergents des professionnels du cinéma de part et d'autre de l'Atlantique, qui ne se résume pas aux anathèmes sur la supposée compromission des créateurs latino-américains, ni à un angélisme béat sur les vertus de la coopération.

Dans un contexte où la diffusion cinématographique sur les écrans nationaux et les plateformes, tant en Amérique latine qu'en Europe, reste, pour le moment, largement dominée par le cinéma hollywoodien, ce n'est pas la moindre des qualités de ces nouvelles formes de partenariat, dont les actualisations et spécificités méritent encore d'amples recherches.

NOTES

1. UMR 9022 Héritages, Culture/s, Patrimoine/s, Création/s, CY Cergy Paris Université, CNRS, Ministère de la culture.
2. Observatorio Cultural, Chili, <observatorio.cultura.gob.cl/index.php/2023/12/20/estadisticas-de-cine-ecia-2022/>, page consultée le 27 janvier 2025.
3. Proimágenes Colombia, *Newsletter Cine en cifras*, avril 2024, <proimagenescolombia.com/secciones/cine_colombiano/cine_en_cifras/cine_cifras_listado.php>, page consultée le 27 janvier 2025.
4. Instituto mexicano de cine <anuariocinemx.imcine.gob.mx/Assets/anuarios/2023.pdf>, page consultée le 27 janvier 2025.

5. Cámara Nacional de la Industria Cinematográfica, Mexique, <canacine.org.mx/wp-content/uploads/2023/01/Resultados-definitivos-2022-2.pdf>, page consultée le 27 janvier 2025.
6. Observatorio Cultural, Chili, <observatorio.cultura.gob.cl/index.php/2023/12/20/estadisticas-de-cine-ecia-2022/>, page consultée le 27 janvier 2025.
7. Sens critique, <senscritique.com/liste/le_box_office_france_2022/3159342>, page consultée le 27 janvier 2025.
8. Allocine (France) et Proimagenes (Colombie) <https://www.allocine.fr/film/fichefilm-260353/box-office/> et <https://www.proimagenescolombia.com/visualizaciondatos.php>, pages consultées le 27 janvier 2025.

RÉFÉRENCES BIBLIOGRAPHIQUES

AMIOT-GUILLOUET, J., « Du paternalisme au partenariat : l'Europe et les cinémas du Sud au prisme du Hubert Bals Fund », *in* AMIOT-GUILLOUET, J., FEENSTRA, P., SAVELLI, J. (dir.), *Films, festivals et mondes contemporains. Pour une anthropologie du visuel*, Berne, Peter Lang, 2024, p. 206-221.

–, « Vaivenes entre cultura y comercio. Las paradojas del cine transnacional contemporáneo (observaciones en torno al caso argentino) », *in* ROSAS MANTECON, A., GONZALEZ, L. (dir.), *Cines latinoamericanos en circulación. En busca del público perdido*, Mexico, Universidad Autónoma Metropolitana/Juan Pablos Editor, 2020, p. 51-71.

–, « Le Fonds Sud Cinéma et le Nouveau Cinéma Argentin », *Cinémas d'Amérique latine*, n° 26, 2018, p. 80-91. En ligne sur <doi.org/10.4000/cinelatino.4132>, page consultée le 25 janvier 2025.

–, « Accords et dissonances : les cinémas latino-américains et les *Cahiers du cinéma* (1951-2003) », *Caravelle, Cahiers du monde hispanique et luso-brésilien*, n° 83, 2004, p. 43-62. En ligne sur < persee.fr/doc/carav_1147-6753_2004_num_83_1_1479>, page consultée le 29 janvier 2025.

CABEZAS VARGAS, A., « Le cinéma guatémaltèque, la mémoire et les nouvelles générations : l'exemple de *La Llorona* de Jayro Bustamante », *Amérique latine*, 2023, vol. 2, n° 3, p. 139-164.

CAMPOS, M., « El Pampero Cine : producir al margen y otros modos de subversión », *Archivos de la Filmoteca*, n° 76, avril 2019, p. 145-166. En ligne sur <ucentral.edu.co/sites/default/files/inline-files/pampero-cine-producir-margen-otros-modos-subversion-cineclub-2020.pdf>, page consultée le 29 janvier 2025.

DEL VALLE DÁVILA, I., *Cámaras en trance. El nuevo cine latinoamericano, un proyecto cinematográfico subcontinental*, Santiago du Chili, Editorial Cuarto Propio, 2014.

ELENA, A., *Los cines periféricos : Africa, Oriente Medio, India*, Barcelone, Ediciones Paidós, 1999.

ELSAESSER, T., *European Cinema. Face to Face with Hollywood*, Amsterdam, Amsterdam University Press, 2005.

FALICOV, T. L., « Programa Ibermedia : ¿cine transnacional Ibero-Americano o relaciones públicas para España ? », *Reflexiones*, vol. 91, n° 1, 2012, p. 299-312. En ligne sur <revistas.ucr.ac.cr/index.php/reflexiones/article/view/1504/1513>, page consultée le 29 janvier 2025.

FIGUEIROA FERREIRA, A., *La Vague du Cinéma Novo en France fut-elle une invention de la critique ?*, Paris, L'Harmattan, 2000.

MCCLENNEN, S., *Globalization and Latin American Cinema. Toward a New Critical Paradigm*, New York, Palgrave Macmillan, 2018.

RUEDA, A., *Des festivals de cinéma aux cinémas transnationaux*, volume 3 du dossier d'HDR intitulé *De l'Amérique latine imaginée aux Suds globalisés*, Toulouse, Université Toulouse 3 Jean Jaurès, 2022.

SHAW, D., « Fonds de financement européens et cinéma latino-américain. Altérisation et cinéphilie bourgeoise dans *La teta asustada* de Claudia Llosa », *Diogène*, n° 245, 2014, p. 125-141. En ligne sur <doi-org.acces.bibl.ulaval.ca/10.3917/dio.245.0125>, page consultée le 29 janvier 2025.

SMITH, P. J., « Transnational cinemas : the cases of Mexico, Argentina and Brazil », *in* NAGIB L., PERRIAM, C., DUDRAH, R. (dir.), *Theorizing World Cinema*, Londres, I.B. Tauris, 2011, p. 63-76.

Jorge Sosa
Université Paris Nanterre, DICEN-IdF

L'usine d'assemblage Audi Mexique aux frontières de l'imagination technique de l'Industrie 4.0

À l'est de l'État de Puebla au Mexique, près du volcan La Malinche, se trouve la petite municipalité de San José Chiapa, siège d'une des usines les plus modernes de la marque automobile allemande Audi. Ce projet incluant la création d'une ville intelligente, « Ciudad Modelo », a fait partie d'un « contrat de développement », en 2012, entre le Groupe Volkswagen (GV), sa filiale, Audi, et l'État de Puebla. Actuellement, 5 000 employés collaborent avec des robots intelligents Kuka, produisant 1 700 modèles de Q5 par an destinés à l'exportation (Europe, États-Unis, Canada).

Le site d'Audi Mexique, aussi appelé Audi San José Chiapa (México), s'aligne sur le programme techno-économique de l'Industrie 4.0 (I4.0), fondé sur l'interconnexion intelligente des machines et des processus industriels à partir des technologies de l'information et la communication (TIC). Développée en Allemagne en 2011 et reprise en 2016 par le Forum économique mondial (FEM) sous le nom de « Quatrième Révolution Industrielle (4RI) », l'I4.0 est devenue un modèle global. Cependant, appliqué en Amérique latine, cet impératif risque, à terme, de creuser les dites fractures technologiques (Casalet, 2018), tout en perpétuant la subalternisation des savoirs locaux (Mignolo, 2012).

Cet article explore les frontières de l'imagination technique de l'Industrie 4.0 en Amérique latine, à travers une approche décoloniale et techno-esthétique. Il examine les modalités de visibilité produites par la vision globale de l'I4.0, illustrée par le site d'Audi Mexique, ainsi que les formes d'invisibilité qui émergent aux frontières de ce paradigme technique. Cette analyse repose sur une étude ethnographique de l'usine et de ses environs, de Ciudad Modelo et du village de San José Chiapa, menée sur trois mois, auprès de plus de 30 personnes (travailleurs, enseignants, étudiants et habitants de la zone), mêlant des observations directes et indirectes, ainsi que des entretiens semi-directifs.

Imaginaire 4.0 : le design d'une vision globale de développement et ses frontières

L'I4.0 émane de l'aspiration globale à façonner l'image de l'avenir des sociétés. Selon la sociologue Sabine Pfeiffer (2017), l'I4.0 constitue une « vision » du développement industriel du futur qui repose sur trois principes. Le *récit* de progrès – élaboré par des *leaders* mondiaux de l'industrie et de la politique tels que le FEM – *via* une révolution technologique comme réponse inévitable aux défis économiques. La *maîtrise* des technologies disruptives (intelligence artificielle [IA], Internet des objets [IoT], Cloud, etc.) à travers des standards et protocoles visant une réorganisation globale du travail, dont les rôles humains / machines[1]. Enfin, la *commercialisation* favorisant une croissance économique illimitée à faible coût écologique grâce à l'interconnexion globale des processus de production et des services *via* les TICs.

Dans le contexte du ralentissement économique de 2016, la Commission économique pour l'Amérique Latine (CEPAL) a embrassé l'I4.0 pour le développement durable de la région. Cependant, cette vision du développement s'inscrit dans une longue histoire de modernisation, passant par la colonisation et le libéralisme économique. Cet « occidentalisme », comme l'appelle Mignolo, renvoie à « l'imaginaire du système du monde moderne » : un régime cosmologique de *perception* et *conception* du monde qui opère comme une « puissante machine » de standardisation épistémologique à l'échelle planétaire et de subalternisation des savoirs locaux (Mignolo, 2012 : 59).

C'est pourtant aux frontières qui bordent le « design global » de la modernité que la « différence coloniale » surgit et qu'« une autre pensée » émerge. S'inspirant de Gloria Anzaldúa, Mignolo utilise le concept de « pensée frontière » pour signaler les « fissures » du système du monde moderne (*Ibid.*). Ce seuil, situé entre divers *loci* épistémologiques, est le lieu où le « travail de l'imagination » (Appadurai, 1996) adapte, adopte, rejette, intègre ou ignore les designs globaux.

Une approche techno-esthétique et décoloniale de l'imagination technique 4.0

Or, ce régime de perception et de conception du monde imposé par l'imaginaire de l'I4.0 amène à considérer les dimensions sensibles de la technologie. La notion de « techno-esthétique », développée par Simondon, et la relation entre imagination et schémas techniques[2] sont enrichies par Loeve (2023) d'une approche épistémologique de la technologie fondée sur une « logique sensible[3] ». La techno-esthétique impliquerait une connaissance sensible des techniques et une connaissance par les schèmes techniques, c'est-à-dire par un « certain type d'images » (*Ibid.* : 287). Cela englobe la connaissance sensible *de* la technique (par ce qu'elle représente culturellement, « image-symbole », ou par son fonctionnement, « image-motrice ») en tant qu'« image-objet », mais aussi *par* la technique (une réalité sensible à laquelle on participe à la fois comme utilisateur et comme sous-élément de ces schèmes techniques[4]).

La techno-esthétique fournit ainsi un cadre théorique et méthodologique de la relation entre imagination et technique qui subvertit les distinctions entre une « technologie rationnelle » (technoscience) et une « technologie culturelle » (imaginaires), ainsi qu'entre le fonctionnement technique pur et l'expérience sensible d'usages (Loeve, 2023). Dans le cadre de l'I4.0, la techno-esthétique nous rend attentifs aux modalités d'(in)visibilité dans les techniques : ce qu'elles montrent ou cachent de leur fonctionnement (transparence/opacité), et ce qu'elles rendent (in)sensibles, (im)perceptible du monde[5].

Au-delà du design global de technologies disruptives, une étude techno-esthétique de l'imagination technique de l'I4.0 en Amérique Latine sollicite une attention aux frontières : comment ces technologies imaginent et (in)visibilisent-elles les populations locales ? Comment ces dernières imaginent-elles, à leur tour, les premières ? Gómez-Cruz, Ricaurte et Siles proposent, à ce titre, une méthodologie décoloniale de la culture digitale qui met l'accent sur la visibilisation des pratiques technologiques, sans s'aligner sur l'imaginaire dominant de l'innovation technologique. Cette approche favorise ainsi le dialogue horizontal entre la culture technique latino-américaine et les technologies globales (2023 : 176).

Design global d'Audi Mexique et imaginations techniques frontières

L'installation de l'usine Audi à San José Chiapa (México), illustre les tensions entre le rayonnement du design global de l'I4.0 et l'opacité de ses frontières locales. Elle met en lumière les caractéristiques d'une usine intelligente à travers ses protocoles de conception, de mise en scène et de fonctionnement technique. Cependant, elle révèle aussi les frontières internes et externes de l'imagination technique globale, où se trame une double invisibilité : celle d'un système technique dépassant le regard local et celle d'une population marginalisée par le design global. C'est pourtant à ces frontières que d'autres imaginaires techniques seraient possibles.

Le rayonnement global de la modernité : protocoles de visibilité

Dans l'industrie, optimisation et innovation se manifestent souvent par des pratiques standardisées que l'on pourrait qualifier de techno-esthétiques. Audi a pu réduire les coûts et délais de construction de son usine au Mexique grâce à des outils de design qui ont rendu visibles et exploitables 460 hectares de San José Chiapa. Avant même la construction, l'usine était déjà modélisée en 3D à Hambourg par le studio Architekten Ingenieure PSP (Figure 1). En se servant du Building Information Modeling (BIM), outil numérique de design architectural encadré par des normes mondiales ISO 19650, l'équipe a rapidement élaboré un modèle détaillé de l'usine incluant logistique, distribution des machines, consommation d'énergie et des ressources naturelles, ainsi que gestion des risques sismiques… et ce, sans jamais se rendre sur place.

La démonstration ostentatoire de la technique (phanérotechnique) y constitue une autre modalité techno-esthétique. À travers l'Audi Media Center (Figure 2), la marque allemande met en scène l'innovation technologique. Par exemple, dans la vidéo promotionnelle de l'usine Audi Mexique (Figure 2), on peut observer les robots intelligents Kuka opérant dans les zones de presse et de carrosserie. Leurs bras mécaniques orange exécutent des mouvements synchronisés et précis, soulevant, assemblant et soudant des pièces de voiture dans un environnement industriel lumineux. Les « collaborateurs » humains habillés de blanc supervisent de leur côté le travail des machines à l'aide d'instruments de mesure de haute précision (Perceptron in-line ou LaserGauge) et achèvent le processus d'assemblage.

Enfin, cette imagination de l'Industrie 4.0 se manifeste dans la distribution de visibilité des données locales/globales qu'opère son schème de fonctionnement. En parallèle de la production de véhicules, Audi Mexique génère en effet des données qui sont centralisées et rendues visibles *via* le Volkswagen Industrial Cloud (VIC). Ce Cloud regroupe 120 usines du Groupe Volkswagen à travers le monde et repose sur l'infrastructure numérique et physique d'Amazon Web Services (AWS)[6]. Le VIC dessine ainsi un schème technique, une « image matricielle » (Figure 3), qui structure un réseau complexe de captation, transmission, et analyse des données provenant de chaque machine, équipement ou processus jugé pertinent dans la chaîne d'approvisionnement des sites de production du groupe, ce qui permet le contrôle de la production en temps réel à l'échelle globale.

Le côté obscur de la plus moderne des usines Audi : une autre manière d'imaginer l'I4.0

Le rayonnement de la modernité conçu par l'I4.0 engendre ses propres frontières internes et ses côtés obscurs. L'ostentation technologique d'Audi est en effet confinée à certaines conditions de visibilité. Bien que l'usine s'impose, avec ses 460 hectares, dans le paysage désertique de San José Chiapa, l'incommensurabilité de ses dimensions résiste à tout regard humain qui tenterait de l'englober depuis les alentours. La vue en plongée offerte par les drones de l'entreprise s'impose alors comme l'unique image légitime du site d'Audi Mexique (Figure 4). À l'intérieur, les limitations ne sont pas moindres. En raison de la concurrence entre différents fabricants, il existe des politiques strictes contre la visibilisation des techniques. Selon un employé du centre de formation technique d'Audi, les mouvements des robots Kuka sont confidentiels : photos et vidéos sont interdites.

D'un autre côté, l'édification d'Audi, à peine perceptible depuis le périmètre marqué par les clôtures sous vidéosurveillance, reflète la distance infranchissable (frontières externes) qui accompagne les conceptions globales de la modernité. Malgré les promesses, les habitants locaux ont très peu bénéficié du développement[7]. Mauvais éclairage, accès compliqué à l'eau potable et Internet instable règnent à San José Chiapa, sous l'éclat global de l'usine d'Audi Mexique. L'emploi direct comme indirect ne profite pas aux habitants de la région. Humberto, gérant d'un hôtel, explique que peu de locaux trouvent du travail à l'usine faute de compétences techniques, d'où la flotte de bus amenant des employés d'autres zones. Marina Justina, vendeuse de *cemitas*[8] depuis 30 ans, explique que la nouvelle route vers l'usine a fait disparaître sa clientèle.

Au milieu de ce contre-jour du développement émergent cependant d'autres façons d'imaginer l'I4.0. Près de l'usine Audi, se trouve un campus de la Benemérita Universidad Autonóma de Puebla formant des étudiants en ingénierie selon le modèle de l'I4.0. Malgré le manque de budget pour acquérir la technologie nécessaire, les étudiants, principalement de San José Chiapa et Tlaxcala, ont fabriqué leurs propres outils. Une partie de la cellule pour les essais a été construite grâce à la collaboration des étudiants et professeurs. Le *Laboratorio de mecanicatrónica* (Figure 5), dirigé par Angel, ingénieur et enseignant, héberge de nombreux prototypes 4.0 (modèles miniatures robotiques ou jardin intelligent). « On y trouve, me disait Angel, des fils et des filles d'ouvriers et de paysans désireux d'apprendre ». Un apprentissage qui passe par la voie d'une imagination technique frontière.

Conclusion

Les normes selon lesquelles le site d'Audi Mexique a été conçu (BIM), l'image d'usine moderne qu'elle affiche (Audi Media Center) et le schéma selon lequel elle fonctionne (VC) nous permettent d'identifier certains protocoles de l'imagination technique globale de l'I4.0. Toutefois, une grande partie de la population et du territoire dans lesquelles s'est installée l'usine Audi Mexique reste aux marges de cette imagination technique. On y trouve une population locale reléguée aux frontières externes d'un système technique global de plus en plus opaque, qui rend à son tour cette population invisible, soit par l'impossibilité de travailler dans l'usine, soit par l'image rayonnante à l'échelle globale d'un développement techniquement productif et écologiquement durable. Néanmoins, c'est aussi aux frontières de ce modèle industriel que d'autres façons d'imaginer l'I4.0 émergent, grâce aux étudiants et aux enseignants locaux.

NOTES

1. Le FEM privilégie le terme « main-d'œuvre hybride » et ne fait pas de distinction entre capital variable, fixe, humain ou machine (Pfeiffer, 2017 : 118)
2. Voir Simondon, G., *Sur la technique. (1953-1983)*, Paris, Presses universitaires de France, 2014 ; et Beaubois, V., « Un schématisme pratique de l'imagination », *Appareil*, n° 16, 2015.
3. Loeve (2023 : 279) évoque Alexander Gottlieb Baumgarten (1714-1772), pour qui l'esthétique est à la fois l'étude de la connaissance sensible et l'opération du sensible comme art de connaître, analogue à la raison.
4. Le schème de fonctionnement du web 2.0 illustre bien ce point : en naviguant, l'utilisateur fait l'expérience sensible d'une réalité multimédia (*sujet* de communication) tout en fournissant des données au web (*objet* d'information), visibles pour l'autre.
5. À ce titre, des études sur l'I4.0, que l'on pourrait qualifier de techno-esthétique, ont été menées dans le domaine du design : Bedir, M., Kuijpers, M., Otero Verzier, M., « Assemblages of Humans and Machines in the Pearl River Delta », Het Nieuwe Institut, 2018 ; Piardi, S., Scullica, F. *et al.*, « Concealed interiors for production in the Age of Industry 4.0 », *Interior Educators*, n° 4, 2019 ; et des théories des médias : Sherman, S., « The Polyopticon : A diagram for urban artificial intelligences », *AI & SOCIETY*, vol. 38, 2022, p. 1209-1222.
6. L'infrastructure d'AWS propose des services IoT, d'analyse de données, de Cloud computing et de stockage *via* des serveurs répartis dans plus de 100 zones de disponibilité dans le monde.
7. Voir, « A 10 años de su primera piedra, ¿Audi México ha mejorado la vida en San José Chiapa ? », YouTube, 2023. En ligne sur <youtube.com/watch?v=vaoqbHqGxVo>, page consultée le 23 décembre 2024.
8. La *cemita poblana* est un pain salé typique de la région de Puebla, garni de fromage effiloché ou de *quesillo*, d'avocat, de *chipotles*, de *papaloquelite*, de haricots et d'une protéine animale (poulet, porc ou autre).

RÉFÉRENCES BIBLIOGRAPHIQUES

Appadurai, A., *Modernity at Large. Cultural Dimensions of Globalization*, Minneapolis, University of Minnesota Press, 1996.

Casalet, M., « La digitalización industrial : un camino hacia la gobernanza colaborativa. Estudios de casos », Documentos de Proyectos (LC/TS.2018/95), Santiago, Comisión Económica para América Latina y el Caribe (CEPAL), 2018.

Gómez-Cruz, E., Ricaurte, P., Siles, I., « Descolonizando los métodos para estudiar la cultura digital : Una propuesta desde Latinoamérica », *Cuadernos.info*, n° 54, 2023, p. 160-181.

Loeve, S., « Une autre manière de faire de la technologie avec et après Simondon. La techno-esthétique comme connaissance sensible des techniques », *Artefact*, n° 18, 2023, p. 257-300. En ligne sur <doi.org/10.4000/artefact.14045>, page consultée le 23 décembre 2024.

Mignolo, W. D., *Local Histories/Global Designs : Coloniality, Subaltern Knowledges, and Border Thinking*, Princeton, Princeton University Press, 2012.

Pfeiffer, S., « The Vision of "Industrie 4.0" in the Making—A Case of Future Told, Tamed, and Traded », *NanoEthics*, vol. 11, n° 1, 2017, p. 107-121. En ligne sur <doi.org/10.1007/s11569-016-0280-3>, page consultée le 23 décembre 2024.

Annexes

Figure 1 – Image 3D de l'intérieur du bâtiment de la zone de pressage l'usine Audi à México.

Source : <wtm-engineers.de/en/projects/project/audi-factory-in-mexico/>. Page consultée le 10 octobre 2024.

Figure 2 – Capture d'écran de la vidéo promotionnelle de la ligne d'assemblage d'Audi Mexique.

Source : audi-mediacenter.com/en/videos/video/audi-site-mexico-footage-3280. Page consultée le 13 octobre 2024.

Figure 3 – Digital Production Platform de Volkswagen.

Source : <volkswagen-group.com/en/press-releases/volkswagen-and-amazon-web-services-to-develop-industrial-cloud-16911>. Page consultée le 02 janvier 2025.

Figure 4 – Image zénithale du site de production Audi México publié par l'Audi Media Center (direction sud). Ciudad Modelo et le village de San José Chiapa sont hors cadre.

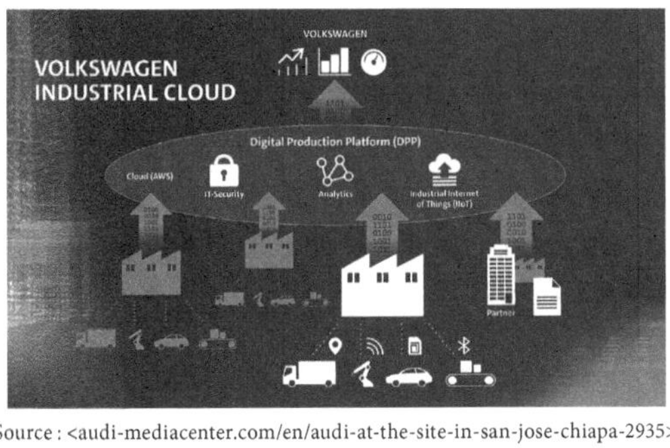

Source : <audi-mediacenter.com/en/audi-at-the-site-in-san-jose-chiapa-2935>. Page consultée le 13 octobre 2024.

Figure 5 – Photo du Laboratorio de mecanicatrónica à la BUAP, Ciudad Modelo.

Source : Jorge Sosa, 21 mars 2024, Puebla, México.

Élodie Bordat-Chauvin
Université Paris 8 – CRESPPA

Chanter sans peur « Le violeur, c'est toi ». Circulations de performances féministes latino-américaines en France

Lors du rassemblement en soutien à Gisèle Pélicot place de la République à Paris, le 14 septembre 2024, le collectif d'artivistes « Le bruit qui court » réalise la performance « Le violeur, c'est toi ». Il s'agit d'une traduction de « *Un violador en tu camino* » créée par LASTESIS à Valparaiso, et performée à Santiago du Chili lors de la journée internationale contre les violences faites aux femmes en 2019. Mise en ligne par le collectif[1], la vidéo devient virale et la performance est adaptée dans de nombreux pays[2]. Quatre jours après les Chiliennes, des féministes réalisent la performance au Trocadéro[3], à Bordeaux[4] ou encore à Strasbourg[5]. Le nom du collectif – les Thèses – fait référence à l'objectif central de leur démarche depuis leur création en 2018 : diffuser les théories sur les violences faites aux femmes grâce à l'art, et notamment les travaux de Rita L. Segato (2021)[6]. L'anthropologue argentine travaille sur les violences de genre depuis 25 ans, notamment sur les féminicides de Ciudad Juárez (Mexique). Ces meurtres violents perdurent depuis 1995 dans un contexte de grande impunité. C'est ce que dénonce Vivir Quintana dans *Canción sin miedo*. Traduite et adaptée au contexte des violences masculines françaises, cette chanson résonne dans de nombreuses mobilisations féministes, comme le 16 octobre devant le palais de justice d'Avignon à l'occasion du procès des viols de Mazan[7].

Comment expliquer la circulation de ces performances dans les collectifs féministes en France alors qu'elles font référence à des contextes de violence si différents ? *Canción sin miedo* cite les luttes mexicaines contre les féminicides (les « commandantes du Chiapas [...] les mères qui cherchent à Tijuana ») tandis que la performance de « *Un violador en tu camino* » dénonce les violences sexuelles perpétrées par les forces de l'ordre chiliennes (*carabinieros*). Pour répondre à cette question, je mobiliserai le matériau recueilli lors d'observations participantes, au cours de mobilisations protestataires féministes parisiennes depuis 2019[8], et l'analyse de vidéos publiées en ligne[9]. Cet article s'attachera à étudier les ressorts de la circulation de *Un violador en tu camino* et de

Canción sin miedo, ainsi que les réinterprétations et réappropriations opérées par des collectifs en France.

À travers quelles scènes et actrices les idées féministes latino-américaines circulent-elles en France ?

Les idées circulent, les théories voyagent, notamment grâce aux traductions d'ouvrages et aux préfaces qui le situent dans un champ local (Bourdieu, 2002). Plusieurs ouvrages de chercheuses latino-américaines travaillant sur le genre ont été traduits en français ces dernières années, comme ceux de l'argentino-brésilienne R. L. Segato, des chercheuses féministes comme Jules Falquet (2020) ou Mara Montanaro (2023) les mobilisant déjà dans leurs travaux qui donnent eux-mêmes également à voir des luttes féministes latino-américaines. Le lien entre recherche et militantisme féministe peut par exemple s'observer dans la programmation du séminaire doctoral « Genre et féminisme dans les Amériques latines »[10] qui a invité R. L. Segato en 2024[11] avec l'association Alerta feminista. Des membres de ces collectifs ont partagé leurs trajectoires de chercheuses féministes latino-américaines à Paris et leurs recommandations de livres dans un podcast[12]. Les podcasts de diffusion scientifiques des études sur le genre, comme « Les couilles sur la table »[13] de Victoire Tuaillon, rendent accessibles les travaux latino-américains sur les féminicides, ainsi que « La Série Documentaire (LSD) »[14] et « L'expérience »[15] sur France Culture qui donnent la parole à des militantes et chercheuses chiliennes, mexicaines ou argentines. C'est aussi le cas de magazines tels que *La Déferlante*, *Causette*, *Cheek*, *Mademoizelle*, et les newsletters *Les Glorieuses*[16] ou encore « L » de *Libération*.

Le poids pris par la communication numérique entraîne la mise en avant de certains types de profil militant : « les communicantes, les journalistes ou des graphistes [...] et les *digital natives*, qui prennent une part croissante dans les groupes du fait de leur rôle dans l'élaboration de la stratégie web » (Jouët *et al.*, 2017). Les comptes féministes sur les réseaux sociaux (X, Instagram, TikTok et Facebook) jouent un rôle important dans la circulation des idées et des mobilisations. En 2022, le collectif #NousToutes a mis en ligne un « kit »[17] de préparation pour les manifestations contre les violences faites aux femmes[18] avec les paroles et tutoriels pour apprendre *Chanson sans peur*[19] et la performance « *Un violador en tu camino* ». Des images des mobilisations féministes latino-américaines circulent également dans des productions culturelles : *La Meute* [*La Jauría*][20], série chilienne diffusée sur Arte, se situe dans le contexte des mobilisations de 2019, avec la rappeuse franco-chilienne Ana Tijoux, dont la chanson *Antipatriarca* accompagne de nombreuses manifestations. Des documentaires diffusés sur Arte.tv[21] et Netflix[22] ou des web-séries sur YouTube[23] donnent la parole à des militantes et chercheuses latino-américaines – c'est d'ailleurs sur YouTube que le chant et la performance analysés ici ont totalisé des millions de vues.

La performance et le chant : études de cas de répertoires d'action collective

Les membres de LASTESIS se présentent comme des « artivistes »[24], elles sont artistes et utilisent leurs savoirs et compétences dans leur engagement féministe. Ce terme fait également référence aux activistes qui utilisent l'art comme technique politique (Quiroz, 2021). Les artivistes ont recours aux émotions que provoque l'art pour créer des récits critiques du monde et inspirer des changements. Pour Castellano (2021), l'artivisme féministe « est produit par des artistes qui militent pour des causes féministes, avec les langages de l'art qu'elles dominent bien ».

Quand « Un violador en tu camino » *devient* « Le violeur, c'est toi ! ».

Cette performance fait partie d'une pièce de théâtre de LASTESIS programmée au festival de Valparaiso. Dans le contexte du soulèvement populaire [*estallido social*] d'octobre 2019, elles décident de la réaliser à Santiago le 25 novembre (Ortiz Cadena, 2021). Dans les travaux de R. L. Segato (2021), source d'inspiration pour leur performance, le corps des femmes est le support d'une « pédagogie de la violence ». L'une des membres de LASTESIS explique : « prendre conscience que notre corps est un territoire d'oppression, d'exploitation, est très marquant. Il faut se le réapproprier, le transformer en outil de lutte et de résistance *via* le langage artistique, qui est d'une grande puissance[25] ». Le nom de la performance détourne le slogan de la police militarisée, « Un amigo en tu camino » [Un ami sur ton chemin], et une phrase de leur hymne, « Tu peux dormir tranquille, innocente enfant, sans crainte du brigand, car sur ton doux sommeil bienfaisant veille un "*carabiniero*" aimant »[26].

Le collectif Alerta feminista chante à Paris en 2019 la version mexicaine de la performance, comme le montre la reprise de cette strophe « El Estado no me cuida. Me cuidan mis amigas » [Ce n'est pas l'État qui prend soin de moi, ce sont mes amies][27]. Il existe plusieurs versions en français, dont deux ont été réalisés en présence de LASTESIS à l'occasion de leurs voyages à Paris en 2020 et 2021[28]. Dans ces interprétations, le rythme est plus rapide et des mouvements sont ajoutés (comme les frappes au cœur). L'esthétique est différente : le mouvement latéral des hanches, les bras en balancier devant et derrière, caractéristiques des danses latines, est remplacé par une sorte de marche militaire, les talons martelant le sol, les bras collés au corps. Alors que la tenue de manifestantes chiliennes reprend les codes des *slut walks* canadiennes (minijupes, bas résille, tops transparents, etc.) visant à dénoncer la culpabilisation des victimes de violences sexuelles, et à illustrer les paroles « La culpa no era mía, ni donde estaba, ni como vestía », ce n'est pas le cas en France, même si les paroles sont conservées : « la coupable ce n'est pas moi, ni mes fringues, ni l'endroit[29] ». Toutes les versions conservent le doigt accusateur pointé vers les institutions policières et judiciaires et la société patriarcale lorsqu'elles chantent « le violeur, c'est toi » ; ainsi que le mouvement des mains derrière la nuque, accroupies, que les *carabinieros* imposent aux manifestantes chiliennes, alors qu'elles sont nues et les yeux bandés, rappelle l'artiviste du collectif « Le bruit qui court » qui conduit les répétitions de la performance[30].

Des paroles sont ajoutées pour faire référence au contexte français et à Gisèle Pélicot : « C'est aujourd'hui, c'est maintenant, la honte doit changer de camps/ Nous, on te croit/ On les laissera pas faire la loi/ À nos sœurs violées on clame notre solidarité[31] ». Ici, comme dans d'autres performances auxquelles j'ai assisté et vues en ligne, une strophe a été ajoutée pour faire référence aux féminicides en France : « À nos sœurs assassinées/ De leur sang vous êtes tâchés/ À nos sœurs assassinées/ On n'vous oubliera jamais » ou, pour d'autres collectifs, « Pour nos sœurs assassinées, plus jamais d'impunité »[32]. Les reprises de *Canción sin miedo* sont également adaptées au contexte des violences faites aux femmes en France.

Chanter sans peur

Autrice, compositrice et interprète, Vivir Quintana vient de Coahuila, au nord du Mexique. Le féminicide de l'une de ses amies est à l'origine de sa chanson, interprétée pour la première fois, avec la Chilienne Mon Laferte et le chœur El Palomar, le 7 mars 2020 à Mexico, veille de l'une des plus grandes mobilisations et grèves féministes de l'histoire du pays. Sur les vidéos du concert[33], on voit le public brandir des pancartes « Ni una menos » [Pas une de plus], mot d'ordre attribué à la poétesse féministe Susana Chávez[34], assassinée à Ciudad Juárez en 2011, et popularisé par le mouvement argentin du même nom en 2015. Le clip totalise à ce jour près de 28 millions de vues[35].

Le 25 novembre 2020, le collectif le « Cri du Peuple » met en ligne une version en français intitulée *Chanson sans peur*[36], celle que le collectif #NousToutes diffuse dans son kit de manifestation et qui a été chantée le 23 novembre 2024 à Paris. Le collectif Alerta feminista modifie quant à lui les paroles selon le contexte : par exemple, le 25 novembre 2023, elles font référence aux Argentines[37] – Javier Milei menaçant de supprimer les programmes relatifs aux violences de genre – et aux étudiantes françaises assassinées là-bas en 2011. *Chanson sans peur* fait partie du répertoire de plusieurs chœurs lors de la journée pour l'élimination des violences faites aux femmes, comme à Aurillac[38], ou lors de concerts de chœurs féministes[39], mais aussi du *« Chant des Déferlantes »,* le collectif avignonnais qui accompagne Gisèle Pélicot depuis le début de son procès et qui avait interprété « Le violeur c'est toi » en septembre[40].

Cet article a montré que les travaux latino-américains sur le continuum des violences faites aux femmes et les luttes féministes contre les violences masculines circulent jusqu'en France à travers des publications et des évènements scientifiques, mais aussi grâce à leurs traductions en performances artistiques, réalisées par des collectifs de jeunes artivistes sachant produire des contenus visuels avec un réel impact et les diffuser sur les réseaux sociaux. De part et d'autre de l'Atlantique, ces collectifs féministes au fort pouvoir de mobilisation – en ligne et hors-ligne – permettent de diffuser et de discuter largement les travaux et les luttes féministes latino-américaines en France. Bien que les contextes des violences sexuelles et des féminicides soient différents, *Canción sin miedo* et *Un violador en tu camino* entrent en résonance avec les luttes féministes dans de nombreux pays. Au-delà des universités et des bibliothèques, les salles municipales où l'on répète et les rues où l'on manifeste deviennent des arènes de discussions et de diffusion de ces recherches. Grâce à sa dimension spectaculaire et son pouvoir de convocation, cette performance chilienne permet de mettre à la une des grands médias français les mobilisations contre les violences faites aux femmes[41] et le mot d'ordre « Pas une de plus ».

NOTES *(Tous les liens des sites sont disponibles sur la version en ligne, sur Cairn).*

1. Collectif interdisciplinaire et féministe de Valparaiso composé de Daffne Valdés Vargas, Paula Cometa Stange, Sibila Sotomayor Van Rysseghem, Lea Cáceres. Vidéo filmée à Santiago le 26 novembre 2019 disponible sur YouTube.
2. En Espagne, France, Pologne, Inde, Turquie, etc. (Ortiz Cadena, 2021).
3. Vidéo postée sur Twitter le 29 novembre 2024.
4. Collectif « Les colleuses » de Bordeaux, vidéo mise en ligne sur YouTube le 14 décembre 2019.
5. Vidéo filmée et mise en ligne le 7 décembre 2019 à Strasbourg.
6. Sur leur site, elle se présente comme un « collectif, qui se consacre à la diffusion de thèses et de revendications féministes par le biais de la performance et de la vidéo, en combinant les arts de la scène, les arts sonores, graphiques et visuels ».
7. France 3 PACA, vidéo diffusée sur YouTube le 16 octobre 2024.
8. Lors des journées internationales contre les violences faites aux femmes à Paris en 2019, 2020 et 2022, les 8 mars de 2020 à 2024, avec la chorale féministe « Nos lèvres révoltées » lors d'une manifestation féministe contre l'extrême-droite le 23 juin 2024 et, enfin, avec l'inter-chorale féministe le 23 novembre 2024.
9. Lorsque les vidéos sont produites par les actrices elles-mêmes, elles peuvent « livrer les représentations, les cadrages et les focales privilégiés des participants ou des organisateurs » (Lambelet, 2010). Leur analyse donne accès à ce qui se passe et aux points de vue des personnes qui les produisent et les mettent en circulation.
10. Séminaire doctoral, « Genre et féminismes dans les Amériques latines », EHESS/Paris 3/Paris 8, 2022.
11. Affiche de la rencontre, en ligne.

12. Marie Vesco et Antoine Rousseau, « Chercheuses et féministes (Ana Doldán et Tania Romero Barrios) », La Panaméricaine, 6 mars 2024.
13. Deux épisodes « Tuer les femmes : une histoire mondiale », #74.
14. Séries « Féminicides, la guerre mondiale contre les femmes », France Culture, avril 2024. Quatre épisodes donnent la parole à de nombreuses autrices et activistes latino-américaines,
15. « Murgueres, les voix du féminisme en Amérique latine », France Culture, 4 avril 2021.
16. Rebecca Amsellem, « L'édito. Tâchons d'être désobéissantes », *Les Glorieuses*.
17. #NousToutes, « Le kit de manifestation », 2022.
18. Le 25 novembre a été choisi par l'ONU en 1999 pour commémorer le féminicide politique des sœurs Mirabal par le dictateur Trujillo en République dominicaine en 1960, unesco.org/fr/days/elimination-violence-against-women.
19. Tutoriel de *Canción sin miedo* d'après l'adaptation par le collectif « Le Cri du peuple ».
20. « *La Meute* sur Arte est la série féministe à ne pas rater cette année », *Madmoizelle*, 29 juin 2021.
21. « Féminicides : la colère des femmes mexicaines », 2023, Arte.tv.
22. « Marisela Escobedo : Une tragédie en trois actes », Netflix, 2020. Le générique défile avec *Canción sin miedo*.
23. « Chilenas en lucha », webdocumentaire réalisé par une équipe franco-chilienne, cité par *La Déferlante*, 2021.
24. Site du collectif Lastesis.
25. Sibila Sotomayor Van Rysseghem, cité *dans* « Las Tesis, ces Chiliennes qui chantent et dansent contre le viol », *La Déferlante*, n° 1, mars 2021, p. 24.
26. Site du collectif Lastesis.
27. En espagnol sur la place du Trocadero 1er décembre 2019, vidéo en ligne Facebook.
28. Place de la République, 22 octobre 2021. Performance « Le patriarcat n'a pas de frontière », *Libération*, 23 septembre 2021.
29. Diane Sprimont, « "Un violador en tu camino" : voici les paroles en français du chant féministe chilien devenu hymne mondial », France Inter, 10 décembre 2019.
30. Observation participante, Paris, 23 novembre 2024.
31. Performance intitulée « Le coupable c'est toi », sur leur compte Instagram.
32. Vidéo @CollageParis, 29 novembre 2019, à Montpellier le 07 décembre 2019, page Facebook @LePoing.
33. Festival gratuit « Tiempo de Mujeres », Mexico, 7 mars 2020.
34. « Ni una menos, ni una muerta más » [Pas une de moins, pas une morte de plus].
35. Chaîne YouTube de V. Quitana où l'on trouve aussi un clip filmé à Paris en 2023 avec un chœur français.
36. « Le Cri du Peuple », YouTube.
37. Post du collectif avec les paroles de la chanson sur Instagram.
38. « Chansons sans peur » sur YouTube.
39. Elle est présente dans le carnet de chants de chorales féministes franciliennes distribuée avant les manifestations des 7 et 8 mars 2024 et dans le répertoire de la chorale « Nos lèvres révoltées », sur leur page Facebook.
40. Lucie Hennequin, « Procès de Mazan : qui est cette chorale féministe qui soutient Gisèle Pélicot depuis le début du procès ? », *Huffington Post*,17 octobre 2024.
41. La photo de cette une du 23 novembre 2024 a été prise pendant que nous dansions et diffusé sur le canal Telegram dédiée à l'événement. Voir Louise Vallée, « Violences faîtes aux femmes : des milliers de personnes défilent en France, en plein procès des viols de Mazan », *Le Monde*, 23 novembre 2024.

RÉFÉRENCES BIBLIOGRAPHIQUES

Bourdieu, P., « Les conditions sociales de la circulation internationale des idées », *Actes de la recherche en sciences sociales*, vol. 5, n° 145, 2002, p. 3-8. En ligne sur <doi.org/10.3917/arss.145.0003>, page consultée le 8 décembre 2024.

Castellano, C. « Habemus corpus : art, action et relation », *in* Quiroz, L. (dir.), *Féminismes et artivisme dans les Amériques, xx*e*-xxi*e *siècles*, Mont-Saint-Aignan, Presses universitaires de Rouen et du Havre, 2021.

Falquet, J., *Imbrication. Femmes, race et classe dans les mouvements sociaux*, Vulaines-sur-Seine, Éditions du Croquant, 2020.

Jouët, J., Niemeyer, K., Pavard, B., « Faire des vagues. Les mobilisations féministes en ligne », *Réseaux*, 2017, vol. 1, n° 201, p. 21-57. En ligne sur <doi.org/10.3917/res.201.0019>, page consultée le 8 décembre 2024.

Lambelet, A., « Analyser les rassemblements au moyen de photographies ou de films. Pistes et enjeux », *Ethnographiques.org*, n° 21, 2010, p. 1-47. En ligne sur <ethnographiques.org/2010/Lambelet>, page consultée le 8 décembre 2024.

Montanaro, M., *Théories féministes voyageuses. Internationalisme et coalitions depuis les luttes latino-américaines*, Quimperlé, Éditions Divergences, 2023.

Ortiz Cadena, K., « Performance feminista "un violador en tu camino". El cuerpo como territorio de resistencia y subversiva resignificación », *Encartes,* vol. 4, n° 7, 2021, p. 265-291. En ligne sur <encartes.mx/ortiz-performance-feminista-violador-camino/>, page consultée le 8 décembre 2024.

Segato, R. L., *L'écriture sur le corps des femmes assassinées de Ciudad Juárez*, Paris, Payot, 2021.

Des mouvements féministes dynamiques de longue date en Amérique Latine

Les images de la « marée verte », cette foule immense de femmes manifestant pour le droit à l'avortement en Argentine, mais aussi dans de nombreux autres pays d'Amérique latine, ont marqué les esprits non seulement sur le continent mais aussi en Europe et dans le monde entier[1]. Deux ans avant MeToo, en 2015, le sous-continent avait déjà connu des mobilisations très importantes pour dénoncer les violences faites aux femmes avec le mouvement Ni Una Menos (Pas une de moins), qui, parti d'Argentine, s'est répandu dans la plupart des pays d'Amérique latine et du monde hispanique[2]. Le sous-continent est ainsi apparu marqué par le fort dynamisme du mouvement féministe ces dix dernières années. En témoigne également la performance « *Un violador en tu camino* » (« Un violeur sur ton chemin ») du collectif chilien Lastesis, traduite, interprétée et chantée dans de nombreuses langues et pays du monde entier[3].

Des images paradoxales depuis l'Europe : entre avant-garde et « réveil tardif »

L'Amérique latine est ainsi apparue comme étant à l'avant-garde du féminisme, non seulement grâce à ces mobilisations massives de femmes pour le droit à l'avortement et contre les violences faites aux femmes, mais aussi en raison de l'existence d'une législation qui reconnaît et pénalise juridiquement le crime de féminicide dans les codes pénaux de presque tous les pays du sous-continent[4] – alors qu'en France, à titre d'exemple, la notion de féminicide n'est pas incluse dans le Code pénal. À cela s'ajoute l'influence de différentes théoriciennes féministes issues de cette région, qui, depuis les « Suds », nourrissent les théories féministes des « Nords ». C'est le cas, par exemple, de Verónica Gago[5], Rita Segato[6] et Mara Viveros Vigoya[7], invitées dans de nombreuses universités et forums en Europe et dans le monde. Leurs œuvres, traduites et lues dans plusieurs langues, figurent aujourd'hui parmi les livres « à lire » pour les jeunes générations de féministes.

Malgré cela, une image paradoxale du féminisme latino-américain persiste en Europe, façonnée par un prisme colonialiste et eurocentriste : entre « réveil tardif » et avant-garde. D'une part, l'Amérique latine est perçue comme étant en train de « se réveiller » pour revendiquer des droits déjà acquis en Europe, tels que l'avortement; d'autre part, elle se distingue par un dynamisme féministe unique, souvent absent ailleurs.

Des mouvements féministes mobilisés en réseaux panaméricains transnationaux…

Or, il est important de noter que les mouvements féministes latino-américains ont une longue histoire, qui débute à la fin du XIXe siècle. Ils ont émergé en même temps que les mouvements féministes des pays du Nord, avec des revendications pour l'obtention des droits civils et politiques, mais aussi pour le maintien de la paix, dans un contexte marqué par les prémices de la Seconde Guerre mondiale et la guerre du Chaco, qui opposa la Bolivie au Paraguay de 1932 à 1935 (Alvarez Gimenez, 2019), et pour la lutte contre le fascisme, notamment à partir des années 1930.

Ces associations féministes se sont organisées en réseaux transnationaux, réunissant des femmes latino-américaines et états-uniennes, formant ainsi des mouvements féministes panaméricains transnationaux (Miller, 1986 et 1992). C'est ainsi qu'est née la première commission intergouvernementale au monde consacrée à la condition des femmes, afin qu'elles obtiennent les mêmes droits que les hommes dans tous les pays du continent américain : la Commission interaméricaine des femmes, fondée à La Havane en 1928 et présidée par la célèbre suffragiste états-unienne Doris Stevens, qui travaillait avec 21 autres déléguées latino-américaines, principales *leaders* féministes de leurs pays respectifs[8].

Durant les années 1930, d'autres organisations féministes transnationales panaméricaines très dynamiques ont également vu le jour, telles que l'Union de Mujeres Americanas (Union des femmes américaines), fondée à New York en 1934 par la Mexicaine Margarita Robles de Mendoza ; la Legión Femenina de Educación Popular América (Légion féminine d'éducation populaire), fondée à Guayaquil, en Équateur, en 1932 par Rosa Borja de Icaza ; et la plus ancienne, la Ligue internationale des femmes ibériques et hispano-américaines, fondée en 1922 à New York, qui rassemblait les femmes de langue espagnole d'Amérique latine et d'Espagne. Toutes ces organisations disposaient de sièges dans la plupart des pays latino-américains. Leurs revues féministes circulaient également à travers l'Amérique latine, parmi lesquelles *Nuevos Horizontes* (1933-1937), *Nosotras* (1931-1935) et *Mujeres de América* (1933-1935).

… et à l'avant-garde des questions sociétales depuis la première moitié du XXe siècle

Ces organisations féministes transnationales et panaméricaines étaient déjà à l'avant-garde de nombreuses questions sociétales. Comme le montrent les travaux de Katherine Marino (2019), ce sont les féministes latino-américaines qui ont permis d'intégrer les droits des femmes dans la définition des droits humains à la Charte de l'ONU en 1945 à San Francisco, malgré l'opposition des déléguées états-uniennes et anglaises. Les *leaders* féministes latino-américaines, comme Clara González du Panamá et Ofelia Domínguez Navarro de Cuba, ont défendu une vision du féminisme plus inclusive, prenant en compte les droits des femmes travailleuses et les luttes des femmes afro-descendantes.

Aux côtés de plusieurs autres féministes latino-américaines, elles ont également été à la tête des combats contre le fascisme dans les années 1930. Aussi, face à la montée de l'extrême droite dans le monde et en Amérique latine, notamment avec l'accession au pouvoir de Jair Bolsonaro (2019-2023) au Brésil et de Javier Milei en Argentine (depuis 2023), il y a fort à parier que l'énergie et l'espoir des luttes antifascistes proviendront une fois de plus, en grande partie, des mouvements féministes.

Maria Elvira Alvarez Gimenez
CY Cergy Paris Université (Laboratoire AGORA)

NOTES

1. Ces mobilisations, menées pendant de nombreuses années et s'étant intensifiées à partir de 2017-2018, ont conduit à l'adoption d'une loi dépénalisant l'avortement en Argentine en décembre 2020, faisant de ce pays le sixième en Amérique latine à légaliser l'interruption volontaire de grossesse.
2. L'Espagne a également connu d'importantes mobilisations de femmes contre les violences de genre, culminant, entre autres, avec la marche historique du 8 mars 2018.
3. Voir l'article d'Élodie Bordat-Chauvin dans ce numéro.
4. Seuls deux pays d'Amérique latine, Cuba et Haïti, ne reconnaissent pas juridiquement le féminicide. En janvier 2025, le président argentin Javier Milei a annoncé son intention de retirer ce crime du Code pénal argentin.
5. Philosophe et chercheuse argentine, elle est l'auteure de plusieurs ouvrages, dont Gago (2021).
6. Anthropologue argentino-brésilienne, elle est aujourd'hui l'une des théoriciennes féministes latino-américaines les plus influentes, notamment pour ses travaux sur la violence contre les femmes.
7. Anthropologue colombienne, elle est reconnue pour ses recherches sur l'intersectionnalité, les masculinités et les questions raciales.
8. La Commission interaméricaine des femmes était une agence autonome et officielle de l'Union panaméricaine (prédécesseuse de l'Organisation des États Américains [OEA], fondée en 1948).

RÉFÉRENCES BIBLIOGRAPHIQUES

ALVAREZ GIMENEZ, M. E., « The transnational feminist movement in the Americas », *Ciencia Nueva. Revista de Historia y política*, vol. 3, n° 1, 2019, p. 113-133.

GAGO, V., *La puissance féministe. Ou le désir de tout changer*, Quimperlé, Éditions Divergences, 2021.

MARINO, K., *Feminism for the Americas. The Making of an International Human Rights Movement*, Chapel Hill, The University of North Carolina Press, 2019.

MILLER, F., « Latin American Feminism and the Transnational Arena », *in* BERGMANN, E., GREENBERG, J., KIRKPATRICK, G. *et al.* (eds.), *Women, Culture, and Politics in Latin America*, Berkeley, University of California Press, 1992, p. 123-144.

–, « The International Relations of Women of the Americas 1890-1928 », *The Americas*, vol. 43, n° 2, 1986, p. 171-182.

Damien Larrouqué
CY Cergy Paris Université

Lissell Quiroz
CY Cergy Paris Université

Contre l'extractivisme épistémique : prévenir l'exploitation des savoirs en Amérique latine

La recherche est une entreprise collective. Aussi, et quand bien même « les fantômes des collègues ne cessent de hanter le terrain », l'une de nos responsabilités déontologiques est de « ne pas discréditer la profession et de ne pas compromettre les enquêtes ultérieures » (Amiraux, Cefaï, 2002 : 26). « Griller un terrain » en menant une politique de la « terre brulée » – c'est-à-dire en exposant ses interviewés de manière indélicate, en trahissant la parole donnée ou pire, en se comportant avec mépris vis-à-vis d'eux – peut être efficace à court terme pour son propre travail mais profondément préjudiciable pour quiconque souhaiterait le poursuivre ou mener une nouvelle recherche.

En guise d'illustration, il devient de plus en plus difficile de travailler en Amérique latine auprès de certaines communautés autochtones, dont les *leaders* accusent les chercheurs, souvent étrangers, de se comporter à leurs égards comme les multinationales dont ils viennent dénoncer les outrages. En clair, les chercheurs collecteraient des informations brutes pour leur compte, mais sans jamais rendre une part de ce bénéfice académique par un effort de vulgarisation ou toute autre forme de reconnaissance. On assimile cette tendance délétère de la recherche à de l'« extractivisme épistémique ».

Généalogie d'un concept latino-américain

Formellement établie par Ramón Grosfoguel (2016) à partir d'un entretien réalisé par Naomi Klein (2013) avec l'intellectuelle canadienne d'origine indigène, Leanne Simpson, cette notion désigne le fait de produire de la connaissance scientifique, sur la base d'un rapport inégal avec nos interlocuteurs, où il est moins question de les comprendre, que de s'approprier leurs savoirs cognitifs et autres visions du monde au sens large. À partir de l'exploitation de cette matière paradoxalement immatérielle, le chercheur conforterait son propre capital symbolique, au mépris des valeurs d'intercompréhension et de respect mutuel qui ont justifié son attrait pour l'objet ou le terrain d'étude. L'épistémologue assimile cette pratique, souvent inconsciente, à une forme de « saccage intellectuel » (Grosfoguel, 2016 : 133).

Il n'est pas étonnant que ce concept ait trouvé racine dans le débat académique latino-américain contemporain. De fait, il a germé dans un terreau intellectuel propice, où, depuis de nombreuses années, la question de la « décolonisation du savoir » (Colin, Quiroz, 2023) est au cœur des discussions. Ainsi, de plus en plus de chercheurs latino-américains appellent à ce que soit défendu le « pluralisme épistémique » qui constitue la sève de *ces* sociétés *des* connaissances[1] (Olivé, 2007). Le débat s'articule aussi autour du concept « d'injustice épistémique » que l'on doit à la philosophe anglaise Miranda Fricker et qui désigne la situation dans laquelle on dénie à un individu (ou à un groupe d'individus) la légitimité de la possession et de la production de savoirs (Pemberton, 2018). Dans les Andes, en Amérique centrale ou dans le Cône Sud, cette notion a parfois été convoquée dans des contextes post-conflits de justice transitionnelle, où le statut de victime n'est pas toujours formellement reconnu par les autorités[2].

Aujourd'hui, les protocoles de recherche en Amérique latine tendent à incorporer le risque d'extractivisme épistémique. Pourtant, en voulant s'en prémunir, ne reproduit-on pas une nouvelle dérive scientifique qui serait une forme d'*epistemic washing*? Nous entendons par là une communication académique hypocrite, consistant à se protéger en tant que chercheur et à préserver notre intégrité intellectuelle, sans qu'un véritable engagement, autre que tacite ou purement formel, soit pris avec nos interlocuteurs.

Une entreprise de décolonisation scientifique ?

À l'heure où l'on assiste, en France, à la multiplication des comités d'éthique de la recherche (CER) dans les universités, il est important de s'interroger sur une possible décolonisation scientifique, si tant est qu'elle puisse être menée dans le cadre universitaire. Rappelons tout d'abord en quoi consistent ces instances dans le domaine des sciences humaines et sociales : elles vérifient l'anonymisation des enquêtes – pour éviter les recours légaux contre les chercheurs et chercheuses[3] – ainsi que les consentements éclairés des participants à la recherche soient bien établis – notamment par la signature de formulaires. Les CER s'intéressent également à la protection des données (entretiens, captations audio ou vidéo, fichiers avec des noms et des personnes contactées ou interrogées). Pour le moment, ces comités n'ont pas vocation à instruire directement la conformité au Règlement général de protection des données (RGPD). Ils remplissent la mission d'alerter les chercheurs sur leurs obligations légales et attirent leur attention sur les enjeux de la protection des données dans le cadre national et européen. Par conséquent, les CER se présentent davantage comme des instances de conseil et d'orientation de la recherche pour correspondre à un cadre légal qui est en train de se constituer à l'échelle européenne.

Alors que, sur le papier, l'éthique de la recherche devrait travailler à la justice épistémique, les CER ne sont pas des espaces de décolonisation scientifique, et ce, pour au moins deux raisons. En premier lieu, ces instances alourdissent le travail administratif puisque ces instances doivent remplir des dossiers de plus en plus denses et détaillés, lesquels sont ensuite évalués par d'autres chercheurs délégués à cette fin. Deuxièmement, bien que le dispositif soit celui de la protection de l'anonymat des personnes participant à la recherche, les CER ne s'intéressent pas à la compensation de ces acteurs ni des communautés étudiées. Aussi et tout en voulant s'en prémunir, nous participerions à une forme de normalisation de l'extractivisme épistémique.

Dans leurs travaux, les latino-américanistes français tendent néanmoins à s'en départir. Ils font en sorte de respecter une certaine éthique de la recherche sur des terrains appréhendés, à tort ou à raison, comme « exotiques » (Barrault-Stella *et al.*, 2019).

Des recherches latino-américanistes guidées par des considérations éthiques

A fortiori lorsque l'investigation porte sur des terrains étrangers, considérés comme plus difficiles d'accès ou qui exigent un surcroît de compétences (notamment linguistiques), le succès de la recherche se mesure à la fiabilité des sources et des informations recueillies, dans un temps qui plus est, est réduit. Certes, la francophilie que cultivent les élites latino-américaines facilite indéniablement les prises de contact[4]. Pour certains terrains potentiellement délicats, la nationalité française semble même constituer un avantage particulier[5]. Cependant, lorsque le sujet porte sur des enjeux politiques brûlants ou sur des problèmes institutionnels récurrents en Amérique latine (corruption, prévarication, collusion entre sphère publique et secteurs privés, etc.), notre recherche impérieuse de vérité a pour revers que les enquêtés refusent parfois de nous livrer un témoignage s'il est enregistré ou s'il est fait mention de leur identité[6]. Le cas échéant, il nous revient de respecter l'anonymat et de s'en remettre à la sagesse d'Alexis de Tocqueville, l'un des pionniers de la politique comparée, qui se révélait déjà très sensible aux préoccupations éthiques et morales de cette discipline.

> Ici, écrit-il, il faut nécessairement que le lecteur me croie sur parole. J'aurais souvent pu citer à l'appui de ce que j'avance l'autorité de noms qui lui sont connus, ou qui du moins sont dignes de l'être ; mais je me suis gardé de le faire. L'étranger apprend souvent auprès du foyer de son hôte d'importantes vérités [...]. Chacune de ces confidences était enregistrée par moi aussitôt que reçue, mais elles ne sortiront jamais de mon portefeuille : j'aime mieux nuire aux succès de mes récits que d'ajouter mon nom à la liste de ces voyageurs qui renvoyaient des chagrins et des embarras en retour de la généreuse hospitalité qu'ils ont reçue (Tocqueville, 2004 [1835] : 50).

Sur le plan méthodologique, il n'en reste pas moins toujours possible d'adopter l'approche la plus « compréhensive » possible[7] en appréhendant la « vision du monde » que véhiculent les acteurs dans leurs discours. Qu'importe ici si les interviewés disent ou non la « vérité ». Ce qui est important, c'est de parvenir à mettre en exergue, à travers leurs propos, les valeurs qui les sous-tendent, les idées qui les structurent et les intérêts qui les motivent. Qualifiée de *bottom-up* et pouvant être combinée à une observation participante, l'approche plébiscitée est alors ouvertement ethnographique. C'est la posture analytique choisie par Doris Buu-Sao (2023) dans sa thèse de doctorat (remaniée en vue de sa publication) portant sur les relations entre communautés indigènes, institutions publiques et industries extractives au Pérou, et que Camille Goirand avait déjà valorisée dans la sienne, centrée sur les périphéries urbaines brésiliennes : il était alors question « de reconstruire l'univers politique des plus pauvres [...]. Pour cela, [elle avait] cherché à faire parler les habitants des favelas d'eux-mêmes, de leur vie quotidienne, de leur quartier, de leurs rapports avec leurs voisins, leurs amis, leur travail, pour ensuite les amener à parler de leur conception du monde politique, et de la place qu'ils entendent y occuper » (Goirand, 2000 : 14). De même, cette approche ethnographique a été adoptée par Maxime Quijoux (2011) dans son travail doctoral qui a exploré les difficultés de l'autogestion ouvrière en Argentine ou encore, par Mathilde Allain (2023), dans sa recherche sur l'internationalisation du militantisme paysan en Colombie. De même, on retrouve des préoccupations épistémologiques similaires dans le travail ethnographique d'Adèle Blazquez (2022) portant sur les localités affectées par le narcotrafic au Mexique.

On le constate à l'aune des modalités analytiques choisies comme des précautions prises dans leurs travaux par les latino-américanistes français, les chercheurs étrangers sont conscients des accusations d'« extractivisme épistémique » qui peuvent être portées à leur encontre, et ce, quand bien même ils ne l'expriment pas en ces termes dans leurs protocoles de recherche.

Au demeurant, pour prévenir toute dérive et responsabiliser l'enquêteur, se développent dans certaines institutions académiques latino-américaines ce que l'on appelle les « consentements éclairés » (*consentimientos informados*). Il s'agit de documents que l'on doit présenter et faire signer à nos interviewés et dans lesquels on spécifie *a minima* 1) l'objet de la recherche, 2) le protocole scientifique – dans le cas d'une recherche menée sur la base d'entretiens semi-directifs, il conviendra par exemple d'en préciser la durée et s'ils feront ou non l'objet d'un enregistrement –, 3) la question de la levée ou non de l'anonymat (en fonction du choix exprimé par les personnes consultées), et 4) les contacts du chercheur (institutions, adresse mail et téléphone), avec comme engagement d'envoyer, sur demande, les travaux qui seront publiés à partir des éléments récoltés. Au Chili en particulier, la réalisation d'un tel protocole validé par le comité d'éthique de la faculté d'accueil conditionne désormais l'attribution des fonds publics obtenus auprès de l'Agence nationale d'investigation et de recherche (ANID).

Entreprendre une communication rétrospective…

Une recherche scientifique éthique devrait veiller à ce qu'il y ait un juste retour vers les personnes ayant participé ou contribué à l'investigation. Quelle(s) forme(s) pourrait prendre ce retour ? Pour les peuples ou les communautés étudiées, il pourrait *a minima* se faire à travers une présentation des résultats de la recherche – ce qui impliquerait idéalement de revenir *a posteriori* sur le terrain, non pas pour recueillir des informations, mais pour dévoiler des conclusions. Pour nos pairs (lecteurs ou évaluateurs), il apparaît tout aussi essentiel de rendre compte de l'importance des témoignages comme des connaissances des participants, sans lesquels la recherche n'aurait jamais été possible. Il faudrait non seulement renforcer ce que le physicien Jean-Marc Lévy-Leblond (2007 : 209) dénomme, dans *Hermès*, la « communication publique » autour de la recherche[8], mais même aller au-delà. On propose ainsi d'entreprendre une « communication rétrospective » axée sur les acteurs qui ont permis la réalisation de l'investigation.

Notons qu'en anonymisant les enquêtes, on invisibilise également les savoirs des enquêtés et la possibilité pour ces personnes d'obtenir une forme de rétribution intellectuelle à leur participation. Aussi apparaît-il essentiel de s'engager à offrir à ces mêmes personnes un retour, sous forme d'un rapport sinon écrit du moins oral, qui présente de quelle manière leur propos, savoirs et diverses autres formes de contribution ont été utilisés dans le travail scientifique. Quelle que soit la forme que prend cette communication rétrospective, elle constitue une compensation éthique fondamentale. Outre l'humilité, il nous faut donc savoir aussi faire preuve de réflexivité, et surtout de sincérité. Se prémunir contre l'« extractivisme épistémique » est un engagement de long terme. Il ne doit pas se réduire à une simple démarche cosmétique, reposant sur la définition de contrats individuels visés par des instances universitaires, aussitôt validée, aussitôt ignorée.

… pour contribuer à la justice épistémique

En somme, penser l'éthique et la justice épistémiques est un enjeu majeur de la décolonisation d'un monde de la recherche qui continue de fonctionner sur le paradigme sujet/objet. La dichotomie entre les deux espaces n'est pas seulement de fonction, elle est aussi et surtout, de pouvoir. Les chercheurs tendent encore à se situer dans l'espace de la domination que le philosophe colombien Santiago Castro-Gómez (2005) appelle le « point zéro », une plateforme d'analyse depuis laquelle on peut observer sans se faire observer soi-même, à l'instar du panoptique de Bentham. Cette situation privilégiée des universitaires du « Nord global » leur accorde les bénéfices de la recherche, en termes de notoriété, de publications et de salaire.

En revanche, les personnes qui interviennent dans les enquêtes de terrain ne sont pas suffisamment reconnues comme productrices de savoir. Malheureusement, tels qu'ils fonctionnent aujourd'hui, les CER qui se généralisent dans les universités françaises et européennes sont peu susceptibles de rompre avec l'extractivisme épistémique. Ils veillent surtout sur les intérêts de la recherche universitaire et pas pour un juste retour des fruits du savoir académique. Il serait pourtant temps de l'inscrire dans l'agenda de ces instances qui auront vocation, tôt ou tard, à prendre conscience et à œuvrer pour la justice épistémique.

NOTES

1. Le double usage du pluriel permet de marquer l'opposition à « *la* société de *la* connaissance », entendue dans un sens générique, libéral, technico-rationnel et occidentalo-centré (Olivé, 2007).
2. Pour plus de renseignements, voir le très riche dossier spécial de la revue *Estudios de Filosofía* (Université d'Antoquia, Colombie) coordonné par Garzón-Rodriguez et Acosta Navas (2022).
3. L'écriture inclusive n'ayant pas été adoptée par la revue *Hermès*, nous utiliserons désormais le terme générique au masculin, de même que pour les autres désignations susceptibles d'une distinction genrée.
4. Bien qu'elle se soit érodée au cours du XXe siècle, l'influence culturelle française est encore vivace en Amérique latine (Rolland, 2011 : 27-83).
5. Marie-Laure Geoffray (2020 : 151) confesse ainsi que sa « nationalité a certainement joué en sa faveur » et qu'il aurait été plus difficile pour elle de mener sa recherche sur la dissidence cubaine si elle avait été espagnole ou tchèque, dans la mesure où les diplomaties de J. M. Aznar et V. Havel étaient perçues comme beaucoup plus agressives à l'encontre des autorités de l'île que la diplomatie française, moins alignée sur celle des États-Unis.
6. Si elles tendent à s'infléchir sous les coups de boutoir d'une jurisprudence interaméricaine qui promeut, depuis le milieu des années 2000, la transparence institutionnelle et l'accès à l'information publique (CIDH, 2007), une certaine culture du secret (ou « *secretismo* ») affecte toujours les organisations publiques latino-américaines. Pour plus d'information sur les mutations institutionnelles en Amérique latine, lire : Larrouqué (2019).
7. En sociologie, Gilles Pinson et Valérie Sala Pala (2007 : 585) évoquent une démarche « compréhensive » consistant à ne pas s'intéresser uniquement « aux attitudes ou opinions des acteurs sociaux, mais aux représentations qui sous-tendent effectivement leurs pratiques. Il ne s'agit pas d'atteindre des structures idéologiques en soi, d'identifier des préjugés ou de normer des opinions, mais de saisir les représentations sociales, les schèmes cognitifs qui orientent effectivement les pratiques des acteurs. »
8. Fondée sur la vulgarisation et destinée à une large audience, celle-ci complète deux autres types de communications liées au domaine scientifique : l'une, dite « informelle », est pratiquée auprès des collègues du laboratoire; l'autre, dite « institutionnelle », est celle reposant sur l'évaluation par les pairs, *via* les revues ou les colloques (Lévy-Leblond, 2007).

RÉFÉRENCES BIBLIOGRAPHIQUES

ALLAIN, M., *La cause paysanne. Jeux d'échelles dans les luttes pour le territoire en Colombie*, Aubervilliers, Éditions de l'IHEAL, 2023.

AMIRAUX, V., CEFAÏ, D., « Les risques du métier : Engagements problématiques en sciences sociales. Partie 1 », *Cultures et Conflits*, n° 47, 2002, p. 15-48. En ligne sur <doi.org/10.4000/conflits.829>, page consultée le 27 janvier 2025.

BARRAULT-STELLA, L., MAILLET, A., VOMMARO, G., « Étudier les transformations de l'action publique en Amérique latine. De terrains "exotiques" à la fécondité conceptuelle d'enquêtes situées », *Gouvernement et action publique*, vol. 8, n° 1, 2019, p. 9-34. En ligne sur <doi.org/10.3917/gap.191.0009>, page consultée le 27 janvier 2025.

BLAZQUEZ, A., *L'aube s'est levée sur un mort. Violence armée et culture du pavot au Mexique*, Paris, CNRS Éditions, 2022.

BUU-SAO, D., *Le capitalisme au village. Pétrole, État et luttes environnementales en Amazonie*, Paris, CNRS Éditions, 2023.

CASTRO-GÓMEZ, S., *La hybris del punto cero. Ciencia, raza e ilustración en la Nueva Granada (1750-1816)*, Bogota, Editorial Pontificia Universidad Javeriana, 2005.

COLIN, P., QUIROZ, L., *Pensées décoloniales : une introduction aux théories critiques d'Amérique latine*, Paris, La Découverte, 2023.

COMISIÓN INTERAMERICANA DE DERECHOS HUMANOS (CIDH), « Estudio especial sobre el derecho de acceso a la información », 2007.

GARZÓN-RODRÍGUEZ, C., ACOSTA NAVAS, D., « Injusticia epistémica. Una nueva epistemología para una antigua injusticia », *Estudios de Filosofía*, n° 66, 2022, p. 5-8.

GEOFFRAY, M.-L., « Mettre la peur à distance par la fabrique collective de la réflexivité », *Critique internationale*, n° 86, 2020, p. 141-164.

GOIRAND, C., *La politique des favelas*, Paris, Karthala, 2000.

GROSFOGUEL, R., « Del "extractivismo económico" al "extractivismo epistémico" y "extractivismo ontológico" : una forma destructiva de conocer, ser y estar en el mundo », *Tabula Rasa*, n° 24, 2016, p. 123-143.

KLEIN, N., « Dancing the World into Being : A Conversation with Idle's No More Leanne Simpson », *Yes! Solutions Journalism*, 6 mars 2013. En ligne sur <yesmagazine.org/social-justice/2013/03/06/dancing-the-world-into-being-a-conversation-with-idle-no-more-leanne-simpson>, page consultee le 27 janvier 2025.

LARROUQUÉ, D., « Les Léviathans sont-ils "de papier" en Amérique latine ? Discussions autour des mutations étatiques dans le sous-continent américain », *Gouvernement et action publique*, vol. 8, n° 1, 2019, p. 157-191.

LÉVY-LEBLOND, J.-M., « Sciences dures et traduction. Entretien réalisé par Michaël Oustinoff », *in* NOWICKI, J., OUSTINOFF, M. (dir.), « Traduction et mondialisation », *Hermès, la Revue*, n° 49, 2007, p. 205-211. En ligne sur <doi.org/10.4267/2042/24146>, page consultee le 27 janvier 2025.

PEMBERTON, A., « A World of Struggle Meets the Faces of Injustice (Judith Shklar and Current Affairs) », *Tilburg Law Review*, vol. 23, n° 1, 2018, p. 125-129. En ligne sur <doi.org/10.5334/tilr.132>, page consultée le 27 janvier 2025.

PINSON, G., SALA PALA, V., « Peut-on vraiment se passer de l'entretien en sociologie de l'action publique ? », *Revue française de science politique*, vol. 57, 2007, p. 555-597. En ligne sur <doi.org/10.3917/rfsp.575.0555>, page consultée le 27 janvier 2025.

QUIJOUX, M., *Néolibéralisme et autogestion : l'expérience argentine*, Paris, Éditions de l'IHEAL, 2011.

ROLLAND, D., *L'Amérique latine et la France. Acteurs et réseaux d'une relation culturelle*, Rennes, Presses universitaires de Rennes, 2011.

DE TOCQUEVILLE, A., *De la démocratie en Amérique*, Paris, Robert Laffont, 2004 [1835].

Coordination : Gilles Rouet

Varia

Patrice Vibert
Université du Havre

Quitter X ? Le microblogging et la décentralisation des réseaux sociaux

Avec la création de Facebook en 2004 et, à sa suite, des autres réseaux sociaux, la multiplication des débats *via* le microblogging[1] a transformé la maîtrise d'Internet en un véritable enjeu politique[2]. En effet, tous ces messages qui se croisent sur la toile sont à la fois révélateurs d'un état de l'opinion publique mais peuvent aussi servir de caisse de résonance pour influencer cette dernière. Les personnalités politiques et intellectuelles vont ainsi utiliser ces nouveaux médias dans leur stratégie de communication. Twitter s'est, dès lors, imposé comme le réseau social de la vie politique.

Cependant, ce réseau n'est pas un simple espace de discussion public neutre. Visant des fins commerciales et construit sur un algorithme de visibilité et de modération des contenus, le modèle de discussion qu'il impose *via* cet algorithme favorise certains discours, en particulier les discours populistes. Le rachat de Twitter, devenu X, par Elon Musk, et l'élection de Donald Trump, à la fois utilisateur controversé de Twitter et proche du nouveau propriétaire de ce réseau, semblent confirmer les critiques à l'égard de cette plateforme et beaucoup se demandent si le maintien de leur présence sur X n'est pas un signe de compromission avec un outil qui favorise des contre-valeurs.

Depuis l'élection de Trump, on assiste ainsi à une importante vague d'inscription sur le réseau social Bluesky, considéré comme plus neutre car soi-disant plus décentralisé. Mais cette décentralisation peut-elle contribuer au rétablissement de règles plus éthiques pour encadrer les débats qui ont lieu sur ces plateformes ? Suffit-elle à nous redonner un contrôle sur nos données et notre utilisation de ces réseaux ? Est-il seulement possible de dépasser le fonctionnement centralisé des réseaux sociaux ?

Le discours populiste saisi par Twitter

La notion de populisme est délicate à manier car elle échappe à toute analyse essentialiste. En effet, le populisme et le discours qui l'exprime se définissent toujours en opposition aux forces sociales dominantes à l'époque dans laquelle ils évoluent. Selon Chantal Mouffe, le populisme contemporain est une réaction à la volonté d'éliminer la conflictualité. Cependant, « le consensus qu'appellent de leurs vœux les défenseurs de la "démocratie non partisane" ne peut exister sans dessiner une frontière et définir un extérieur, un "eux" qui donne au consensus son identité et assure la cohérence du "nous" » (Mouffe, 2002). Ce dépassement des oppositions est condamné à être lui-même la cause d'un nouveau conflit entre les élites et le « vrai » peuple, qui se sentirait exclu de la frontière de cette « démocratie non-partisane ».

Depuis le début des années 2000, deux vagues de populisme se sont ainsi succédées, ou plutôt superposées. La première, qui a été marquée par l'entrée dans la vie politique du Parti de la liberté d'Autriche (FPÖ) dès les années 1980 et l'arrivée de Jean-Marie Le Pen au second tour des élections présidentielles en 2002, est une réaction contre le libéralisme et le bureaucratisme des institutions supra-étatiques et, en ce sens, l'Union européenne (UE) est devenue, pour ce populisme européen, le symbole de ce libéralisme destructeur.

La seconde vague apparaît au milieu des années 2010 et dépasse le cadre de l'Europe puisqu'elle débute avec la victoire de Donald Trump aux élections présidentielles américaines en 2016 et celle de Jair Bolsonaro en 2018 au Brésil. Elle reprend les thématiques de la première séquence tout en les élargissant, dans une critique globale de la modernité, rejetée à cause de son progressisme moral décadent et de son rationalisme scientifique étroit. Le libéralisme et le pouvoir des élites ne sont alors que des conséquences de ces deux piliers de la modernité qu'il faut abattre pour redonner du pouvoir au « bon sens » du « vrai » peuple. C'est dans cette logique que les discours fondés sur les valeurs traditionnelles et les *fake news* sont valorisés, car leur simplicité fait office de vertu et conforte ce « bon sens ». Cependant, ils seraient inefficaces sans l'émergence des réseaux sociaux, qui permettent de démultiplier la visibilité de cette critique de la modernité.

Cette seconde vague a surtout utilisé Twitter, puis X, pour diffuser ses discours et recruter de nouveaux partisans car cette plateforme impose un cadre discursif en adéquation avec celui du populisme. Le format court des tweets pour les comptes de base favorise l'invective et l'utilisation de mots-valises (« merdia », « gauchiasses ») afin de court-circuiter l'argumentation[3]. La rationalité scientifique est impuissante face à cette logique, d'autant plus que les partisans du discours populiste font bloc face à ces discours « administrés ». En effet, le système des hashtags utilisés dans les posts est un des multiples éléments qui permet de créer rapidement un entre-soi, dans lequel se retrouve le peuple dit « authentique ». Celui-ci peut donc se penser majoritaire car sur-présenté sur la plateforme. Paradoxalement, le récit populiste trouve dans une des créations de la modernité numérique un de ses supports privilégiés pour son combat contre elle. Cette convergence montre que le cadre discursif que X impose (taille des posts, hashtags, retweets, etc.) n'est pas idéologiquement neutre[4]. Bien sûr, il serait réducteur d'affirmer que X est la cause de cette seconde vague du populisme ou qu'il le favorise volontairement car il s'agit avant tout d'une convergence qui ne pourrait être expliquée que dans le cadre d'une analyse globale de la discursivité dans le numérique[5].

De Twitter à Bluesky en passant par X : la modération à l'heure des réseaux sociaux

Donald Trump est l'utilisateur qui symbolise le mieux ce cadre discursif biaisé de Twitter, ce réseau social ayant été son terrain de jeu favori, de son élection en 2016 jusqu'à la période du Covid-19, avec la propagation d'un discours populiste et de *fake news* à répétition au moment le plus intense de l'épidémie[6]. Ces dérives ont conduit Twitter et son co-fondateur, Jack Dorsey, à, de manière inédite, fermer le compte du président américain, une décision révélatrice du pouvoir de diffusion de la parole politique que ces réseaux sociaux ont acquis en moins de vingt ans d'existence. Mais ce pouvoir n'est possible que si ces réseaux obéissent à un fonctionnement centralisé, autant dans la modération des contenus postés par les utilisateurs que dans la collecte et le stockage des données.

Pour cette raison, l'idée de réseaux sociaux plus décentralisés a commencé à apparaître. Alors que le réseau Mastodon, créé en 2016, s'est peu à peu imposé comme alternative à Twitter, c'est l'application Bluesky qui a gagné cette bataille depuis le rachat de Twitter par Elon Musk, en avril 2022, et la victoire de Trump à l'élection présidentielle le 5 novembre 2024, en dépassant les 20 millions d'utilisateurs inscrits (pour 326 millions sur X)[7]. Financé à l'origine par Twitter, et fondé par Jack Dorsey, ce réseau devait être un protocole décentralisé censé être utilisé à terme par Twitter, avant de prendre son indépendance en 2022.

Cependant, même sur cette application le stockage des données est très fortement centralisé, car si les utilisateurs peuvent héberger eux-mêmes un serveur pour stocker les données de leur propre profil, celui-ci ne peut pas être utilisé par autrui et ne permet donc pas d'interactions, donc pas de fonctionnement pair-à-pair (P2P). De plus, l'authentification et les messages privés sont entièrement gérés par les équipes de Bluesky et l'application indique dans sa charte de confidentialité que les données personnelles des utilisateurs peuvent être utilisées dans un but marketing. Pour l'instant, peu, voire aucune publicité n'est présente sur Bluesky, mais cette charte montre que cela ne devrait être que temporaire.

En réalité, le succès de Bluesky s'explique par des raisons conjoncturelles et structurelles. Si le milieu scientifique et universitaire (Dessaux, 2024) quitte peu à peu X à cause des *fake news* diffusées sur ce réseau et l'impossibilité d'avoir des débats sereins, l'élection de Donald Trump a précipité le départ de personnalités politiques démocrates et de la gauche européenne, de syndicats (la CFDT) et de médias (*The Guardian* au Royaume-Uni mais aussi *Ouest France*). D'un point de vue structurel, c'est la possibilité de personnaliser les règles de modération de base qui le démarque du réseau d'Elon Musk. En effet, cette question pose de plus en plus problème du point de vue des utilisateurs de X car le flux de posts peut se trouver rapidement envahi par des *bots* et des propos extrémistes.

Cependant, il est important de souligner que ces départs expriment davantage une volonté de suivre une tendance qu'une véritable réflexion sur les dispositifs mis en place par les différents réseaux sociaux. Dans les faits, Bluesky garde un contrôle important sur les données des utilisateurs et Jack Dorsey lui-même a exprimé très clairement sa déception vis-à-vis de l'évolution de cette plateforme en fermant son compte et en quittant le conseil d'administration de l'entreprise en février 2024. Bluesky ayant trahi le camp de la décentralisation, Jack Dorsey soutient désormais le protocole Nostr, peut-être plus confidentiel et plus difficile à utiliser, mais plus fidèle à la protection des données utilisateurs.

La décentralisation des réseaux sociaux : un enjeu pour la communication numérique

À l'instar de Jack Dorsey, on peut être déçu de l'absence de prise de conscience réelle suscitée par ces décisions de quitter X. Transformée en simple geste politique et idéologique, la crise du microblogging met en lumière l'évolution de notre rapport au numérique et aux réseaux sociaux.

Si Twitter/X – mais nous aurions pu aussi citer Facebook – a pris autant d'importance politique, c'est que ce réseau social a su jouer sur des traits psychologiques universels : la recherche de la simplicité et le besoin de reconnaissance et de visibilité. Le second aspect a depuis longtemps été analysé à travers la notion d'extimité (Tisseron, 2011), constitutive de notre ipséité numérique[8].

Cette quête de reconnaissance est alors à l'avantage des réseaux sociaux qui possèdent le plus d'utilisateurs.

Ici, c'est le premier aspect qui retiendra notre attention. De manière paradoxale, la maîtrise des outils numériques que nous utilisons, que ce soit dans leur aspect matériel ou dans leur fonctionnement informatique, décroît à mesure que nous les utilisons et qu'ils sont optimisés. Les réseaux sociaux proposent ainsi une interface la plus simple possible aux utilisateurs afin que ces derniers deviennent peu à peu uniquement des consommateurs de contenus. Or, c'est sans doute le trait psychologique qui nous pousse vers la simplicité qui rend déséquilibré le choix entre réseaux sociaux centralisés et réseaux sociaux décentralisés.

Contrairement aux plateformes comme X, Facebook et même Bluesky, Nostr offre une expérience complètement décentralisée à ses utilisateurs. Les serveurs de stockage de données n'appartiennent pas à l'entreprise mais forment un réseau contrôlé collectivement et les règles de modération sont complètement malléables afin de personnaliser l'expérience utilisateur de ce réseau. De plus, Nostr en lui-même n'est pas une interface visuelle prête à l'emploi et imposant une discursivité : c'est un protocole qui permet la création de profils et de publications, utilisé par plusieurs applications proposant différentes interfaces de publication, certaines permettant même de les configurer soi-même. Cette décentralisation de la discursivité a cependant un revers : les interfaces sont moins intuitives que celles disponibles sur les réseaux sociaux centralisés. Mais les plus décentralisés n'offrent pas simplement une protection plus grande des données personnelles et des règles de modération plus éthiques et personnalisables, ils veulent redonner un véritable pouvoir sur l'outil utilisé. On passe ici de l'utilisateur-consommateur à l'utilisateur-usager ou même ouvrier. L'action des utilisateurs sur ces réseaux devient un véritable « actepouvoir » au sens de Mendel, un « pouvoir entendu non pas seulement comme pouvoir des uns sur les autres mais comme pouvoir des individus et des collectifs sur leur acte » (Mendel, 1998). Cet usage, qui met en avant l'actepouvoir, est celui qui a constamment été présent dans l'histoire cachée du numérique, des logiciels open-source au téléchargement P2P, jusqu'au Darknet. Il est un des enjeux les plus importants de la décentralisation du numérique.

Cette analyse de quelques plateformes de microblogging autour de la notion de décentralisation ne prétend pas apporter une réponse exhaustive aux questions inaugurales de cet article. Plus qu'une réponse, l'important est de saisir les vrais enjeux qui se cachent derrière cette injonction à choisir son réseau social selon son positionnement idéologique car si X est actuellement diabolisé et Bluesky considéré, au contraire, comme un havre de paix numérique, ce choix n'est en réalité qu'un trompe l'œil qui nous rend incapable d'endiguer la diffusion de certains discours misologues, dont le discours populiste, sur les réseaux sociaux. Désormais, la question la plus cruciale est surtout : quel genre d'utilisateur voulons-nous être ? Entre l'utilisateur-consommateur et l'utilisateur-ouvrier, l'enjeu de la décentralisation crée une frontière alimentée par le problème de la gouvernance des données utilisateurs, par les règles de modération utilisées dans ces réseaux et par le cadre discursif qui définit une certaine manière d'écrire et de communiquer.

NOTES

1. Le microblogging est un outil de communication servant à la création et à la diffusion de contenus courts, en général sur les réseaux sociaux.
2. Ces débats existaient déjà sur les forums de discussion mais les graphes qui constituent l'architecture des réseaux sociaux et le système de connexions qui permet de relier les utilisateurs et de partager indéfiniment un post donnent une viralité sans précédent à ces discussions.
3. En effet, depuis 2023, il est possible de prendre un compte Premium, reconnaissable à la pastille bleue sur l'application, afin d'avoir accès à certaines fonctionnalités, dont la publication de posts qui dépassent la limite des 280 caractères.
4. Dans *Les Fabriques de soi ?*, Gustavo Gomez-Mejia décrit l'influence du dispositif discursif choisi par tel ou tel réseau social sur la construction des narrations de soi et des identités numériques (Gomez-Mejia, 2016 ; Vibert, 2017).
5. L'immédiateté des réactions, l'invective et l'entre-soi se retrouvent sur la plupart des réseaux sociaux de publications écrites et de discussions.
6. Jusqu'à la suspension de son compte Twitter en 2020, Donald Trump a posté 34 000 tweets avec une moyenne de 29 tweets par jour.
7. Voir, Julien Bergounhoux, « Face à X, Bluesky triple de taille et dépasse les 20 millions d'utilisateurs », *L'Usine digitale*, 20 novembre 2024. En ligne sur <usine-digitale.fr/article/face-a-x-bluesky-triple-de-taille-et-depasse-les-20-millions-d-utilisateurs.N2222863>, page consultée le 9 janvier 2025.
8. Cette notion d'ipséité, c'est-à-dire ce qui fait qu'une personne est unique et elle-même, et non autre chose, reliée à celle d'identité narrative, est au cœur des travaux de Paul Ricœur durant les années 1980 et 1990 (Ricœur, 1985 et 1990).

RÉFÉRENCES BIBLIOGRAPHIQUES

DESSAUX, M., « Twitter, c'est fini ! Les stratégies des établissements qui ont quitté le réseau social X », *Campus Matin*, 7 mars 2024. En ligne sur <campusmatin.com/vie-campus/relations-exterieures/pratiques/twitter-c-est-fini-les-strategies-des-etablissements-qui-ont-quitte-le-reseau-social-x.html>, page consultée le 23 décembre 2024.

GOMEZ-MEJIA, G., *Les Fabriques de soi ? Identité et industrie sur le web*, Paris, MkF éditions, 2016.

ISABELLO, J., « Histoire des blogs et réflexions autour de l'outil », *Revue Politique et Parlementaire*, 25 mai 2021. En ligne sur <revue-politique.fr/histoire-des-blogs-et-reflexions-autour-de-loutil/>, page consultée le 23 décembre 2024.

MENDEL, G., *L'acte est une aventure. Du sujet métaphysique au sujet de l'actepouvoir*, Paris, La Découverte, 1998.

MOUFFE, C., « La "fin du politique" et le défi du populisme de droite », *Revue du MAUSS*, 2002, vol. 2, n° 20, p. 178-194. En ligne sur <doi.org/10.3917/rdm.020.0178>, page consultée le 23 décembre 2024.

RICŒUR, P., *Soi-même comme un autre*, Paris, Seuil, 1990.

–, *Temps et récit III. Le temps raconté*, Paris, Seuil, 1985.

TISSERON, S., « Intimité et extimité », *Communications*, n° 88, p. 83-91. En ligne sur <doi.org/10.3917/commu.088.0083>, page consultée le 8 janvier 2025.

VIBERT, P., « Gustavo GOMEZ-MEJIA, *Les Fabriques de soi ? Identité et Industrie sur le web* », *Questions de communication*, n° 32, 2017, p. 463-465. En ligne sur <doi.org/10.4000/questionsdecommunication.11717>, page consultée le 8 janvier 2025.

Coordination : Bernard Valade

Hommages

Michael Löwy
Sociologue et philosophe

Gustavo Gutiérrez (1928-2024) Pionnier de la théologie de la libération

Le théologien péruvien Gustavo Gutiérrez (1928-2024) est considéré, à juste titre, comme le pionnier de la théologie de la libération, notamment avec son ouvrage inaugural, *Théologie de la libération. Perspectives* (1971). Son œuvre a profondément marqué l'histoire non seulement de l'Église catholique mais des mouvements sociaux émancipateurs en Amérique latine. Après des études dans les Universités catholiques de Louvain et de Lyon, il est ordonné prêtre en 1959 et participe, comme théologien, au concile Vatican II et à la conférence de l'épiscopat latino-américain à Medellín, en 1968. Son livre de 1971 était l'expression de dix années de pratique de chrétiens socialement engagés, notamment au Brésil, constituant une sorte de « christianisme de la libération » : un mouvement socioreligieux, présent dans la Jeunesse universitaire chrétienne, dans des communautés ecclésiales de base (CEB)[1], dans des mouvements d'éducation populaire, etc. La théologie de la libération fut l'expression spirituelle de cette expérience, étudiée de près par Gustavo Gutiérrez lors de voyages au Brésil.

Dans son ouvrage, Gutiérrez avançait un certain nombre d'idées originales et peu conventionnelles, destinées à bouleverser profondément la culture catholique d'Amérique latine. Il insistait en premier lieu sur la nécessité de rompre avec le dualisme hérité de la pensée grecque : il n'existe pas deux réalités, l'une « temporelle » et l'autre « spirituelle », ou deux histoires, l'une « sacrée » et l'autre « profane ». Il n'y a qu'une seule histoire, et c'est dans cette histoire humaine et temporelle que doit se réaliser la rédemption, le royaume de Dieu (Gutiérrez, 1974 : 156). Il ne s'agit pas d'attendre passivement le salut d'en haut : l'Exode biblique nous montre « la construction de l'homme par lui-même dans la lutte politique historique » (*Ibid.* : 166). L'Exode devient ainsi le modèle d'un salut non pas individuel et privé, mais communautaire et « public », dont l'enjeu n'est pas l'âme de l'individu en tant que telle, mais la rédemption et la libération de tout un peuple asservi.

Pour éviter tout malentendu, rappelons que la théologie de la libération n'est pas un discours social et politique mais, avant tout, une réflexion religieuse et spirituelle. Comme l'a souligné Gustavo Gutiérrez :

> La première tâche de l'Église [...] est de célébrer dans l'allégresse le don de l'action salvifique de Dieu dans l'humanité, qui se réalisa par la mort et la résurrection

> du Christ. C'est l'eucharistie : mémorial et action de grâce. Mémorial du Christ qui suppose une acceptation toujours renouvelée du sens de sa vie : le don total aux autres (*Ibid.* : 262).

Ce qui change – très profondément – par rapport à la tradition de l'Église, c'est le sens concret que revêt ce « don total aux autres » : c'est ici « l'option prioritaire pour les pauvres ». Mais il faut tout de suite ajouter que, pour Gustavo Gutiérrez, ces « pauvres » sont les agents de leur propre libération et les sujets de leur propre histoire – et non simplement, comme dans la doctrine traditionnelle de l'Église, l'objet d'une attention charitable.

Comme l'on sait, la théologie de la libération fut accusée par le Vatican d'utilisation « indiscriminée » du marxisme. Certes, certains thèmes marxistes ne sont pas absents du livre de Gutiérrez, mais il ne s'agit pas du marxisme des manuels soviétiques du matérialisme dialectique (« diamat »), ni de celui des partis communistes latino-américains : ce sont plutôt des penseurs hétérodoxes qui intéressent Gutiérrez. Ernst Bloch est d'ailleurs l'auteur marxiste le plus cité dans son livre.

Si Gutiérrez rejette, bien entendu, l'athéisme marxiste, le concept de *lutte de classes* est bien présent dans sa réflexion, non seulement comme « instrument d'analyse », mais aussi comme guide pour l'action :

> Nier le fait de la lutte des classes, c'est en réalité prendre parti en faveur des secteurs dominants. La neutralité en cette matière est impossible. […] Bâtir une société juste passe aujourd'hui nécessairement par la participation consciente et active à la lutte de classes qui se réalise devant nos yeux (*Ibid.* : 276-277).

Comment concilier cette position avec l'exigence chrétienne d'amour universel ? La réponse de Gutiérrez se distingue par sa très haute rigueur politique et sa générosité morale : nous ne haïssons pas les oppresseurs, nous voulons les libérer eux aussi, en les affranchissant de leur propre aliénation, de leur ambition, de leur égoïsme, en un mot de leur condition inhumaine. Mais pour cela, nous devons résolument opter pour les opprimés et combattre réellement et efficacement la classe des oppresseurs.

Le Pape François, quelques mois après son élection en 2013, a pris l'initiative d'inviter Gustavo Gutiérrez au Vatican. Et dans une lettre hommage en 2018 pour ses 90 ans, il a salué son « amour préférentiel pour les pauvres et les exclus de la société[2] ».

NOTES

1. Les communautés ecclésiales de base (CEB) sont un concept de cellule d'Église lancé dans les années 1950 en Amérique latine, puis très fortement développé durant la décennie suivante, dans la suite immédiate du concile Vatican II.
2. « Les vœux du Pape François au père Gustavo Gutiérrez pour ses 90 ans », *Vatican News*, 7 juin 2018.

RÉFÉRENCE BIBLIOGRAPHIQUE

Gutiérrez, G., *Théologie de la libération. Perspectives*, Bruxelles, Lumen Vitae, 1974 [1971].

Cem Savaş
Université Yeditepe (Turquie)

Henri Leclerc (1934-2024) Avocat militant infatigable

Henri Leclerc est décédé le 31 août 2024 à l'âge de 90 ans. Il a été un grand avocat pénaliste et un plaideur passionné d'exception. Pour reprendre les mots de son confrère, Basile Ader, le « Churchill des avocats[1] » a passé 65 années de sa vie professionnelle comme avocat militant infatigable, jusqu'à sa dernière plaidoirie en 2020. Génie de la plaidoirie, il fut l'avocat et le fervent défenseur des droits et des libertés publiques, s'intéressant finalement à toutes les luttes sociales. Jusque dans son âge le plus avancé, il a œuvré pour une réflexion collective autour de l'idée selon laquelle « défendre est un engagement[2] ». Preuves de cette conscience engagée, ses années FLN (Front de libération nationale), ses luttes post-Mai 1968, pour la liberté de la presse, concernant le système carcéral et les grandes affaires criminelles[3].

Né en 1934 d'une mère catholique très croyante et d'un père inspecteur des impôts, agnostique et fortement laïque, qui s'entendaient sur l'hostilité au régime de Vichy, à l'antisémitisme et à la peine de mort au temps de la Libération, marquée par des purges et des exécutions sommaires, Leclerc a tiré de cet héritage l'essentiel de son combat contre la peine capitale. À six reprises, il a défendu des clients contre lesquels la peine de mort a été requise, moments qui ont été, selon lui, « [...] parmi les plus durs, les plus vertigineux, les plus intenses de [s]a vie d'avocat[4] ».

De ses jours de participation active aux manifestations étudiantes à coups de motions, de tracts et de coups de poing contre Jean-Marie Le Pen, à son inscription aux divers partis de gauche, du Parti communiste français (PCF) au Parti socialiste unifié (PSU) puis au Parti socialiste (PS), en passant par l'Union de la gauche socialiste (UGS), Henri Leclerc demeure un homme libre, avocat humaniste et engagé sur le plan politique. Se rappelant de ces années, il indique d'ailleurs : « J'ai été militant, bien sûr, avant d'être avocat, et je suis resté un militant[5] ». Durant ses études à la Faculté de Droit de Paris, il fait campagne contre la torture et le comportement de l'armée dans la guerre d'Algérie. À cette époque, il fait la connaissance de Michel Rocard et, suivant ses conseils, il se confronte à Jean-Marie Le Pen durant une assemblée générale de la « Corpo » au Quartier latin. À partir de 1972, il s'éloigne toutefois de Rocard et de l'action politique, et choisit de se concentrer sur sa carrière de droit, préférant être un homme de parole et de réflexion.

À la suite de ses études, il est embauché, à 22 ans, chez le juriste Albert Naud, avec qui il collabore pendant 10 ans – celui-ci lui léguera même sa bibliothèque juridique. L'influence du juriste sur le jeune Leclerc a été immense, aussi bien en tant qu'avocat commis d'office au procès de Pierre Laval, qu'en lui montrant l'essentiel de ce qu'est une procédure pénale. Le début de sa carrière est toutefois interrompu en 1958, alors qu'Henri Leclerc est appelé pour un service militaire de 28 mois en Algérie. Pendant ce temps, il affermit ses convictions anticolonialistes et ne tire jamais un coup de feu. À son retour en France, il devient même l'avocat de membres de l'Organisation de l'armée secrète (OAS), accusés devant la Cour de sûreté de l'État[6].

Henri Leclerc installe ensuite son cabinet dans le quartier bourgeois de l'avenue Kléber, et, après le maelström de Mai 1968, il ouvre le cabinet Ornano, en 1973, d'après l'avenue du quartier populaire du 18e arrondissement de Paris. Dans une perspective progressiste, égalitaire et modeste, l'« hôtel d'Ornano » fonctionne plus de quinze ans et sera le lieu de formation de plusieurs talents tels que Frédérique Baulieu et Nathalie Senyk.

Commandeur de la Légion d'honneur, Leclerc a aussi été appelé l'« avocat des gauchistes », fortement influencé par leurs idées sur le monde, sur la société et sur la liberté. Parmi les exploits de Leclerc, dont il est difficile de faire la liste complète, nous pouvons citer la défense de Daniel Cohn-Bendit, poursuivi après les événements de Mai 1968, celle de Lucien Léger, dit l'« étrangleur », accusé d'assassinat et condamné à la perpétuité, encourant également la peine de mort, celle de voyous comme « Charlie » Bauer et François Besse, de terroristes arméniens de l'ASALA (Armée secrète arménienne pour la libération de l'Arménie), d'Iraniens contestataires ou encore de Dominique de Villepin dans l'affaire Clearstream et, enfin, de Dominique Strauss-Kahn dans l'affaire du Carlton de Lille[7].

Membre de la Commission nationale consultative des droits de l'homme, Henri Leclerc était une figure clé du barreau français : il a cocréé le Mouvement d'action judiciaire et sa revue *Actes*, avec le but de promouvoir une nouvelle réflexion sur le sens de la peine, les lois sécuritaires et les relations qui se développent entre le droit et les citoyens. Adversaire des injustices, il dénonce conjointement les conditions de détention dans les prisons de haute sécurité. Très souvent missionné à l'étranger, ancien président (1995-2000) puis président d'honneur de la Ligue des droits de l'homme (LDH), Leclerc a également soutenu la Fédération syndicale unitaire (FSU) qui a salué, à la suite de l'annonce de son décès, sa détermination pour l'égalité et le respect inaliénable des libertés ainsi que sa lutte contre toute forme d'exclusion, de haine collective et de stigmatisation dans la société.

La lecture de ses mémoires, publiés en 2017[8], permet d'apprécier sa très grande empathie vis-à-vis de ses clients. Il note à ce sujet : « L'avocat a la charge de la fraternité. Pour bien défendre, il faut comprendre son client, tenter de le réconcilier avec les autres, le tirer vers le haut.[9] » Selon lui, le métier d'avocat voulait dire avant tout « aimer l'homme malgré lui, avec ses failles, ses imperfections.[10] »

En définitive, son héritage demeure pertinent, aussi bien pour tenter de résoudre les conflits sociaux actuels que ceux de l'avenir. Engagé face à la montée en puissance de l'extrême droite, il ne s'est jamais montré défaitiste, insistant sur la nécessité de poursuivre le combat non seulement en France et en Europe mais aussi dans le monde entier. Dans son discours de clôture à l'occasion des 100 ans de la LDH, en 1998, il précisait ainsi : « Ils sont toujours là, nos vieux adversaires. Nous les connaissons bien. Ils s'appellent l'arbitraire qui menace les libertés, l'intolérance qui détruit la fraternité, le racisme qui nie l'égalité, l'individualisme qui tue le citoyen. Elle est toujours présente, la misère, cette insulte à la dignité. Et devant nous, dressés, tous les pouvoirs dont on abuse.[11] »

NOTES

1. Basile Ader, « Henri Leclerc était le Churchill des avocats », *Le Monde*, 2 septembre 2024.
2. *Le Monde* avec AFP, « Mort de l'avocat Henri Leclerc : le monde de la justice salue "un ardent défenseur des libertés" », 1er septembre 2024.
3. Elisabeth Fleury, « Mort d'Henri Leclerc, l'avocat qui "aimait l'homme malgré lui" », *L'Humanité*, 31 août 2024.
4. *Ibid.*
5. France Inter, « Henri Leclerc, mort d'un défenseur infatigable des hommes et des principes », 1er septembre 2024.
6. Stéphane Durand-Souffland, « L'avocat Henri Leclerc, figure tutélaire du Barreau français, est mort », *Le Figaro*, 31 août 2024.
7. Voir Henri Leclerc, *La parole et l'action. Itinéraires d'un avocat militant*, Paris, Éditions Fayard, 2017.
8. *Ibid.*
9. Elisabeth Fleury, art. cit.
10. *Ibid.*
11. LDH, « Hommage à Henri Leclerc », 31 août 2024. En ligne sur <ldh-france.org/hommage-a-henri-leclerc/>, page consultée le 17 janvier 2025.

Coordination : Brigitte Chapelain

Lectures

Philippe Colin, Lissell Quiroz, *Pensées décoloniales. Une introduction aux théories critiques d'Amérique latine*, Paris, La Découverte, coll. « Zones », 2023, 240 p.

Coécrit par Philippe Colin et Lissell Quiroz, respectivement maître de conférences et professeure en civilisation latino-américaine aux universités de Limoges et de Cergy, cet ouvrage est le premier à proposer, en français, une synthèse des réflexions dites « décoloniales » qui agitent, depuis plus d'un siècle déjà, la pensée critique en *Abya Yala*. Comme le précisent les auteurs (note n° 8, p. 197), cette notion – qui signifie « la terre de pleine maturité » pour le peuple Kuna (Panama) – est un substitut au terme d'*Amérique latine*, lequel est lui-même le fruit « d'une géopolitique de la pensée située en Europe puis aux États-Unis » (p. 11). On l'aura compris, cet ouvrage promeut un décentrement de nos analyses et de nos visions du monde, en empruntant à une perspective post-occidentale. Sur la base d'une très riche bibliographie, les deux chercheurs s'emploient à dresser la généalogie intellectuelle de ce qu'ils nomment la « colonialité ». Par opposition au colonialisme, qui désigne une entreprise politique de nature impérialiste, cette notion recoupe les relations de pouvoir asymétriques nées de la domination coloniale. Elles se matérialisent, depuis la conquête des Amériques, « dans une hiérarchie planétaire des peuples » (p. 12), déterminée par divers critères, notamment raciaux, spirituels, linguistiques ou encore épistémiques – c'est-à-dire, relatifs aux connaissances ou aux savoirs. En somme, cet ouvrage se lit à la fois comme un très exhaustif état des lieux de la pensée décoloniale contemporaine (revue de littérature), autant qu'il s'inscrit dans un projet politico-académique plus large, consistant à une remise en question des préceptes occidentalo-centrés (associés au *wokisme* académique).

Au-delà de son originalité, l'une des grandes qualités de ce livre tient non seulement à la maîtrise de cette littérature critique et peu connue du public francophone, mais surtout à la capacité d'en faire la synthèse rigoureuse, en mettant en exergue des notions éclairantes. Ainsi les auteurs écrivent-ils que, depuis le XVIIe siècle, les colonies ibéro-américaines apparaissent comme des « ethnocraties » (p. 28), où « l'ensemble des sujets sont classés et socialement hiérarchisés en fonction de leur degré d'éloignement par rapport à l'idéal de blancheur incarné par l'Espagne péninsulaire » (*loc. cit.*). À l'instar d'un colonialisme qualifié de « structurel » (p. 37) ou de « latent » (p. 139), ce concept d'ethnocratie nous semble aussi judicieux que la notion d'« endogenèse contextuelle » (p. 82), selon laquelle les chercheurs locaux doivent établir, et non plus importer, leurs propres ressources intellectuelles en vue d'appréhender la réalité qu'ils côtoient au quotidien. De même, on appréciera la mobilisation du concept « d'épistimécide » (p. 165). Formulée par le célèbre mandarin portugais Boaventura de Sousa Santos – aujourd'hui décrié depuis qu'il a été rattrapé par des accusations de harcèlements sexuels –, cette notion désigne le système de dépréciation exercé à l'encontre des savoirs non-occidentaux et des enseignements populaires. Que cela soit sur le plan scientifique (médecine et pharmacopée traditionnelles, par exemple) ou cognitif (visions du monde), il s'avère que ces connaissances peuvent faire l'objet d'appropriation cultuelle ou industrielle, selon une « logique extractive, autrement dit en opérant un prélèvement sélectif et intensif des savoirs subalternes, en fonction des intérêts dominants » (p. 166). Du reste, on aurait pu également expliciter les notions de « transmodernité »

(p. 186), de « colonialité du genre » (p. 191) ou encore « d'intersectionnalité des oppressions » (p. 197).

En sus de cette richesse conceptuelle, l'ouvrage articule une réflexion chronologique pertinente. Les deux auteurs reviennent sur la tradition critique de la fin du XIXe siècle et de la première moitié du XXe siècle, citant des auteurs aussi influents que le cubain José Martí ou le péruvien José Carlos Mariátegui. De même, le structuralisme comme les théories de la dépendance des années 1950-1970 sont solidement étayées, à l'image de la fameuse théologie de la libération ou de la moins célèbre « théorie chicana » (développée aux États-Unis par des ressortissants latinos ou, plus exactement, par leurs enfants issus de la première génération). Pour les auteurs, l'un des moments fondateurs de ce renouveau intellectuel n'en reste pas moins ce qu'ils décrivent comme « le moment 1992 », en référence aux commémorations qui se sont tenues dans plusieurs pays de la région à l'occasion du 500e anniversaire de la malnommée « découverte du Nouveau Monde ». En marge de ces festivités officielles, s'organisent dans les cercles académiques plusieurs collectifs critiques, dont le « féminisme décolonial » constitue l'un des derniers avatars.

En conclusion, la démarche des auteurs est à la fois scientifique et militante. Pour Colin et Quiroz, « (dé)coloniser signifie défaire le système global de pouvoir qui régit les sociétés occidentales et occidentalisées, et favoriser l'éclosion d'une pluralité de formes d'organisation sociale réellement égalitaires » (p. 199). Voici ainsi résumée la double ambition intellectuelle et politique de cet ouvrage remarquable.

Damien Larrouqué
CY Cergy Paris Université

Nelly Richard, *Tiempos y modos. Política, crítica y estética*, Santiago du Chili, Paidós, 2024, 212 p.

Le travail de Nelly Richard a été déterminant pour comprendre les processus politiques et culturels du Chili. Née en France en 1948 – et installée au Chili en 1970, durant le gouvernement de l'Unité populaire de Salvador Allende –, elle a non seulement été une intellectuelle attentive aux événements historiques du pays au cours des cinq dernières décennies, mais s'est également distinguée comme une théoricienne respectée sur la scène intellectuelle latino-américaine. Son œuvre, influencée par plusieurs intellectuels français de la seconde moitié du XXe siècle, dont Julia Kristeva, Gilles Deleuze et Jacques Derrida a eu un impact important sur la critique des arts et de la culture dans la région, ayant réussi à fusionner l'héritage latino-américain avec la pensée poststructuraliste française, les études culturelles britanniques et la théorie critique allemande. Avec plus d'une quinzaine de livres et des centaines d'essais, Nelly Richard est devenue une voix clé dans la société chilienne et latino-américaine pour comprendre la relation entre l'art et la politique, les exigences du féminisme, la question de la mémoire dans les post-dictatures, le changement politique en démocratie et la crise de l'économie néolibérale. Son architecture théorique repose sur un concept central : la critique culturelle. Elle utilise comme cas d'analyse à la fois des œuvres d'art et des manifestations culturelles pour expliquer comment le pouvoir et les structures dominantes sont construits – et, surtout, déconstruits – dans la société contemporaine. En tant qu'universitaire, commissaire d'exposition et intellectuelle, son travail s'est concentré sur la remise en question des récits dominants de la politique traditionnelle et la révélation des discours des dissidents sexuels, politiques et artistiques marginalisés par le système capitaliste en Amérique latine.

Le livre *Tiempos y modos. Política, crítica y estética* ne fait pas exception. Nelly Richard y analyse les dernières années de la société chilienne, caractérisées par des mouvements politiques radicaux. Depuis octobre 2019, le pays a connu un flux accéléré, complexe et sans précédent d'événements historiques qui restent à ce jour difficiles à analyser : une révolte sociale pleine d'espoir en raison de sa profonde critique du système néolibéral chilien – caractérisé par de fortes inégalités sociales, la privatisation des services publics (tels que l'éducation, la santé et la retraite), la précarité générale de la qualité de vie, qui a infléchi un processus de consultation nationale pour modifier la Constitution promulguée en 1980 par le dictateur Augusto Pinochet et fondatrice du néolibéralisme chilien. Toutefois, le phénomène mondial qu'a été la pandémie a ralenti ce mouvement social. En 2022, le pouvoir conquis par le *leader* de gauche de la coalition étudiante, Gabriel Boric, a dû faire face, quelques mois après son entrée en fonction, au rejet des nouvelles propositions constitutionnelles rédigées, dans un premier temps, par des secteurs progressistes et culturellement avant-gardistes, puis par des groupes conservateurs d'extrême-droite. Le nouveau Président a même dû conduire la commémoration du cinquantième anniversaire du coup d'État militaire du 11 septembre 1973 sous leur influence. Finalement, en quelques années, les symboles et les structures politico-culturelles du pays ont été en prise avec des mondes aux imaginaires radicalement différents.

Les textes rassemblés dans cet ouvrage abordent ces événements sous un angle culturel et mémoriel. Dès le début, Nelly Richard affirme que ces écrits ont été créés dans des « humeurs confuses », où les sentiments oscillaient entre frustration et découragement. La révolte sociale, la pandémie, les processus constitutionnels, l'élection de Boric et le cinquantième anniversaire du coup d'État de 1973 sont une chaîne d'événements qui renforcent l'idée que la pensée critique est toujours incertaine, en construction, en suspens. Nelly Richard reconnaît sa distance ou, du moins, sa suspicion vis-à-vis de ces intellectuels qui ont embrassé sans distance critique les proclamations « totalisantes » de la révolte sociale. En d'autres termes, la thèse centrale du livre est que les changements politiques et culturels durables ne sont pas générés par la fureur, la rage et la violence anonyme de la rue, mais par des formes d'action indirectes, où la philosophie, l'art et les sciences humaines peuvent offrir de nouveaux instruments de transformation solide. Avec la pandémie, la société chilienne a cherché à se replier sur sa dimension privée et à se protéger du « tout ou rien », qui impliquait le rejet des deux projets constitutionnels et le retour au monde « sûr » et/ou connu du Chili dictatorial post-néolibéral. Ainsi l'aspiration à une nouvelle vie doit être considérée et comprise comme un processus, non comme une explosion et un effondrement.

Dans l'ensemble, ce nouveau livre confirme Nelly Richard comme l'une des intellectuelles les plus importantes du Chili, portée par un désir impatient d'écriture poétique et de critique radicale : sa pensée cherche des concepts pertinents pour comprendre la société contemporaine, en fonction des exigences que lui proposent l'histoire, l'art et la culture.

Thomás Peters
Université du Chili
Traduit de l'espagnol par Brigitte Chapelain

Laurent Cuvelier, *La Ville captivée. Affichage et publicité au xviiie siècle*, Paris, Flammarion, coll. « Le Présent de l'Histoire », 2024, 367 p., deux cahiers d'images en couleur.

La Ville captivée ou Paris prisonnier des « éphémères » collés chaque jour sur ses murs et ses portes : les lois et les règlements officiels y figuraient imprimés sur de blanches affiches – outils pédagogiques et civiques essentiels – tandis que des placards colorés diffusaient les avis commerciaux (annonces de spectacles et de biens à vendre) ou publiaient les affaires privées, faire-part de décès, par exemple. Avant la multiplication des journaux à la fin du xviiie siècle, les murs avaient la parole au point de se changer en palimpsestes dépenaillés, croûteux mais indispensables en tant que source majeure d'informations pour les citoyens : les œuvres des peintres et caricaturistes de l'époque en font foi qui montrent des attroupements hétérogènes de personnes appliquées à déchiffrer un éphémère adhérant à un agrégat de feuilles en lambeaux. L'affiche détenait une fonction de socialisation et de communication si importante que les nantis en revendiquaient l'application prioritaire sur les portes de leurs hôtels afin d'être les premiers à apprendre les nouvelles : voici qui atteste la croissance de l'intérêt pour l'actualité et pour les innovations commerciales tout en marquant les débuts de la démocratisation des loisirs car les spectacles tant prisés dépendaient des réclames apposées d'un coup de pinceau à colle. Le pullulement des éphémères modifia la représentation des grandes villes et la manière de les habiter : bien au-delà des limites du quartier, les cités se donnaient à lire, à partager et à commenter par le biais d'imprimés préfigurant le rôle prochain des gazettes comme le *Journal de Paris* en 1777.

Les pouvoirs publics durent légiférer pour vérifier l'identité et les droits des imprimeurs et des colleurs comme pour contrôler la prolifération inflationnelle des placards, le nombre et la qualité de leurs emplacements, les horaires de leur pose et, bien évidemment, leur contenu. Repérer qui affiche, déchire, arrache, ou recouvre un avis officiel par une annonce récréative ou subversive : voilà qui galvanisa une police également attachée à prévenir la circulation de rumeurs volant au rythme de brûlots collés à la va-vite. Sartine lui-même n'y parvint jamais et les murs des grandes villes se muèrent en un espace toujours plus concurrentiel, où les annonces mercantiles et les réclames publicitaires tendaient à se superposer aux notes administratives en en compromettant la diffusion. Les affiches en vinrent à structurer les activités politiques comme la vie économique et sociale au point de préfigurer le capitalisme dont les débuts privatisèrent les murs. « La *ville captivée* annonce les métropoles multipliant les formes de cogestion des territoires urbains entre services publics et entreprises privées » (p. 278). Les murs de Paris, notamment, apparaissaient tel un immense *quotidien* sans cesse actualisé et rédigé suivant des stratégies propres à accaparer l'attention d'un public marqué par l'accélération du temps social et captif d'une appétence croissante pour les *nouveautés.* La liberté des murs – autant dire le permis d'afficher – rejoignait la liberté de la presse et celle d'expression. Significativement, l'affichage systématique des lois fut abandonné à la fin de la Convention car, outre l'incapacité des autorités à réguler les manifestations murales de l'éveil du goût pour les marchandises, les affichages sauvages de contestataires et d'opposants contredisaient constamment la vocation pédagogique des placards : à la toute fin du siècle, publicités, rumeurs et tribunes politiques se disputaient toujours les murailles, phénomène qui instruit la compréhension des crises révolutionnaires et mène à interroger les rapports entre modes de consommation et pratiques politiques.

Érudit, fort bien écrit et construit, cet ouvrage est issu de la thèse de Laurent Cuvelier qui l'épura de tout empois universitaire mais demeura concentré sur son sujet : l'histoire de l'affiche, de ses imprimeurs, de ses colleurs, de son public et des instances qui les surveillaient et les racontaient (tels Rœderer, Étienne de Jouy ou Mercier) ou les peignaient et les dessinaient, comme Bouchardon, Carmontelle ou Blondel. La destinée des éphémères n'est donc point ici le prétexte à une représentation originale du siècle sous l'égide de ses murs, mais constitue l'objet savant et exclusif de ce remarquable travail d'archive.

Brigitte Munier
Membre du Bureau de Hermès, la Revue

Sébastien Mort, *Ondes de choc. Histoire médiatique et politique de la radio conservatrice aux États-Unis*, Bruxelles, Éditions de l'Université de Bruxelles, 2024, 311 p.

À l'heure où l'on s'interroge sur le rôle et l'influence des nouveaux médias, cet ouvrage confirme les dangers de l'hypersegmentation des informations et rappelle l'importance d'un forum démocratique où les idées se confrontent. Il retrace l'évolution des *talk-shows* radiophoniques conservateurs dans l'histoire politique et médiatique des États-Unis à partir de la fin des années 1980. Mais cet ouvrage éclaire bien au-delà. On y retrouve une histoire de la radio aux États-Unis depuis les années 1980 avec ses enjeux, ses forces et ses faiblesses ainsi qu'une analyse du rôle des médias minoritaires « défensifs » face aux médias *mainstream*, vingt ans avant l'arrivée des réseaux sociaux numériques. L'auteur se concentre principalement sur le *Rush Limbaugh Show*, et démontre que son créateur-animateur, Rush Limbaugh, est parvenu à faire du *talk-show* conservateur un genre radiophonique majeur et une force politique de premier plan, tout en redynamisant le secteur de la radio AM (p. 12). La démonstration est structurée en 12 chapitres ; 21 pages de bibliographie, incluant de nombreuses sources primaires et secondaires, complètent l'ouvrage.

Le *Rush Limbaugh Show* est diffusé à partir de 1988 sur 56 radios. Cette émission d'« opinion commentaire politique » ou « discussion politique » (p. 9) se définit avant tout par une approche tapageuse et par le recours systématique à l'exagération ainsi qu'aux attaques *ad hominem* avec un style gladiatorial. Le programme quotidien de trois heures connaît un essor fulgurant dès le début des années 1990, passant rapidement à 650 stations et 20 millions d'auditeurs hebdomadaires.

Le succès du *Rush Limbaugh Show* repose sur plusieurs facteurs.

Premièrement, l'émission est lancée pendant une période de changements à la fois politiques et dans le secteur des télécommunications. Depuis 1949, la « Fairness Doctrine », ou principe d'impartialité, en particulier, obligeait les diffuseurs à favoriser le pluralisme des points de vue. Considérant qu'elle violait les principes de libre expression, elle fut abrogée en 1987. Les trois grands réseaux télévisés hertziens (ABC, CBS et NBC) laissent alors place à un paysage médiatique caractérisé par la segmentation de l'offre et la fragmentation des publics. Les enjeux d'offre et de demande engendrent alors une surenchère de la radicalité des discours, logique qui préside au fonctionnement des *talk-shows*.

Deuxièmement, Limbaugh s'impose par son style. Il emploie un humour grinçant, de nombreuses illustrations musicales (héritées de son expérience de disc-jockey) mais aussi un format conversationnel et pourtant peu participatif. Il commente l'actualité politique et sociétale, en ciblant en particulier les Démocrates, les acteurs de la sphère progressiste, les médias et certains groupes sociaux – les plus vulnérables (malades, sans-abri, groupes minoritaires), relégués à un statut de subalternes. Pourtant Limbaugh est attentif à ses auditeurs car il doit s'assurer des taux d'audience les plus élevés possible pour garantir la rentabilité financière. Bien que ces émissions visent à susciter l'indignation et à créer le scandale, Limbaugh fait donc preuve de prudence en veillant à ne pas se marginaliser : il polarise le débat politique de sorte à opérer un tri entre ceux qui le soutiennent et ceux qui deviennent ses adversaires. L'endogroupe d'auditeurs conservateurs ainsi créé (p. 90), en se considérant indûment minorisé sur le plan politique, exclu de la sphère publique dominante, constitue une « contre-sphère publique » (p. 19) et un média non pas alternatif mais défensif. Les publics de la radio conservatrice évoluent précisément dans un environnement qui leur évite d'être confrontés à des messages générés hors de cette sphère (p. 203). Les médias *mainstream*, grand public, sont des adversaires au même titre que les figures politiques, car tous sont identifiés à l'*establishment* progressiste. Ce principe sera largement repris par Donald Trump : la faillite permanente des médias grand public les rendrait dépendants du pouvoir démocrate pour assurer leur survie (p. 258).

Troisièmement, Limbaugh jouit d'une « position interstitielle » : bénéficiant d'une certaine légitimité politique, il peut invoquer la carte du divertissement pour éviter, notamment, de rendre des comptes. Car le style de Limbaugh pose la question du politiquement correct, dont s'ensuit celle de l'éthique et de l'influence que peut exercer son émission. En effet, ses auditeurs participent plus à la vie politique que les non-auditeurs. Ils sont corrélés à une « activité d'opinion » et à des modes de participation politique dit « expressifs » (rassemblements politiques, soutien financier, prise de parole dans les médias, etc.). Ainsi, la radio conservatrice s'est imposée comme acteur central dans la stratégie de mobilisation de l'électorat conservateur dès l'entrée de Clinton à la Maison-Blanche (p. 121). Outre l'opinion publique, ces émissions pourraient influencer l'*agenda setting* des médias *mainstream*. Ou, plus précisément, Limbaugh et ses homologues parviendraient à faire prendre de l'ampleur à une affaire initialement anodine aux yeux des élites (p. 125).

Enfin, ce parcours permettra à Limbaugh d'être identifié comme une personnalité républicaine de premier plan et d'être officiellement reconnu par les institutions, bien qu'il ne soutienne pas tous les candidats du parti. Reagan représentera « l'étalon-or du conservatisme » pour Limbaugh, qui endossera le rôle de « gardien du conservatisme à la Reagan », faisant de cette présidence le mythe fondateur qui guidera le mouvement jusqu'à l'arrivée de Trump sur la scène politique.

Élodie Gallet
Université d'Orléans

Brigitte Munier, *Qui fait l'ange fait la bête. Odeurs et parfums en Occident*, Paris, Éditions du Félin Poche, 2024, 416 p.

Sous un titre qui suggère le paradoxe enfermant la pureté et le vice, ce livre déroule les aventures du parfum, depuis la mythologie jusqu'à son exploitation contemporaine. Des aventures passionnantes qui sont comme l'épopée du sens de l'odorat, tôt refoulé et mésestimé dans la culture occidentale, et qui trouve sa pleine réhabilitation avec Brigitte Munier, quelques décennies après celle qu'avaient amorcée Marcel Détienne, Alain Corbin ou Patrick Süskind. L'espace ne manque pas pour accueillir l'univers des fragrances et des pestilences, si tôt qu'on en poursuit les avatars : elles habitent des dimensions symboliques, des croyances religieuses aussi bien que le recueil des recettes de cuisine ; elles sont le signe du divin ou la marque du diable ; elles interviennent dans des pratiques sacrificielles ou dans les ressources d'une aromathérapie… Il fallait la finesse de l'érudite et la sensibilité littéraire de l'autrice pour révéler l'homologie qui s'est installée jadis entre l'âme, le sang et le parfum – une homologie qui conduit à respirer dans la bonne odeur la présence de Dieu. Pour expliquer aussi la provenance de ces parfums animaux que sont l'ambre gris, le castoréum, le musc et la civette : les concrétions intestinales du cachalot, les glandes génitales du castor, la glande abdominale du chevrotain, la sécrétion anale d'un mammifère carnivore – ces composants firent longtemps le bien-être de nos ascendants qui s'aspergeaient sans modération du liquide qui en résultait. Il fallait enfin un sens aigu du politique pour restituer le contexte de sociabilité dans lequel s'est développée la parfumerie à Athènes, là où il faisait bon parler, nimbé des meilleures fragrances. Ce livre est passionnant et réserve sans cesse des surprises au lecteur dont l'olfaction fut culturellement sous-développée.

Grâce aux parfums, on a tôt cherché à oublier la dimension physiologique et putrescible du corps; on se hissait avec eux à hauteur d'esprit. Les rites funéraires égyptiens étaient destinés à l'éprouver : échapper au malaise, à l'angoisse et au dégoût du cadavre, et grâce à l'embaumement ainsi qu'à la momification, s'efforcer de réconcilier l'âme et le corps et de purifier le mort par l'aromate, afin qu'il se présente aux dieux pour une seconde vie. La mystique chrétienne désignait par l'expression « odeur de sainteté » « l'odeur agréable dégagée par le corps d'une personne décédée, généralement considérée comme sainte de son vivant » (p. 119). Sainte Thérèse d'Avila en est restée l'exemple édifiant au sein de la tradition chrétienne qui érigea l'odorat en sens spirituel par excellence. La neurophysiologie vient parfois, dans les pages du livre, apporter sa caution scientifique en attestant la solidarité du système olfactif et du système limbique, siège des émotions. Elle étaye à l'occasion l'expérience synesthésique (la connexion involontaire de deux sens) dont font état certains poètes, peintres ou musiciens. Le lexique pour signifier les odeurs y trouve son motif et l'on sait combien les publicistes contemporains savent jouer de ce clavier multimodal pour raconter ou mettre en images les odeurs.

Brigitte Munier consacre de belles pages à montrer comment les parfums, outre leur attrait érotique, furent crédités d'un pouvoir thérapeutique : l'histoire des eaux alcoolisées – comme l'*Eau de la Reine de Hongrie*, tellement appréciée à la cour de Louis XIV et au-delà – est un morceau de choix. L'autrice en rappelle les recettes, mais surtout le contexte d'apparition, à savoir : la peste noire qui sévit en Europe de 1347 à 1352 et qui convainquit les médecins de la responsabilité de l'eau dans la transmission de la maladie. Les bains chauds, coupables de dilater les pores de la peau et de laisser ainsi entrer les venins extérieurs, contribuèrent en effet à discréditer l'eau et à promouvoir la toilette sèche à base de parfums et d'application de linges blancs. Voilà comment « l'hygiène devint peu à peu l'affaire du parfum aux vertus nettoyantes et purifiantes » (p. 187). Chez les riches, on se mit à tout parfumer autour de soi, et d'abord les gants qui font écran entre le nez et la puanteur ambiante. On conçoit que les gantiers-parfumeurs firent fortune à la cour du Roi-Soleil. La nocivité de l'eau devint une évidence qu'on enseignait aux enfants. Il faudra attendre la Restauration pour que l'on découvre les bienfaits de l'eau. Les Encyclopédistes et Rousseau y avaient préparé, mais c'est avec elle que furent mis à la mode les bains de mer et les écoles de natation pour les deux sexes. Le pouvoir médicinal du parfum reflua donc, sans perdre ses vertus érotiques…

Le XIXe siècle vit le triomphe des parfums de synthèse et d'un antinaturalisme clairement annoncé chez Huysmans. On veut alors des parfums composés. En 1853, l'*Eau de Cologne impériale* propulse Pierre-François-Pascal Guerlain à la tête d'une dynastie familiale qui créera, au siècle suivant, *L'Heure bleue* ou *Shalimar*. En 1921, *Chanel N° 5* d'Ernest Beaux atteignit le sommet de l'inventivité olfactive. Brigitte Munier ne manque pas d'analyser le pouvoir qu'eurent aussi les noms sur la réception des parfums : noms issus de la mythologie (*Olympea* de Paco Rabanne), du bouddhisme (*Samasara* de Jean-Paul Guerlain) ou porteurs d'un énigmatique code chiffré (*CK One* de Calvin Klein ou *N° 5* de Chanel). Le livre célèbre le pouvoir des mots investi dans les créations parfois sur mesure de l'odorat, et c'est une fête pour le lecteur qui admire, en passant, que le pape Benoit XVI se soit offert pour ses 85 ans un parfum fleurant « les forêts de sa Bavière natale » (p. 287). Dans les pages qui achèvent son livre, B. Munier convoque une riche réflexion sur le déterminisme comportemental lié aux odeurs : le marketing odorant dans les actes d'achat, le choix sexuel tenté par les phéromones, l'indice de la distinction du bien-élevé et celle de la personnalité mais aussi les manifestations de la haine de l'autre, fatalement marqué par la puanteur.

La culture mobilisée par cette histoire des odeurs et des parfums est extraordinaire mais elle n'oublie jamais la part du salut que son objet réserve à l'humanité : conjurer le malodorant, oublier la corruption du corps, faire triompher le divin avec la bonne senteur !

Jean-Michel Besnier
Philosophe

Emmanuel Maury, *Le goût de la francophonie*, Paris, Mercure de France, 2024, 144 p.

Le goût de la francophonie offre un aperçu des grandes figures de la littérature francophone à travers des extraits choisis par Emmanuel Maury, historien, écrivain et secrétaire général administratif de l'Assemblée parlementaire de la Francophonie (APF) (2019-2022). Quarante textes de divers auteurs francophones du monde entier sont proposés, répartis en trois principales parties intitulées « Les Précurseurs », « Les Modernes » et « Les Contemporains ». Chaque texte est précédé d'une brève présentation des auteurs et suivi des commentaires d'Emmanuel Maury. À partir de cette structure générale, le livre présente le français comme langue vivante – 330 millions d'individus le parlent régulièrement –, et nous fait voyager dans l'espace et le temps. Destiné à devenir un nouvel ouvrage de référence sur la littérature francophone, *Le goût de la francophonie* a comme objectif, *via* une sélection de différentes voix d'auteurs francophones, de procurer, comme son titre l'indique, ce « goût » aux lecteurs. Après la préface de Tahar Ben Jelloun, écrivain, peintre et poète franco-marocain, Maury synthétise les enjeux et les défis de la francophonie dans son introduction.

Afin de mieux saisir la naissance et le développement de la littérature francophone, l'ouvrage en fait une présentation chronologique. Tout d'abord, on y explore une première période s'étendant de la Renaissance à la Première Guerre mondiale, contemporaine du colonialisme, qui regroupe « Les Précurseurs ». Dans cette première partie, les lecteurs découvrent des textes de Joachim du Bellay, comme son *Défense et illustration de la langue française*, publié en 1549. Il s'agit d'un véritable manifeste en faveur du français moderne s'opposant à toute sorte d'hégémonie linguistique. Selon Maury, cet ouvrage peut aussi être considéré comme le « deuxième acte de naissance », doté d'une identité poétique et littéraire, après l'ordonnance de Villers-Cotterêts. Ensuite, un extrait du *Discours sur l'universalité de la langue française* (1784) d'Antoine de Rivarol est présenté, dans lequel le génie, la clarté et la précision de la langue française sont soulignés avec détail, d'où son influence politique et culturelle comme langue internationale de l'Europe, de la diplomatie et du droit. Parmi ces « précurseurs », il faut noter également le géographe français Onésime Reclus et son ouvrage *France, Algérie et colonies*, publié en 1886. Inventeur des mots « francophone » et « francophonie », Reclus considérait les francophones comme « tous ceux qui sont, ou semblent destinés à rester, ou à devenir participants de notre langue ».

Puis, dans une deuxième partie, Emmanuel Maury s'emploie à une présentation délicate des auteurs modernes, en se fondant surtout sur le XXe siècle. Parmi ces « Modernes », il faut citer des extraits de Marguerite Yourcenar, la première femme élue à l'Académie française, en 1980, de Léopold Sédar Senghor, le père de la francophonie, de Samuel Beckett qui obtient le prix Nobel de littérature en 1969, d'Eugène Ionesco, grande figure littéraire de l'absurde, d'Aimé Césaire, écrivain, poète et homme politique martiniquais, figure centrale de la négritude, ou encore de Jorge Semprun, célèbre écrivain et homme politique espagnol.

Enfin, une troisième et dernière partie regroupe les écrivains contemporains tels que Milan Kundera, connu par son ouvrage intitulé *L'insoutenable légèreté de l'être*, Vénus Khoury-Ghata, l'une des plus importantes figures de la littérature libanaise contemporaine, Aminata Sow Fall, femme de lettre sénégalaise et l'une des pionnières de la littérature francophone africaine, Nathacha Appanah, journaliste et romancière mauricienne, ou encore Amin Maalouf, secrétaire perpétuel de l'Académie française, l'un des principaux écrivains francophones du Moyen-Orient, auteur de romans, d'essais et de livrets musicaux.

En somme cet ouvrage original nous permet d'entendre « les voix phares qui dessinent un monde linguistique sans frontière ». Compte tenu de la diversité de l'espace francophone, Emmanuel Maury, en équilibrant les époques, les territoires, les auteurs classiques et populaires, mais aussi moins connus, ainsi que les plumes masculines et féminines, nous donne à voir un tour d'horizon très intéressant de la littérature francophone, figure de proue de la francophonie culturelle.

Cem Savaş
Yeditepe University (Istanbul, Turquie)

Résumés

Alexander Alberro – L'art de Doris Salcedo au carrefour des cultures

Mon article s'appuie sur la théorie décoloniale pour explorer les échanges dynamiques qui se produisent là où les idéaux et les valeurs de différents cadres artistiques se rencontrent. Je soutiens que l'art le plus innovant et le plus transformateur d'aujourd'hui se matérialise sur ces sites. Pour ce faire, je me concentre sur le travail de l'artiste contemporaine colombienne de renommée internationale Doris Salcedo, qui travaille à la frontière entre les cadres artistiques occidentaux et latino-américains. Je montre comment Salcedo fait le va-et-vient entre les codes et les conventions des deux cadres, développant un double dialogue qui entretient des relations subtiles d'appropriation sélective et de négociation interculturelle. Je soutiens également que Salcedo exerce une influence sur ce qu'elle adopte et rejette. Ses œuvres d'art fonctionnent comme des points de contact entre les cadres, des lieux de dialogue culturel et de diplomatie, où les gens négocient perpétuellement des valeurs et des identités relationnelles à nouveau.

Mots-clés : théorie décoloniale, Doris Salcedo, Colombie, cadre artistique, agency, identité.

Doris Salcedo's Art at the Nexus of Cultures

My paper engages decolonial theory to explore the dynamic exchanges that occur where the ideals and values of different artistic frameworks meet. I argue that today's most innovative and transformative art materializes at these sites. To make my points, I focus on the work of the internationally renown Colombian contemporary artist Doris Salcedo, who works at the boundary zone between the Western and Latin American art frameworks. I show how Salcedo translates back and forth between the two frameworks' codes and conventions, developing a double dialogue that maintains subtle relations of selective appropriation and cross-cultural negotiation. I also maintain that Salcedo exercises agency in what she adopts and rejects. Her artwork function as contact points between frameworks, locations of cultural dialogue and diplomacy, where people perpetually negotiate values and relational identities anew.

Keywords: decolonial theory, Doris Salcedo, Colombia, art framework, agency, identity.

Rebeca de Alencar Silva – De la marginalisation culturelle à l'intégration socio-économique : le cas du funk brésilien

Cet article explore la production de clips vidéo du funk brésilien en tant qu'expression culturelle. Nous examinons dans quelle mesure ce genre musical, longtemps marginalisé par la sphère politique et les classes aisées, a structuré une organisation socio-économique des clips de funk dans la périphérie de São Paulo et de Rio de Janeiro pour attirer les annonceurs. Il s'agit d'analyser la stratégie des agences Kondzilla et GR6 Explode dans l'association des productions culturelles, Kondzilla adaptant sa production pour les annonceurs tandis que GR6 prône le maintien d'un funk «originel». Cette réflexion repose sur l'analyse des scénarios de 225 clips vidéo produits par Kondzilla et un entretien avec le directeur exécutif de cette agence.

Mots-clés : expression culturelle, funk, publicité, identité culturelle.

From Cultural Marginalization to Socioeconomic Integration: The Case of Brazilian Funk

This article explores the production of Brazilian funk music videos as a form of cultural expression. We examine how this musical genre, long marginalized by the political sphere and upper social classes, has structured a socio-economic organization in the outskirts of São Paulo and Rio de Janeiro. We analyze the strategy of the agencies GR6 Explode and Kondzilla in the association of cultural productions, where GR6 maintains the «original» funk and Kondzilla adapts its production for advertisers. This reflection is based on the analysis of 225 music videos and an interview with videographers, executive producers, and an advertising professional.

Keywords : *cultural expression, funk, advertisement, cultural identity.*

Julie Amiot-Guillouet – Solidarité dans la concurrence : les relations cinématographiques Europe-Amérique latine au XXIe siècle

Cette contribution interroge les évolutions récentes de la coopération cinématographique entre l'Europe et l'Amérique latine, en observant la montée en puissance de fonds de soutien publics appuyant l'activité de production et de distribution privée, et leurs conséquences économiques et esthétiques. À partir de l'examen de leur contexte de développement et de données chiffrées, l'intérêt des professionnels latino-américains à entrer dans ces dynamiques est souligné, y compris dans les contradictions qu'elles impliquent en termes de représentation. Il s'agit de dépasser ici les visions binaires et antagoniques pour produire une approche plus nuancée et inscrite dans une histoire de l'intérêt et des limites de ces relations transcontinentales.

Mots-clés : fonds de soutien, production transnationale, relations Europe/Amérique latine, représentations.

Solidarity in Competition : European-Latin American Cinematographic Relations in the 21st Century

This contribution examines recent developments in cinematographic cooperation between Europe and Latin America, looking at the rise of public support funds for private production and distribution, and their economic and aesthetic consequences. By examining the context of their development and using figures, we highlight the interest of Latin American professionals in taking part in these dynamics, including the contradictions they imply in terms of representation. The aim here is to move beyond binary and antagonistic visions to produce a more nuanced, historically informed approach to the interests and limits of these transcontinental relationships.

Keywords : *support funds, transnational production, Europe/Latin America relations, representations.*

Camila Arêas – L'Amérique latine sous les projecteurs du *Noticiero ICAIC* (1960-1990)

Sous les projecteurs du journal d'actualité cinématographique cubain *Noticiero ICAIC* (1960-1990), l'Amérique latine apparaît comme un continent instable, traversé par des processus complexes de créolisation et solidement unifié autour d'un passé et d'un destin communs (colonialité, lutte anti-impérialiste). Ces images configurent le portrait d'un continent fait d'identités et de cultures plurielles dont la construction imagée, imaginaire et imaginée est ici analysée sous l'angle du rapport au temps, à l'histoire et à la mémoire latino-américaine selon une approche décoloniale.

Mots-clés : Amérique latine, Noticiero ICAIC, créolisation, études décoloniales, Tricontinentale, Sud global.

Latin America in the Spotlight of* Noticiero ICAIC *(1960-1990)

Under the spotlight of the Cuban film news magazine Noticiero ICAIC *(1960-1990), Latin America appears as an unstable continent, traversed by complex processes of creolization and solidly unified around a common past and destiny (coloniality, anti-imperialist struggle). These images shape the portrait of a continent of plural identities and cultures, whose imagined, imaginary and imagined construction is analyzed here from the angle of the relationship to time, history and Latin American memory, using a decolonial approach.*

Keywords : *Latin America, Noticiero ICAIC, creolization, decolonial studies, Tricontinental, Global South.*

Élodie Bordat-Chauvin – Chanter sans peur « Le violeur, c'est toi ». Circulations de performances féministes latino-américaines en France

23 novembre 2024, à la Une du *Monde* la performance « Le violeur c'est toi » – traduction de la performance chilienne « *Un violador en tu camino* » – réalisée à Paris. Les militantes entonnent ensuite *Canción sin miedo,* de Vivir Quitana, sur les féminicides au Mexique. Comment expliquer la circulation de ces chants ? Comment ces productions artistiques et militantes créées dans des contextes particuliers de violences masculines sont réinterprétées et réappropriées par des collectifs féministes en France ? Pour répondre à ces questions, cet article mobilise le matériau recueilli lors d'une enquête ethnographique au sein de chœurs militants ainsi que l'analyse de vidéos publiées en ligne par ces collectifs.

Mots-clés : circulation transnationale, performance, chant, mouvements sociaux, Mexique, Chili.

Singing Without Fear « The Rapist Is You ». Latin American Feminist Performances Circulation in France

November 23, 2024, on the front page of Le Monde, *the performance "The rapist is you" – a translation of the Chilean performance "Un violador en tu camino" – performed in Paris. The activists then sing* Canción sin miedo, *by Vivir Quitana, about feminicide in Mexico. How can this circulation be explained? How are these artistic and activist productions, created in specific contexts of male violence, reinterpreted and reappropriated by feminist collectives in France? To answer these questions, this article draws on material gathered during an ethnographic survey of militant choirs, as well as the analysis of videos published online by these collectives.*

Keywords : *transnational circulation, performance, song, social movements, Mexico, Chile.*

Heriberto Cairo et María Lois – Le nationalisme territorial des « pionniers créoles » et la pérennisation des conflits frontaliers en Amérique latine

L'objectif de ce texte est de présenter une approche de la territorialisation des identités politiques en Amérique latine et de la *naturalisation* du territoire comme élément essentiel de la construction de l'État-nation. Pour ce faire, il reprend le débat sur le rôle des démarcations coloniales et leur conversion en territoires pour l'indépendance des États-nations créoles et propose une relecture des relations entre identité nationale et territoire dans la région. L'article se conclut par une réflexion sur la persistance du lien entre conflits frontaliers et nationalisme territorial en Amérique latine.

Mots-clés : identité nationale, territoire, frontières, guerre, nationalisme territorial.

The Territorial Nationalism of the «Creole Pioneers» and the Perpetuation of Border Conflicts in Latin America

The aim of this text is to present an approach to the territorialization of political identities in Latin America and the naturalization *of the territory as an essential element in the construction of the nation-state. To this end, it revisits the debate on the role of colonial demarcations and their conversion into territories for the independence of Creole nation-states, and proposes a re-reading of the relationship between national identity and territory in the region. The article concludes with a reflection on the persistence of the link between border conflicts and territorial nationalism in Latin America.*

Keywords : *national identity, territory, borders, war, territorial nationalism.*

Carolina Cerda-Guzman – L'Amérique latine : terre du constitutionnalisme magique ?

Depuis quelques années, une nouvelle expression est utilisée pour qualifier les spécificités uniques du droit constitutionnel latino-américain : le «constitutionnalisme magique». En faisant référence de manière implicite au courant artistique du «réalisme magique», elle permet de souligner que les constitutions de ces pays cherchent non pas tant à limiter le pouvoir et à encadrer les institutions politiques (comme cela est le cas en Europe), mais bien à transformer la réalité. Les mots, par leur simple force performative, permettraient de changer les sociétés. L'objectif de cet article est de revenir sur cette assomption mais aussi sur les critiques qui lui sont faites.

Mots-clés : constitution, pouvoir constituant, utopie, constitutionnalisme transformateur.

Latin America : Land of Magical Constitutionalism ?

In recent years, a new expression has been coined to describe the unique features of Latin American constitutional law : "magical constitutionalism". With its implicit reference to the artistic movement of "magic realism", it underlines the fact that the constitutions of these countries seek not so much to limit power and frame political institutions (as is the case in Europe), but to transform reality. Words, by their sheer performative power, can change societies. The aim of this article is to examine this assumption, and the criticisms levelled at it.

Keywords : *constitution, constituent power, utopia, transformative constitutionalism.*

Pierre Cilluffo Grimaldi – Le fantasme de l'Amérique latine, entre «désert humain» et «vide paradisiaque»

Cette réflexion transdisciplinaire s'évertue à désenvoûter l'imaginaire occidental de territoires symboliques en Amérique latine : l'Amazonie et la Caraïbe. Il s'agit de déconstruire le mythe néocolonialiste du «désert humain» et d'une nature sauvage purement hédoniste. Ces représentations occultent la réalité sociale complexe de ces régions variées socioculturellement. La déterritorialisation de ces espaces de vies par la force inhérente de ce mythe semble être un point nodal d'appréhension des imaginaires colonialistes. En effet, l'acceptation populaire du «bon sauvage», ou d'autres caricatures envers les populations locales, est renforcée à cause de cette première déterritorialisation. Cette étude appelle à une conscientisation critique de l'industrie du tourisme de masse, certaines images véhiculées encore de nos jours réactualisant d'anciens mythes problématiques.

Mots-clés : Amazonie, Caraïbe, propagande, imaginaire, mythes, tourisme, néocolonialisme, communication touristique.

The Fantasy of Latin America, Between "Human Desert" and "Paradisiacal Void"

This trans-disciplinary reflection aims to disengage the Western imaginary from symbolic territories in Latin America : the Amazon and the Caribbean. We will deconstruct the neo-colonialist myth of the "human desert" and a purely hedonistic wilderness. These representations obscure the complex social reality of these socio-culturally diverse regions. The deterritorialization of these living spaces through the inherent force of this myth seems to be a nodal point in the apprehension of colonialist imaginaries. Indeed, popular acceptance of the "good savage", or other caricatures of local populations, are reinforced by this initial deterritorialization. This study calls for a critical conscientization of the mass tourism industry, as certain images still conveyed today re-actualize old problematic myths.

Keywords : *Amazonia, Caribbean, propaganda, imaginary, myths, tourism, neo-colonialism, tourism communication.*

David Copello – « I like to be in (Latin) America ? » Les gauches européennes et l'Amérique latine : enjeux anciens et questions nouvelles

Les gauches européennes entretiennent une relation particulière à l'Amérique latine, qui s'inscrit dans une histoire déjà ancienne de circulations idéelles et militantes, renforcées autour des années 2010. Cet article identifie quelques facteurs d'émergence de ce « nouveau » moment latino-américain des gauches européennes. Il invite également à déplacer la perspective, souvent focalisée sur les dirigeants, en portant une attention particulière aux espaces ordinaires de la pratique politique.

Mots-clés : Podemos, La France insoumise, circulation des idées politiques, Amérique latine, histoire sociale des idées politiques.

"I like to be in (Latin) America?" The European Lefts and Latin America : Old issues and New Questions

European leftists have a special relationship with Latin America, part of an already long-standing history of ideological and militant circulations, reinforced around the 2010s. This article identifies some of the factors behind the emergence of this "new" Latin American moment for European leftists. It also invites us to shift the perspective, often focused on leaders, by paying particular attention to the ordinary spaces of political practice.

Keywords : *Podemos, La France insoumise, circulation of political ideas, Latin America, social history of political ideas.*

Dorothée Delacroix – « Aider les morts à mourir ». Communiquer avec les âmes vagabondes des morts de la violence en Colombie et au Pérou

La violence armée conduit les vivants à redoubler d'efforts pour « socialiser » les victimes de mort violente. Cet article analyse les ressorts et les effets sociaux de la subtile relation rituelle et communicationnelle entre les vivants et les morts en contexte de guerre et d'après-guerre au Pérou et en Colombie. Il montre que ce mode de relation est lié aux représentations eschatologiques mais aussi politiques des acteurs et qu'il implique un vaste réseau de réciprocité à l'échelle d'une région ou d'un pays face à l'accumulation de cadavres anonymes. Il propose, en conclusion, l'idée que ces relations d'affectivité et de communicabilité, au-delà du seuil ontologique de la mort, œuvrent activement aux micropolitiques de la pacification, mais cela, en dehors des actions de l'État.

Mots-clés : violence armée, mort, fantômes, fosses communes, ritualité, Pérou, Colombie.

"Helping the Dead to Die". Communicating With the Wandering Souls of the Violent Dead in Colombia and Peru

Armed violence leads the living to redouble their efforts to « socialize » the victims of violent death. This article analyzes the social dynamics and effects of the subtle ritual and communicative relationship between the living and the dead in war and post-war Peru and Colombia. It shows that this mode of relationship is linked to the eschatological as well as political representations of the actors, and that it implies a vast network of reciprocity on a regional or national scale in the face of the accumulation of anonymous corpses. In conclusion, it offers the idea that these relations of affectivity and communicability, beyond the ontological threshold of death, actively work towards the micro-politics of pacification, but outside the actions of the state.

Keywords : *armed violence, death, ghosts, mass graves, rituality, Peru, Colombia.*

Elsa De La Rosa – La montée du sentiment antichinois à Sonora (Mexique) et l'influence américaine à la fin du XIXe siècle et au début du XXe siècle

Cet article étudie la montée du sentiment antichinois à Sonora en réponse à l'immigration chinoise à la fin du XIXe siècle et au début du XXe siècle. La proximité de Sonora avec les États-Unis, les échanges sociaux transfrontaliers et l'influence des lois et politiques américaines discriminatoires à l'égard des Chinois ont façonné les perspectives régionales. Les habitants de Sonora, les travailleurs mexicains et les groupes révolutionnaires considèrent les Chinois comme des concurrents économiques et une menace pour la santé publique. La presse locale et anarchiste a joué un rôle central dans l'alimentation de la rhétorique antichinoise, renforçant la discrimination raciale à l'encontre de cette communauté. L'influence du sentiment antichinois américain, combinée aux préoccupations des nationalistes et des travailleurs mexicains, a conduit à des campagnes qui ont abouti à l'expulsion massive de la communauté chinoise de Sonora au début des années 1930.

Mots-clés : Sonora, immigration chinoise, Porfiriato, zones frontalières, presse, travailleurs migrants mexicains, xénophobie, sentiment antichinois, nationalisme, travail.

The Rise of Anti-Chinese Sentiment in Sonora (Mexico) and U.S. Influence in the Late Nineteenth and Early Twentieth Centuries

This article explores the rise of anti-Chinese sentiment in Sonora in response to Chinese immigration during the late 19th and early 20th centuries. Sonora's proximity to the U.S., along with cross-border social exchanges and the influence of U.S. discriminatory laws and policies affecting the Chinese, shaped regional perspectives. Sonorans, Mexican workers, and revolutionary groups viewed the Chinese as economic competitors and a public health threat. The Sonoran and anarchist press played a central role in fueling anti-Chinese rhetoric, reinforcing racial discrimination against this community. The influence of U.S. anti-Chinese sentiment, combined with Mexican nationalist and labor concerns, led to campaigns that resulted in the mass expulsion of the Chinese community from Sonora by the early 1930s.

Keywords : *Sonora, Chinese immigration, Porfiriato, borderlands, press, Mexican migrant workers, xenophobia, anti-Chinese sentiment, nationalism, labor.*

Julien Demelenne – Les figures paradoxales du nationalisme paraguayen : la femme et la langue guarani

Le nationalisme a instauré de multiples paradoxes au Paraguay, illustrés notamment par la perception ambivalente de la langue majoritaire, le guarani. Cette langue, emblème de la fierté identitaire nationale, est simultanément perçue comme un obstacle à la mobilité sociale dans une société où les institutions fonctionnent principalement en espagnol, malgré le bilinguisme officiel. Par ailleurs, la figure de la femme paraguayenne, la *kuña guapa*, est exaltée dans le discours nationaliste pour son rôle de reconstructrice du pays après la guerre de la Triple-Alliance (1865-1870), une période où la population masculine fut décimée. Cependant, ce même discours masque la réalité d'une marginalisation persistante des femmes dans les sphères économique et politique. Le nationalisme paraguayen a pris son essor dans les années 1930 sous l'impulsion d'une élite intellectuelle préoccupée par les origines de l'identité nationale, et a trouvé son apogée sous la dictature d'Alfredo Stroessner (1954-1989), où il fut instrumentalisé pour étouffer les dissidences politiques et cimenter l'homogénéité idéologique.

Mots-clés : nationalisme, Paraguay, femme paraguayenne, guarani, identité nationale.

Paradoxical Figures in Paraguayan Nationalism : Women and the Guarani Language

Nationalism in Paraguay has created a number of paradoxes, illustrated in particular by the ambivalent perception of the majority language, Guarani. This language, emblematic of national identity pride, is simultaneously perceived as an obstacle to social mobility in a society where institutions function mainly in Spanish, despite official bilingualism. Moreover, the figure of the Paraguayan woman, the kuña guapa, *is exalted in nationalist discourse for her role in rebuilding the country after the War of the Triple Alliance (1865-1870), a period when the male population was decimated. However, this same discourse masks the reality of women's persistent marginalization in the economic and political spheres. Paraguayan nationalism took off in the 1930s under the impetus of an intellectual elite concerned with the origins of national identity, and found its apogee under the dictatorship of Alfredo Stroessner (1954-1989), where it was instrumentalized to stifle political dissent and cement ideological homogeneity.*

Keywords : *nationalism, Paraguay, Paraguayan women, Guarani, national identity.*

Edmond Doua – L'odyssée de la salsa cubaine en Afrique

En Afrique, avant l'intrusion de la civilisation occidentale, la musique permettait à l'auditeur de reconnaître son pays, son ethnie, son groupe social et bien d'autres caractéristiques identitaires. Mais, au contact avec l'Occident, la musique subit une restructuration en profondeur sur les plans conceptuel et pratique. À l'aune de cette réalité, le présent article porte un regard rétrospectif sur l'histoire des rencontres des musiques des peuples africains et cubains. La perspective ici est d'analyser, à partir de l'exemple de la salsa, les influences réciproques exercées sur les peuples africains et cubains, en l'occurrence dans les champs artistique et idéologique.

Mots-clés : salsa, danse, musique cubaine, échanges culturels, mélange, esclavage, colonies.

The Odyssey of Cuban Salsa in Africa

In Africa, before the intrusion of Western civilization, music enabled listeners to recognize their country, ethnic group, social group and many other identity characteristics. But contact with the West has led to a profound restructuring of music, both conceptually and practically. In the light of this reality, the present article takes a retrospective look at the history of encounters between the music of African and Cuban peoples. Using the example of salsa, the aim is to analyze the reciprocal influences exerted on the African and Cuban peoples, in this case in the artistic and ideological fields.

Keywords : *salsa, dance, Cuban music, cultural exchanges, mixes, slavery, colonies.*

Juliette Dumont – « Soi-même comme un Autre » ? Diplomatie culturelle et logiques identitaires. Argentine, Brésil, Chili (1919-1943)

Durant la période qui va du début des années 1920 à la fin de la Seconde Guerre mondiale, l'Argentine, le Brésil et le Chili développent leur diplomatie culturelle, construisant dans ce cadre une certaine image d'eux-mêmes sur la scène internationale. Cette entreprise s'inscrit dans les débats sur la (re)définition des identités nationales qui marquent l'Amérique latine pendant l'entre-deux-guerres. Pour ces trois pays, cela signifie bien souvent se « penser soi-même comme un autre », effectuer la synthèse, parfois schizophrène, entre l'assomption de la diversité culturelle et ethnique et l'impératif de présenter au monde des nations homogènes et « civilisées », selon les canons de la modernité européenne.

Mots-clés : diplomatie culturelle, Argentine, Brésil, Chili, identité nationale, culture populaire.

"Yourself as an Other"? Cultural Diplomacy and Logics of Identity. Argentina, Brazil, Chile (1919-1943)

During the period from the early 1920s to the end of the Second World War, Argentina, Brazil and Chile developed their cultural diplomacy, building a certain image of themselves on the international stage. This undertaking was part of the debates on the (re)definition of national identities that marked Latin America between the wars. For these three countries, this often meant "thinking of oneself as another", making the sometimes schizophrenic synthesis between the assumption of cultural and ethnic diversity and the imperative of presenting the world with homogeneous, "civilized" nations, according to the canons of European modernity.

Keywords : *cultural diplomacy, Argentina, Brazil, Chile, national identity, popular culture.*

Diego Fernandez Peychaud – Felipe Guaman Poma de Ayala (environ 1535-1615) et l'approche « républicaine » du pouvoir colonial

L'article montre comment la résistance aux régimes extractivistes actuels se fonde finalement sur la stratégie de résistance à la modernité proto-capitaliste des intellectuels andins des XVIe et XVIIe siècles. Cette résistance s'est forgée au niveau discursif en redéfinissant ce qu'est une république, qui sont ses citoyens et, en fin de compte, qui devrait participer à la "question" commune. L'exclusion des « Indiens », comme l'a souligné à l'époque Felipe Guamán Poma de Ayala, était alors un exercice de tyrannie. Cette critique n'est pas une revendication « indigéniste », mais la présentation d'une modernité alternative. Ou, en d'autres termes, une défense des « autres » dans la modernité capitaliste, qui, à différents horizons temporels, a cherché à les faire disparaître pour légitimer leur sacrifice.

Mots-clés : capitalisme, république, Indien, intellectuels andins, résistance.

Felipe Guaman Poma de Ayala (c. 1535-1615) and the "Republican" Approach to Colonial Power

The article shows how resistance to current extractivist regimes is ultimately based on the strategy of resistance to proto-capitalist modernity adopted by Andean intellectuals in the sixteenth and seventeenth centuries. This resistance was forged at the discursive level by redefining what a republic is, who its citizens are and, ultimately, who should participate in the common 'question'. The exclusion of the 'Indians', as Felipe Guamán Poma de Ayala pointed out at the time, was an exercise in tyranny. This critique is not an 'indigenous' demand, but the presentation of an alternative modernity. Or, to put it another way, a defense of the 'others' in capitalist modernity, which, on different time horizons, has sought to make them disappear in order to legitimize their sacrifice.

Keywords : *capitalism, republic, Indian, Andean intellectuals, resistance.*

Béatrice Fonck – L'« aventure coloniale » d'un Argentin imaginaire : José Ortega y Gasset et le prisme espagnol de l'Amérique latine

Dans la première moitié du XXe siècle, au contact du dynamisme de la société argentine dopée par la croissance d'une immigration européenne avide de réussite matérielle et sociale, la pensée d'Ortega y Gasset s'est enrichie d'une réflexion originale et contrastée sur le développement intellectuel et moral des jeunes nations sud-américaines. À l'heure où celles-ci questionnaient le modèle européen en crise face à la poussée hégémonique des États-Unis, les différents séjours en Argentine de l'auteur de *La révolte des masses* lui ont permis d'instaurer un dialogue vivant avec l'intellectualité de ces pays. Misant sur une latinité assumée, il les incita à contribuer à équilibrer, voir enrichir, la composante anglo-saxonne d'un Occident à repenser.

Mots-clés : Ortega y Gasset, philosophie, nationalisme, colonies, progrès, modernité, Espagne, Argentine.

The "Colonial Adventure" of an Imaginary Argentine : José Ortega y Gasset and the Spanish Prism of Latin America

In the first half of the 20th century, Ortega y Gasset's thinking was enriched by the dynamism of Argentine society, boosted by the growth of European immigration eager for material and social success, and by an original and contrasting reflection on the intellectual and moral development of the young South American nations. At a time when these nations were questioning the European model, which was in crisis in the face of the hegemonic thrust of the United States, the author of The Revolt of the Masses *spent time in Argentina, where he established a lively dialogue with the intellectuality of these countries. Relying on an assumed Latinity, he encouraged them to contribute to balancing, even enriching, the Anglo-Saxon component of a West in need of rethinking.*

Keywords : Ortega y Gasset, philosophy, nationalism, colonies, progress, modernity, Spain, Argentina.

Franck Gaudichaud et Thomas Posado – Invention(s) de l'Amérique latine

« Amérique latine » est l'expression la plus courante pour définir la région. Toutefois, ce terme a une origine eurocentrée, datant de moins de deux siècles pour désigner les régions colonisées par des nations dites « latines » et se différencier de l'Amérique anglo-saxonne, excluant ainsi l'histoire des peuples originels et des populations afro-descendantes. Si les perspectives décoloniales et plusieurs organisations autochtones promeuvent désormais l'appellation « Abya Yala », il nous semble nécessaire d'utiliser, *a minima*, le pluriel pour souligner la diversité des Amériques latines, voire d'opter pour un terme plus inclusif en parlant, par exemple, « des Amériques et Caraïbes indo-afro-latines ».

Mots-clés : Amérique latine, Abya Yala, étymologie, eurocentrisme.

Invention(s) of Latin America

"Latin America" is the most common expression used to define the region. However, the term has a Eurocentric origin, dating back less than two centuries to designate regions colonized by so-called "Latin" nations and differentiated from Anglo-Saxon America, thus excluding the history of native peoples and Afro-descendant populations. While decolonial perspectives and a number of indigenous organizations now promote the appellation "Abya Yala", it seems necessary to us to use, at the very least, the plural to underline the diversity of the Latin Americas, or even to opt for a more inclusive term by speaking, for example, of « the Indo-Afro-Latin Americas and Caribbean ».

Keywords : *Latin America, Abya Yala, etymology, Eurocentrism.*

Laure Guillot Farneti – Récits artistiques autour des migrations latino-américaines à São Paulo

L'article aborde les expériences migratoires de personnes latino-américaines à São Paulo et leurs récits artistiques. À partir d'une recherche ethnographique (observations participantes et entretiens semi-directifs) et de l'analyse de productions audiovisuelles, cette étude s'intéresse à la manière dont les personnes migrantes latino-américaines à São Paulo remettent en question la notion de frontière à travers diverses pratiques artistiques. Ce sont différents dispositifs communicationnels – la vidéo, le graffiti, la manifestation au sein des espaces publics –, et les représentations qu'ils proposent, qui sont abordés dans cette étude.

Mots-clés : migrations, Amérique latine, São Paulo, récits artistiques, frontières.

Artistic Narratives About Latin American Migrations in São Paulo

This article looks at the migration experiences of Latin Americans in São Paulo and their artistic narratives. Based on ethnographic research (participant observations and semi-structured interviews) and the analysis of audiovisual productions, this study looks at how Latin American migrants in São Paulo question the notion of borders through various artistic practices. Different communicative devices – video, graffiti, demonstrations in public spaces – and the representations they offer, are addressed in this study.

***Keywords :** migration, Latin America, São Paulo, artistic narratives, borders.*

Paula Honorato Crespo – L'art contemporain *mapuche*, une pratique de résistance

Il s'agit ici de réfléchir à la pertinence de distinguer l'art *mapuche* contemporain dans le contexte de la production générale de l'art international, étant donné qu'il est produit par des artistes des Premières Nations et que sa pratique assume la blessure coloniale qui a façonné le destin de l'Amérique. Dans cette perspective, les stratégies de résistance culturelle proposées par les œuvres de Francisco Huichaqueo et Bernardo Oyarzún sont ici analysées.

Mots-clés : art contemporain, mapuche, indigène, Chili, blessure coloniale, résistance, décoloniser.

Contemporary Mapuche Art, A Practice of Resistance

This article reflects on the relevance of distinguishing contemporary Mapuche *art in the context of general international art production, given that it is produced by First Nations artists and that its practice assumes the colonial wound that has shaped America's destiny. From this perspective, the strategies of cultural resistance proposed by the works of Francisco Huichaqueo and Bernardo Oyarzún are analyzed.*

***Keywords :** contemporary art, mapuche, indigenous, Chile, colonial wound, resistance, decolonize.*

Damien Larrouqué – Défendre le legs de la dictature en démocratie : le rôle de la Fondation Jaime Guzmán au Chili

Au Chili, la Fondation Jaime Guzmán (FJG) du nom du principal juriste du pinochétisme, assassiné en 1991, s'emploie à pérenniser le carcan juridico-constitutionnel que le théoricien d'extrême droite a contribué à bâtir. Partie prenante de l'écosystème des *think tanks* conservateurs chiliens, elle se donne pour objectif de maintenir le système politico-électoral hérité de la dictature et de contenir, à travers une communication qualifiée d'« acommunicationnelle » (au sens de D. Wolton), les velléités de réforme démocratique.

Mots-clés : Chili, dictature, démocratie, Jaime Guzmán, acommunication.

Defending the Legacy of Dictatorship in Democracy : The Role of The Jaime Guzmán Foundation in Chile

In Chile, the Jaime Guzmán Foundation (FJG), named after the leading Pinochet jurist who was assassinated in 1991, is committed to perpetuating the legal-constitutional straitjacket that the far-right theorist helped build. As part of Chile's ecosystem of conservative think tanks, its aim is to maintain the politico-electoral system inherited from the dictatorship and to contain, through a communication described as « acommunicational » (in the sense of D. Wolton), any desire for democratic reform.

Keywords : *Chile, dictatorship, democracy, Jaime Guzmán, acommunication.*

Damien Larrouqué et Lissell Quiroz – Contre l'extractivisme épistémique : prévenir l'exploitation des savoirs en Amérique latine

En tant que laboratoire politique, économique et social, l'Amérique latine est un terrain d'investigation privilégié, notamment pour les chercheurs étrangers. Depuis une quinzaine d'années cependant, ces derniers ont pu être accusés de contribuer à un « extractivisme épistémique » décrié. Ce concept désigne la quête effrénée d'informations brutes par des chercheurs peu sensibilisés à la nécessité de se montrer reconnaissants vis-à-vis des interlocuteurs auprès desquels et grâce auxquels ils ont conduit leurs recherches. Loin des faux-semblants que peuvent constituer les comités d'éthique universitaires, nous proposons de privilégier une forme de contrat moral personnel. Ainsi nous paraît-il nécessaire de s'engager à exprimer notre reconnaissance à nos interlocuteurs, d'une manière ou d'une autre, *via* un « retour » sur les conditions d'exercice de la recherche, qui pourra se faire, par exemple, sous la forme d'un rapport *a minima* oral. Nous qualifions ce type de communication de « rétrospective ».

Mots-clés : méthodologie, recherche, extractivisme épistémique, communication, Amérique latine.

Against Epistemic Extractivism : Preventing the Exploitation of Knowledge in Latin America

As a political, economic and social laboratory, Latin America is a privileged field of investigation, particularly for foreign researchers. Over the past fifteen years, however, the latter have been accused of contributing to a decried "epistemic extractivism". This concept refers to the unbridled quest for raw information by researchers who are unaware of the need to be grateful to the interlocutors with whom and thanks to whom they have conducted their research. Far from the pretense of university ethics committees, we propose a form of personal moral contract. We believe it is necessary to commit to expressing our gratitude to our interlocutors, in one way or another, through "feedback" on the conditions under which the research was carried out, which could take the form of an oral report at the very least. We call this type of communication "retrospective".

Keywords : *methodology, research, epistemic extractivism, communication, Latin America.*

Camille Lecuyer – Portraits de disparus. La construction d'une identité visuelle transnationale

Cet article explore l'évolution de l'usage des photographies des disparus en Amérique latine comme outils de lutte pour la mémoire et la justice. Il s'intéresse aux transformations subies par les portraits au moment de devenir des objets militants, soulignant un processus de codification visuelle vers une image canonique du disparu. L'article interroge la tension entre deuil intime et revendication publique, tout en soulignant la diversité des stratégies visuelles et mémorielles déployées par les familles et les militants.

Mots-clés : photographie, disparition forcée, droits humains, manifestation, Argentine, Colombie.

Portraits of the Disappeared. The Construction of a Transnational Visual Identity

This article explores the evolution of the use of photographs of the disappeared in Latin America as tools in the fight for memory and justice. It focuses on the transformations these portraits undergo when becoming militant objects, highlighting a process of visual codification towards a canonical image of the disappeared. The article questions the tension between intimate mourning and public claim, while emphasizing the diversity of visual and memorial strategies deployed by families and activists.

***Keywords :** photography, enforced disappearance, human rights, demonstration, Argentina, Colombia.*

Camila Lima de Braga – La mise en tension des *mythes fondateurs* du Brésil autour de la Coupe du monde de 2014 : le cas du mouvement social *Não vai ter Copa*

Cet article vise à analyser les représentations de certains mythes liés au Brésil. L'accent est tout d'abord mis sur les mythes fondateurs de la nation, tels que celui du football, de la diversité et des *favelas*. Ensuite, l'attention se porte sur les représentations médiatiques françaises de ces mythes lors du mouvement social *Não vai ter Copa* (« La Coupe du monde n'aura pas lieu »), durant la Coupe du monde de football 2014. L'imaginaire collectif sur le Brésil est d'abord remis en question par sa population qui reconnaît les limites de ces mythes, puis par les médias qui proposent une nouvelle perspective de ce pays latino.

Mots-clés : mythes, représentations médiatiques, football, Coupe du monde, Brésil.

Putting Brazil's* Founding Myths *in Tension Around the 2014 World Cup : The Case of the Não vai ter Copa Social Movement

The aim of this article is to analyze the representations of certain myths linked to Brazil. To begin with, the focus is put on the nation's founding myths, such as soccer, diversity and the favelas. Attention then turns to French media representations of these myths during the Não vai ter Copa *("The World Cup will not take place") social movement, during the 2014 Football World Cup. The collective imaginary about Brazil is challenged first by its population, which recognizes the limits of these myths, and then by the media, which offers a new perspective of this Latino country.*

***Keywords :** myths, media representations, soccer, World Cup, Brazil.*

Cécile Michaud – L'image religieuse coloniale hispano-américaine : un média global historique et contemporain

Cet article propose une réflexion autour de plusieurs grands axes : les regards portés sur les images religieuses coloniales hispano-américaines dans l'historiographie et les problématiques de définition existant autour de ces créations ; la nature à la fois locale et globale de ces manifestations artistiques, qui sont le produit de traditions ancrées dans un territoire, mais également de contacts forcés, d'échanges commerciaux et de transitions culturelles ; et finalement, les dévotions et phénomènes de (re)production de ces images à l'époque contemporaine, qui montrent non seulement leur continuité entre passé et présent, mais également leur importance fondamentale pour l'identité latino-américaine.

Mots-clés : image religieuse coloniale, média historique et contemporain, Amérique hispanique, Amérique latine, art colonial global, image de dévotion, transculturation.

The Spanish-American Colonial Religious Image : A Historical and Contemporary Global Medium

This article explores several key points : the way Hispano-American colonial religious images are viewed in historiography and the definitional issues surrounding these creations; the local and global nature of these artistic manifestations, which are the product of traditions rooted in a territory, but also of forced contacts, commercial exchanges and cultural transitions; and finally, the devotions and phenomena of (re)production of these images in contemporary times, which show not only their continuity between past and present, but also their fundamental importance for Latin American identity.

Keywords : *colonial religious image, historical and contemporary media, Hispanic America, Latin America, global colonial art, devotional image, transculturation.*

Cidicley Miranda dos Santos – Une Amérique latine réimaginée au Brésil ? Du basculement narratif des télénovelas vers les séries Netflix

Cet article analyse un potentiel changement dans l'imaginaire latino-américain au Brésil, traditionnellement façonné par les télénovelas. Historiquement, le Brésil, en raison de sa langue et de ses frontières culturelles, a souvent été exclu de la définition de « nation latine ». Avec l'émergence des plateformes de streaming comme Netflix, un nouveau sentiment d'appartenance latino-américaine semble émerger. Les séries, comme *Narcos*, bien que produites par des États-Unis, suscitent un intérêt croissant pour l'identité latino. Ce changement narratif pourrait renforcer la présence d'une Amérique latine réimaginée auprès du public brésilien.

Mots-clés : Brésil, Amérique Latine, télénovelas, séries, nation.

Latin America Reimagined in Brazil? The Narrative Shift from Telenovelas to Netflix Series

The article analyzes a potential shift in the Latin American imaginary in Brazil, traditionally shaped by telenovelas. Historically, Brazil, because of its language and cultural boundaries, has often been excluded from the definition of « Latin nation ». With the emergence of streaming platforms like Netflix, a new sense of Latin American belonging seems to be emerging. Series such as Narcos, although produced in the USA, are generating a growing interest in Latino identity. This narrative shift could reinforce the presence of a re-imagined Latin America among Brazilian audiences.

Keywords : *Brazil, Latin America, telenovelas, series, nation.*

Simona Modreanu – Le réalisme magique, une métaphore communicationnelle entre deux continents

Le syntagme « réalisme magique » a une double origine – allemande et italienne –, et une double référence – picturale et littéraire –, réunies autour d'une alliance entre réel et magie. Devenu populaire chez les écrivains latino-américains, au début du XXe siècle, il traverse à nouveau l'Atlantique, attiré par le milieu littéraire parisien. S'agit-il d'une notion esthétique, d'un concept philosophique, d'un courant littéraire, ou bien d'un paradigme universel ? La transmission culturelle est à double sens entre magie herméneutique et magisme hermétique, et la re-sémantisation périodique.

Mots-clés : réalisme magique, Borges, Cortazar, identité, culture française, allers-retours.

Magic Realism, a Communicative Metaphor Between Two Continents

The term "magic realism" has a dual origin – German and Italian –, and a dual reference – pictorial and literary –, united around an alliance between reality and magic. Popular with Latin American writers in the early 20th century, it crossed the Atlantic again, attracted by the Parisian literary milieu. Is it an aesthetic notion, a philosophical concept, a literary trend or a universal paradigm? Cultural transmission is a two-way street between hermeneutic magic and hermetic magism, and periodic re-semantization.

Keywords : *magic realism, Borges, Cortazar, identity, French culture, allers-retours.*

Rigoberto Reyes Sánchez – L'éternel retour du Sentier lumineux : art, mémoire et « *terruqueo* » dans le Pérou antidémocratique actuel

Cet article examine les tensions récentes entre la mémoire, l'art et la censure, en relation avec la guerre interne au Pérou. Sur la base de l'analyse de cas récents de censure artistique, il aborde la dynamique du « *terruqueo* », un mécanisme de stigmatisation qui accuse de terrorisme les voix critiques ou dissidentes par rapport au discours officiel. Le récit hégémonique, mené par les élites politiques et économiques, utilise le spectre du terrorisme pour légitimer un régime autoritaire et néolibéral, en fermant les alternatives politiques et artistiques. Cette pratique perpétue non seulement les inégalités structurelles, mais rend également impossible un véritable processus de réconciliation, de justice et de transformation politique.

Mots-clés : mémoire, guerre interne, Pérou, Sentier lumineux, art, censure.

The Eternal Return of the Shining Path : Art, Memory and « Terruqueo » in Today's Antidemocratic Peru

This article examines recent tensions between memory, art and censorship in relation to Peru's internal war. Based on an analysis of recent cases of artistic censorship, it discusses the dynamics of "terruqueo", a stigmatization mechanism that accuses voices critical of or dissenting from the official discourse of terrorism. The hegemonic narrative, driven by political and economic elites, uses the specter of terrorism to legitimize an authoritarian, neoliberal regime, shutting down political and artistic alternatives. This practice not only perpetuates structural inequalities, but also makes a genuine process of reconciliation, justice and political transformation impossible.

Keywords : *memory, internal war, Peru, Shining Path, art, censorship.*

Luis Rivera-Vélez – De quoi le terme « mexicanisation » est-il le nom ?

Le terme « mexicanisation » se popularise dans les médias et parmi les représentants politiques, mais son utilisation mérite une analyse approfondie. Cet article explore les causes de la violence liée au trafic de drogues au Mexique et en conclut qu'elle résulte moins de l'existence du marché des drogues que de la forte répression exercée à son encontre.

Mots-clés : mexicanisation, narcotrafic, violence, Mexique.

What Is "Mexicanization" All About ?

The term "Mexicanization" is gaining popularity in the media and among political representatives, but its use deserves in-depth analysis. This article explores the causes of drug-related violence in Mexico, and concludes that it results less from the existence of the drug market than from the strong repression exercised against it.

Keywords : *mexicanization, narcotrafficking, violence, Mexico.*

Clément Roux – Communiquer la révolution : la propagande de la guérilla des FARC (1964-2016)

Cet article analyse l'évolution du dispositif de propagande des Forces armées révolutionnaires de Colombie (FARC) entre 1964 et 2016. S'appuyant sur l'analyse de la littérature grise des FARC, ainsi que sur des interviews et observations ethnographiques réalisées dans la communauté des anciens guérilleros à Bogotá, l'étude met en évidence le rôle d'un réseau médiatique clandestin (presse, radio et Internet) dans la construction d'un contre-public très minoritaire mais fortement soudé : la « *comunidad fariana* ». Ce modèle de propagande rustique, asymétrique et hybride a contribué à la survie politique et militaire de diverses guérillas colombiennes, malgré une hégémonie médiatique et culturelle peu favorable.

Mots-clés : propagande, FARC, asymétrie, contre-publics, médias clandestins, conflit armé, Colombie.

Communicating Revolution : FARC Guerrilla Propaganda (1964-2016)

This article analyzes the evolution of the propaganda apparatus of the Revolutionary Armed Forces of Colombia (FARC) between 1964 and 2016. Based on an analysis of FARC gray literature, as well as interviews and ethnographic observations carried out in the former guerrilla community in Bogotá, the study highlights the role of a clandestine media network (press, radio, and Internet) in the construction of a very minor but tightly-knit counter public : the "comunidad fariana". This rustic, asymmetrical and hybrid propaganda model has contributed to the political and military survival of various Colombian guerrilla groups, despite an unfavorable media and cultural hegemony.

Keywords : *propaganda, FARC, asymmetry, counter publics, underground media, armed conflict, Colombia.*

Jorge Sosa – L'usine d'assemblage Audi Mexique aux frontières de l'imagination technique de l'Industrie 4.0

Cet article explore les frontières de l'imagination technique de l'Industrie 4.0 (I4.0), un modèle global de développement fondé sur l'intégration des technologies numériques dans le processus productif. Il prend comme cas d'étude l'usine de la marque allemande Audi opérant depuis 2016 dans l'État de Puebla (Mexique), dans la localité de San José Chiapa. À partir d'une approche techno-esthétique et décoloniale, cette étude analyse les schèmes de visibilité et d'invisibilité impliqués dans les techniques de conception, le fonctionnement et la mise en œuvre d'Audi Mexique, ainsi que les frictions socioculturelles qui émergent comme frontières externes des aspirations globales de l'I4.0.

Mots-clés : industrie, décolonial, technologies numériques, Chiapa, Audi, production, imagination.

Audi Mexico Assembly Plant at the Frontiers of the Technical Imagination of Industry 4.0

This article explores the frontiers of the technical imagination of Industry 4.0 (I4.0), a global development model based on the integration of digital technologies into the productive process. It takes as a case study the factory of the German brand Audi operating, since 2016, in the state of Puebla (Mexico), in the locality of San José Chiapa. Using a techno-aesthetic and decolonial approach, this study analyzes the patterns of visibility and invisibility involved in Audi Mexico's design techniques, operation and implementation, as well as the socio-cultural frictions that emerge as external boundaries of global I4.0 aspirations.

Keywords : *industry, decolonial, digital technologies, Chiapa, Audi, production, imagination.*

Fernando Stefanich – Imaginaires latino-américains en tension : *malinchisme* et *bon-révolutionnarisme*

Cet article analyse l'imaginaire social latino-américain, en particulier les tensions entre bon-révolutionnaires et malinchistes, incarnés par des héros, réels ou fictifs, tels qu'Ernesto Guevara, Carlos Gardel, Eva Perón ou Martín Fierro. Ces figures cristallisent un conflit identitaire profond qui a une influence directe sur la vie politique, économique et sociale de la région. Héritées en partie de l'histoire coloniale (mais s'actualisant constamment dans un processus d'enracinement dynamique), ces luttes pérennisent les divisions et empêchent toute tentative d'autocritique, limitant ainsi les perspectives de développement.

Mots-clés : malinchiste, bon-révolutionnaire, histoire coloniale, mémoire.

***Latin American Imaginaries in Tension :* Malinchism *and* Good-Revolutionarism**

This article analyzes the Latin American social imaginary, in particular the tensions between good-revolutionaries and malinchists, embodied by heroes, real or fictional, such as Ernesto Guevara, Carlos Gardel, Eva Perón or Martín Fierro. These figures crystallize a profound identity conflict that has a direct influence on the region's political, economic and social life. Inherited in part from colonial history (but constantly updated in a process of dynamic rooting), these struggles perpetuate divisions and prevent any attempt at self-criticism, thus limiting development prospects.

Keywords : *malinchist, good revolutionary, colonial history, memory.*

Eduardo Tamayo-Belda – L'Agence de presse espagnole EFE et la communication transnationale sur l'Amérique latine

L'article aborde le rôle de l'agence de presse espagnole EFE (institution née sous le régime dictatorial de Franco, en 1939), actuellement l'agence de référence en langue espagnole dans le monde. Il analyse la relation entre le contenu de l'agence et le récit « espagnol » de la politique internationale, puisqu'il s'agit d'une entreprise d'État financée par les budgets nationaux et conçue comme une organisation qui offre un « service public » à la société espagnole. Enfin, l'importance de transnationaliser le contenu de l'agence EFE est également soulevée, dans le contexte d'un processus plus large de décolonisation de la communication internationale.

Mots-clés : EFE, agence de presse, communication internationale, récit transnational, décolonisation.

The Spanish News EFE Agency and Transnational Communication on Latin America

This article looks at the role of the Spanish news agency EFE (an institution born under Franco's dictatorial regime in 1939), currently the world's leading Spanish-language news agency. It analyzes the relationship between the agency's content and the "Spanish" narrative of international politics, since it is a state-owned enterprise financed by national budgets, and conceived as an organization that offers a "public service" to Spanish society. Finally, the importance of transnationalizing the content of the EFE Agency is also raised, in the context of a broader process of decolonizing international communication.

Keywords : *EFE, news agency, international communication, transnational narrative, decolonization.*

Yohann Turbet Delof – Arts visuels : au Chili, quatre œuvres-manifeste qui repensent l'Amérique latine (1981-1994)

La scène artistique et intellectuelle chilienne des années 1980 et 1990 se caractérise par sa capacité à repenser la thématique de l'identité latino-américaine. Cet article analyse quatre œuvres qui déconstruisent les conservatismes de l'histoire et des régimes autoritaires pour proposer une vision plurielle du sous-continent. Caractéristiques de l'art engagé, elles revendiquent une centralité à conférer aux débats sociétaux et aux interrogations d'inspiration postmoderne, sans craindre les polémiques.

Mots-clés : création, avant-gardes, art contemporain, identité latino-américaine.

Visual Arts : Four Chilean Artworks-Manifestos Rethink Latin America (1981-1994)

The Chilean artistic and intellectual scene of the 1980s and 1990s was characterized by its ability to rethink the theme of Latin American identity. This article analyzes four works that deconstruct the conservatism of history and authoritarian regimes to propose a plural vision of the subcontinent. Characteristic of engaged art, they claim a centrality to be given to societal debates and postmodern-inspired questioning, without fear of polemics.

Keywords : *creation, avant-garde, contemporary art, Latin American identity.*

Patrice Vibert – Quitter X ?

Depuis l'achat de Twitter par Elon Musk, ce réseau phare du microblogging est accusé d'être la terre d'accueil des discours populistes et de ne pas être capable de créer les conditions d'une discussion sereine. Il est donc nécessaire de réfléchir sur les possibilités offertes par les réseaux sociaux décentralisés. Avec la décentralisation de la gouvernance des données, des règles de modération et des interfaces utilisateurs, ces réseaux redonnent aux utilisateurs un pouvoir sur leur pratique numérique.

Mots-clés : Twitter, X, réseaux sociaux, numérique, décentralisation, populisme.

Leaving X ?

Since Elon Musk's purchase of Twitter, this flagship microblogging network has been accused of being a breeding ground for populist discourse, and of not being capable of creating the conditions for serene discussion. It is therefore necessary to reflect on the possibilities offered by decentralized social networks. By decentralizing data governance, moderation rules and user interfaces, these networks give users back power over their digital practices.

Keywords : *Twitter, X, social networks, digital, decentralization, populism.*

Les auteurs du numéro

Alexander Alberro est professeur Virginia Bloedel Wright aux départements d'histoire de l'art du Barnard College et de l'université de Columbia. Il a beaucoup écrit sur l'art et la théorie modernes et contemporains. Il est l'auteur, plus récemment, de *Interstices: At Contemporary Art's Boundaries* (University of Chicago Press, 2025). Il est également l'éditeur et fondateur de la série de livres « Studies on Latin American and LatinX Art » des Presses de l'Université de Californie et fait partie du comité de rédaction de plusieurs revues.

Rebeca de Alencar Silva est docteure en sciences de l'information et de la communication, chercheuse au Groupe de Recherche sur les Enjeux de la Communication (GRESEC) à l'Université Grenoble Alpes (UGA).

Maria Elvira Alvarez Gimenez (docteure en Histoire, agrégée d'espagnol) est Maîtresse de conférences à l'université CY Cergy Paris Université et chercheuse au laboratoire Agora. Ses recherches portent sur l'histoire des femmes en Bolivie et en Amérique latine dans une perspective transnationale (xxe siècle). Elle s'intéresse particulièrement à l'histoire de l'accès des femmes à la citoyenneté et aux sphères publiques et politiques, à leurs mobilisations et à leur processus de politisation.

Julie Amiot-Guillouet est professeure des universités et membre honoraire de l'Institut Universitaire de France. Elle a publié divers articles sur le cinéma hispanique classique, moderne et contemporain, et codirigé cinq ouvrages collectifs : *Cuba. Cinéma et Révolution* (2006) ; *1959-2009 : Regards sur 50 ans de vie culturelle avec la Révolution cubaine* (2012) ; *Frente a la catástrofe. Temáticas y estéticas en el cine español e iberoamericano contemporáneo* (2017) ; *Dinámicas transnacionales de la diversidad cultural : Cine y literatura entre Francia y América latina desde finales del siglo XX* (2023) et *Films, festivals et mondes contemporains. Pour une anthropologie du visuel* (2024).

Camila Arêas est maîtresse de conférences à l'Université de La Réunion (UR) et chercheuse attachée au Laboratoire de recherche sur les espaces créoles et francophones (LCF, UR). Ses recherches se situent dans le champ de la sociologie du journalisme, la sémiotique des médias, les études cinématographiques et, plus précisément, dans les domaines d'étude « archive et patrimoine ».

Élodie Bordat-Chauvin enseigne dans le Master « Politiques et gestion de la culture en Europe » à l'Université Paris 8 Saint-Denis. Sociologue et politiste au CRESPPA, ses recherches portent sur la circulation d'actions culturelles en Amérique latine, sur la (non)participation culturelle en Seine-Saint-Denis et sur la circulation des symboles et savoirs entre chercheuses et artistes féministes argentines et polonaises dans les mobilisations en faveur de l'avortement.

Heriberto Cairo est professeur à la Faculté de sciences politiques et de sociologie de l'Université Complutense de Madrid (Espagne), dont il a été doyen. Il a été professeur invité dans plusieurs universités espagnoles et étrangères et a publié de nombreux livres et articles. Il est directeur de la revue *Geopolítica(s)*. Il développe ses recherches dans le domaine de la géographie politique, avec un accent particulier mis sur l'étude de la géopolitique de la guerre et de la paix, des identités politiques et des frontières.

Carolina Cerda-Guzman est docteure en droit et maîtresse de conférences en droit public à l'Université de Bordeaux, rattachée au Centre d'Études et de Recherches Comparatives sur les Constitutions, les Libertés et l'État (CERCCLE). Elle est spécialiste de droit constitutionnel français et de droit constitutionnel comparé avec des pays d'Amérique hispanophone. Elle a particulièrement suivi et étudié le dernier processus constituant chilien (2019-2023).

Anne-Marie Chartier, aujourd'hui retraitée, a été formatrice des enseignants du premier degré. Maîtresse de conférences en histoire, elle est chercheuse associée au LARHRA Lyon 2/ENS. Elle fait également partie du Comité de rédaction de *Hermès, la Revue*.

Pierre Cilluffo Grimaldi est chercheur en sciences de l'information et de la communication (*media studies*, communication publique, communication politique) et environnementaliste, spécialiste de l'Amérique Latine, des BRICS+ et de l'écologie vue du Sud. Sa thèse, « Tropiques écologiques : une analyse critique des éco-imaginaires Amazoniens *via* le prisme de la réactualisation médiatique du bon sauvage », porte sur les représentations médiatiques de l'Amazonie dans le monde occidental et la façon dont elles polarisent les enjeux environnementaux. ATER à l'Université des Antilles (2023/2024), il a obtenu son doctorat au CELSA (Sorbonne Université, Laboratoire GRIPIC) en novembre 2024.

David Copello est maître de conférences en sociologie politique à l'Institut catholique de Paris, membre de l'Unité de Recherche Religion, Culture et Société (EA 7403) et chercheur associé au Centre de Recherche et de Documentation sur les Amériques (CREDA, UMR CNRS 7227/UMR IRD 280).

Humberto Cucchetti est chercheur au Conseil national de la recherche scientifique et technique (Instituto de Estudios Históricos – CONICET, Argentine), professeur à l'Université de 3 de Febrero (Buenos Aires, Argentine), ancien résident à l'Institut d'études avancées de Paris (IEA, 2019-2020) et Habilité à diriger des recherches (Sorbonne Université, 2017). Il a notamment publié *Servir Perón. Trajectoires de la Garde de Fer* (PUR, 2013), et *Au nom du Peuple ? Idées reçues sur le populisme* (Cavalier Bleu, 2021, avec Alexandre Dézé et Emmanuelle Reungoat).

Dorothée Delacroix est maîtresse de conférences en anthropologie à l'Institut des hautes études de l'Amérique latine (IHEAL) de l'Université Sorbonne Nouvelle. Après avoir travaillé sur les mémoires du conflit armé péruvien dans les Andes rurales et à Lima, elle poursuit ses recherches sur les rapports politiques et intimes au passé de violence dans une perspective comparée avec la guerre d'Espagne. Son travail actuel porte principalement sur les recherches des disparus, les pratiques d'exhumation et les modes de relations entre les vivants et les morts ou les disparus, ainsi que sur l'expérience ordinaire de la violence.

Elsa De La Rosa est doctorante en histoire à l'Université Northwestern (États-Unis). Ses recherches portent sur le sentiment antichinois dans le nord-ouest du Mexique, notamment sa thèse, qui se concentre sur les campagnes antichinoises menées à Sonora au cours des trois premières décennies du XXe siècle, et explore la manière dont la position discriminatoire des États-Unis à l'égard des Chinois a été considérée comme un modèle à imiter.

Julien Demelenne est doctorant à l'École des hautes études en sciences sociales (EHESS), mention « Droit, études politiques et philosophie », et bénéficie d'un financement du programme « Carlos Antonio López ». Il est diplômé en sciences politiques et sociologie de l'Université fédérale d'intégration latino-américaine (Unila, Brésil) et titulaire d'un master en études politiques (EHESS). Il est membre du Centre des Savoirs sur le Politique – Recherches et Analyses (CRESPRA).

Edmond Doua est enseignant-chercheur à l'Université Félix Houphouët-Boigny (Côte d'Ivoire) et expert en communication et management des industries culturelles. Il est également membre du Comité de *Hermès, la Revue*.

Juliette Dumont est maîtresse de conférences en histoire contemporaine à l'Institut des hautes études de l'Amérique latine (Sorbonne Nouvelle, Paris 3) et chercheuse au Centre de recherche et de documentation sur les Amériques (CREDA, UMR 7227). Elle dirige actuellement le Centre franco-argentin des hautes études en sciences sociales de l'Université de Buenos Aires (Argentine). Elle travaille sur les diplomaties culturelles latino-américaines et sur le panaméricanisme dans sa dimension culturelle et éducative. Elle a notamment publié *Diplomatie culturelles et fabrique des identités. Argentine, Brésil, Chili (1919-1946)* (PUR, 2018) ; « Pan-American Intellectual Cooperation » (*in* Scarfi, J. P., Sheinin, D. (eds), *The New Pan-Americanism and the Structuring of Inter-American Relations*, Londres, Routledge, 2022) et « Le panaméricanisme, creuset et carrefour de l'internationalisme éducatif (1917-1945) » (*Relations internationales*, vol. 3, n° 183, 2020).

Diego Fernández Peychaud est docteur en philosophie de l'Université Complutense de Madrid (Espagne). Chercheur adjoint au Conseil national de la recherche scientifique et technique d'Argentine, il est également professeur de théorie politique à l'université de Buenos Aires et à l'université José C. Paz et éditeur de *Cannibalizar la modernidad, apuntes para la teoría política* (Tinta Limón, 2022).

Béatrice Fonck est docteur d'État en Lettres hispaniques (Paris X Nanterre, 1993), sa thèse ayant porté sur « L'intellectuel et la politique d'après J. Ortega y Gasset (1914-1931) », et professeur à l'Institut catholique de Paris (ICP). Elle est également membre de l'Académie catholique de France et du comité de rédaction de la *Revista de Estudios Orteguianos* – Fundación Ortega-Marañón depuis 2009. Elle est l'auteur de nombreux articles sur l'œuvre d'Ortega et d'un ouvrage, *José Ortega y Gasset. Penseur de l'Europe* (Les Belles Lettres, 2023), éditrice de différentes publications, dont *1898 : Littérature et crise religieuse en Espagne* (Presses universitaires du Septentrion, 2000) et coéditrice de *1914 : Neutralités, neutralismes en question* (Peter Lang, 2017) et de *Shakespeare et Cervantes. Regards croisés* (Classiques Garnier, 2018).

Santiago Garzón Bernal est diplômé en littérature de l'Universidad Nacional de Colombia, avec la thèse « The Evolution of Drama in Wajdi Mouawad ». Il est actuellement étudiant en master d'études politiques latino-américaines à la même université, où il travaille sur les thèmes des processus d'intégration et la coopération Sud-Sud.

Laure Guillot Farneti est docteure en sciences de l'information et de la communication (2023). Elle a effectué sa thèse sur les représentations des migrations à São Paulo entre l'Université Lumière Lyon 2, laboratoire Elico, et l'Escola de Comunicações e Artes de l'Université de São Paulo. Elle est actuellement ATER à l'Institut de la Communication de l'Université Lumière Lyon 2.

Franck Gaudichaud est docteur en science politique et professeur en histoire et études de l'Amérique latine contemporaine à l'Université Toulouse Jean Jaurès. Il a publié de nombreux articles et plusieurs ouvrages sur les mouvements sociaux et les gauches au Chili et en Amérique latine, dont, dernièrement : *Découvrir la révolution chilienne – 1970-1973* (Éditions sociales, 2023) ou *Gouvernements progressistes en Amérique latine (1998-2018). La fin d'un âge d'or* (coord. T. Posado, PUR, 2021).

Paula Honorato Crespo est titulaire d'un doctorat en philosophie avec spécialisation en esthétique et théorie de l'art de l'Université du Chili et d'un diplôme en esthétique de la Pontificia Universidad Católica de Chile. Elle travaille actuellement comme conservatrice au Museo Nacional de Bellas Artes (Chili). Elle a enseigné à la Pontificia Universidad Católica de Chile et à l'Universidad Alberto Hurtado. Elle se consacre à l'histoire de l'art contemporain au Chili et à la recherche d'archives pour des travaux historiographiques.

Vincent Lambert est chercheur en science de l'information et de la communication et auteur d'une thèse sur les musées d'histoire à l'Université Côte d'Azur. Il enseigne et interroge la médiation culturelle et scientifique, le monde des arts et la recherche-création, notamment auprès des musées et des arts du spectacle. Il s'intéresse aux problématiques politiques, éthiques et esthétiques sous un angle intersectionnel. Il contribue également aux nouvelles dynamiques éditoriales en science ouverte.

Vanessa Landaverde-Kastberg est chercheuse associée à l'Université Côte d'Azur, où elle a obtenu son doctorat en sciences de l'information et de la communication. Ses recherches portent sur la communication numérique et les médias sociaux. Elle enseigne le marketing digital et la publicité dans plusieurs écoles de commerce en France, en Chine et à Monaco, et est également responsable de l'encadrement de thèses de doctorat en administration des affaires.

Damien Larrouqué, latino-américaniste de formation, est maître de conférences en science politique à CY Cergy Paris Université, rattaché au laboratoire Agora. Ses travaux portent sur l'histoire des institutions publiques et la recomposition de l'État en Amérique latine. Il étudie en particulier les conceptions intellectuelles, scientifiques ou idéologiques qui donnent leurs justifications aux transformations institutionnelles, ainsi qu'aux acteurs qui les promeuvent. Il est membre du bureau de *Hermès, la Revue*, après en avoir été le gestionnaire et secrétaire scientifique (2021-2023).

Camille Lecuyer est une ancienne étudiante de l'École normale supérieure de Lyon, diplômée d'un master d'histoire de l'art de l'Université Paris Nanterre et agrégée d'espagnol. Elle réalise, à CY Cergy Paris Université, une thèse intitulée « Photographier l'absence : Deuil et disparitions forcées dans les représentations du conflit armé colombien depuis 1990 ». Spécialiste de photographie contemporaine, elle s'intéresse tout particulièrement aux questions de la représentation de la violence, du deuil et du traumatisme.

Camila Lima de Braga est diplômée en journalisme au Brésil et docteure en sciences de l'information et de la communication de l'Université Lumière Lyon 2, en cotutelle avec l'Université Fédérale de Bahia (Brésil). Son travail porte sur l'analyse des discours et des images médiatiques lors des mouvements sociaux français et brésiliens, dans une perspective de regards croisés. Ses thématiques de prédilection se structurent autour des mythes, des imaginaires et du corps humain et ses manifestations dans l'espace public et dans les discours journalistiques.

María Lois est professeur de géographie politique à la Faculté de sciences politiques et de sociologie de l'Université Complutense de Madrid (Espagne). Elle coordonne le Comité de recherche 15 de l'Association internationale de science politique (AISP-IPSA) et est directrice adjointe de la revue *Geopolítica(s)*.

Michaël Löwy est directeur de recherche émérite au CNRS, médaille d'argent du CNRS (1994) et auteur de 27 livres parus en 30 langues dont : *Walter Benjamin. Avertissement d'incendie. Une lecture des Thèses « Sur le concept d'histoire »* (PUF, 2001) ; *La cage d'acier. Max Weber et le marxisme wébérien* (Stock, 2013) ; *La lutte des dieux. Christianisme de la libération et politique en Amérique Latine* (Van Dieren Éditeur, 2019).

Juremir Machado da Silva est professeur à l'Université pontificale catholique de Rio Grande do Sul, à Porto Alegre, au Brésil, où il dirige le master et la formation doctorale en communication sociale. Docteur en sociologie, historien, journaliste, traducteur et écrivain, il a publié trois livres en France : *Le Brésil, pays du présent* (Desclée de Brouwer 1999), *Les technologies de l'imaginaire* (La Table Ronde 2008) et *En Patagonie avec Michel Houellebecq* (CNRS Éditions 2011).

Cécile Michaud est maître de conférences au Département des Sciences humaines et directrice du Master en Histoire de l'art et Études curatoriales de la Pontificia Universidad Católica del Perú (PUCP, Lima). Elle est également membre du Max-Planck Partner Group « Empires, Environments, Objects » (PUCP / Kunsthistorisches Institut Max-Planck, Florence). Ses recherches portent sur la culture visuelle de la vice-royauté du Pérou, en particulier sur les interactions entre la production littéraire et les objets artistiques, ainsi qu'entre les sources visuelles européennes et les créations américaines. En plus de nombreux articles, elle est l'auteure de *Johann Heinrich Schönfeld. Un peintre allemand du XVIIe siècle en Italie* (2006), éditrice de *De*

Amberes al Cusco. El grabado europeo como fuente del arte virreinal (2009), coauteure et éditrice de *Escritura e imagen en Hispanoamérica. De la crónica ilustrada al cómic* (2015) et de *Arte antes de la historia. Para una historia del arte andino antiguo* (2020).

Cidicley Miranda dos Santos est un journaliste diplômé de l'Université fédérale du Ceará (Brésil) et docteur en sciences de l'information et de la communication de l'Université de Tours. Enseignant contractuel au MMI de l'IUT de Blois, il mène des recherches sur les récits, les émissions télévisées, les séries, les feuilletons, ainsi que sur le journalisme et les réseaux sociaux.

Simona Modreanu est professeure des universités, HDR, directrice du département de langue et littérature françaises de l'université Alexandru Ioan Cuza de Iasi (Roumanie) et traductrice. Docteur ès lettres de l'université de Paris VII, directrice adjointe du Centre culturel Roumain de Paris (1999-2001) et directrice des Éditions Junimea de Iasi, elle est aussi l'autrice des livres : *Cioran ou la prière interdite* (Iasi, 2002) ; *Eugène Ionesco ou l'agonie de la signifiance* (Iasi, 2002) ; *Le Dieu paradoxal de Cioran* (Rocher, 2003) ; *Cioran* (OXUS, 2003) ; *Lectures nomades* (Iasi, 2006) ; *Lectures sédentaires* (Iasi, 2010) ; *Lectures infidèles* (Iasi, 2014) ; *Lectures fluides* (Iasi, 2018) ; L'Atome, une histoire sans fin (Iasi, 2020) ; Cioran ou la chance de l'échec (Paris, 2021) ; *Lectures ludiques* (Iasi, 2022).

Michaël Oustinoff est professeur des universités honoraire à l'Université Côte d'Azur et membre du Bureau de *Hermès, la Revue*. Il est notamment l'auteur de *Bilinguisme et auto-traduction. Julien Green, Samuel Beckett, Vladimir Nabokov* (Paris, L'Harmattan, 2001), de *Traduire et communiquer à l'heure de la mondialisation* (Paris, CNRS Éditions, 2011) et du « Que sais-je ? » intitulé *La traduction* (Paris, PUF, 8e ed. 2022 ; traduit en portugais (Brésil), japonais, persan, arabe et coréen).

Kevin Parthenay est professeur titulaire de science politique à l'Université de Tours. Il est Junior Fellow à l'Institut universitaire de France (2022-2027) et chercheur associé à l'UNU-CRIS et à Sciences Po/OPALC. Les résultats de ses recherches ont été publiés dans des revues telles que *International Affairs, Global Studies Quarterly, Review of International Studies, Journal of European Integration, Foro Internacional* et *Revue Internationale de Politique Comparée.*

Nicolas Peyre est enseignant-chercheur à l'Université Toulouse Capitole (Idetcom) et titulaire de la chaire « Mobilité francophone » de l'Université d'Ottawa (Canada). Il est membre du Bureau de *Hermès, la Revue* (CNRS). Il a été attaché culturel et attaché audiovisuel pour le ministère de l'Europe et des Affaires étrangères.

Thomas Posado est maître de conférences en civilisation latino-américaine contemporaine à l'Université de Rouen Normandie, chercheur à l'ÉRIAC et fellow à l'IC Migrations. Après une thèse sur les reconfigurations du champ syndical dans le Venezuela contemporain, il travaille désormais sur la sociologie politique des Vénézuéliens à Madrid. Il est l'auteur entre autres de *Venezuela : de la Révolution à l'effondrement. Le syndicalisme comme prisme de la crise politique (1999-2021)* (PUM, 2023).

Lissell Quiroz est docteure en histoire, professeure d'études latino-américaines à CY Cergy Paris Université, membre du laboratoire Agora et de l'Institut universitaire de France (promotion 2023). Ses recherches portent sur l'histoire des femmes, des féminismes et de la santé dans les Amériques, entre les XIXe et XXe siècles. Son dernier ouvrage s'intitule *Pensées décoloniales. Une introduction aux théories critiques d'Amérique latine* (La Découverte, 2023). Elle est également cocréatrice du podcast « N'Autre Histoire », qui aborde des évènements historiques depuis un point de vue décolonial.

Rigoberto Reyes Sánchez est diplômé en sociologie de la Universidad Autónoma Metropolitana (UAM, Iztapalapa, Mexique). Titulaire d'un Master en études latino-américaines de la Universidad Nacional Autónoma de México (UNAM) et d'un doctorat de la même université, ses centres d'intérêt sont liés aux études sociales de la mémoire historique en Amérique latine, aux méthodologies qualitatives participatives, ainsi qu'aux études de la violence sociale et politique. Il fait partie du *Seminario Avanzado de Investigación de Estudios del Cuerpo* basé au Centre d'investigations interdisciplinaires en sciences et humanités (CEIICH) de l'UNAM. Il a enseigné dans diverses universités publiques et privées, notamment à l'UAM dans ses unités d'Iztapalapa et de Xochimilco, à l'UNAM et au *Colegio de Michoacán*. Il est actuellement coordinateur académique de la licence en études sociales des Universités pour le bien-être Benito Juárez García, du Secrétariat à l'Éducation publique du Mexique.

Luis Rivera-Vélez est chercheur postdoctorant au Centre d'études mexicaines et centraméricaines (CEMCA). Ses recherches portent sur l'évolution des politiques en matière de drogues, avec un intérêt particulier pour les politiques de légalisation du cannabis en Colombie et au Mexique.

Clément Roux est chercheur postdoctorant au Centre d'études pour le développement (ZEF) de l'Université de Bonn (Allemagne). Il est également chercheur associé au Centre de recherche interdisciplinaire sur les médias (CARISM) de l'Université Paris-Panthéon-Assas, où il a obtenu son doctorat en 2023, en co-tutelle avec l'Université nationale de Colombie. Ses recherches actuelles portent sur la propagande des groupes insurgés post-FARC et son lien avec la violence politique et les conflits environnementaux en Colombie.

Cem Savaş a terminé une licence en relations internationales en 2008 et une maîtrise en géopolitique à l'Université de Paris 8. À la suite d'un séjour de recherche à l'Université Grenoble Alpes, il a soutenu une thèse en relations internationales à l'Université Galatasaray (Turquie) en 2019 portant sur la politique francophone de la France. Il est maître de conférences au département francophone de science politique et relations internationales à l'Université Yeditepe (Istanbul, Turquie) et membre du Bureau de *Hermès, la Revue*.

Jorge A. Sosa Rodríguez est doctorant en sciences de l'information et de la communication à l'Université Paris Nanterre, au sein du laboratoire DICEN-IdF. Il prépare une thèse sur l'imagination technique en Amérique latine sous la direction de Marta Severo et Céline Morin. Il a obtenu un master en philosophie, spécialité esthétique et culture visuelle à l'Université Jean Moulin Lyon 3, ainsi qu'un diplôme interuniversitaire ArTeC+. Il possède également une formation en histoire de l'art et en lettres, acquise à l'Université Lumière Lyon 2 et à l'Université catholique Andrés Bello de Caracas (Venezuela). Jorge Sosa enseigne également la théorie de l'information à l'Université Paris Nanterre, ainsi que des cours sur les politiques économiques et sociales d'Amérique latine à l'Université Lumière Lyon 2. Ses recherches portent sur la relation entre imagination et technique dans le contexte de l'Amérique latine, avec une attention particulière portée sur les intersections entre esthétique, technologies numériques et théories décoloniales.

Fernando Stefanich est docteur en études romanes. Chercheur permanent au sein du laboratoire Héritages (UMR 9022), il enseigne à CY Cergy Paris Université. Ses recherches concernent la sociocritique, les études culturelles, la sociologie de l'imaginaire et les études politiques. Ses travaux sont traversés par des problématiques telles que l'identité et l'altérité, la mémoire et l'oubli, les rites, les mythes et les héros, ainsi que les échanges. Il est également l'auteur de plusieurs romans, dont *Cuesta abajo* (1998), *Una muerte para Roberto Durán* (2004), *Roña* (2012) et *Barrio Chino* (2019).

Eduardo Tamayo Belda est historien de l'Université autonome de Madrid (Espagne) et titulaire d'une maîtrise en sciences politiques de l'Université nationale d'Asunción (Paraguay). Il est actuellement doctorant en histoire contemporaine à l'Université nationale d'enseignement à distance (UNED), avec des recherches sur l'histoire des relations hispano-paraguayennes pendant la guerre froide. Il a été professeur d'histoire contemporaine et de politique internationale dans plusieurs universités du Paraguay (2015-2017), à l'Université autonome de Madrid (2017-2022) et à l'UNED (2024-2025). Il est actuellement professeur suppléant à l'Université autonome de Madrid (UAM).

Yohann Turbet Delof est diplômé de Sciences Po et de la Pontificia Universidad Católica de Chile. Il est directeur des Affaires culturelles de la Ville de Saint-Denis. Chargé d'enseignement en géopolitique de la culture et en politiques culturelles à la Sorbonne Nouvelle et à Paris 8, ses champs de recherche portent sur l'art contemporain latino-américain (Laboratoire international de recherches en art – Sorbonne Nouvelle).

Patrice Vibert est doctorant en sciences de l'information et de la communication (sujet de thèse : « Gouverner la propriété, l'usage et l'économie des données sur Internet »). Ancien professeur de philosophie en lycée, ses travaux de recherche portent sur l'existentialisme et sur les questions d'identité sur les réseaux sociaux. Il a récemment publié « L'identité : un nouveau chantier théorique ? » (*in* Lazzarotti, O., Olagnier, P. (dir.), *L'Identité, entre ineffable et effroyable*, Paris, Armand Colin, p. 15-22).

Víctor Vich est titulaire d'un doctorat en littérature latino-américaine de l'Université de Georgetown (États-Unis). Il est l'auteur de onze ouvrages, dont *Poéticas del duelo : ensayos sobre arte, memoria y violencia política* (2015), *Desculturizar la cultura : la gestión cultural como forma de agencia política* (2014) et *César Vallejo, un poeta del acontecimiento* (2020). Il a été professeur invité dans diverses universités aux États-Unis dont Harvard, Berkeley et Madison et a été membre du Comité directeur du Conseil latino-américain des sciences sociales (CLACSO), conseiller en politique culturelle de la municipalité de Lima et membre de l'équipe de conservation du Lugar de la Memoria au Pérou (LUM). Lauréat de la bourse Guggenheim en 2009 et de la bourse Tinker en 2014, il est actuellement professeur à la Pontificia Universidad Católica del Perú.

Titres parus d'*Hermès*

1. Théorie politique et communication, 1988, C. Lazzeri et J.-P. Chrétien-Goni (dir.)

2. Masses et politique, 1988, D. Reynié (dir.)

3. Psychologie ordinaire et sciences cognitives, 1988, P. Engel (dir.)

4. Le nouvel espace public, 1989, D. Bregman, D. Dayan, J.-M. Ferry et D. Wolton (dir.)

5-6. Individus et politique, 1990, E. Apfelbaum, J.-M. Besnier et A. Dorna (dir.)

7. Bertrand Russell. De la logique à la politique, 1990, F. Clementz et A.-F. Schmid (dir.)

8-9. Frontières en mouvement, 1990, D. Dayan, J.-M. Ferry, J. Sémelin, I. Veyrat-Masson, Y. Winkin et D. Wolton (dir.)

10. Espaces publics, traditions et communautés, 1992, J.-M. Ferry (dir.)

11-12. À la recherche du public. Réception, télévision, médias, 1993, D. Dayan (dir.)

13-14. Espaces publics en images, 1994, D. Dayan et I. Veyrat-Masson (dir.)

15. Argumentation et rhétorique (vol. 1), 1995, A. Boyer et G. Vignaux (dir.)

16. Argumentation et rhétorique (vol. 2), 1995, A. Boyer et G. Vignaux (dir.)

17-18. Communication et politique, 1995, G. Gauthier, A. Gosselin et J. Mouchon (dir.)

19. Voies et impasses de la démocratisation, 1996, P. Meyer-Bisch et E. M. Swiderski (dir.)

20. Toutes les pratiques culturelles se valent-elles ?, 1997, J.-P. Sylvestre (dir.)

21. Sciences et médias, 1997, S. de Cheveigné (dir.)

22. Mimesis. Imiter, représenter, circuler, 1998, S. Ossman (dir.)

23-24. La cohabitation culturelle en Europe, 1999, É. Dacheux, A. Daubenton, J.-R. Henry, P. Meyer-Bisch et D. Wolton (dir.)

25. Le dispositif. Entre usage et concept, 1999, G. Jacquinot-Delaunay et L. Monnoyer-Smith (dir.)

26-27. www.démocratie locale.fr, 2000, É. Maigret et L. Monnoyer-Smith (dir.)

28. Amérique latine. Cultures et communication, 2000, G. Lochard et P. R. Schlesinger (dir.)

29. Dérision-Contestation, 2001, A. Mercier (dir.)

30. Stéréotypes dans les relations Nord-Sud, 2001, G. Boëtsch et C. Villain-Gandossi (dir.)

31. L'opinion publique. Perspectives anglo-saxonnes, 2001, L. Blondiaux et D. Reynié (dir.)

32-33. La France et les Outre-mers. L'enjeu multiculturel, 2002, T. Bambridge, J.-P. Doumenge, B. Olivier, J. Simonin et D. Wolton (dir.)

34. L'espace, enjeux politiques, 2002, I. Sourbès-Verger (dir.)

35. Les journalistes ont-ils encore du pouvoir ?, 2003, J.-M. Charon et A. Mercier (dir.)

36. Économie solidaire et démocratie, 2003, É. Dacheux et J.-L. Laville (dir.)

37. L'audience. Presse, Radio, Télévision, Internet, 2003, R. Chaniac (dir)

38. Les sciences de l'information et de la communication, 2004, Y. Jeanneret et B. Ollivier (dir.)

39. Critique de la raison numérique, 2004, V. Paul et J. Perriault (dir.)

40. Francophonie et mondialisation, 2004, T. Bambridge, H. Barraquand, A.-M. Laulan, G. Lochard et D. Oillo (dir.)

41. Psychologie sociale et communication, 2005, B. Orfali et I. Marková (dir.)

42. Peuple, populaire, populisme, 2005, P. Durand et M. Lits (dir.)

43. Rituels, 2005, G. Boëtsch et C. Wulf (dir.)

44. Économie et communication, 2006, J. Farchy et P. Froissart (dir.)

45. Fractures dans la société de la connaissance, 2006, D. Oillo et B. Mvé-Ondo (dir.)

46. Événements mondiaux, regards nationaux, 2006, J. Arquembourg, G. Lochard et A. Mercier (dir.)

47. Paroles publiques, communiquer dans la cité, 2007, F. Massit-Folléa et C. Méadel (dir.)

48. Racines oubliées des sciences de la communication, 2007, A.-M. Laulan et J. Perriault (dir.)

49. Traduction et mondialisation (vol. 1), 2007, J. Nowicki et M. Oustinoff (dir.)

50. Communiquer – Innover, 2008, N. D'Almeida, P. Griset et S. Proulx (dir.)

51. L'épreuve de la diversité culturelle, 2008, J. Nowicki, M. Oustinoff et S. Proulx (dir.)

52. Les guerres de mémoires dans le monde, 2008, P. Blanchard, M. Ferro et I. Veyrat-Masson (dir.)

53. Traçabilité et réseaux, 2009, M. Arnaud et L. Merzeau (dir.)

54. La bande dessinée : art reconnu, média méconnu, 2009, É. Dacheux, J. Dutel et S. Le Pontois (dir.)

55. Société civile et Internet en Chine et Asie orientale, 2009, O. Arifon, Liu Chang et É. Sautedé (dir.)

56. Traduction et mondialisation (vol. 2), 2010, M. Oustinoff, J. Nowicki et J. Machado da Silva (dir.)

57. Sciences.com : libre accès et science ouverte, 2010, J. Farchy, P. Froissart et C. Méadel (dir.)

58. Les langues de bois, 2010, J. Nowicki, M. Oustinoff et A.-M. Chartier (dir.)

59. Ces réseaux numériques dits sociaux, 2011, T. Stenger et A. Coutant (dir.)

60. Edgar Morin, aux risques d'une pensée libre, 2011, A. Pena-Vega et S. Proutheau (dir.)

61. Les musées au prisme de la communication, 2011, P. Rasse et Y. Girault (dir.)

62. Les jeux vidéo. Quand jouer, c'est communiquer, 2012, J.-P. Lafrance et N. Oliveri (dir.)

63. Murs et frontières, 2012, T. Paquot et M. Lussault (dir.)

64. Les chercheurs au cœur de l'expertise, 2012, L. Maxim et G. Arnold (dir.)

65. Le monde Pacifique dans la mondialisation, 2013, R. Meltz et D. Barbe (dir.)

66. Classer, penser, contrôler, 2013, V. Liquète et S. Kovacs (dir.)

67. Interdisciplinarité : entre disciplines et indiscipline, 2013, J.-M. Besnier et J. Perriault (dir.)

68. L'Autre n'est pas une donnée. Altérités, corps et artefacts, 2014, F. Renucci, B. Le Blanc et S. Lepastier (dir.)

69. Sexualités, 2014, E. A. Amato, F. Pailler et V. Schafer (dir.)

70. Le XXe siècle saisi par la communication. Vol. 1 : Les révolutions de l'expression, 2014, E. Letonturier et B. Valade (dir.)

71. Le XXe siècle saisi par la communication. Vol. 2 :Ruptures et filiations, 2015, E. Letonturier et B. Valade (dir.)

72. L'artiste, un chercheur pas comme les autres, 2015, F. Renucci et J.-M. Réol (dir.)

73. Controverses et communication, 2015, R. Badouard et C. Mabi (dir.)

74. La voie des sens, 2016, B. Munier et É. Letonturier (dir.)

75. Langues romanes : un milliard de locuteurs, 2016, L.-J. Calvet et M. Oustinoff (dir.)

76. Le renseignement, un monde fermé dans une société ouverte, 2016, F. Bulinge et N. Moinet (dir.)

77. Les incommunications européennes, 2017, J. Nowicki, L. Radut-Gaghi et G. Rouet (dir.)

78. Les élèves, entre cahiers et claviers, 2017, V. Liquète et B. Le Blanc (dir.)

79. Les BRICS, un espace ignoré, 2017, O. Arifon, T. Dwyer et Liu C. (dir.)

80. 30 ans d'indisciplines, 2018, Bureau de la rédaction d'*Hermès*

81. De la communication en diplomatie, 2018, G. Rouet et L. Radut-Gaghi (dir.)

82. Nouvelles voix de la recherche en communication, 2018, Bureau de la rédaction d'*Hermès*.

83. Les stéréotypes, encore et toujours, 2019, A. Lehmans et V. Liquète (dir.)

84. Les incommunications, 2019, F. Renucci et T. Paquot (dir.)

85. La communication au cœur des connaissances, 2019, B. Chapelain et B. Valade (dir.)

86. Autant de musiques, autant de mondes, 2020, D. Ehrhardt, T. Dwyer et É. Dacheux (dir.)

87. L'érudition, 2021, F. Renucci (dir.)

88. Confiance et communication, une aporie démocratique, 2021, A. Lehmans et É. Letonturier (dir.)

89. Les ONG à l'épreuve de la com', 2022, Michaël Oustinoff et Ugo Ruiz (dir.)

90. L'Europe, entre incommunications et guerres, 2022, Gilles Rouet et Yohann Turbet Delof (dir.)

91. La marche, 2023, Vincent Liquète et David Le Breton (dir.)

92. La voix, force de la radio, 2023, Brigitte Chapelain et Zhao Alexandre Huang (dir.)

93. L'Europe du Nord, si proche, si lointaine, 2024, Ugo Ruiz et Orla Vigsø (dir.)

94. Migrations : les défis de l'autre, 2024, Asal Bagheri et Axel Boursier (dir.)

95. L'Amérique latine, continent imaginé, 2025, Damien Larrouqué et Yohann Turbet Delof (dir.)

Hermès

cognition ■ communication ■ politique

Consignes aux auteurs / évaluation des articles soumis

Les tapuscrits doivent être adressés à la rédaction, d'une longueur maximale de 15 000 signes et espacements (notes et références bibliographiques comprises). Chaque article doit comporter plusieurs intertitres et doit être accompagné d'un résumé en français d'une dizaine de lignes environ et de cinq mots-clés. Les appels de notes figurent dans le texte en numérotation continue et les notes sont rassemblées en fin d'article. Les références bibliographiques font également l'objet d'un appel, dans le texte, qui renvoie à une liste située en fin d'article. Les articles publiés dans la revue *Hermès* doivent être originaux et ne pas être proposés à d'autres revues. Les citations et emprunts doivent être courts, clairement signalés et référencés.

La revue *Hermès* est une revue à comité de lecture. Tous les textes publiés par la revue ont fait l'objet d'une évaluation scientifique et de plusieurs relectures.
Les articles publiés dans le dossier principal ont été évalués par les coordinateurs du volume, en lien avec le superviseur, des membres du comité de rédaction, le bureau de la revue et/ou des évaluateurs externes.
Les articles publiés dans la rubrique « Diagonales » ont été expertisés par des membres du comité de rédaction, le bureau de la revue et par des évaluateurs externes.
Pour soumettre un article : hermes@cnrs.fr

Rédaction

CNRS, 1, place Aristide Briand - 92195 Meudon   Tél. : 01.45.07.55.12   Mail : hermes@cnrs.fr

Administration et diffusion

CNRS ÉDITIONS, 15 rue Malebranche, 75005 Paris   Tél. : 01.53.10.27.00   Fax : 01.53.10.27.27

Vente

Par l'intermédiaire de votre libraire habituel, ou sur commande à CNRS ÉDITIONS
15 rue Malebranche, 75005 Paris   Mail : sabine.lavaud@cnrseditions.fr
http://cnrsedtions.fr

Articles disponibles en ligne

Cairn : http://cairn.info
Prix de vente de HERMÈS 95, « L'AMÉRIQUE LATINE, CONTINENT IMAGINÉ » : 25 €

COMMANDE PERMANENTE

- Avant chaque parution d'un nouveau titre, vous recevez un courrier de notre part ainsi qu'un devis dont le paiement déclenche la livraison de l'ouvrage. Vous avez la certitude de recevoir tous les numéros dès leur parution.
- Vous bénéficiez du prix de lancement, valable un mois avant la parution de chaque numéro.
- CNRS ÉDITIONS offre à tout souscripteur les frais de poste.
- Les modes de règlement sont adaptés à chacun : virement, mandat postal, chèque, CB, Visa, Mastercard.
- Vous n'avez pas de souci de renouvellement. Sauf avis contraire de votre part, votre commande permanente sera reconduite chaque année. À tout moment, vous pouvez annuler une commande permanente par simple courrier.

À compléter et à retourner (accompagné de votre règlement dans le cas d'une commande au numéro)
à CNRS ÉDITIONS, 15, rue Malebranche, F-75005 Paris

Nom.. Prénom ....

Nom du donneur d'ordre...

Profession .... Société ou organisme ....

Adresse ....

Code postal .... Ville... Tél ....

☐ Je désire recevoir la revue **HERMÈS en commande permanente**, à partir du numéro....................................

COMMANDE ANNUELLE

☐ Je désire souscrire à la commande annuelle au prix préférentiel de 45 euros (franco de port)

Ci-joint mon règlement de ……… euros à l'ordre de CNRS ÉDITIONS par

☐ chèque bancaire ☐ chèque postal ☐ mandat

Je vous autorise à débiter mon compte

☐ carte bleue Visa ☐ Eurocard ☐ Mastercard n° ....

valide jusqu'au : .... Date :..

Signature obligatoire :

« CNRS Communication », ouvrages parus

- *Associations et communication. Critique du marketing*, Éric DACHEUX, 1998
- *Miroirs maghrébins. Itinéraires de soi et paysages de rencontre*, sous la direction de Susan OSSMAN, 1998
- *La Fin de l'exception culturelle ?*, Joëlle FARCHY, 1999
- *Les Oies du Capitole ou les raisons de la rumeur*, sous la direction de Françoise REUMAUX, 1999
- *L'« Expert » à la télévision. Traditions électives et légitimité médiatique*, Yves CHEVALIER, 1999
- *Pratiques médiatiques. 50 mots clés*, Claire BELISLE, Jean BIANCHI et Robert JOURDAN, 2000
- *L'Environnement dans les journaux télévisés. Médiateurs et visions du monde*, Suzanne DE CHEVEIGNÉ, 2000
- *CNN et la mondialisation de l'imaginaire*, Andrea SEMPRINI, 2000
- *Observer la communication. Naissance d'une interdiscipline*, Bruno OLLIVIER, 2000
- *Vaincre l'indifférence. Les associations dans l'espace public européen*, Éric DACHEUX, 2000
- *Raison pratique et sociologie de l'éthique. Autour des travaux de Paul Ladrière*, coordonné par Simone BATEMAN-NOVAES, Ruwen OGIEN, Patrick PHARO, 2000
- *Langage et Travail. Communication, cognition, action*, sous la direction de Anni BORZEIX, Béatrice FRAENKEL, 2001
- *La Démocratie mise en scènes. Télévision et élections*, Marlène COULOMB-GULLY, 2001
- *L'Ordre sensoriel. Une enquête sur les fondements de la psychologie théorique*, Friedrich A. von HAYEK. Traduit de l'anglais par Philippe R. Mach, 2001
- *Prévention du sida et agenda politique. Les campagnes en direction du grand public (1987-1996)*, Geneviève PAICHELER, 2002
- *Des médias aux médiations. Communication, culture et hégémonie*, Jesús MARTÍN-BARBERO. Traduit de l'espagnol par Georges Durand, 2002
- *Naturaliser la phénoménologie. Essais sur la phénoménologie contemporaine et les sciences cognitives*, coordonné par Jean PETITOT, Francisco J. VARELA, Bernard PACHOUD, Jean-Michel ROY, 2002
- *« Purification ethnique ». Une formule et son histoire*, Alice KRIEG-PLANQUE, 2003
- *Internet et le droit d'auteur. La culture Napster*, Joëlle FARCHY, 2003
- *Prospéro. Une technologie littéraire pour les sciences humaines*, Francis CHATEAURAYNAUD, 2003
- *L'Expression gestuelle de la pensée d'un homme politique*, Geneviève CALBRIS, 2003
- *Altérité polynésienne ou les métamorphoses de l'espace-temps*, Bernard RIGO, 2004
- *Le Régime de la civilité en Égypte. Public et réislamisation*, Jean-Noël FERRIÉ, 2004
- *Armes de communication massive. Informations de guerre en Irak : 1991-2003*, coordonné par Jean-Marie CHARON et Arnaud MERCIER, 2004
- *Art et Internet. Les nouvelles figures de la création*, Jean-Paul FOURMENTRAUX, 2005, 2010
- *Télévisions arabes sur orbite. Un système médiatique en mutation (1960-2004)*, Tourya GUAAYBESS, 2005
- *L'Homme des confins. Pour une anthropologie interculturelle*, Joanna NOWICKI, 2008
- *La Norme numérique. Savoir en ligne et Internet*, coordonné par Jacques PERRIAULT et Cécile VAGUER, 2011
- *Traduire et Communiquer à l'heure de la mondialisation*, Michaël OUSTINOFF, 2011
- *L'Intelligence économique*, Nicolas MOINET, 2011
- *La Chimie durable*, sous la direction de Laura MAXIM, 2011
- *Anthropologie de l'homme mondialisé*, Christoph WULF, 2013
- *(E)-réputation, Médiation, calcul, émotion*, Camille ALLOING, 2016

« Les Essentiels d'*Hermès* », ouvrages parus

CNRS ÉDITIONS

Année 2008
- L'Espace public (*Éric Dacheux*)
- Francophonie et mondialisation (*Didier Oillo et Anne-Marie Laulan*)
- La Communication politique (*Arnaud Mercier*)

Année 2009
- L'Opinion publique (*Nicole d'Almeida*)
- Les Identités collectives à l'heure de la mondialisation (*Bruno Ollivier*)
- Le Journalisme (*Arnaud Mercier*)
- L'Audience (*Régine Chaniac*)
- La Télévision (*Guy Lochard*)
- La Réception (*Cécile Méadel*)
- Sociétés de la connaissance, fractures et évolutions (*Michel Durampart*)
- Les Sciences de l'information et de la communication (*Éric Dacheux*)
- Populaire et populisme (*Marc Lits*)

Année 2010
- La Cohabitation culturelle (*Joanna Nowicki*)
- Critique de la société de l'information (*Jean-Paul Lafrance*)
- Le Rituel (*Aurélien Yannic*)
- Racines oubliées des sciences de la communication (*Jacques Perriault*)
- Médiations (*Vincent Liquète*)
- La Mondialisation de la communication (*Paul Rasse*)

Année 2011
- L'Argumentation (*Nicole D'Almeida*)
- La Communication (*Éric Dacheux*)
- Traduction et mondialisation (*Michaël Oustinoff*)
- La Neutralité d'Internet (*Valérie Schafer et Hervé Le Crosnier*)
- Sciences et médias (*Sébastien Rouquette*)
- L'Économie solidaire (*Jean-Louis Laville*)

Année 2012
- Internet et politique (*Alexandre Coutant*)
- Le Marketing politique (*Thomas Stenger*)
- Médias et opinion publique (*Arnaud Mercier*)
- Les Réseaux (*Éric Letonturier*)
- Art et science (*Jean-Paul Fourmentraux*)
- La Rhétorique (*Manuel Maria Carrilho*)

Année 2013
- La Diversité culturelle (*Paul Rasse*)
- Propriété intellectuelle (*Mélanie Dulong de Rosnay et Hervé Le Crosnier*)
- Les Utopies (*Éric Letonturier*)
- L'Incommunication (*Samuel Lepastier*)
- L'Humain augmenté (*Édouard Kleinpeter*)

Année 2014
- Information et communication scientifiques à l'heure du numérique (*Valérie Schafer*)
- Bande dessinée et lien social (*Éric Dacheux*)
- Politiques sécuritaires et surveillance numérique (*Pierre-Antoine Chardel*)
- Cultures de l'information (*Vincent Liquète*)
- Ville, architecture et communication (*Thierry Paquot*)

Année 2015
- Sport et médias (*Alexandre Obœuf*)
- Identités numériques. Expressions et traçabilité (*Jean-Paul Fourmentraux*)

Année 2016
- Banlieues vues d'ailleurs (*Bernard Wallon*)
- Bande dessinée et numérique (*Pascal Robert*)
- La Communication environnementale (*Thierry Libaert*)
- L'Alimentation demain. Cultures et médiations (*Gilles Fumey*)

Année 2017
- Guerre, armées et communication (*Éric Letonturier*)
- La Communication politique, nouvelle édition (*Arnaud Mercier*)

Année 2018
- France-Allemagne. Incommunications et convergences (*Gilles Rouet*)

Année 2019
- Algorithmes et décisions publiques (*Gilles Rouet*)
- À vue de nez. Odorat et communication (*Brigitte Munier*)

Année 2020
- [Im]matérialités de la mort (*Valérie Robin Azevedo*)
- Santé connectée (*Cristina Lindenmeyer et Marie-Pia d'Ortho*)

Année 2021
- Communication et sécurité routière (*Laurent Carnis*)

Année 2022
- Classement des universités (*Gilles Rouet et Thierry Côme*)

Année 2023
- Journalisme et « post-vérité » (*Alexandre Joux*)
- Communication & design – Créations collectives (*Lionel Lavarec*)

Année 2024
- Sport, communication et politique (*Nicolas Peyre et Gilles Rouet*)
- L'espace public éclaté (*Éric Dacheux*)

Année 2025
- IA, enjeux et responsabilité (*Gilles Rouet*)

L'éditeur de cet ouvrage s'engage dans une démarche éco-responsable
en utilisant des papiers issus de forêts gérées durablement
www.cnrseditions.fr

Cet ouvrage est imprimé sur papiers certifiés PEFC,
Bouffant Clairbook 80g/m² pour l'intérieur,
Carte 1 face Invercote G blanc 240g/m² pour la couverture.

PEFC/10-31-2581

IMPRIM'VERT®

Achevé d'imprimer en mai 2025 par

ISIPRINT

139 rue Rateau
93120 La Courneuve

Numéro d'impression : 202505.0185
Dépôt légal : mai 2025

Imprimé en France